ATRIUM

Diese Geschichte beginnt im Norden Belfasts: Dort wird 1955 Sam Millar geboren, der Vater Protestant, die Mutter Katholikin. Der Riss, der ganz Irland teilt, geht mitten durch Sams Familie. Sam geht früh von der Schule ab und arbeitet in einem Schlachthof. Als Teenager schließt er sich der IRA an, bis er eines Nachts von der Polizei aus seinem Bett gerissen wird. Es folgen Jahre im härtesten Knast Europas. Nach seiner Entlassung reist Sam Millar illegal nach New York, wo er einen verwegenen Plan ersinnt: den Überfall auf das Gelddepot der Firma Brink's – der hier erstmals aus der Sicht des Täters erzählt wird.

Sam Millar, Jahrgang 1955, ist der Kopf hinter einem der größten Raubüberfälle der Geschichte. Nach langen Jahren im Gefängnis lebt er heute in Belfast, wo er neben Kriminalromanen mit *True Crime* den Thriller seines Lebens geschrieben hat, für den er mit zahlreichen internationalen Preisen ausgezeichnet wurde.

SAM MILLAR

TRUE CRIME

Aus dem Englischen von Joachim Körber

Atrium Verlag · Zürich

MIX
Papier aus verantwortungsvollen Quellen
FSC® C014496
FSC
www.fsc.org

Ungekürzte Taschenbuchausgabe
1. Auflage 2019

Die Originalausgabe erschien 2003 unter dem Titel *On The Brinks* bei Wynkin deWorde Ltd, die erweiterte Neuausgabe erschien 2014 unter dem gleichen Titel bei The O'Brien Press Ltd, Dublin, im Imprint Brandon

Aus dem Englischen von Joachim Körber
Lektorat: Jürgen Abel, Hamburg
Umschlaggestaltung: Zero Werbeagentur, München
Umschlagmotiv: Arcangel Images / © Tim Robinson
Satz: Dörlemann Satz, Lemförde
Druck und Bindung: GGP Media GmbH, Pößneck
Printed in Germany
ISBN 978-3-03882-110-6

www.atrium-verlag.com

Diese erweiterte Neuausgabe ist dem Andenken an meinen Vater, Big Sam, gewidmet, einen Rebellen und Nonkonformisten im wahrsten Sinne des Wortes. Und meiner Mutter Elizabeth. Der dunkle Ort ist endgültig vergangen, wir wurden beide erlöst.

Ein Schriftsteller ohne Interesse oder Sympathie für die Schwächen seiner Mitmenschen ist als Schriftsteller undenkbar.
– Joseph Conrad

Wir fanden die Iren schon immer ein wenig sonderbar. Sie weigern sich, Engländer zu sein.
– Winston Churchill

VORWORT von James Thompson

True Crime ist eine Geschichte über alte Götter. Über die Fenians. Über Bran, Sceolan, Lomair, andere. Und über Sam Millar, einen Jungen aus Belfast, der zum IRA-Mann wurde. Er war politischer Gefangener im berüchtigten The Maze, auch Long Kesh oder H-Blocks genannt, und beteiligt an den Protesten. In eisiger Kälte und nackt lag er in den eigenen Ausscheidungen. Er war einer der Rädelsführer des größten Gefängnisausbruchs in der Geschichte Europas. Das Superhirn hinter dem fünftgrößten Raubüberfall in der amerikanischen Geschichte.

Millar ist unser Oisín, und wie bei Oisín aus der keltischen Mythologie Irlands lasteten dreihundert Jahre auf ihm, als er durch das Tor der Strafanstalt Long Kesh trat. Er litt unvorstellbare Qualen für seine Überzeugungen. Er hätte diesen Qualen jederzeit mit drei simplen Worten ein Ende bereiten können: »Ich gebe auf.« Aber er sprach diese Worte nie aus und gab nie auf. Wenn man *True Crime* liest, empfindet man Scham. Man empfindet Scham, weil wir fast alle tief in unserem Herzen wissen, wir hätten schon nach wenigen Stunden aufgegeben, uns hätte die innere Stärke und der Mut gefehlt, über Jahre hinweg an unseren Überzeugungen festzuhalten und dafür auf unerträgliche Weise körperlich und seelisch gepeinigt zu werden. Man empfindet Scham, weil wir zu einer Spezies gehören, die ihresgleichen so barbarisch behandelt. Dennoch entlässt uns *True Crime* mit Hoffnung, denn keine der Grausamkeiten, die man Sam Millar zufügte, konnte seinen Geist brechen. Trotz allem, was er durchgemacht hat, ist und bleibt er eine mächtige Stimme.

Vor über einhundert Jahren fasste William Butler Yeats in seinem Gedicht »The Wanderings of Oisín« die Geschichte von Millar und allen zusammen, die mit ihm gelitten haben. Yeats hat diese Geschichte vorhergesehen, so wie Nostradamus in ein stehendes Gewässer blickend die Geschichte Irlands vor sich ausgebreitet sah. Ich überlasse es Yeats in seinem Gespräch zwischen Oisín und St. Patrick, diese Geschichte zu erzählen.

PROLOG

Besser als Hollywood!
– Irish Voice

Die Wachleute versicherten der Polizei, völlig von den Angreifern überrascht worden zu sein. Sie hatten das ausgeklügelte Überwachungssystem irgendwie überlistet. Wie viele Räuber es waren, konnten sie nicht genau sagen (...) Es scheint einer der größten Raubüberfälle in der Geschichte der USA zu sein.
– The New York Times

Als ich ihn später an diesem Abend traf, lächelte er mir mit ausgestreckter Hand entgegen, als würde er mich zum ersten Mal seit Jahren begrüßen.

»Kein Wort im Auto«, flüsterte ich mit einem starren Plastikgrinsen im Gesicht. »Möglicherweise ist es verwanzt.«

Schweigend fuhren wir die Lake Avenue runter zum Strand.

Ich parkte das Auto hinter den Dünen und angelte mir ein paar Dosen Bier vom Rücksitz.

Nicht weit von uns entfernt saß ein junges Paar auf einem Hügel im Gras. Sie aßen fettige Sandwiches und beobachteten die Leute am Strand, die allmählich zusammenpackten und aufbrachen.

Es war spät am Abend, aber die Hitze immer noch unerträglich. Ein fleischfarbener Mond baumelte am Abendhimmel wie ein Hoden ohne Sack. Die Grillen waren mit ihrem Small Talk beschäftigt, und ein Moskito pikste mich ins Ohr, während ich zusah, wie die aufgewühlten Wellen am Strand ausliefen. Scheinbar mühelos schwebte eine kichernde Möwe in der schwülen Luft. Später musste ich an den Albatros in *Die Ballade vom alten Seemann* denken. Noch später erinnerte ich mich an eine Möwe namens Stumpy, die im Gefängnis Long Kesh …

Als wir außer Hörweite waren, kam ich ohne Umschweife zur Sache. »Was hältst du davon, mal so richtig abzukassieren?«

»So richtig? Und was heißt das konkret?«, fragte er, trank einen Schluck Budweiser und wählte seine Worte offenbar mit Bedacht. Er blieb distanziert.

»Vielleicht eine Million«, antwortete ich beiläufig, führte das Bier zum Mund und beobachtete seine Reaktion.

Das Budweiser schoss ihm in die Luftröhre, er hustete und spuckte.

»Willst du mich verscheißern?«, fragte er und wischte sich das Bier vom Kinn.

»Das ist unser Ziel«, sagte ich und kniete mich hin, ohne auf seine Frage einzugehen.

Mit dem Finger zeichnete ich tiefe Furchen in den Sand. Wenig später hatte ich das fragliche Gebäude aus der Vogelperspektive gezeichnet, eine Collage von Rechtecken und Quadraten. Ich erklärte nichts. Selbst als die Wellen begannen, mein Kunstwerk auszuradieren, schwieg ich.

Erst als es verschwunden war, sagte ich schließlich: »Gehen wir«, und strich mir Sand von den Jeans, während die Wellen den Sand küssten, bevor sie zurückwichen wie ein Kind beim Fangenspielen.

Wir gingen am Strand entlang und flüsterten einander in die Ohren wie ein Liebespaar beim ersten Date. Eine alte Dame, die ihren Hund ausführte, ließ uns nicht aus den Augen. Sie schüttelte den Kopf vor Abscheu, als sie sah, wie wir hinter einer

Sanddüne verschwanden, weil sie offenbar glaubte, Zeugin einer heimlichen sexuellen Begegnung geworden zu sein.

Später blickte ich auf jenen ereignisreichen Tag zurück und begriff, dass ich ihn damals tatsächlich verscheißert hatte. Es ging um mehr als eine Million. Verdammt viel mehr.

In Amerika sollte Geschichte geschrieben werden, und ich war der Mann mit dem Füllfederhalter …

ERSTER TEIL

BELFAST, BLUTIGES BELFAST

Was soll schon sein. Man hat mir meine Kleider weggenommen, mich in eine leere, dreckige Zelle gesperrt, man lässt mich hungern, schlägt und foltert mich, und wie die Lerche fürchte ich, dass ich vielleicht ermordet werde. Aber, ich wage es zu sagen, gleich meinem kleinen Freund habe ich den Geist der Freiheit, der auch nicht durch die furchtbarste Behandlung ausgelöscht werden kann. Sicher, ich kann ermordet werden, doch solange ich noch lebe, bleibe ich, was ich bin, ein politischer Kriegsgefangener, und niemand kann das ändern.
– Bobby Sands

In Großbritannien sagt man uns oft, wir hätten ein Irenproblem, aber in Wahrheit gibt es ein Britenproblem in Irland. Die Besatzung hat nichts gebracht, die Teilung hat nichts gebracht, die Nordirland-Versammlung hat nichts gebracht, die Selbstverwaltung hat nichts gebracht, Hausdurchsuchungen, Plastikkugeln und H-Block haben nichts gebracht, weil sie alle dazu dienten, die britische Herrschaft zu zementieren.
– Tony Benn

KAPITEL EINS

DAS HAUS

APRIL 1965

Und auch dies, sagte Marlowe unvermittelt, ist einer der dunklen Plätze der Erde gewesen.
– Joseph Conrad, *Herz der Finsternis*

Sie versauen dich, deine Mutter und dein Vater.
Vielleicht nicht mit Absicht, trotzdem tun sie es.
Sie füllen dich an mit ihren eigenen Fehlern.
Und geben noch welche obendrauf, nur für dich.
– Philip Larkin, *This Be The Verse*

Ich kam in Belfast zur Welt und lebte in der Lancaster Street, einer Straße, zu deren berühmtesten Söhnen der Boxweltmeister John Joseph »Rinty« Monaghan und der irische Künstler John Lavery gehören. Eines der vielen berühmten Gemälde von Lavery ist das von Kathleen Ní Houlihan, das die ersten Banknoten des Irischen Freistaates zierte – seine Frau Hazel stand dafür Modell.

Als Lavery seine bescheidene Unterkunft in der Straße hinter sich gelassen hatte, dauerte es nicht lange, bis er internationale Berühmtheit erlangte. Er zog nach London, wo er sein herrschaftliches Haus am Cromwell Place in South Kensington 1921 für die Verhandlungen über den britisch-irischen Vertrag an die irische Delegation unter Führung von Michael Collins vermietete. Nach Collins' Ermordung malte Lavery ein Porträt von ihm und gab ihm den Titel *Michael Collins, Love of Ireland.* Und das trotz aller Gerüchte, Collins habe während seines Aufenthalts in London eine Affäre mit Hazel gehabt.

Für Collins mag Lavery ein guter Umgang gewesen sein, für die kleine Welt unserer Straße war er es absolut nicht. Wir sprachen kaum je einmal über diesen begnadeten Mann, aus dem einfachen Grund, weil er eine der unverzeihlichsten Sünden begangen hatte, die wir uns vorstellen konnten: Er hatte die Ritterschaft des britischen Königreichs angenommen. Verstehen kann man das, wenn man weiß, dass drei Viertel der männlichen Anwohner der Lancaster Street ohne Verhandlung eingesperrt oder in einem der berüchtigten Diplock-Verfahren abgeurteilt worden sind, in Schauprozessen, bei denen man ohne Geschworene verurteilt und dann in Long Kesh inhaftiert wurde.

Seit Menschengedenken hat es Aufstände in der Lancaster Street gegeben. Banden der radikalen Protestanten des Oranier-Ordens überfielen sie – flankiert von Polizisten – in regelmäßigen Abständen und ließen die tapferen Verteidiger der Straße einfach verwundet oder tot liegen. Im September 1921 berichtete die *New York Times* auf Seite fünf: IN DEN STRASSEN VON BELFAST WIRD WIEDER GESCHOSSEN: Junge erliegt seinen Schussverletzungen, insgesamt 18 Tote.

Die Straße erhielt ihren Namen nach einer Quäkerschule und einem Bildungssystem, das dort begründet wurde, wir Anwohner bevorzugten allerdings die Version, wonach sie ihren Namen von Burt Lancaster hatte, dem brillanten amerikanischen Schauspieler, dessen Eltern aus Belfast stammten und nach Amerika ausgewandert waren.

Meine Mutter Elizabeth war ein Arbeitstier und ewig beim Schrubben und Aufräumen. Sie roch immer nach Bleiche und Kernseife, die ihren Händen die Farbe offener Wunden verliehen. Big Sam, mein Vater, war bei der Handelsmarine, und sie führte eine kleine Pension mit der stattlichen Anzahl von einem Mieter. Mit der Pension verdiente sie nicht einen Penny, sondern hatte im Gegenteil andauernd Schulden deswegen. Ihr Portemonnaie lieferte den Beweis dafür. Es gehörte ganz eindeutig einer Arbeiterin, so prallvoll war es. Prallvoll von Rabattmarken und Lebensmittelgutscheinen. Prallvoll von Armut, so wie die dicken Bäuche verhungernder Kinder im fernen Afrika.

In den Nächten, bevor mein Vater zur See fuhr, stritten sie wegen ihrer Einsamkeit und seines Freiheitswillens.

Ich schlich dann lautlos zu ihrer Schlafzimmertür, klopfte kläglich dagegen und hoffte, sie würden es nicht hören. Auf diese Weise verschaffte ich mir ein reines Gewissen; der Rationalismus eines Feiglings, der in seiner eigenen gelähmten Starre gefangen ist. Die Tür ging niemals auf, und ich schlich erleichtert zurück ins Bett, stets ihre bestürzten Mienen fürchtend, denn es war völlig klar, dass sie mich für mein Wissen hassen würden.

Am nächsten Tag kam ich mit meinem Freund Jim Kerr von der Schule nach Hause. Wir kickten mit einem alten Ball, den wir unterwegs gefunden hatten.

»Kann ich dich nach dem Essen besuchen?«, fragte er und dirigierte den Ball meisterhaft.

»Ich besuche dich«, sagte ich, weil ich nicht wollte, dass mein Freund sah, was mich, wie ich genau wusste, erwartete.

»Okay. Komm aber auf jeden Fall.« Er trat den Ball weit voraus, lief ihm hinterher und hielt sich vermutlich für Georgie Best.

Als ich das Haus betrat, saß meine Mutter auf dem Sofa und lächelte seltsam in sich hinein. Sie stand auf und wollte mir einen Kuss geben, aber ich stieß sie enttäuscht weg.

»Du hast getrunken«, warf ich ihr vor. »Was ist mit all deinen Versprechungen?«

Ihre Haut glänzte immer im trüben Sonnenlicht, wenn sie Alkohol ausschwitzte. Sie roch nach Minze, ein Geruch, den ich mehr und mehr verabscheute – mit Süßigkeiten versuchte sie vergeblich, den abscheulichen Gestank toten Laubes zu überdecken, den sie ausatmete; den Geruch billigen Fusels. Der Schnaps machte sie unweigerlich zu einem stammelnden, schluchzenden Wrack.

»Dein Vater kommt nächsten Monat zurück, Sohn«, sagte sie und wischte sich die mehligen Hände nervös an der Schürze ab. Windmühlen und trompetenförmige Narzissen, die sich im Wind wiegten, zierten ihre Schürze. »Er muss nicht erfahren, dass ich ein kleines bisschen getrunken habe, oder?«

Sie vernuschelte die Worte bereits. Gleich würde sie anfangen zu weinen und mir erzählen, wie einsam sie war und dass mein Vater daran die Schuld trug, weil er zur See fuhr.

Ich hasste sie, wenn sie so war. Wusste sie nicht, wie erniedrigend es war, in den Schnapsladen schleichen zu müssen und zu hoffen, von niemandem gesehen zu werden – besonders nicht von meinen Schulfreunden? Und als ob das nicht schlimm genug gewesen wäre, zwinkerte der Mann hinter dem Ladentisch mir immer auch noch vielsagend und hämisch zu, als wollte er sagen: *Das Geheimnis deiner Mama ist bei mir sicher, kleiner Sammy. Zerbrich dir deswegen nicht deinen kleinen Kopf.* Seine Worte waren so schleimig wie eine Nacktschnecke in der Sonne. Ich erinnerte mich noch Jahre später an ihn und sein verschlagenes Gesicht, als er diese Welt schon längst verlassen hatte.

»Du erzählst es doch nicht deinem Vater«, wiederholte sie, aufgeschreckt durch mein Schweigen.

»Lass mich in Ruhe«, sagte ich.

Sie lächelte traurig, gab mir noch einen Kuss und verbrannte mir den Mund mit ihren branntweinfeuchten Lippen.

»Bleib mir vom Leib! Du bist widerlich!«, brüllte ich und schubste sie auf das Sofa. »Ich hasse dich, wenn du so bist. Ich sage es Dad, wenn er nach Hause kommt!«

Doch wenn sie dieses schreckliche Schluchzen von sich gab und vor Scham das Gesicht in den Händen verbarg, wusste ich, ich würde es ihm niemals erzählen.

Ich strich ihr mit einer Hand über den Kopf, um sie zu beruhigen. »Nicht weinen, Mama. Ich werde nichts verraten.«

Aber sie konnte mir nicht ins Gesicht sehen, sie wollte einfach nur, dass ich das Zimmer verließ. Als ich ging, murmelte und flüsterte sie ununterbrochen weiter: »Dein Vater muss es nicht erfahren ...«

Im Lauf der Zeit verschlechterte sich ihr Geisteszustand zunehmend, sie begann die Tapete mit den Fingernägeln abzukratzen, bis sie blutete und die Wände aussahen, als hätten sie Lepra. Die Nachbarn tuschelten über sie und den Zustand des Hauses.

Kurz darauf fand sie die Lösung für alles und beschloss, im Schatten der Toten zu leben, um die Schuld der Lebenden zu begleichen. Und während sie schlief, zauberte der Regen am Fenster ein Arsenal unheimlicher Träume in ihren Kopf, die ihr den Schmerz nahmen, der sie seit Jahren erdrückte.

KAPITEL ZWEI

ABSCHIED

MAI 1965

Der Gedanke an den Selbstmord ist ein starkes Trostmittel: mit ihm kommt man gut über manche böse Nacht hinweg.
– Friedrich Nietzsche, *Jenseits von Gut und Böse*

Zwischen Idee
Und Wirklichkeit
Zwischen Regung
Und Tat
Fällt der Schatten.
– T. S. Eliot, *Die hohlen Männer*

Als Kind zog es mich am Samstagmorgen stets zum örtlichen Pub in der York Street, die direkt an unsere Straße angrenzte. Vor dem Pub standen Kisten mit leeren Guinnessflaschen pyramidenförmig an der Wand, die in der frühen Morgensonne den Geruch nach vergärendem Bier verströmten. Der Inhalt war dahin, genau wie die Träume der vergangenen Nacht; von der schwarzen Flüssigkeit waren nur ein paar auf dem Boden der Flaschen glänzende Tränen geblieben. Fliegen, widerlich und träge, schmiegten sich trunken an die Flaschenhälse und brummten verärgert in ihrem verkaterten Zustand.

»Was willst'n?«, fragte der Barkeeper, der plötzlich mit einem Schrubber und einem Eimer in den großen Arbeiterhänden in der Tür des Pubs stand.

»Nichts«, antwortete ich. »Seh mich nur mal um.«

»Dann geh dich mal anderswo umsehen.«

Er hasste jeden, der ihn dabei beobachtete, wie er sich mit der Kotze der zurückliegenden Nacht abmühte. Sie war schon in den Boden eingesickert und machte ihn scheckig wie eine große Weltkarte.

»Soll ich nicht die Fliegen für Sie totschlagen?«, fragte ich, auf meine zu einer Fliegenklatsche zusammengerollte *Irish News* zeigend.

Er glotzte mich einen Moment an, dann blickte er himmelwärts, als suchte er göttliche Führung.

»Okay ... aber iss sie nicht gleich auf.« Er grinste, während ich nur ernst nickte und mich an die Aufgabe machte, die feisten Fliegen in perfekte Tintenkleckse des Todes zu verwandeln.

Ein Hund kam angewedelt, der sich recht schnell langweilte und dann selbst im Kreis herumjagte, während er an seinem Hinterteil schnupperte, als würde ihn sein eigenes, haariges Loch faszinieren.

Manchmal, wenn es dem Barkeeper einfiel, brachte er mir eine Cola und ließ mich bei der Heiligen Jungfrau schwören, dass ich ihm die leere Flasche wiederbringen würde. Und ich brachte sie ihm immer wieder, obwohl ich mir sehnlichst wünschte, ich könnte sie in den verfallenen Häusern der Alexander Street für Zielübungen benutzen.

Plötzlich schnupperte der Hund misstrauisch an einem toten Sperling auf dem Boden. Die starren Füße des Vogels ragten wie winzige Brandeisen in die Höhe.

»Hörste sie?«, fragte der Barkeeper und schüttete einen Eimer heißes, dampfendes Wasser mit Desinfektionsmittel vor dem Eingang des Pubs aus. »Und? Hörste sie?«

Natürlich hörte ich sie. Der Lärm der Oranier wehte von der Clifton Street herüber, wo sie sich massenhaft unter der taubenbesudelten Statue von King Billy versammelt hatten. Von dort aus würden sie – flankiert von wohlmeinenden alten Damen mit

Union-Jack-Kostümen und *Fuck the Pope*-Hüten – zum Glorious Field marschieren und dabei ihre Banner des Hasses und der Intoleranz schwenken.

Als sich die Oranier dem Schatten der Kirche St. Patrick's näherten, sahen sie plötzlich aus, als wären sie Besessene, ihre bleiernen Gesichter in gespannter Erwartung angeschwollen, die Augen quollen ihnen wie Tischtennisbälle aus den Höhlen, ihre feisten Stiernacken mit vorstehenden Adern so groß wie Schnürsenkel legten beredtes Zeugnis davon ab, welch ein Gräuel ihnen alles Katholische sein musste.

Mein Vater sagte immer, die Oranier seien jammernde Neidhammel. Es war schwer, ihm zu widersprechen, schließlich musste er es ja wissen, denn sein Vater war ein führender Oranier …

Alexander Millar, mein Großvater, entstammte einer streng protestantischen Familie, deren Treue zu Gott und Ulster außer Frage stand. Er marschierte an jedem ruhmreichen Zwölften zum Field und hatte zweifellos vor, Großmeister zu werden, nachdem ihn bedeutsame Visionen beseelten, in denen er sich auf einem weißen Pferd die Clifton Street hinunterreiten sah, ganz wie sein Held King Billy.

Er gehörte zu den Ersten, die am 28. September 1912 im Rathaus den *Ulster Covenant* unterzeichneten, mit dem gegen die *Home Rule*, die irische Selbstverwaltung, protestiert wurde. Etwa eine halbe Million Menschen unterzeichneten den *Ulster Covenant* und die dazugehörige Proklamation.

Es heißt, dass er mit seinem Blut unterschrieben hätte. Bedauerlicherweise ist das nicht mehr als ein Gerücht. Allen verbreiteten Mythen zum Trotz, die sich um die Unterzeichner des *Ulster Covenant* ranken, hat tatsächlich nur ein Einziger mit seinem Blut unterschrieben, nämlich Frederick Hugh

Crawford, der später das Waffenlager der Ulster Volunteers verwaltete.

Mein Großvater war überzeugter Protestant, daher bedeuteten ihm Katholiken nichts. Ihre seltsamen Überzeugungen und Bräuche verstanden Außenstehende kaum. Für ihn waren sie ein unsichtbares Volk. Hier und irgendwie doch nicht richtig anwesend. Er glaubte an das Dogma, dass die Katholiken im Norden selbst die Schuld an ihrem schlimmen Los trugen, der bitteren Armut und Arbeitslosigkeit, weil sie gar nicht arbeiten wollten. Außerdem bekamen sie zu viele Kinder und hielten also nichts davon, ihren Geschlechtstrieb zu zügeln – oder doch wenigstens davon, mit gebräuchlichen Mitteln die Folgen zu vereiteln.

Bei der Schlacht an der Somme wurde er im Ersten Weltkrieg schwer verwundet und erhielt drei Tapferkeitsmedaillen. Tragischerweise fielen zwei seiner Brüder in derselben blutigen Schlacht in Frankreich im Kampf für das britische Königreich, das ich später bekämpfen sollte.

Obwohl er ein hochrangiger Oranier war, hasste er die Katholiken nicht, empfand aber gewiss auch keinerlei Liebe für sie. Er war ein ausgesprochen toleranter Mann, mein Großvater. Solange die Katholiken ihren Platz kannten und ihm nicht auf die Nerven gingen, war für ihn alles in Ordnung. Das heißt, bis er einer echten Katholikin begegnete und das unverzeihlichste aller Verbrechen beging, indem er sich in sie verliebte.

Meine Großmutter Elizabeth O'Neill, eine Katholikin aus dem Süden, war eine temperamentvolle und selbstbewusste Frau, die sich von niemandem etwas gefallen ließ – auch nicht von ihrem zukünftigen Ehemann.

Als Alexander ihr seinen Antrag machte, sorgte sie umgehend für klare Verhältnisse: »Alle Kinder, mit denen Gott uns segnet, werden katholisch erzogen.« Ohne Wenn und Aber. »Wenn dir das nicht passt, ist es hier und jetzt aus.«

Wäre es hier und jetzt aus gewesen, hätte es mich ganz zweifellos nicht gegeben. Doch mein Großvater beschloss, auch wenn er selbst nicht zum Katholizismus konvertierte, die Katholiken wenigstens so weit zu unterstützen, dass er fast ein Dutzend kleine Millars zeugte, zwei mehr als die »Waltons«.

Die Kinder machten Elizabeth und Alexander keine großen Schwierigkeiten, mit Ausnahme von Sohn Danny. Man munkelte, er sei heimlich von zu Hause ausgerissen, weil er Priester werden wollte, und habe seinem Vater diese Schmach in Belfast ersparen wollen, wo es Alexanders Seite der Familie noch mehr Schande gemacht hätte als sonst wo. Die Wahrheit ist etwas komplizierter und auch etwas interessanter. Bevor er verschwand, hatte Danny eine Affäre. Unglücklicherweise war die Frau jedoch verheiratet. Und noch schlimmer, ihr Mann war Mitglied der Royal Ulster Constabulary, der britischen Polizei in Nordirland.

Vielleicht hatte Onkel Danny zu viele romantische Mantel-und-Degen-Filme mit Errol Flynn gesehen und kam deshalb auf die tollkühne – manche würden sagen: törichte – Idee, dem Mann die Waffe zu stehlen und ihm damit in seinem eigenen Haus die Weichteile wegzuschießen. Sie warfen ihn ins Gefängnis. In den Gerichtsakten hieß es:

> UNTERSUCHUNGSRICHTER MR P. J. O'DONOHUE R. M. und andere RICHTER:
> DANIEL MILLAR, wohnhaft in Lancaster Street 18, ist angeklagt, am MONTAG einen WEBLEY REVOLVER und 24 Schuss Munition in der Absicht in seinen Besitz gebracht zu haben, damit Leben zu gefährden oder andere Personen in die Lage zu versetzen, es zu gefährden. Darüber hinaus warf man ihm vor, dass er ein ungesetzliches Objekt und Sprengstoff in seinem Besitz hatte, keinen Waffenschein besaß und WILLIAM MELI körperliche

> Gewalt angetan hätte. BEZIRKSINSPEKTOR FERRIS vertrat die Anklage, Mr G. MAGEE übernahm die Verteidigung. DET SERG W. J. McCAPPAN sagte aus, er habe die Wohnung des Angeklagten aufgesucht und ihn darüber informiert, dass es um einen Schuss mit einem Revolver von ihm auf WILLIAM MELI am MONTAG in der ALEXANDER STREET ginge. Der Angeklagte habe geantwortet, davon nichts zu wissen. Nach einer Ermahnung sagte er aus, er habe ihn einem Jungen gegeben, dessen Namen er nicht nennen könne, da er weit entfernt in der LANCASTER STREET wohnen würde. Mit den Fakten konfrontiert, bat er den Zeugen, ihn ins Schlafzimmer zu begleiten, wo er den Revolver aus dem Koffer holte, der unter dem Bett stand. Er übergab dem Zeugen den Revolver, dessen sechs Kammern geladen waren. Aus dem Koffer holte er darüber hinaus einen Karton mit neun Patronen, die er ebenfalls dem Zeugen übergab. Als ihm im POLIZEIREVIER GLENRAVEL STREET die Anklage verlesen wurde, sagte der Beschuldigte: »Ich wollte niemandem mit dem Revolver Schaden zufügen – das war nur ein dummer Streich.« WILLIAM MELI sagte, er wisse keinen Grund, weshalb der Angeklagte ihm ein Leid zufügen wollte. DANIEL MILLAR wurde gegen Kaution eine Woche auf freien Fuß gesetzt, mit der Auflage, sich im POLIZEIREVIER GLENRAVEL STREET zu melden.

Es war eigentlich unerhört, dass ein Katholik bei derart schwerwiegenden Vorwürfen gegen Kaution freigelassen wurde, aber es so geschah es. Manche Leute sagten, mein Großvater hätte mit alten Freunden vom Oranier-Orden erreicht, den Richter zur Gewährung einer Kaution zu bringen. Manche sagen, William Meli habe die Anklage fallen lassen, weil er fürchtete, es könnte zu einem Skandal kommen und er sich zum Gespött machen, wenn die Leute erfuhren, wie delikat seine Verletzung war. Was auch immer die Gründe gewesen sein mögen, es wurde Geld aufgetrieben, und schon nach einer Woche in Freiheit verschwand Onkel Danny für immer aus Irland, um fortan die Straßen von Buenos Aires unsicher zu machen. Dort fand er bald heraus, dass das Leben buchstäblich zuckersüß sein konnte. Danny heiratete in eine der reichsten Familien Argentiniens ein, die Pralinen und Schokolade herstellte.

Jahre später, als unser Haus nach Waffen der IRA durchsucht wurde, war es ironischerweise die orangerote Schärpe meines Großvaters, die dazu führte, dass die Bullen ihre Razzia abbrachen. Die Schärpe hing stolz an der Wand, gleich neben einem Porträt des Papstes und von John F. Kennedy. Die Bullen entschuldigten sich damals wortreich für die Durchsuchung eines wahren Sohnes von Ulster und rückten mit leeren Händen wieder ab.

»Dreckskerle«, sagte der Barkeeper zu sich selbst. »Ich hoff ja, die verdammte Hitze erwischt ein paar von denen und sie krepieren an einem Herzinfarkt. Das würde ihnen die Protestmärsche schön austreiben. Oranierbastarde.«

Genau in dem Augenblick, in dem der Hund daraufhin den Rücken krumm machte, um einen Haufen zu hinterlassen, ertönte das widerliche Geräusch von Holz, das auf Knochen traf; der Barkeeper hatte der unglücklichen Kreatur mit dem Stiel seines Schrubbers auf den Kopf gehauen.

»Verschwinde, elendes Mistvieh!«, schrie er, worauf der verletzte Hund um sein armseliges Leben lief. Ein paar Sekunden später spuckte der Barkeeper auf den Fußboden, den er den ganzen Vormittag über geschrubbt hatte, bevor er sich auf den Weg machte, einen Kunden zu bedienen, der schon verärgert mit dem leeren Glas auf den Tresen klopfte.

Ich spähte durch das Fenster und sah perfekt eingeschenkte Gläser Guinness auf dem Tresen. Rinnsale von Kondenswasser bildeten sich an den gewölbten Pint-Gläsern, die dort so verlockend schwitzten wie die Geistlichen bei einer Kirchenversammlung zu Geheimgesprächen.

Plötzlich sah ich im spiegelnden Glas der Scheibe eine vertraute Gestalt hinter mir auf und ab springen.

»Ich hab nach dir gesucht, Sammy!«, brüllte Gerry Green auf der anderen Straßenseite und winkte hektisch.

Gerrys Lieblingsbeschäftigung war es, Hiobsbotschaften zu überbringen. Je unerfreulicher die Nachricht, desto fröhlicher schien er zu sein. Er gehörte zu den Schlägern im Viertel, war aber insofern ungewöhnlich, als er ein Gewissen besaß und einen nur verprügelte, wenn man es auch verdient hatte, was gewöhnlich zweimal täglich geschah, außer freitags, da bekam er nämlich sein Taschengeld. An Freitagen fasste er einen nicht an. Ein anständiger Schläger, schätze ich mal. Er war drei Jahre älter als ich, hatte glasklare blaue Augen, und eine Pickelfamilie bewohnte sein ganzes Gesicht. Zweifellos würde es später einmal ziemlich abstoßend aussehen.

»Dein Paps brüllt wie 'n Irrer nach dir rum. Sieht so aus, als wärste fällich!«, jubilierte er, während ich auf die andere Straßenseite ging.

Zu wissen, dass jemand »fällich« war, konnte Gerry Freudentränen in die blauen Augen treiben. Er bepisste sich fast vor Fröhlichkeit, während er mich die Lancaster Street runter eskortierte, da er wohl fürchtete, ich könnte versuchen, mich meiner gerechten Strafe zu entziehen.

»Sieht so aus, als ob de 'n ordentlichen Arschtritt kriegst, Sammy«, sagte Gerry ermutigend und stapfte im Triumphmarsch hinter mir her.

Aus der Ferne sah ich die bedrohlich aufragende Gestalt meines Vaters vor unserem Haus. Als ich näher kam, bildete sich ein warnender Rosenkranz von Knoten in meinem Magen.

»Wo warst du denn?« Dad zog das Jackett an und gab mir eine Tüte Obst. Seine Schuhe glänzten wie immer, denn er glaubte fest an die Cherry-Blossom-Legende: *Deine glänzenden Schuhe sagen viel über dich aus.* »Hatte ich dir nicht gesagt, du sollst nicht zu weit von der Tür weg?«

»Ich hab nur dem Barkeeper geholfen, ein paar Fliegen zu töten.«

»Du solltest in der Nähe bleiben. Wenn ich dir in Zukunft etwas sage, dann hältst du dich gefälligst daran. Jetzt beeil dich, hol deinen Mantel und lass uns gehen. Wir sind sowieso schon spät dran.«

Gerry war am Boden zerstört. Ich hatte doch keinen ordentlichen Arschtritt gekriegt. Einen Augenblick befürchtete ich, er könnte sich bei meinem Vater über die falsche Nachsicht beklagen. Stattdessen schlurfte er einfach trotzig und mit hängendem Kopf davon.

»Gott, jetzt hör auf, den Kopf hängen zu lassen, ja?«, sagte Dad, als wir um die Ecke bogen. »Wir gehen nur ins Krankenhaus, nicht zu O'Kane's ... jedenfalls diesmal nicht.«

O'Kane's war das hiesige Bestattungsunternehmen, aber soweit es mich betraf, gab es kaum einen Unterschied zwischen ihm und den düsteren Stationen des Mater Hospital, das wir zwanzig Minuten später betraten.

»Wie geht es ihr heute, Doktor?«, sagte Dad und blieb an der Tür der Station vor dem jungen Arzt stehen.

»Ein klein wenig besser als gestern, Mister Millar. Wir hoffen, dass wir ihr später ein wenig Suppe geben können. Gestern Abend hat sie Tee bekommen, konnte ihn aber nicht lange behalten. Es ist ein äußerst langwieriger Genesungsprozess, das muss Ihnen klar sein.«

Plötzlich trug ein leichter Windhauch den Gestank von Pisse, Erbrochenem, Desinfektionsmittel und den verräterischen Geruch des Todes durch den Flur und weckte eine lähmende Angst vor allen Krankenhäusern in mir.

Als wir die kleine Station betraten, führte uns eine Krankenschwester zu einem Bett ganz am Ende. Die Schwester warf mir einen traurigen Blick zu, bevor sie sich wieder anderen Pflichten zuwandte.

Meine Mutter lag völlig reglos im Bett; ihre blasse Haut so weiß wie das Laken, sie schien kaum anwesend zu sein.

Es war nicht ihr erster Selbstmordversuch gewesen, aber ihr bislang am sorgfältigsten durchgeführter. Sie hatte sich nicht nur für eine Überdosis entschieden, sondern beschlossen, sich obendrein beide Pulsadern aufzuschlitzen. Diesmal hätte sie es fast geschafft; der diensthabende Arzt hatte sie schon für tot erklärt. Nur das wache Auge meines älteren Bruders Danny vereitelte ihre Bemühungen, er rastete völlig aus, als er das Urteil des Arztes hörte, und brüllte nach einem medizinischen Wunder.

Es funktionierte. Gott gewährte ein Wunder. Sie überlebte; ihr Tod wurde auf einen anderen Tag verschoben.

Ich wusste, sie hörte, was ich ihr ins Ohr flüsterte, während mein Vater still danebensaß, voller Schuldgefühle, die ihn, neben all dem Ärger und der Wut, immer wieder belasteten. »Du hättest warten können«, warf ich ihr vor. »Ich hab dir gesagt, dass es bald Zeugnisse gibt und ich gute Noten habe. Aber das ist dir egal, oder etwa nicht? Ich hoffe, du stirbst beim nächsten Mal.«

Sie beachtete mich nicht, sondern schützte den Tod vor, an dem sie noch ein wenig arbeiten musste. Ein Holzklotz, starr und steif vor Scham und Einsamkeit. Plötzlich verdunkelten sich ihre erschöpften Augen. Sie sahen aus wie die Panzer von Käfern, wenn Regentropfen darauffallen.

Es war das letzte Mal, dass ich sie gesehen habe, ein paar Nächte später floh sie endgültig in die Schatten. Doch als die Nachbarn so abfällig darauf beharrten, sie würde nicht wiederkommen, war ich mir sicher, dass sie sich irrten. Sie wussten nicht, was ich wusste: Sie hatte nur zwei ihrer *Park Drive* geraucht. Sie würde sich ganz bestimmt für die restliche Packung noch einmal blicken lassen.

Doch selbst die Bilder an den Wänden wussten es besser. Das Herz Jesu sah noch melancholischer aus, das wölfische Grinsen der Fürsten von Rom und Camelot verspottete meine Naivität. Die wussten Bescheid.

Oh, was war ich doch für ein Narr.

Von dem Tag an konnte ich mir »Chirpy Chirpy Cheep Cheep«, den Klassiker von Middle of the Road (»Where's Your Mama Gone?«), nie wieder anhören, ohne dass ich mich hundeelend, wütend und verraten fühlte.

KAPITEL DREI

EIN SEHR HEISSER SOMMER

AUGUST 1965

**Es scheint allerdings, versetzte er, dass alles,
was irgend betrügt, bezaubert.
– Platon**

**Und dornig ist das Leben, und die Jugend ist eitel;
Und entzweit sein mit Geliebten,
Das kann wie Wahnsinnsschmerz im Hirne toben!
– Samuel Taylor Coleridge**

So ganz auf sich allein gestellt, verfiel Dad zunehmend dem Wahnsinn. Eine Zeit lang war alles noch großartig gelaufen, weil er mich mehr bedauerte als sich selbst. Doch je mehr ihm die bittere Realität zusetzte, desto mehr hatte er nur noch Gefühle für sich selbst, während ich tun konnte, was ich wollte, es gab immer etwas auszusetzen. Ich musste mich höllisch beeilen, wenn er mich Besorgungen machen schickte. Er stoppte die Zeit und kam mir immer mit einem vorwurfsvollen »Was zum Teufel hat dich so lange aufgehalten?«. Es wäre einerlei gewesen, wenn ich den Weltrekord gebrochen hätte, es hätte trotzdem »Was zum Teufel hat dich so lange aufgehalten?« geheißen.

Von allen verhassten Tagen war der Freitagmorgen vor der Schule am schlimmsten, denn da bekam ich es mit George Flanders zu tun, dem Gemüsehändler aus der Hölle.

»Wie viele, junger Millar?«, fragte Flanders, ein Hüne in stramm sitzender Kleidung, der übertriebene Koteletten trug, ein stets rötliches Gesicht hatte und eine enorme, die Schwerkraft verhöhnenden Zinken. Die Kinder nannten ihn Gurkennase. Seine Augen zeigten den strengen Ausdruck von jemandem, der ein unvorteilhaftes Gerichtsurteil studiert und hofft, obwohl es keine Hoffnung mehr gibt. Dieselben Augen konnten einen mit stechenden Blicken durchdringen.

»Fünfzig, Mister Flanders«, piepste ich, und den Teil hasste ich besonders: die Tauschgeschäfte mit den Äpfeln vom Baum meines Vaters.

Flanders nahm einen der Äpfel, strich mit dem Daumen über die Schale und schnupperte mit seinem gigantischen Zinken daran. »Vier Kohlköpfe. Was sagste dazu?«

»Mein Dad sagt *fünf* Kohlköpfe, vier Karotten und anderthalb Kilo Kartoffeln.« Ich wünschte mir stets, Flanders würde schneller machen, weil einer meiner Freunde reinkommen konnte, um einen Apfel zu holen, und dann Zeuge meiner Demütigung geworden wäre.

»Wie bitte? Hat ja 'ne Vollmeise, dein Dad! Ich bin vielleicht nur ein Gemüsehändler, aber bescheuert bin ich deswegen noch lange nicht.« Flanders lachte. Er jonglierte inzwischen mit einigen Äpfeln und blinzelte wie ein Clown, wenn er so tat, als ließe er sie fallen.

Tote Fliegen lagen in den Fenstern des Gemüseladens, in einer strammen Reihe, es erinnerte an einen Militärtransport, der in einen Hinterhalt geraten war. Über den Toten klebten die noch flugtauglichen Kameraden bedrohlich zappelnd an Fliegenfängern und rissen sich selbst die Gliedmaßen aus. Ich betrachtete die klebrigen Streifen, weil mich die panischen Opfer faszinierten, die vergeblich versuchten, sich aus dem zähflüssigen Friedhof zu befreien. Und dachte dann an die Napfkuchen mit Zuckerguss, die nebenan in Mullans Bäckerei verkauft wurden. Ich hatte im ganzen Leben noch nie einen gekostet. Würde ich auch nie.

So ist das Leben, dachte ich, *es beschert uns allen irgendwann ein großes klebriges Ende.*

»Ich bin heute in großzügiger Stimmung, junger Millar«, sagte Flanders mit der Miene eines Politikers am Wahltag. »Vier Kohlköpfe. Und hier noch ein paar Karotten dazu.«

Es war vorbei. Er hatte gewonnen. Wie immer.

Als ich sein Geschäft verließ, drückte mir Flanders eine Birne in die Hand. Sie war ziemlich angestoßen und hatte einen Zahnabdruck. »Hier, die ist für dich. Und bestell deinem Dad, dass er schon früher aufstehen muss, wenn er mich veräppeln will!«

Ich konnte sein Lachen noch hören, als ich halb die Straße runter war.

»Mehr hast du nicht bekommen?«, fragte Dad und betrachtete missmutig meine Tauschware.

Warum gehst du nicht selbst hin?, fragte ich in meinen Träumen. *Etwa Angst vor der Erniedrigung?*

Der Freitagvormittag war schlimm, aber der Freitagabend ein Albtraum. Da musste ich zu Peter Kelly, Fish and Chips holen. Und selbst wenn ich rannte, als wäre der Teufel hinter mir her, und Dad sich an den Chips die Lippen verbrannte, weil sie noch so heiß waren, begrüßte er mich dennoch unweigerlich mit: »Das ist ja alles eiskalt. Was zum Teufel hat dich so lange …?«

Die Leute glotzten mir nach, als hätte ich den Verstand verloren. Trotzdem rannte ich – musste ich rennen, aus Angst vor Dads Zorn. Doch das alles sollte sich ändern, als uns eines Freitagabends der Wahnsinn von jemand anderem dazwischenkam.

Die Schlange vor dem Imbiss reichte bis zur Ecke der McCleery Street. Alle liebten Peters Fish and Chips, besonders am Freitag- und Samstagabend, wenn die Arbeiter ein wenig Geld in der Tasche hatten.

Dad bringt mich um, dachte ich, während ich noch schneller lief, um einen guten Platz in der Schlange zu ergattern.

»Dich beobachte ich jeden Freitagabend. Hältst dich wohl für ganz was Besonderes, was?«

Er war etwas jünger als ich. Sein Gesicht sah schmierig aus, als hätte sich ein schmutziger Wischlappen auf die Haut gelegt, der ihm das Leben aussaugte.

Ich war so außer Puste, dass ich kaum atmen konnte, geschweige denn antworten.

»Wie heißt es denn?«, fragte er und hielt mühelos mit mir Schritt.

»Was? Hau bloß ab, ja?« Alle starrten uns beide an.

»Dein Pferd, Blödi. Wie heißt dein Pferd?«

Ich versuchte, den armen Irren zu ignorieren.

»Mein Pferd nennen sie Silver. Wie das des Lone Ranger«, sagte er so stolz wie ein Pfau im Bellevue Zoo.

Meine Brust brannte vor Anstrengung. Ich musste stehen bleiben.

»Silver ist unsichtbar. Ist das nicht toll? Ich bin der Einzige, der ihn sehen kann.« Plötzlich machte er eine seltsam ruckartige Bewegung, dann tätschelte er einem unsichtbaren Pferd den Hals. »Ruhig, Junge, ganz ruhig. Niemand tut dir was.«

Er beachtete meinen bedrohlichen Gesichtsausdruck nicht, sondern plapperte einfach weiter.

»Am tollsten an Silvers Unsichtbarkeit ist, wenn er auf die Straße scheißt. Niemand sieht es, drum treten sie voll rein! Ich muss immer lachen, wenn sie in ihre Häuser gehen und Silvers unsichtbare Scheiße an den Schuhen kleben haben! Und der Gestank! Schlimmer als sichtbare Scheiße, das kannst du mir glauben! Alle lachen über mich, aber ich bin immer der, der zuletzt lacht. Nicht wahr, Silver?«

Unvermittelt hüpfte er dreißig Zentimeter in die Luft und tätschelte das nervöse Pferd beruhigend. »Ruhig! Ruhig, Silver. Braver Junge.«

Alle grinsten uns an, doch bevor ich ihn packen konnte, rief er: »Bis bald! Hü hott, Silver, nichts wie weg hier!«

Und er rannte los, schlug sich selbst auf den Arsch und sprang über Mülltonnen und leere Kartons.

Das war es, dachte ich. Nie wieder würde ich rennen wie ein Irrer. Dad konnte mit mir machen, was er wollte, ich hatte endgültig genug Demütigungen abgekriegt.

Ich war mehr als überrascht, dass Dad kein großes Gewese darum machte und sogar stolz zu sein schien, wie ich für mich eingetreten war. Aber Hochmut kommt immer vor dem Fall, und eine Woche später meldete er mich zu meinem größten Entsetzen in einem Boxclub vor Ort an, wo ich als lebender Punchingball etliche neue Freunde fand.

Es vergingen viele Monate, bis ich Lone Ranger wieder begegnete. Sein Gesicht glich einer verschwitzten Maske, während er mühelos über drei Mülltonnen sprang.

»Was ist mit deinem Pferd passiert? Und woher haste die blauen Augen?«, fragte er.

Sein Interesse schien echt, daher ging ich darauf ein.

»Es lahmte, darum musste ich es erschießen. Die blauen Augen hab ich mir geholt, als ich aus dem Sattel gefallen bin und mir den Kopf an einem Felsen gestoßen habe.«

Er schüttelte den Kopf. »Das ist traurig. War ein gutes Pferd. Vielleicht findste eines Tages ein anderes.« Er betrachtete eine Zeit lang den Boden und sagte: »Wir gehen jetzt. Man sieht sich.«

Ich hoffte nicht. Dann gab er wieder dieses gruselige Lachen von sich.

»Was ist los?«, fragte ich ihn. »Über wen lachst du?«

»Du bist gerade in Silvers unsichtbare Scheiße getreten! Hättest eben dein treues Pferd nicht erschießen sollen!« Und damit rannte er los, sprang über Kartons und rief dabei: »Hi ho, Silver, nichts wie weg hier!«

KAPITEL VIER

ECHTE HASEN ODER KANINCHEN? ODER NUR HAARIGE KANINCHEN?

»Oh, das kannst du nicht ändern«, sagte die Katze: »wir sind alle toll hier. Ich bin toll. Du bist toll.«
»Woher weißt du, dass ich toll bin?«, fragte Alice.
»Du musst es sein«, sagte die Katze, »sonst wärest du nicht hergekommen.«
– Lewis Carroll, *Alice im Wunderland*

Am besten zwingt des Baders Messer dich.
– John Milton, *Simson der Kämpfer*

Um Dads Stimmungsschwankungen zu entkommen, nachdem Mum ihn verlassen hatte, begann ich, auf das Dach der Saint Patrick's School zu klettern. Die Drohungen des Hausmeisters, er würde die Polizei rufen, scherten mich nicht. Wie zum Teufel hätten schwergewichtige Bullen die dünne Regenrinne hochklettern wollen, die schon unter meinem kindlichen Gewicht verdächtig ächzte?

Wenn ich da oben lag, unsichtbar für alle, die nicht die Macht zu fliegen besaßen, gingen mir Bilder von samtenen Schmetterlingen und gurrenden Tauben durch den Kopf. In der Ferne ragten die beiden imposanten Kräne auf, die Samson und Goliath genannt wurden, und standen Wache wie futuristische Orwell'sche Wachtposten, die auf die winzigen Katholiken hinunterblickten, die unter ihnen schufteten wie aufgeschreckte Käfer. Die Kräne waren den Katholiken ein Gräuel und eine deutliche Erinnerung daran – als ob wir eine gebraucht hätten –, dass wir Bürger zweiter Klasse waren und die Briten und Unionisten eine Vormachtstellung hatten.

Aber damals wusste ich natürlich nichts von manipulierten Wahlen, Diskriminierung und schäbigen Unterkünften. Ich war erst elf und interessierte mich nicht für so etwas. Das kam erst später. In diesen Momenten war ich ein Schlossherr, der auf seine Untertanen in der Lancaster Street hinabblickte.

Auf dem Dach hörte ich das Gemäuer ächzen und das leise Rauschen des fernen Verkehrs. Unten fand ein Handballspiel statt; das einem Herzschlag nicht unähnliche, stakkatohafte Aufschlagen des Balles auf dem Boden hatte eine fast hypnotisierende Wirkung. Ich nahm das Klatschen bloßer Hände wahr, mit dem vergebene Punkte kommentiert wurden. In den Stimmen der unermüdlichen Krieger lagen Verzweiflung und Jubel.

Wenn ich meinen Blick über die Hinterhöfe schweifen ließ, sah ich Wäscheleinen voller Kleidungsstücke, die im Wind flatterten und mich an nach Nahrung schnappende Möwen erinnerten. Dreckiges Wasser strömte durch die Fugen des Kopfsteinpflasters und vermischte sich mit ausgelaufenem Öl eines alten Autowracks, das wie eine große, verwundete Bestie an der Mauer des Schrottplatzes kauerte.

Am Ende der Straße standen fressend, pissend und scheißend die Pferde des ortsansässigen Glasers nebeneinander. Ständig drückten sie faustgroße Brocken aus ihren Ärschen, in denen unverdaute Strohhalme steckten wie die Stacheln verbrannter Kakteen. Kamikazesperlinge schossen zwischen den Beinen der Pferde hindurch, als wollten sie den Mist fangen.

Es gab noch ein anderes Plätzchen, wo ich – und ein paar Freunde – Zuflucht suchten, und gnade uns Gott, wenn wir je dort erwischt worden wären. Der Secondhand-Klamottenladen …

Sadie war *de facto* die Alleinherrscherin des Klamottenladens, auch wenn Mister Jacobs, der Besitzer, grummelnd das Gegenteil behauptete. Sie feilschte um Preise, stellte Leute ein, feuerte sie wieder und versorgte die Katzen, mit denen die Rattenpopulation im Zaum gehalten werden sollte. Sie war eine Frau mit einem freundlichen Gesicht und breiten Hüften, an die sich ein gewaltiger, von all den Geschäften, die mit ihm abgewickelt wurden, schon schwer in Mitleidenschaft gezogener Geldbeutel schmiegte. Und obwohl sich in dem Laden eine Unmenge brennbare Stoffe und Stofffetzen befanden, klemmte stets eine Park-Drive-Zigarette in einer von Sadies dunklen Zahnlücken.

Sadie scherzte oft darüber, dass man mit all dem Teer in ihrer Lunge die York Street asphaltieren könnte, und stieß dabei ununterbrochen Rauchwolken aus den Nasenlöchern aus wie ein erschöpfter Drache. Wenn sie einmal etwas zu einem Gespräch beitrug – was selten genug vorkam –, klang ihre Stimme so rau wie Schmirgelpapier.

Doch ihr Rauchen war längst nicht die einzige Gefahr für die Gesundheit in dem Laden. Ganz oben auf der Liste standen die Ratten. Verschlagen und tollkühn griffen sie die dürren Kopfgeldjägerkatzen an, die sich als erstaunlich feige erwiesen und sich draußen in Sicherheit brachten.

Sadie hatte so viele Bisswunden davongetragen, dass sie inzwischen immun dagegen zu sein schien. Ihre Beine waren übersät mit den hufeisenförmigen Bissspuren. Freitags, wenn sie zu viel Mundies-Wein intus hatte, raffte sie manchmal ihr geblümtes Zigeunerkleid hoch, zog die Unterhose runter, schlug sich auf den nackten Hintern und sagte: »Was haltet ihr davon, hm? Beißt mir doch in den Arsch, ihr dreckigen kleinen Mistviecher!«

Ein Großbrand hätte uns nicht schneller aus dem Laden vertreiben können als der Anblick dieser schlaffen, verschrumpelten Arschbacken.

Unsere Eltern hatten uns natürlich gewarnt, wir sollten uns

von dem Laden mit seinen Flöhen, dem Gestank und den Krankheiten fernhalten. Und auch wenn es nie offen ausgesprochen wurde, hörte man sie doch raunen, Sadie wäre ein loses Frauenzimmer. Wir hatten keinen blassen Schimmer, was damit gemeint war, aber das ausweichende Herumdrucksen und die kaum verhohlene Abneigung genügten völlig, uns für Sadie einzunehmen.

Wir waren so sehr von ihr angezogen wie die Motten vom Licht und versammelten uns an den meisten Freitagabenden gemeinsam mit hüpfenden Flöhen und feigen Katzen, um sie bei einem blutigen Ritual zu beobachten, in dessen Verlauf sie Köpfe abschnitt und Bäuche ausweidete.

»Kaninchen!«, riefen wir wie aus einem Mund, als wir die Tiere in ihren Käfigen zum ersten Mal sahen.

»Hasen«, sagte Sadie mit der Stimme einer Gangsterbraut, im Mundwinkel eine zuckende Kippe.

»Nein, Kaninchen«, beharrten wir.

»Hasen«, wiederholte sie und zog eines der Tiere ohne viel Federlesens an den Ohren aus dem Käfig. Der Hase gab ein Geräusch von sich wie ein hungriges Baby auf der Suche nach einer Brustwarze: ein gequältes und so erbarmenswertes Geräusch, dass es bis ins Innerste meiner Seele drang und dort für alle Zeiten eine Narbe hinterließ.

Sie zog das zappelnde Geschöpf, das mit den nervös zuckenden Schnurrhaaren Staubkörnchen einfing und sie in tanzende Kristalle verwandelte, direkt vor unseren gebannten Gesichtern in die Höhe. Dann zauberte sie wie durch einen Taschenspielertrick scheinbar aus dem Nichts ein unheilvoll glänzendes Rasiermesser herbei und schnitt – zu unserem Schock wie unserer kindlichen Faszination – dem Tier die Kehle durch. Ein Schwall Blut überzog ihre Fingerspitzen. Wir griffen uns instinktiv selbst an die Kehle, als könnten wir den Schmerz spüren.

Zwanzig Hasen ereilte dieses Schicksal. Sadie häutete die Tiere, weidete sie aus und zerlegte sie.

Die glitschigen Innereien landeten in einem Blecheimer, die verkaufte sie dem Metzger in der York Street für Würste. Die blutleeren Körper, ihre winzigen Gesichter zu einem grotesken, postumen Grinsen erstarrt. Der Anblick weckte Mitleid und Staunen zugleich.

Dort, inmitten der Hasenfelle und des allgegenwärtigen Gestanks von Katzenpisse, wurden wir groß und lernten, dass das Leben den Launen eines wankelmütigen Gottes ausgeliefert ist.

»Beachte sie gar nicht«, sagte Sadie zu mir, als sie sah, wie meine Blicke über die Kadaver schweiften. »Sind bloß Tiere. Nichts weiter.«

Sie trank einen Schluck Mundies aus einer gesprungenen Tasse mit der blauen Aufschrift *Made in Hong Kong* auf dem Boden. Der Wein benetzte ihre Lippen und verlieh ihnen das fette, obszöne Aussehen von Nacktschnecken.

»Wirst das eines Tages selber können«, sagte sie und nickte weise mit dem Kopf.

Als ich das hörte, wurde mir eiskalt. Ich wusste, ich würde so eine Bluttat nie und nimmer begehen können.

»Wirst schon sehen, dass du das kannst, ganz bestimmt, ganz bestimmt.« Ihre nuschelnde Stimme hörte sich an, als wäre eine Plattennadel in der letzten Rille hängen geblieben. »Wissen doch alle, dass du deine liebe Mutter gezwungen hast, uns zu verlassen.«

Ich rannte den ganzen Weg nach Hause, ohne einmal anzuhalten; das Herz pochte mir in der Brust, Sadies grausame Worte hallten mir in den Ohren. In dieser Nacht machte ich kein Auge zu. In der nächsten auch nicht. Ich schwor mir, dass ich den Klamottenladen nie wieder betreten würde. Doch eines hatte ich vergessen: Ich war eine Motte und Sadie das Licht.

Mit dem Abend kam die Kälte. Es war Zeit, von dem Dach herunterzukommen. Doch Grauen überkam mich bei dem Gedanken, nach Hause zu gehen. Ich hörte Dads kräftige und einschüchternde Stimme rufen: »Sammy! Wo zum Teufel steckst du? Komm sofort nach Hause!«

Irgendwo unten tönte aus einem Radio Marvin Gaye, der »What's Going On« sang. Ich machte die Augen zu, kniff sie in der Dunkelheit zusammen und spürte, wie meine Lider bebten, als würden wütende Ameisen darin wuseln.

Ich wollte nicht nach Hause gehen. Nicht jetzt. Niemals wieder.

KAPITEL FÜNF

DAS BLUT AN IHREN HÄNDEN

30. JANUAR 1972

Was wir brauchen, ist ein Bürgerkrieg.
– Julius Cäsar

Ins Land der Finsternis und des Dunkels,
wo es stockfinster ist, und wenn's hell wird,
so ist es immer noch Finsternis.
– Hiob 10:22

Aber nun, wer einen Beutel hat, der nehme ihn,
desgleichen auch die Tasche, und wer's nicht hat,
verkaufe seinen Mantel und kaufe ein Schwert.
– Lukas 22:36

Es war etwa zu jener Zeit, als Neil Armstrong einen gewaltigen Sprung für die Menschheit machte, während die Unionisten in Irland ihre üblichen zwei Schritte rückwärts für das Empire machten. Neil behauptete, dass es keine Männer im Mond da oben gebe, und er hatte recht. Sie waren alle hier unten, im größten Raumschiff, das die Menschheit jemals zu Gesicht bekommen sollte, in einem Ort namens Stormont.

In Amerika gingen die Schwarzen für ihre Bürgerrechte auf die Straße, und die Katholiken im Norden besaßen die Unverschämtheit und wollten auch ein Stück von diesem Kuchen abhaben. Etwa zur selben Zeit kaufte sich mein ältester Bruder Danny ein Auto, einen himmelblauen Mini, der seine Freude und sein ganzer Stolz war. Damals besaßen nicht viele Katholiken ein Auto, es war deshalb Stadtgespräch.

An einem Sonntag weckte er mich noch vor Sonnenaufgang aus dem Schlaf. »Los, Kleiner. Zieh dich an. Es geht los.«

Schon vor zwei Wochen hatte er mir versprochen, dass wir mit dem Auto einen ganz speziellen Ort besuchen würden. Aber ich glaubte ihm nicht und dachte, er würde Blödsinn quatschen. Jetzt zwängte ich mich tatsächlich zu drei Freunden von ihm in das winzige Auto.

Es war grandios. Mich kümmerte nicht, wohin wir fuhren oder dass ich in der Enge kaum Luft bekam; allein in dem Auto zu sitzen, war himmlisch.

Als wir unser Ziel einige Stunden später schließlich erreichten, sagte er: »Raus, Kleiner. Wir sind da.«

»Und wo genau sind wir?«, fragte ich mit wackeligen Beinen.

Er lachte. »In Derry. Wir sind hier, um uns dem Marsch für Bürgerrechte anzuschließen.«

Ich hatte nicht die geringste Ahnung, wo Derry lag, aber es hörte sich magisch an. Der Geruch von Fish and Chips lag in der Luft; ich musste an Bangor an einem Sonntagnachmittag denken. Es war der 30. Januar 1972, und weder ich noch sonst wer hatte auch nur die geringste Ahnung, was für ein Albtraum uns erwartete. Es wurde eine der prägendsten Erfahrungen meines Lebens, eine Feuertaufe in der Welt der Patrioten von Nordirland.

Der Geruch nach Fish and Chips wurde bald schon von Tränengas und Schießpulver verdrängt. Britische Milizen schossen auf die unbewaffneten Teilnehmer des Protestmarsches. Der Gestank und der Lärm verfolgten uns bis nach Hause. Auf der Fahrt nach Derry hatten wir die ganze Zeit geredet und gelacht und die Freude am Unterwegssein mit dem Auto genossen. Auf dem Heimweg herrschte eiserne Stille, als könnten wir durch unser Schweigen ungeschehen machen, was passiert war.

Mein Vater weinte fast und erzählte uns die schrecklichen Neuigkeiten, gleich als wir das Haus betraten. »Die Briten haben dreizehn unschuldige Menschen ermordet. Ich dachte, ihr zwei wärt ...« Er brachte den Satz nicht zu Ende. Musste er auch nicht.

Mein Bruder sagte nichts. Sein Schweigen sagte alles: Sie würden auf keinen Fall ungestraft davonkommen. Die Welt würde für Gerechtigkeit sorgen.

Es ist lächerlich, wie naiv wir damals waren. Noch im selben Jahr sprach ein britischer Richter namens Widgery die Milizionäre in allen Anklagepunkten frei, die Schuld wurde allein den Protestierenden in die Schuhe geschoben. Der sogenannte Richter gab unglaublicherweise zu Protokoll: »Ohne diesen illegalen Protestmarsch hätte es keine Toten gegeben.« Kurz darauf verhöhnten die britischen Medien die Opfer dieses schrecklichen Tages noch zusätzlich, indem sie ihnen vorwarfen, sie seien Heckenschützen und Bombenbauer gewesen.

Es dauerte fast vierzig Jahre, bis die niederträchtige Lüge endlich fest an den Union Jack genagelt wurde und die britische Regierung eingestehen musste, was der Rest der Welt längst wusste: Die Ermordeten waren ausnahmslos Unschuldige.

KAPITEL SECHS

EIN KATHOLIK MIT PROTESTANTISCHEM BLUT? EINE EXPLOSIVE MISCHUNG.

Unglücklich ist derjenige, dem die Erinnerungen seiner Kindheit nur Angst und Traurigkeit bringen.
– H. P. Lovecraft, *Der Außenseiter*

There may be trouble ahead …
– Irving Berlin, »Let's Face the Music and Dance«

Jedes Mal, wenn ich meine Vettern im stramm loyalistischen Tiger Bay besuchte, sah ich, dass die Bürgersteige vor ihren Häusern mit roten, weißen und blauen Girlanden geschmückt waren, Talismanen nicht unähnlich, die dazu dienen sollten, böse Fenian-Geister zu vertreiben.

Das junge Mädchen, das neben meinem Onkel wohnte, war zwei Jahre älter als ich. Sie war bildschön, und wann immer ich ihr begegnete, konnte ich die Augen nicht von ihr lassen.

»Genug gesehen?«, fragte sie mich eines Tages, als sie bemerkte, wie ich sie anstarrte.

»Ich … na ja … oh …« Mein Gesicht stand in Flammen.

»Was wirst'n so rot?« Sie lächelte, kam mir auf der Straße entgegen und hielt mich mit ihren bezaubernden Augen in Bann.

Ich brachte mich hastig im Haus meines Onkels in Sicherheit.

Zwei Tage später sah ich sie wieder.

»Wie heißt'n du?«, fragte sie.

»Sammy«, stammelte ich. »Und du?«

»Judy«, antwortete sie und schlenderte die Straße hinab, bis sie nicht mehr zu sehen war.

Dieser Sommer veränderte mein Leben für immer; es war ein Sommer voll strahlendem Sonnenschein, der mich das Elend meiner piepsigen Stimme und pickeligen Haut vergessen ließ.

»Wo bleibste denn?«, fragte Judy, die auf einer baufälligen Schaukel saß und ein blutrotes Eis am Stiel lutschte. »Dachte schon, du hättest Muffensausen gekriegt.«

Ich hätte nicht herkommen sollen. Es war zu weit von zu Hause weg. Dad hatte mich aus unbegreiflichen Gründen stets ermahnt, den Park zu meiden. Aber Judy gab einfach keine Ruhe und nannte mich Hasenfuß und Muttersöhnchen. Jetzt musste ich ihr beweisen, dass sie sich irrte.

»Sieht aus, als hättest du Lippenstift aufgetragen«, sagte ich.

»Ach ja? Ich *habe* Lippenstift aufgetragen!« Sie schürzte die Lippen und holte als weiteren Beweis einen Lippenstift aus den abgewetzten Jeans, mit dem sie sich geübt über den Mund strich.

»*Siehst du?*«, sagte sie.

Ich war schockiert, als ich auf der Schaukel neben ihr Platz nahm und mir an den rostigen Ketten die Hände schmutzig machte.

Plötzlich sprang sie von der Schaukel und baute sich vor mir auf. Sie hielt mir das Eis vor mein verblüfftes Gesicht.

»Lutschen«, forderte sie mich auf.

Das Eis war ganz weich von ihrer Spucke. Es tropfte auf ihre Finger und sah aus wie geschmolzenes Kerzenwachs. Ich fand das abstoßend und wandte den Kopf ab. »Ich ... ich will nichts.«

»Snob!« Zorn loderte in ihren Augen. Der dunkle Zorn einer Herausforderung.

»Gar nicht!«

»Beweis es. Lutsch dran, wenn du kein Snob bist!«

Ich fragte mich, ob uns jemand beobachtete. »Okay! Okay! Steck's mir nicht gleich in den Mund!«

Ich lutschte an dem Eis, obwohl ich mich davor ekelte.

»Ha! Sammy trägt Lippenstift! Sammy trägt Lippenstift!« Sie tanzte singend im Kreis um meine Schaukel.

»Du bist verrückt, Mädchen. Weißt du das?«

»Judy. Mein Name ist Judy. Sag ihn.«

»Ich kenne deinen verdammten Namen!«

»Sag ihn. Flüstere ihn. Jetzt. In mein Ohr.« Sie beugte sich zu mir; ich registrierte den Geruch von Lifebouy-Seife und Sunsilk-Shampoo, der von ihr ausging.

»Judy«, flüsterte ich, aber erst, nachdem ich ihr Ohr auf Ohrenschmalz untersucht hatte.

Sie drehte langsam den Kopf und gab mir einen so heftigen Kuss, dass unsere Zähne aneinanderklirrten wie Milchflaschen am Morgen. Ich roch das Eis in ihrem Atem.

»Komm mit. Dorthin.« Sie schubste mich hinter eine alte, grüne Hütte, die als Unterstand und Lager diente und in der es eine Toilette gab. Die unansehnliche Farbe blätterte ab und offenbarte die Initialen längst vergessener Liebespaare. Ein paar Meter entfernt lagen einige gebrauchte Kondome im Gras.

Unvermittelt knöpfte sie die Bluse auf und drückte meine Hand auf ihren Busen. Er war klein und warm, wie ein frisch gelegtes Ei.

»Ich liebe dich und werd dich immer lieben«, flüsterte sie.

Mir wurde schwindelig. Ich hatte ja keine Ahnung gehabt, dass es so etwas gab.

»Ich ... liebe dich auch«, brachte ich mit vor Spannung ganz trockenem Mund heraus. In dem Moment hätte ich ihr einfach alles gesagt. Sogar »Scheiß auf den Papst« und »God save the Queen«. Für diese seltsame Magie, mit der ich hier bezirzt wurde, wäre ich zum Verräter geworden.

Unerwartet ertönte das Geräusch von fließendem Wasser. Wir hielten den Atem an, während einer der Parkwächter sich in der Hütte Tee machte.

»Wenn er uns sieht, sind wir tot«, flüsterte ich.

»Er ist nicht der Einzige, der uns umbringen würde.«

»Was soll das heißen?«

»Mein Dad würde mich umbringen, wenn er mich mit dir erwischt«, flüsterte Judy, als wieder Stille einkehrte.

»Ich weiß. Mein Dad würde mich auch umbringen, wenn er mich hierbei erwischen würde«, stimmte ich zu.

Sie lachte leise. »Nein, doch nicht deshalb. Weil du ein Taig bist.«

»Ein was?« Ich war verwirrt.

»Ein Taig. Ein Katholik.«

»Und? Was ist daran falsch?«

Sie schüttelte nur den Kopf. »Nichts. Sei einfach vorsichtig, wenn du in unsere Straße kommst.«

Obwohl ich keine Ahnung hatte, was »Taig« bedeutete, fühlte ich mich schmutzig und unwohl in meiner Haut. Später fand ich heraus, dass es ein geringschätziger Ausdruck für Katholiken war, etwa so, als würde man einen Schwarzen »Nigger« nennen. Das war mein erster Vorgeschmack auf die Spannungen zwischen Katholiken und Protestanten, die wahre Welt des sektiererischen Hasses im Norden.

Danach verbot mir Dad, meine Vettern zu besuchen, und bezeichnete sie als die Mistkäfer: Sie hassten die Rose und suhlten sich stattdessen in dem Mist, mit dem sie gedüngt wurde.

»Katholiken sind die Unterteller Nordirlands: nahe an der Tasse, aber in den Genuss ihres Inhalts kommen sie nie«, sagte er wütend.

Es war eine Wut, die ich nie wieder sehen wollte.

KAPITEL SIEBEN

PEST UND HÖLLE. FLEISCH, SO VIEL DU WILLST!

Denn, glaubt es mir! – das Geheimnis, um die größte Fruchtbarkeit und den größten Genuss vom Dasein einzuernten, heißt: gefährlich leben!
– Friedrich Nietzsche

Es gibt ein Grauen, das über das Grauen hinausgeht, und dies war einer der Kernpunkte aller erträumbaren Scheußlichkeiten.
– H. P. Lovecraft, *Das gemiedene Haus*

Ich arbeitete in einer Holzfabrik unweit der Hafenanlagen als einer von rund zwölf Katholiken in einer Kolonne von mehr als einhundert Arbeitern. Es versteht sich wohl von selbst, dass wir Katholiken nicht gerade herzlich behandelt wurden – außer am glorreichen Zwölften, wenn unsere von Fusel und Hass erfüllten loyalistischen Kollegen unsere abgeschiedene Teehütte für ein Freudenfeuer zweckentfremdeten. Falls sich einer von uns gerade darin aufhielt, betrachteten sie das als willkommenen Bonus. Es verging keine Woche, in der nicht irgendeine Drohung gegen uns ausgestoßen wurde.

Am Zwölften war es immer besonders schlimm, da kam es zu regelrechten Stammesfehden, die Gebeine der Toten bildeten einen absurden Flickenteppich von wahrhaft biblischen Ausmaßen.

Ich ging aus Sicherheitsgründen ein paar Monate lang rückwärts nach Hause, bis ich beschloss, dass das Leben als Holzarbeiter nicht meine Berufung war. Schließlich landete ich als Arbeiter in einem Schlachthof, einen Steinwurf von der Holzfabrik entfernt. Hinter dem trostlosen Industriegebiet, in dem der Schlachthof lag, verlief eine Bahnstrecke. An Sommertagen flimmerte die Hitze über den Schienen, und wenn jemand ein Ei – für gewöhnlich ein stibitztes Möwenei – darauflegte, war es am Ende so perfekt durchgebraten wie in einer heißen Pfanne.

Das Brachland strahlte im Sommer eine wilde Schönheit aus. In Wacholder- und Salbeisträuchern zirpten Insekten, deren orchestrale Flügel nie zur Ruhe kamen. Büschel von lila, roten, weißen und purpurfarbenen Blüten sprossen triumphierend zwischen rostigem Metall und auch aus verwesenden Kadavern toter Hunde und Katzen, was den abstoßenden Anblick fast erträglich machte. Diese Makel verliehen dem Industriegebiet sogar einen Teil seines Charakters. Die in rapidem Schwund begriffene Landschaft besaß Schönheit, etwas Wahres und Notwendiges, das stumm von Größe und Macht kündete und deshalb beruhigend wirkte.

Im Gegensatz zum Schlachthof.

»Mir ist unbegreiflich, wie du es dort aushalten kannst, Sam«, sagte Jim Kerr, mein alter Schulfreund, der neben mir vor den einschüchternden Toren der blutigen Institution stand. Wir hatten einander nicht mehr gesehen, seit wir vor fast einem Jahr von der Schule abgegangen waren.

»Was bleibt mir schon übrig? Du hast es gut. Du kannst Autos reparieren. Ich wünschte, ich hätte einen so schönen Job wie du und könnte in einer Werkstatt arbeiten.«

»So toll, wie du dir das vorstellst, ist es auch wieder nicht. Meistens ist man mit Öl verschmiert. Fast wie damals bei Miss Smith im Kunstunterricht.«

Wir erinnerten uns beide und lächelten. In unsere Kunstlehrerin Miss Smith waren wir alle verliebt gewesen. Sie war bildschön und ließ sich von keinem etwas gefallen. Vielleicht hatte ihr schwarzer Gürtel in Judo etwas damit zu tun?

»Ach, das waren noch Zeiten«, sagte ich.

»Hör sich das mal einer an, du redest ja daher wie ein alter Mann. Wir sind doch erst ein Jahr aus der Schule.«

»Mir kommt es wie eine Ewigkeit vor. Und ich wünschte mir nichts lieber, als wieder dort zu sein. Ich hab gedacht, es wäre toll, die Schule endlich von der Backe zu haben und Geld zu verdienen. Und jetzt dieser Albtraum im Schlachthof.«

»Wenigstens musst du keine Angst mehr haben, dass dich ein sadistischer Lehrer windelweich prügelt, nur weil du ein paar Minuten zu spät gekommen bist.«

»Nein, dafür habe ich jetzt Angst davor, von den Loyalisten zusammengeschlagen zu werden.«

Plötzlich bekam seine Stimme einen ernsten Tonfall. »Hör zu, Sam, sei vorsichtig hier. Pass auf dich auf. Es gibt in der Gegend hier nicht viele Katholiken.«

»Mit einem so anständigen protestantischen Namen wie Sam Millar dürfte ich kaum Probleme bekommen.« Ich grinste.

»Sei einfach vorsichtig. Okay?«

»Keine Bange, Mann. Mir passiert schon nichts.«

»Werd nur nicht zu übermütig. Wenn wir uns das nächste Mal sehen, bin ich da unten.«

Ich sah ihm nach, wie er die lange, schmale Straße hinunterging, bis er nicht mehr zu sehen war.

Ich atmete tief durch und ging zum Haupteingang. Taubengrauer Rauch stieg von einem gewaltigen Schornstein empor wie ein Gespenst, formlos und dennoch klar umrissen, als wäre das Gebäude ein Lebewesen, das ausatmete. Trübes Licht drang kläglich durch Milchglas. Der Geruch von etwas Schwerem lag in der Luft, etwas Vertrautem und Fremdem zugleich; einen Augenblick übermannte mich das Gefühl, dass dies alles unwirklich wäre. Es erinnerte mich an alte Schwarz-Weiß-Dokumentarfilme über Konzentrationslager, die ich im Fernsehen gesehen hatte.

Das Schlachthaus bestand im Wesentlichen aus einem schauerlichen Fließband, an dem sich groteske Verwandlungen vollzogen: Ängstliche Kreaturen betraten es an einem Ende und verließen es am anderen nackt, erniedrigt und verstümmelt. Manche versetzte der Blutgeruch derart in Panik, dass sie vergeblich versuchten, über die Absperrungen zu springen, sich dabei jedoch nur die Beine brachen und blökend und verkrümmt am Boden liegen blieben. Wütende Schlachter machten sich dann über sie her und hinterließen überall blutige Bahnen.

Tiere verdrehten die Hälse seitwärts und sahen mit an, wie blutverschmierte Hände und tödlicher Stahl ihr Schreckenswerk verrichteten. Die zerlegten Leiber fing man im Handumdrehen mit Fleischerhaken ein, wodurch die ganze Szene etwas grotesk Wahnsinniges bekam, wie ein Gemälde von Bosch, bevölkert mit den rosigen Violinen von Schafskadavern und den Celloformen der Kühe. Die Halle wirkte riesig und grenzenlos. Sie war atemberaubend grässlich, eine Sixtinische Kapelle, die tobsüchtige, mit wahnhaften Aktivitäten beschäftigte Barbaren mit Blut besudelten. Der Gestank der Angst und Unmenschlichkeit erfüllte die klamme Kälte.

Die Arbeiter waren so blutüberströmt wie die verstümmelten Fleischteile, die sie klein hackten. Nur ihre winzigen, weißen Augen, Zähne und Fingernägel hoben sie von allem anderen ab, während sie ihre endlose Choreografie des Todes durchspielten, als wären sie immun, und sich in vollendetem Einklang bewegten, als würden sie für ein unsichtbares Publikum eine Farce aufführen. Sie schienen alle auf einmal zu reden; laut und unverständlich.

Am ersten Tag beleidigte der Gestank, der einem den Magen umdrehte, noch meine Nase. Es war derselbe Gestank wie außerhalb des Gebäudes, nur um ein Vielfaches verstärkt – der Gestank von verwesendem Fleisch, von Angst und Not stieg von den entstellten Kadavern auf.

Arbeiter hatten es sich als Gruppe in einer winzigen Ecke des Raumes gemütlich gemacht; sie schienen dem Chaos ringsum keinerlei Beachtung zu schenken, unterhielten sich und lasen Zeitung. Sie verschlangen ihre Spiegeleier und das eben erst gemetzelte Fleisch und wischten sich die Münder mit blutigen, fadenscheinigen Taschentüchern ab.

Mir drehte sich der Magen um bei dem Gedanken, ein Geschöpf zu essen, das ich wenige Minuten zuvor noch lebendig gesehen hatte. Wie behielten sie nur ihr Essen unten? Ich spürte, wie mir schwindelig wurde, und fragte mich, ob ich mich übergeben müsste und meine Entschlossenheit ins Wanken geraten würde.

»Alles in Ordnung?«, fragte der Vorarbeiter grinsend. »Siehst blass aus.«

»Nein, machen Sie sich keine Sorgen, alles okay«, log ich. »Geben Sie mir meine Messer …« In dem Moment fielen mir Sadies prophetische Worte ein: *Eines Tages kannst du das auch …*

Das Positive an der ganzen Angelegenheit war, dass ich jeden Freitagabend so viel Fleisch mit nach Hause nehmen durfte, wie ich tragen konnte. Manche katholischen Arbeiter lehnten das rigoros ab und werteten es als Verstoß gegen das von Rom verhängte Fleischverbot am Freitag. Mich störte das überhaupt nicht. Steak ist allemal besser als Fisch, sagte das Protestantenblut in mir.

Glücklicherweise musste ich es nur kurze Zeit an diesem blutigen Ort aushalten. Nach sechs Monaten bekam ich einen Job als Barkeeper in Kelly's Cellars, einem der ältesten Schankhäuser in Belfast. Dort hörte ich langhaarigen und bärtigen Radikalen zu, die sich mit linken Studenten zusammentaten, für soziale Veränderungen eintraten und darüber diskutierten, wie man den Status quo der Unionistenherrschaft beenden könnte. Sie redeten über Che Guevara, Martin Luther King und James Connolly, ebenso wie über Strategien des Straßen- und Häuserkampfes. Ich hörte alles, *hörte aber nicht zu.* Obwohl ich aus einer Familie mit republikanischem Hintergrund stammte, interessierte ich mich herzlich wenig für Politik. Doch die brutalen Morde in Derry ließen mich mit einem militanten Republikanismus liebäugeln. Ich brauchte nur noch einen letzten Schubs.

Der ließ nicht lange auf sich warten.

Ich arbeitete erst seit einer Woche als Barkeeper, als ich die schreckliche Nachricht im Fernsehen hörte: *Maskierte loyalistische Terroristen haben einen katholischen Teenager an seinem Arbeitsplatz in der Lisburn Road erschossen. Die sogenannten Red Hand Commandos haben sich zu dem Mord bekannt und betont, dass alle Katholiken Freiwild wären. Laut Aussagen der Polizei handelte es sich bei dem Opfer um den siebzehnjährigen Jim Kerr …*

KAPITEL ACHT

EINE SCHWIERIGE SITUATION MIT EINEM WALISISCHEN ›TAFFY‹

Unter einer Regierung, die irgendjemanden unrechtmäßig einsperrt, ist das Gefängnis der angemessene Platz für einen gerechten Menschen.
– Henry David Thoreau

Ergreift man jedoch einen und schleift ihn in Ketten ins Gefängnis, so ist er weder unterworfen noch bezwungen, denn er ist nach wie vor ein Gegner.
– Thomas Hobbes

Nicht lange nach Jims Ermordung wurde ich selbst unter dem fadenscheinigen Vorwand verhaftet, ich würde einer »illegalen Organisation« angehören, nämlich der Irisch-Republikanischen Armee. Mit siebzehn begegnete ich meinem ersten leibhaftigen Engländer, als er am frühen Morgen die Tür meines Hauses eintrat und mich an den Ohren aus dem Bett zerrte.

Mit einer ganzen Schwadron bis an die Zähne bewaffneter Kameraden in Uniformen der britischen Armee als Verstärkung ließ er es sich nicht nehmen, mir ein automatisches Gewehr direkt vor das linke Auge zu halten, und nannte mich einen elenden Dreckskerl von Paddy, obwohl ich ihm schlaftrunken versicherte, mein Name wäre Sammy, nicht Paddy. Die orangefarbene Schärpe meines Großvaters beeindruckte ihn so wenig wie die Fotos von Kennedy und dem Papst. Hätten wir noch ein Foto von Lizzy Windsor danebengehängt, hätte ihn das möglicherweise besänftigt und das Haus hinterher nicht ausgesehen, als wäre ein Minitornado darüber hinweggefegt und hätte eine Schneise der Zerstörung hinterlassen.

Dad erlaubte IRA-Leuten auf der Flucht unser Haus als sicheren Unterschlupf zu nutzen, er gewährte ihnen Obdach und fütterte sie ab. Ich nehme an, es war nur eine Frage der Zeit, bis ihn einmal jemand anschwärzte.

Zu seinem Glück war er nicht zu Hause, als die bewaffneten Fremden »auf einen kleinen Plausch« vorbeikamen. Zu meinem Pech sahen sie in mir einen hinreichenden Ersatz für ihn, also schleppten sie mich im Handumdrehen in das berüchtigte Verhörzentrum Castlereagh, einen finsteren Ort, der in dem schrecklichen Ruf stand, dass dort gegen die Menschenrechte verstoßen und gefoltert wurde und man politische Gefangene misshandelte, wie Amnesty International dokumentierte.

Verdächtige wurden häufig geschlagen, man fügte ihnen mit Zigaretten oder Feuerzeugen Brandwunden zu und zwang sie, lange Zeit in unbequemer Haltung zu verbringen. Nicht selten zog man sie auch nackt aus, demütigte sie und drohte ihnen, sie zu ermorden. Einige unterzog man einer Technik, die »Dehnung« genannt wurde – dabei wurden die Handgelenke oder Ellbogen eines Häftlings in schmerzhafte Stellungen gezwungen, manchmal für mehrere Stunden. Es war nicht ungewöhnlich, dass man nach einem Aufenthalt in Castlereagh im Krankenhaus landete, wo man dann freilich nicht auf einen Blumenstrauß und einen Obstkorb hoffen durfte.

Ein berüchtigter Bulle, Bill Mooney, peitschte die Vernehmer auf, bevor sie den Verhörraum betraten, er herrschte sie an: »Was seid ihr, Männer oder Memmen? Geht da rein!« Wenn es den anderen Bullen nicht gelang, einen Häftling schnell genug zu brechen, fragte er: »Muss ich die Sache etwa selbst in die Hand nehmen?« Der liebenswürdige Mooney wurde aufgrund seiner guten Umgangsformen und seines anständigen Charakters später in den Rang eines Detective Chief Superintendent befördert.

Nach meinem dreitägigen Aufenthalt in Castlereagh verlegten sie mich in die Haftanstalt Crumlin Road – mit jeder Menge Blutergüssen und Schnittwunden am Körper, allerdings nicht im Gesicht. *»Nie ins Gesicht, Leute. Niemals ins Gesicht …«*

Belfasts berüchtigte Haftanstalt Crumlin Road – unter den Anwohnern nur Crum genannt – war ein schauerlicher Ort mit einer grusligen Ausstrahlung. Wäre das trostlose Gebäude auf einem Berggipfel errichtet worden statt an einer Hauptstraße, wäre es eine grandiose Kulisse für einen Horrorfilm der *Hammer Studios* gewesen. Das zwischen 1843 und 1845 auf einem Gelände von zehn Morgen aus schwarzem Basalt erbaute Gebäude bestand aus vier Flügeln, die von einem zentralen Bereich mit dem Namen The Circle ausgingen – der Kontrollzone. Jede Zelle maß dreieinhalb mal zweieinhalb Meter und war drei Meter hoch. Ursprünglich sollte der Block zwischen fünfhundert und fünfhundertfünfzig Gefangene in Einzelzellen beherbergen. In späteren Jahren – besonders in den 1970ern – mussten sich bis zu drei Häftlinge, überwiegend Republikaner, eine Einzelzelle teilen.

Offiziell in Betrieb genommen wurde dieses Höllenloch im März 1846, als einhundertsechs bedauernswerte Häftlinge – Männer, Frauen *und Kinder* – in Ketten vom Bezirksgefängnis in Carrickfergus dorthin überführt wurden. Sechs dieser einhundertsechs Debütanten schickte man schließlich ans »Ende der Welt«, nach Australien.

In den Anfangsjahren der Haftanstalt sperrte man dort hungernde Kinder ein, weil sie Essen gestohlen hatten, und das in einer Stadt, in der Armut und Hunger für die Arbeiterklasse mehr oder weniger zum Alltag gehörten. Die Strafen, die von anständigen und gottesfürchtigen Richtern über die Kinder verhängt wurden, lagen zwischen einer Woche und einem Monat und umfassten in aller Regel auch Auspeitschungen. Gefiel dem Richter ein Gesicht nicht, konnte die Strafe auch schon mal höher ausfallen. Das war das Schicksal des zehnjährigen Patrick Mageem, den man 1858 des unverzeihlichen Verbrechens anklagte, dass er einer Waschfrau Wäsche von der Leine stibitzt hatte. Patrick bekam dafür drei Monate. Der arme Junge wurde von den feigen Henkern des Gefängnisses so sehr eingeschüchtert, dass er sich in seiner Zelle erhängte.

Siebzehn Männer wurden in dem Knast am Galgen hingerichtet. Ihre Leichname beerdigte man in den Mauern der Anstalt, in ungeweihter Erde, nur die Initialen ihrer Namen und das Datum ihrer Hinrichtung, die in eine Mauer gekratzt wurden, blieben als Erinnerung an sie.

In den meisten Fällen wurde Albert Pierrepoint als Henker bestellt, ein Ghul, der Spaß an seiner grausigen Arbeit hatte. Schon mit elf Jahren schrieb er in einem Schulaufsatz: »Wenn ich die Schule hinter mir habe, möchte ich gern als offizieller Henker arbeiten.«

Das wirst du, mein Junge, das wirst du ...

Die Sonntagabende im Crum waren immer am schlimmsten. Als Abendessen mussten ein gekochtes Ei und eine Scheibe Sodabrot ausreichen, am nächsten Morgen gab es dann einen steinharten Haferbrei. Die einzige Abwechslung in der erdrückenden Monotonie waren Razzien bewaffneter britischer Soldaten, die einem die Zelle aufmischten und die wenigen Habseligkeiten beschlagnahmten, die man sich zusammengesammelt hatte. Die Razzien dauerten normalerweise von Sonntagabend bis in die frühen Morgenstunden am Montag.

Meistens verliefen die Zellendurchsuchungen ohne allzu große Probleme. Die Gefangenen wurden in die Gefängniskantine geführt und von einigen Wärtern mit Argusaugen beobachtet. Wenn die Durchsuchungen beendet waren, gingen die Soldaten für gewöhnlich wieder und man wurde von den Wärtern zurückeskortiert, damit man das Chaos aufräumen konnte.

Meistens ...

»Millar«, knurrte ein Wärter und störte mich mitten im Gespräch mit einem Zellengenossen.

»Was?«, sagte ich und wartete darauf, dass er uns befehlen würde, in die Zelle zurückzukehren.

»Du wirst in deiner Zelle verlangt«, sagte der Wärter mit einem fiesen Grinsen in seinem feisten Gesicht. »Jemand will mit dir reden ... *allein.*«

»Wer?«, fragte ich und versuchte, nicht so zu klingen, als wäre in meinem Kopf plötzlich eine Alarmsirene losgegangen.

»Das erfährst du noch früh genug. Na los, jetzt komm schon. Wir haben nicht die ganze Nacht Zeit.«

»Geh nicht da runter, Sam«, sagte mein Zellengenosse mit besorgter Miene. »Die Dreckskerle führen was im Schilde.«

»Wenn du nicht sofort mitkommst, Millar«, unterbrach ihn der Wärter, »schleifen wir dich zurück in deine Zelle, und zwar mit den Füßen voraus.«

Auf das Stichwort hin marschierten drei weitere Wärter zur Kantinentür herein. Sie lächelten nicht.

»Scheiß drauf. Ich hab keine Angst vor denen«, log ich, obwohl ich mir fast in die Hosen machte. Als ich zur Kantine hinausging, fragte ich mich, wie viele saubere Unterhosen ich noch hatte.

Die vier Wärter führten mich den Flügel entlang und tuschelten und lachten dabei. Als meine Zelle schon in Sichtweite war, sagte einer: »Jetzt bist du fällig, Millar. Du schläfst heute Nacht in einem Krankenhausbett.«

Ich betrat die Zelle. Dort wartete ein britischer Soldat mit verschränkten Armen auf mich. Er war ein Hüne von einem Mann, und ich fragte mich, wie sie den Typen überhaupt in die Zelle reingebracht hatten. Vermutlich mit einem riesigen Schuhlöffel durch die Gittertür gequetscht.

»Brauchen Sie unsere Hilfe, Sergeant?«, fragte Grinsebacke.

Ich hätte fast laut losgelacht.

Sergeant Giganto fand das anscheinend ebenfalls komisch. Er grinste. »Nein, Officer«, sagte er mit walisischem Akzent. »Ich denke, mit dieser halben Portion hier werde ich schon allein fertig.«

Die Wärter traten hastig den Rückzug an; unverkennbar wollten sie nicht Zeugen des Gemetzels werden, das er gleich mit mir anstellen würde.

»Kennst du mich?«, fragte Sergeant Giganto und kam langsam auf mich zu.

Ich schüttelte den Kopf. »Nein ... ich glaube nicht ...«, murmelte ich.

»Sieh genau hin«, sagte er und kam mit dem Gesicht dicht vor meins. »*Ganz genau.*«

Ich sah mir sein Gesicht hastig *ganz genau* an und wartete auf einen Schlag in die Magengrube.

»Nein, ich kenne Sie nicht ...«, brachte ich schließlich heraus.

»Und warum zum Teufel willst du mich dann umbringen, hm?«, fragte er und hörte sich an wie ein wütender Tom Jones.

Der Kerl hatte eindeutig nicht mehr alle Tassen im Schrank, und ich war allein mit ihm. Warum musste so ein Mist ausgerechnet immer mir passieren? »Ich ... warum sollte ich Sie umbringen wollen? Ich ... kenne Sie ja nicht einmal.«

Er hielt mir seine schaufelbaggergroße Pranke vor das Gesicht. Ich wartete darauf, dass er sie mir um den dürren irischen Hals legen und mich erwürgen würde. Stattdessen drückte er meinen Kopf behutsam zur Zellenwand.

»Siehst du dieses Bild?«

Es hingen Hunderte Bilder an den Wänden, überwiegend von schönen Frauen und Popstars.

»Welches denn?«, krächzte ich.

»Das da, verdammt«, sagte er und zeigte darauf.

Ich betrachtete das fragliche Bild. Ein Zeitungsausschnitt aus einem britischen Blatt. Die Zeitung hatte einen Artikel über einen Schnurrbartwettbewerb zwischen Regimentern der britischen Armee gebracht, man wollte den schönsten Schnurrbart in Uniform küren. Der Sieger durfte sich eines riesigen Schnauzers brüsten, der perfekt gezwirbelt war und Ähnlichkeit mit jenem von Jimmy Edwards hatte. In meiner kindlichen Einfalt hatte ich dem Sieger ein Fadenkreuz auf die Stirn gemalt und das Wort *Peng!* darübergeschrieben.

»Und? Was hast du zu deiner Verteidigung zu sagen?«, fragte Sergeant Giganto, der es offenbar unerträglich fand, dass einer seiner Kameraden so kaltblütig verunglimpft wurde.

Ich zuckte die Achseln. Was hätte ich sagen sollen? Sein Kamerad war der Feind und wurde als solcher behandelt.

»Das bin ich, bevor ich mir den Schnurrbart abrasiert habe«, knurrte Sergeant Giganto.

Oh, Scheiße. In meiner Nervosität furzte ich laut und hoffte, dass das nicht der Soundtrack bevorstehender Ereignisse wäre.

»Ich habe den Preis für den besten Schnurrbart in der Armee gewonnen. Ich habe die Engländer in ihrem eigenen Spiel geschlagen. Die waren im Arsch«, sagte Sergeant Giganto voller Stolz und betrachtete dabei unverwandt den Zeitungsausschnitt. Dann drehte er sich unvermittelt wieder zu mir um und fuhr mit völlig veränderter Stimme fort. »Du würdest mich also erschießen, wenn du mich auf einer Straße in Belfast sehen würdest, ja?«

Ich wusste, was als Nächstes kommen würde, ein Faustschlag oder Fußtritt, und fragte mich, wie schmerzhaft es werden würde.

»Ich, na ja, dies ist mein Land, und ihr habt kein Recht, hier zu sein.« Ich war selbst schockiert, wie dick meine Eier geworden waren. Vermutlich würde es nicht lange dauern, bis er sie mir wieder auf Erbsengröße zusammenkickte.

Sergeant Giganto schien meine Unverfrorenheit zu erstaunen. Dann fuhr er ganz leise fort. »Ich will dir was sagen. Mein Bruder war Mitglied von *Byddin Rhyddid Cymru* – der Armee Freies Wales. Schon davon gehört?«

»Nein.«

»Obdachlos in Swansea, ein Alkoholiker. Ehe kaputt. Das hat es ihm eingebracht, dass er *Byddin Rhyddid Cymru* beigetreten ist.«

Jemand steckte den Kopf in die Zelle. Noch ein Soldat. »Sarge? Wir packen. Zeit, zu gehen.«

Sergeant Giganto nickte. »Ich komme«, sagte er und wandte sich wieder mir zu. »*Byddin Rhyddid Cymru* hatte ein Motto: *Fe godwn ni eto*. Das bedeutet: ›Wir werden uns wieder erheben!‹ Ha! Schöne Hoffnung.«

Er wandte sich ab, nahm einen meiner Filzstifte vom Tisch und kritzelte »Taffy« auf den Zeitungsausschnitt, der ihn zeigte – eine scherzhafte Bezeichnung für Waliser.

Dann gab er mir lächelnd den Filzstift zurück. »Denk darüber nach, was ich dir gesagt habe. Es interessiert niemanden auch nur einen Scheißdreck, ob du hier drin verfaulst oder nicht. Niemanden …«

Mit dieser Perle der Weisheit verabschiedete er sich.

Zweieinhalb Monate später, am 15. Oktober 1973, wurde mir die fragwürdige Ehre zuteil, als erster irischer Patriot in einem der berüchtigten Diplock-Verfahren verurteilt zu werden, bei denen es keine Geschworenen gab.

»Keine Bange«, sagte mein Anwalt damals. »Wahrscheinlich

bekommen Sie nur eine Geldstrafe. Vermutlich dreißigtausend. Das kriegen alle.«

Dreißigtausend! Wo zum Teufel sollte ich dreißigtausend hernehmen? Dad würde die Krise kriegen, sollte ich mir so viel Geld leihen müssen. Vermutlich besaß er nicht einmal dreitausend, geschweige denn dreißigtausend. Ich wusste nicht, ob ich ihm je wieder gegenübertreten könnte, wenn dies hier überstanden war.

»Vorausgesetzt natürlich«, fuhr mein Anwalt unheilschwanger fort, ehe ich ein Wort sagen konnte, »wir kriegen nicht Richter Lowry ...«

Robert Lowrys Vater war ein erbitterter Ulster Unionist und notorischer Katholikenhasser, und wie das Sprichwort sagt, fällt der Apfel nicht weit vom Stamm. Natürlich bekam ich bei meinem Glück – oder besser gesagt Pech – am Ende Lowry. Ich werde nie vergessen, wie er an dem Tag aussah, wie er da oben auf seinem Richterstuhl saß, mit dieser albernen Perücke aus Pferdehaar auf dem spitzen Mistkäferkopf.

»Für mich bestehen keine Zweifel daran, dass Sie ein gefährlicher Terrorist sind«, murmelte Lowry in seiner Urteilsbegründung.

Ich betrachtete das gequälte Gesicht meines Vaters und fragte mich, was er sagen würde, wenn er dreißigtausend hinblättern musste.

»Das Gesetz erlaubt mir, Sie zu einer Strafe von acht Jahren zu verurteilen. Allerdings bin ich gezwungen, wenn auch widerwillig, Ihr Alter von siebzehn Jahren zu berücksichtigen«, stöhnte Lowry. »Ich verurteile Sie zu drei Jahren Gefängnis ...«

Eine Schrecksekunde lang dachte ich, die alte Perücke hätte mich zu acht Jahren verurteilt. Für Dad war das noch schlimmer als die Geldstrafe. Eine ganze Horde Bullen musste ihn bändigen. Er brüllte und drohte Lowry mit den Fäusten.

Mein Anwalt klopfte mir immer wieder auf die Schulter und tröstete mich. »Unglaublich, dass er es nicht bei einer Geldstrafe belassen hat, tut mir so leid …«

Ein paar Jahre später versuchte die IRA, der alten Perücke das Licht auszupusten, doch unglücklicherweise achtet der Teufel auf die Seinen. Erst am 15. Januar 1995 starb Lowry schließlich wirklich und trat vor einen wahren Richter, der ihn gewiss an eines erinnert hat: *Richtet nicht, auf dass ihr nicht gerichtet werdet.* Ich hoffe, der Große Zampano dort oben hat berücksichtigt, welche bedeutende Rolle Lowry dabei spielte, mir meine unschuldige Jugend zu zerstören.

KAPITEL NEUN

IM KÄFIG

OKTOBER 1974

Der ängstlichste Mann in einem Gefängnis ist sein Direktor.
– George Bernard Shaw

Es war wohl kurz nach Mitternacht, als es eine Ruhephase von zwei Stunden gab. Wir hörten die Häftlinge in ihren brennenden Zellenblocks singen. Die Moral war ziemlich hoch. Ich weiß noch, dass ich dachte, wie gut es wäre, diese großartigen Iren auf seiner Seite zu haben.
– Britischer Soldat, der an der Schlacht von Long Kesh beteiligt war

Gefängnisse haben immer einen schlechten Ruf, durch den wir ihre positiven Eigenschaften übersehen. Man braucht im Knast zum Beispiel nie Abführmittel, weil man ständig in der Erwartungshaltung lebt, irgendein albtraumhafter Irrsinn stünde unmittelbar bevor. Wenn Sie mal so richtig viel abnehmen wollen, vergessen Sie Jenny Craig und ihre Diäten, gehen Sie ins Gefängnis.

Es war Oktober 1974 und ich seit etwas mehr als einem Jahr in Long Kesh – dem Kesh oder Lazy K, wie es einige Häftlinge lax nannten. Das Kesh befand sich im ehemaligen Luftwaffenstützpunkt Long Kesh am Stadtrand von Lisburn. Man inhaftierte dort politische Gefangene in großer Zahl und unter menschenunwürdigen Bedingungen in Zellen, die den passenden Namen »Käfige« trugen. Ich saß in Käfig 20. Ursprünglich bestand die große Mehrzahl der Häftlinge aus Republikanern und Sozialisten, doch im Laufe der Jahre bildeten Loyalisten einen zunehmend größeren Prozentsatz.

Im Gefängnis gibt es immer welche, die aufwiegeln möchten, als hätten sie eine Abneigung gegen Gelassenheit, Verstand und Vernunft. In unserem Szenario handelte es sich beim Direktor des Kesh um eine solche Person. Er war ein arrogantes Ekel und versuchte stets, uns unseren Status als politische Gefangene zu nehmen.

Nach Monaten unablässiger Schikanen sagte ihm der OC, der befehlshabende Offizier der Gefangenen, wenn er sich nicht zügeln würde, würden wir sein Gefängnis anzünden und bis auf die Grundmauern niederbrennen.

Der Direktor saß in seinem Büro, grinste nur und holte eine Packung Streichhölzer aus der Schreibtischschublade.

»Hier, nehmt die«, sagte er und warf die Schachtel wie einen Fehdehandschuh auf den Tisch.

Der OC hob die Schachtel gelassen auf, steckte sie in die Tasche und verabschiedete sich. Danach nahmen die Ereignisse, wie man so sagt, ihren Lauf, und es sollten verdammt blutige Ereignisse werden.

Am selben Abend teilte der OC uns mit, dass das Gefängnis »in Brand gesteckt wird, sodass kein Stein auf dem anderen bleibt. Soll ganz Irland die Flammen sehen. Soll der Nachthimmel erleuchtet werden. Soll der ganze schreckliche und gerechte Zorn von …«

Na ja, vielleicht hat er nicht diese dramatische biblische Sprache benutzt, seine Botschaft war jedoch ganz unmissverständlich: Fackeln wir die Bude ab.

Man muss dazu sagen, dass diese Aufforderung des OC nicht ganz unerwartet kam und sicher nicht ganz unerwünscht war. Wir trainierten seit Monaten, um für den schlimmsten aller Fälle körperlich fit zu sein, rannten um den Exerzierplatz und kletterten in der Kantine über Hindernisse, die wir eigens aufgebaut hatten. Es war ein wenig wie in *Dad's Army* und *Benny Hill* – nur ohne die Titelmusik.

Wenn ich sage wir, meine ich damit eigentlich die anderen Häftlinge. Ich war nie der sportliche Typ, in meiner Kindheit hatte ich Asthma und ließ es auch eher langsam angehen, ich schaffte es immer irgendwie, mich zu verdünnisieren, und versteckte mich irgendwo mit einem Taschenbuch, meist einem von Sven Hassel, in dem eine zusammengewürfelte Schar deutscher Soldaten die Hauptrolle spielte. In schlechten Kriegszeiten kommt nichts so gut wie ein schlechtes Kriegsbuch.

Vor dem Großbrand bastelten ein paar Möchtegernerfinder unter uns Gasmasken aus Holzkohle und alten Stofffetzen, die verdächtig nach ewig getragenen Unterhosen aussahen. Man sah deutlich die Abdrücke von Arschbacken in dem dünnen Stoff. Ganz ehrlich, diese Gasmasken hätten keinen ordentlichen Furz abgehalten, geschweige denn das Tränengas, mit dem wir es ohne Zweifel bald zu tun bekommen würden. Der kreative Kopf, der sich die Gasmasken ausdachte, hatte offenbar zu viele Episoden von *Blue Peter* gesehen.

Aus reiner Kriegsgefangenenhöflichkeit informierten wir unsere loyalistischen Mitgefangenen, was bald passieren würde, sie reagierten fair und versicherten uns, wir könnten ihre Käfige als Erste-Hilfe-Station benutzen, woran man sieht, dass selbst ihnen wohl klar war, was da auf uns zukommen würde. Einige der unerschrockeneren Loyalisten richteten sich sogar darauf ein, bei den Kampfhandlungen mitzumischen, wurden jedoch von ihren befehlshabenden Offizieren umgehend zurückgepfiffen. Es hätte in ihren Vierteln, ehrlich gesagt, auch keinen besonders guten Eindruck gemacht, wenn sie Seite an Seite mit dem republikanischen Widersacher gekämpft hätten.

Was für ein Jammer, dachte ich damals. Es wäre eine herrliche Ironie gewesen: Loyalisten und Republikaner vereint im Kampf gegen einen gemeinsamen Feind.

Wenige Minuten nachdem unser OC den Befehl gegeben hatte, züngelten schon die Flammen, gierig nach allem, was ihnen unterkam. Die Wärter, die heulende Männer mit rußigen Gesichtern aus den Käfigen rennen sahen, trafen die vernünftigste Entscheidung, die vermutlich jemals von ihnen getroffen wurde: Sie flohen in heller Panik vor dem diabolischen Anblick und heulten sogar noch lauter als wir. Wären Flüchten und Heulen in Uniform olympische Disziplinen gewesen, hätten unsere Wärter vermutlich waschkörbeweise Goldmedaillen eingeheimst.

Kaum waren wir aus den Käfigen ausgebrochen, machten wir uns daran, so viel von dem Gefängniskomplex zu zerstören, wie wir nur irgend konnten. Wachtürme wurden umgestürzt, Verwaltungsgebäude annektiert, Generatoren zerstört, genau wie die berüchtigte Gefängnisküche, die so viel Ungenießbares und Unverdauliches hervorgebracht hatte. Einigen Häftlingen gelang es sogar, sich mit Knüppeln und Schutzschilden zu bewaffnen, die sie den überstürzt desertierenden Wärtern abnahmen.

Im Laufe der Stunden wurde der Nachthimmel tatsächlich immer heller und es sah aus, als würden die Flammen bis in den Himmel emporlodern. Sie tanzten mit erschreckender Macht in unvorstellbaren Lila-, Blau- und Grüntönen, wie ein mythischer Phönix aus der Asche. Es dauerte viele Stunden, bis sie ihr zerstörerisches Werk vollendet hatten und nichts zurückließen, außer den verkohlten Gerippen ausgebrannter Unterkünfte und Gebäude.

Die ganze Nacht hindurch kam es zu Scharmützeln zwischen besonders streitsüchtigen Häftlingen und nicht minder streitsüchtigen Briten. Nichts Ernstes; lediglich Prüfungen der Willensstärke, Kraft und Potenz. Es herrschte eine ausgelassene

Stimmung; alte Kameraden, die einander seit Jahren nicht mehr gesehen hatten, trafen sich und umarmten sich wie ... alte Kameraden, die einander seit Jahren nicht mehr gesehen hatten. Es wurden Feuer angezündet – als ob wir davon nicht schon genug gehabt hätten –, damit wir uns in der kalten Nacht wärmen konnten. In einer anderen Zeit, an einem anderen Ort hätte man vermuten können, wir seien Pfadfinder, die sich um Lagerfeuer scharten und sich Gespenstergeschichten erzählten.

Ich stand bei einem der Feuer, versuchte verzweifelt, mir den halb abgefrorenen Arsch zu wärmen, und fragte mich, warum zum Teufel wir die Aktion ausgerechnet mitten im tiefsten Winter durchgezogen hatten. Wäre der Sommer nicht besser geeignet gewesen? Oder hätte das ein etwas zu hohes Maß an Vernunft erfordert?

Als es dämmerte, marschierten wir erschöpft, aber siegreich zu dem massiven Anstaltstor. Niemand hatte die geringste Ahnung, wie es weitergehen sollte, wenn wir dort ankamen. Ich war aufgeregt und fürchtete mich zugleich.

Einige von uns trugen Decken wie Ponchos, sie sahen aus wie Anhänger von Emiliano Zapata. Ich hatte mir ein Handtuch in die Jeans gestopft, um die Tritte in die Eier abzuschwächen, die es zweifellos bald hageln würde. Mit dem Wulst in der Hose hatte ich allerdings einen komischen Gang und muss ausgesehen haben wie der Hauptdarsteller in einem Pornofilm, aber das war mir scheißegal.

Das Adrenalin strömte wie Guinness am Sankt-Patricks-Day, und es sah plötzlich so aus, als wären wir unbesiegbar. Dass es nur so aussah, war, wie sich herausstellte, genau die richtige Beschreibung der Situation.

Vor dem Tor des Kesh warteten nämlich zahllose Regimenter knallharter britischer Soldaten, überwiegend von den Marines, Husaren und Fallschirmjägern. Und damit wir auch wirklich nicht den Hauch einer Chance bekamen, hatten sie Helikopter, die sechsrädrigen Saracen-Mannschaftstransporter und angsteinflößende Wachhunde in der Größe von Grizzlybären mitgebracht.

Wir registrierten damals kaum, dass wir die Bühne für eine der größten, tollkühnsten, blutigsten und erbittertsten Schlachten zwischen der britischen Armee und der Irisch-Republikanischen Armee aller Zeiten bereitet hatten.

Hätte es sich um einen Film gehandelt und nicht um die Realität, hätten wir ihn vermutlich *Apocalypse Now* trifft *Spartacus* genannt. Leider wissen wir alle, wie es dem tapferen Spartakus ergangen ist …

KAPITEL ZEHN

DIE SCHLACHT VON LONG KESH

Es ist sicher nicht übertrieben, wenn man von einer Fasanenjagd spricht.
– Britischer Soldat, der an der Schlacht von Long Kesh beteiligt war

Am frühen Abend des zweiten Tages packten wir zusammen und brachen auf. Die meisten der Häftlinge in der Anlage hatten sich kleine Unterstände aus Hohlblocksteinen und Blechen gebaut und saßen um kleine Lagerfeuer herum. Ich habe mit vielen gesprochen und dachte mir, welch vortreffliche Soldaten einige von ihnen doch sein würden.
– Britischer Soldat, der an der Schlacht von Long Kesh beteiligt war

Am ersten Tor ließ uns unser OC Gefechtsformation einnehmen. Ein schmaler Streifen betoniertes Niemandsland lag zwischen jedem der Sicherheitstore, die üblicherweise von mehreren Wärtern bewacht wurden. Diesmal waren sie natürlich längst fort.

Ohne Menschen und irgendwelche natürlichen Geräusche besaß die ganze Szene eine beunruhigende Atmosphäre des Schreckens, zumal ein grauer, etwas gruseliger Morgennebel aufgezogen war, der die Sicht stark einschränkte.

»*Ich frage mich, was die vorhaben*«, flüsterte ich vor mich hin.

Bevor irgendjemand antworten konnte, erfüllte ein leises Summen die Luft und beendete die Stille.

»Was zum Teufel war das?«, fragte ich.

»Ein Motor«, sagte jemand unmittelbar hinter mir. »Das Geräusch würde ich überall erkennen. Ich habe mein Leben lang mit Motoren gearbeitet. Und das ist ein mordsmäßig starkes Scheißding.«

Ehe ich eine weitere Frage stellen konnte, tauchte aus dem fernen Nebel das stählerne Antlitz von etwas absolut Furchteinflößendem auf.

»*Scheiß die Wand an …*«, hörte ich eine Stimme hinter mir flüstern. »*Panzerwagen …*«

Der Motor der stählernen Bestie heulte auf, als hätte ein Stier seinen Schlachtruf ausgestoßen. Die riesigen Räder knirschten im Staub; eine dichte, schwarze Rauchwolke schoss aus dem Heck. Es war bereit, uns anzugreifen, als wären wir Matadore mit roten Tüchern. Und als ich gerade dachte, es könnte nicht noch schlimmer kommen, tauchte dahinter noch eine dieser Bestien auf.

»Oh … Scheiße …«

Sie stürmten uns beide entgegen und beschleunigten dabei auf Höchstgeschwindigkeit. Der Lärm ihrer Motoren ging uns durch Mark und Bein. Für mich bestand nicht der geringste Zweifel, dass sie uns überfahren würden, wenn wir nicht auswichen.

Logischerweise teilten wir uns wie das Rote Meer, aber statt Moses mit seinem Zauberstab und der Schar flüchtender Israeliten sahen wir Horden britischer Soldaten, die auf uns zugerannt kamen und auf kürzeste Entfernung Gummigeschosse abfeuerten.

Augenblicklich begann ein blutiger Gladiatorenkampf: Iren und Briten gingen mit Keulen und bloßen Fäusten aufeinander los. Schädelknochen brachen. Zähne flogen durch die Luft. Gesichter und Nasen wurden zermatscht. Es schien kein Ende zu nehmen.

Dann kamen die Helikopter und schwebten bedrohlich im Hintergrund.

Wir waren in der Minderheit, zudem in einer strategisch ungünstigen Lage, daher schwenkten wir um und flohen in Richtung der Sportplätze. Wir mochten uns den Spielfeldern nähern, aber ein Spiel war das alles bestimmt nicht.

Gummigeschosse flogen mir um die Ohren, ich wartete nur darauf, dass eines mir den Schädel spalten würde, aber zum Glück schaffte ich es auf einen der eingezäunten Sportplätze, bevor mir die Gittertür vor der Nase zugeschlagen werden konnte.

Im Inneren ging der Nahkampf mit unverminderter Härte weiter. In dem enormen Durcheinander wurden drei britische Soldaten von ihrer Einheit getrennt; wir nahmen sie im Handumdrehen gefangen. Panik und Angst standen ihnen in den Gesichtern geschrieben, und wer hätte ihnen das in dieser Hölle verdenken können?

Ich entsinne mich, dass einer der gefangenen Soldaten größer als Clint Eastwood war, aber wie ein verängstigtes kleines Kind aussah. Blut lief ihm aus der Nase in den Mund. Bei allem, was wir durchmachten, tat er mir doch irgendwie leid. Er hätte gut und gerne einer meiner Brüder sein können, Danny oder Joe.

Glücklicherweise übergab unser OC alle drei Soldaten unverletzt an ihre Einheit. Ein strategischer Schachzug, um den Zorn des Feindes nicht unnötig zu schüren? Eine Geste der Menschlichkeit? Ich glaube, Letzteres.

Kaum hatten wir sie übergeben, gingen die Kämpfe weiter.

Inzwischen schwebten die Helikopter direkt über uns. Ihre Rotoren erzeugten so kräftige Wirbelstürme, dass sie uns von den Füßen rissen. Soldaten, deren Beine von den Landekufen baumelten, feuerten aus großer Nähe Behälter auf uns ab. Jeder Behälter zerplatzte und ließ Tränengas in die Luft entweichen. Ein zäher, grüner Dunst hüllte, wie der berühmte Londoner Nebel, alles ein. Die Sichtweite lag bei null.

Ich war schon bei zahllosen Unruhen in Belfast mit Tränengas in Berührung gekommen und hatte mich in bescheidenem Maße daran gewöhnt, wie die meisten Belfaster. Tränengas oder CS-Gas stimuliert die Netzhautnerven und reizt die Schleimhäute in Augen, Nase, Mund und Lungen. Als Folge muss man weinen, niesen, husten und leidet unter Atemnot, ebenso unter vorübergehender Blindheit. Es war ein wenig so, als hätte man schwarzgebrannten Whiskey getrunken.

Diesmal jedoch entfaltete das Gas, das auf uns abgeschossen wurde, eine deutlich schlimmere Wirkung. Zunächst einmal fühlte sich dieses Gas wie etwas Lebendiges, Atmendes an, das mir regelrecht über die Haut kroch. Meine Augen fühlten sich an, als hätte sie jemand mit heißer Asche und Zwiebeln eingerieben; Rotz tropfte mir in erschreckend großer Menge so unaufhörlich aus der Nase wie Wasser aus einem kaputten Wasserhahn, und als wäre das noch nicht genug, hatte ich mich auch noch bepisst. Dachte ich jedenfalls, bis ich feststellte, dass es sich um Blut handelte: Als ich mich durch das Tor zwängte, hatte ich mir das Bein aufgerissen. Ich zerkratzte mir das Gesicht, weil ich den Eindruck hatte, meine Haut stünde in Flammen. Ich ertrank in Gasschwaden und flehte Gott an, mich nicht auf diese Weise sterben zu lassen.

Doch plötzlich schien alles ruhig und still und aufgeklart – eine Art *Twilight Zone*-Effekt. Das Gas induzierte Halluzinationen, und ich spürte, wie ich in den Boden einsank, als wäre ich in einen tödlichen Sumpf geraten. Ich spürte meine Beine nicht mehr. Direkt über mir schwebte ein gelbes Unterseeboot, das *Yellow Submarine*. John, George, Paul und Ringo winkten aus den Bullaugen. Ringo hielt mir seinen Trommelschlägel entgegen, damit ich mich aus dem Sumpf ziehen konnte.

»Halt dich fest, Sam«, sagte er mit seinem Liverpooler Akzent; die drei anderen sahen nachdenklich zu.

Aber jedes Mal, wenn ich den Trommelschlägel berührte, löste er sich zu Sägemehl auf.

»Steckst du schon wieder in einem Loch?«, hörte ich eine Stimme unmittelbar hinter mir. Ich dachte, es wäre Gott, aber wie sich herausstellte, war es nur ein Halbgott, nämlich Hunter S. Thompson.

»Kannst ... du ... mir ... helfen ... Hunter?« Ich sprach die Worte nuschelnd und wie in *Zeitluuuuuuuuuuupe* aus. Mein Mund fühlte sich wie Gummi an und schmeckte auch so, als wäre ich gerade vom Zahnarzt gekommen und die Betäubung würde ein kleines bisschen nachlassen.

»Ha, Mann! Du hast dich selbst in dieses Loch gebracht. Da musst du schon auch allein rausfinden. Versuch dir mal vorzustellen, wie viel Scheiße ich durchmachen musste, als ich *Angst und Schrecken in Las Vegas* geschrieben habe. Ich hab nicht geweint wie eine Memme. Oder?«

Bevor ich ihm versichern konnte, wie sehr ich dieses Buch liebte, verschwand das *Yellow Submarine* mit den *Fab Four* im Velvet Underground. Hunter blinzelte und fuhr dann in einem rosa Streitwagen himmelwärts, aber vorher gab er mir noch einen Rat. »Schreib darüber, Junge. Schreib es auf. So wird man am besten damit fertig. Schreib es einfach auf ...«

Kaum war er verschwunden, erschienen Mickymaus, Goofy und Pluto auf der Bildfläche.

Goofy lachte sein typisches Goofylachen, und Micky fragte mich unaufhörlich, was zum Teufel ich in diesem riesengroßen Loch machte. Pluto leckte mir das Gesicht, sodass ich kichern musste wie ein Baby in Windeln. Donald Duck sah ich nicht, vermutete jedoch, dass es nicht mehr lange dauern würde, bis er klugscheißerisch quakend ankommen würde. Vermutlich hatte er sich irgendwo verkrochen und fickte Minnie hinter Mickys Rücken.

Ehe ich mich's versah, briet mir Goofy eins mit einem grotesk riesigen Zeichentrickhammer über. Bei jedem Schlag leuchtete das Wort *Bumm!* vor meinen Augen auf, gefolgt von kleinen Vögeln und Sternen, die um meinen Kopf schwirrten. Ich spürte rein gar nichts mehr. Wir lachten. Wir lachten so sehr, dass mir die Rippen wehtaten.

Als die Wirkung dann allmählich nachließ, spürte ich die Schmerzen. Micky und Goofy waren verschwunden, zwei britische Soldaten traktierten meinen Rücken und die Rippen mit Schlagstöcken, aber keinen Zeichentrickfilmschlagstöcken, sondern steinharten, echten Schlagstöcken.

An einem bestimmten Punkt – ich erinnere mich nicht mehr genau, wann – schleiften mich zwei fröhliche Burschen alles andere als sanft über den Boden davon. Sie nutzten meine langen Haare (wir schrieben die Siebziger, nicht zu vergessen!) als Seil und zogen mich scheinbar meilenweit daran, obwohl es in Wirklichkeit vermutlich nur ein paar Schritte waren.

Ehrlich gesagt war ich froh, dass sie mich aus diesem grässlichen Nebel wegschafften und ich wieder frische Luft in die Lungen bekam. In der Ferne hörte ich Schreie und Männer vor Schmerzen heulen.

»Was sollte das alles, Kumpel?«, fragte ein britischer Soldat, der über mir stand.

Ich konnte kaum atmen, geschweige denn reden. Ich zuckte nur mit den Schultern, was nicht ganz einfach ist, wenn man vor Angst wie gelähmt am Boden liegt.

Zu meiner Überraschung streckte er die Hand aus. Ich ergriff sie, er zog mich hoch. Mir war schwindelig. Ich stank nach Gas. Es war überall an mir: in der Haut, den Poren, den Haaren, meiner Kleidung – sogar an den Stellen, über die wir nicht gern reden, jedenfalls nicht öffentlich.

Der junge Soldat kann kaum älter als ich gewesen sein. Er sah aus wie dreizehn, war aber vermutlich siebzehn, höchstens achtzehn. Dieselbe Größe, derselbe Körperbau. Und hatte vermutlich noch keine ernsthafte Begegnung mit einem Rasierapparat gehabt.

»Zigarette?«, fragte er, griff in eine Uniformtasche und zog ein zerknülltes Päckchen heraus.

Wäre mir nicht zum Weinen zumute gewesen, hätte ich über seine Frage gelacht. Gasdünste strömten mir aus Kleidung und aus dem Arsch wie aus einer Lokomotive mit dem berüchtigten Streikbrecher Casey Jones am Steuer.

»Nein danke«, sagte ich. »Ich habe für mein restliches Leben genügend Rauch abgekriegt.«

Er zündete sich eine Zigarette an, und wir machten einen Rundgang.

»Ihr Iren seid vollkommen verrückt«, sagte er mit einem Lächeln in dem zierlichen Gesicht. Die glimmende Zigarette tanzte eine Jig in seinem Mundwinkel.

Ich konnte nicht widersprechen, wenn ich mich umschaute und die Männer sah, die wie tollwütig gegen eine überlegen ausgerüstete Übermacht kämpften.

»Man muss für das kämpfen, woran man glaubt, ganz gleich, unter welchen Umständen«, brachte ich schließlich heraus und stellte erschrocken fest, dass mir beim Sprechen Rauch aus dem Mund kam. Ich fragte mich, ob ich zu Asche geworden war und es gar nicht bemerkt hatte.

In den nächsten Minuten plauderten wir hauptsächlich über Fußball und Popmusik. Er kam aus Newcastle, war ein stolzer Geordie und fanatischer Anhänger der Magpies. Er verstand meinen Akzent kaum, so wenig wie ich seinen, aber im Augenblick war er mein neuer bester Freund, hatte er mich doch aus *Apocalypse Now* gerettet, wenn auch nur vorübergehend. In einer anderen Zeit, an einem anderen Ort hätten wir Freunde und Zechkumpane sein können, wobei er vermutlich noch so jung war, dass sie ihn in keinen Pub reingelassen hätten.

Ein Fauchen hinter uns machte die gerade aufkommende Freundschaft zunichte.

»Harper! Das ist kein Kindergarten hier! Bringen Sie den Gefangenen zum Zaun!« Das war ein Sergeant. Er sah aus wie ein Grizzly in Uniform. Ein wenig wie Smokey Bear, nur ohne das herzliche und süße Lächeln.

»Ja, Sarge!«, sagte mein neuer Freund Harper und schnippte hastig die Zigarette weg. »Tut mir leid, Kumpel. Befehl ist Befehl.«

»Scheiße, ich weiß nicht ...«

Ehe ich mich's versah, drückte Sarge mein Gesicht gegen den Drahtzaun des Fußballplatzes.

»Bleib da stehen! Wenn du auch nur einen Mucks machst, bring ich dich mit bloßen Händen um«, sagte er.

Er sah aus, als wäre es ihm ernst damit, und seine bloßen Hände sahen aus wie Bärenpranken, daher gehorchte ich. Ich machte keinen Mucks, obwohl meine Augen und das Gesicht immer noch brannten wie Hölle und ich sie reiben wollte, weil es so wehtat. Mein Arsch hätte auch dringend gekratzt werden müssen, auch darauf achtete ich nicht, weil ich wusste, dass ich mich damit in mehr als einer Hinsicht in die Scheiße reiten würde.

Eine Stunde stand ich so neben anderen Gefangenen, die überwiegend bluteten und ausnahmslos husteten wie alte Männer mit eisernen Lungen. Dann führte man uns *en bloc* zurück in Richtung der Käfige. Ich bildete mir ein, ich könnte die Titelmelodie von *Die Brücke am Kwai* im Hintergrund hören. Über uns flog ein Helikopter, der uns, wie ein Schäferhund am Himmel, nicht aus den Augen ließ.

Als wir uns den Käfigen näherten, betrachteten wir staunend die Verwüstungen, die wir angerichtet hatten. Es sah aus, als hätte eine Bombe eingeschlagen.

Sie trieben uns hinein, und dort begrüßte uns eine Abordnung der Royal Marine Commandos mit dem altbekannten Freundschaftsbankett. Als *hors-d'œuvre* gab es Faustschläge, Haareziehen und Verbalinjurien. *Le plat principal* bestand aus Hieben mit Schlagstöcken, Stiefeln und blutigen Fäusten *du jour.* Und zuletzt, als *le dessert*, zwangen sie uns zu schmerzhaften Liegestützen und bestanden darauf, dass wir sie bis zum letzten ausführten, egal wie sehr wir protestierten.

Sechs Stunden später, *fait accompli*, zogen sich die Marine Commandos in guter Stimmung zurück und sangen dabei verschiedene alte britische Kriegslieder. Unsere Stimmung war alles andere als gut, nach Gesängen war uns nicht zumute. Stattdessen versuchten wir, uns Unterkünfte für die bevorstehende bitterkalte Nacht zusammenzubasteln. Zu unserem Pech hatten wir es ein wenig übertrieben, als wir die Käfige niederbrannten. Vielleicht hatte uns der OC ja tatsächlich gesagt, dass wir das Gefängnis in Brand stecken sollten, *»sodass kein Stein auf dem anderen bleibt …«*.

Manche Käfige standen wenigstens noch als baufällige Ruinen, unsere hatten wir tatsächlich dem Erdboden gleichgemacht. Die Marine Commandos hatten alles, was übrig war, zu einem gigantischen Haufen aus Backsteinen und verbogenem Metall aufgeschichtet: eine moderne Pyramide der Zerstörung.

Während wir den Schauplatz noch ehrfürchtig staunend betrachteten, öffnete der Himmel seine Schleusen zu einer Sintflut, deren Wucht uns buchstäblich das letzte bisschen Luft aus den Lungen trieb. Da wir keine Möglichkeit hatten, uns irgendwo unterzustellen, drängten wir uns dicht aneinander … allerdings nicht zu dicht, immerhin waren wir ja harte Kerle und so. Positiv daran war, dass der Regen die letzten Reste des Tränengases wegspülte.

Wir lebten monatelang unter diesen schrecklichen Bedingungen, ohne tauglichen Schutz vor dem kalten Winter. Zu essen gab es kaum etwas, eine Schale Haferbrei am Morgen, abends einen Teller Eintopf. Selten verteilten sie Brotrationen. Als Sperling wäre man von den Rationen pappsatt geworden. Leider waren wir keine Sperlinge.

Als sehr ernste Anmerkung darf nicht unerwähnt bleiben, dass überproportional viele der ehemaligen Häftlinge Krebs bekamen und inzwischen gestorben sind. Bei dem Gas, das zum Einsatz gekommen war, handelte es sich um CR-Gas (Dibenzoxazepin), nicht CS. Das in den Fünfzigerjahren in Großbritannien entwickelte CR-Gas ist zehnmal wirkungsvoller als CS. Es ist stark krebserregend und wurde deshalb in den meisten zivilisierten Ländern verboten. In einigen Ländern wird es immer noch eingesetzt, um Menschen zu unterdrücken. Ende der 1980er-Jahre kam CR in den Townships in Südafrika zum Einsatz und führte zu zahlreichen Todesfällen, besonders unter Kindern. In Vietnam setzten amerikanische Truppen Tausende Tonnen CR-Gas ein, um den Vietkong aus dem Dschungel ins offene Gelände zu treiben, wo er leichter bekämpft werden konnte. Nordvietnamesische Truppen setzten es 1968 und während der Osteroffensive 1972 ein; Baschar al-Assads Regime hat angeblich im aktuellen Konflikt in Syrien Gebrauch davon gemacht.

Wir ließen uns von den verheerenden Umständen nicht unterkriegen. Offenbar hatten wir Schäden in Höhe von mehreren Millionen Pfund angerichtet, wichtiger war uns jedoch, dass wir einen Frontalangriff gegen das Establishment gewagt hatten, der definitiv zum Kickstart für den Konflikt draußen wurde. Die Briten mochten als Sieger aus der Schlacht um Long Kesh hervorgegangen sein, aber wir hatten den bedeutenderen psychologischen Sieg errungen. Die Bilder des in der Nacht brennenden Long Kesh trieben die Mitgliederzahlen der IRA in bis dahin unbekannte Höhen. Tatsächlich meldeten sich so viele, dass manche Freiwillige weggeschickt werden mussten.

Nach langen, brutalen Wintermonaten, in denen wir mehr oder weniger schutzlos auf dem Boden schlafen mussten, brachten sie uns in neue Käfige. Ich war nie so glücklich gewesen, in einer Zelle zu sitzen. Heiße Duschen, Strom, warme Betten, saubere Laken und eine Chance, endlich wieder Norman Stanley Fletcher in *Porridge* und ganz besonders Pan's People in *Top of the Pops* zu sehen.

Manches ändert sich nie. Dachten wir ...

Hinter unserem Käfig zogen Bauarbeiter eine gewaltige Kopie der Berliner Mauer in die Höhe, sechs Meter hoch und von Stacheldraht gekrönt. Anfangs betrachteten wir das lediglich als neue Sicherheitsmaßnahmen infolge des Großbrandes.

Dann machten Gerüchte die Runde, dass hinter dieser Mauer ein neues Gefängnis für politische Gefangene gebaut wurde. Die Gerüchte erwiesen sich am Ende als falsch. Es wurde nicht nur ein Gefängnis gebaut, sondern acht. Sozusagen Gefängnisse in Gefängnissen, wie russische Matrjoschkapuppen. Jedes Gefängnis bestand aus vier Flügeln, jeder Flügel enthielt fünfundzwanzig Zellen. Am wichtigsten war der britischen Regierung, dass das neue Gefängnis ausbruchssicher sein würde, und so ließen sie es von ihren besten Ausbruchsspezialisten konstruieren. Diese Gefängnisse, aus denen man unmöglich entkommen konnte, bekamen einen Namen, der nach Konzentrationslager klang: H-Blocks.

KAPITEL ELF

DIE RÜCKKEHR DES VERLORENEN SOHNES

1975

> **Wenn nur ein Mann sagt:**
> **»Nein, ich will nicht« … zittert Rom.**
> **– Spartakus**

> **Gestern nannte man mich noch einen Terroristen,**
> **aber als ich aus dem Gefängnis kam, umarmten**
> **mich viele Menschen, auch meine Gegner,**
> **und das erzähle ich für gewöhnlich den Leuten,**
> **die behaupten, die Freiheitskämpfer in ihren**
> **Ländern seien Terroristen. Ich sage ihnen,**
> **dass ich gestern auch ein Terrorist war und mich**
> **heute genau jene Menschen bewundern,**
> **die behauptet haben, dass ich einer bin.**
> **– Nelson Mandela, *Larry King Live***

1975 wurde ich schließlich als ein anderer Mensch entlassen. Ich hatte mich nie für Tagespolitik oder Geschichte interessiert, beides jedoch im Kesh verschlungen. Die Bildung, in deren Genuss ich auf der Straße nicht gekommen war, erhielt ich letztendlich von meinen Mithäftlingen, die teils Universitätsabschlüsse hatten.

Insgeheim wollte ich Rache dafür, nur deshalb im Kesh gelandet zu sein, weil ich Ire war. Wenn die Briten die Frechheit besaßen, mich in meinem eigenen Land einzusperren, nur weil ich ein Patriot mit republikanischem Hintergrund war, konnte ich mich auch wie einer benehmen. Die Rache würde mein sein. Ich wollte ein Stachel im Fleisch der britischen Regierung sein und den Wichsern Manieren beibringen.

Dummerweise zogen die Briten diesen Stachel recht schnell heraus und steckten ihn mir in den Arsch, indem sie mich wegen Besitz von Waffen und Sprengstoff zu zehn Jahren verurteilten.

Ich war auf dem Rückweg in meine alte Alma Mater, Long Kesh, jenen Ort, für den Menschen Regeln aufgestellt hatten, an die sie sich selbst nur selten hielten. Einen Ort, wo Menschen manchmal den Lauf der Geschichte verändern konnten …

Die Scheibenwischer säbelten über die Windschutzscheibe und hinterließen in ihrem Kielwasser schillernde Ellipsen, während ich verzagt durch die vergitterten Fenster blickte. In der trüben Ferne zeigten die kreidefarbenen Scheinwerfer Silhouetten ausgehungerter Bäume und serpentinenförmiger Hecken, die wie aus einem Schaueridyll aussahen. Ich konnte nur einen letzten, kurzen Blick in die Freiheit werfen, bevor die schwerfälligen Tore von Long Kesh so donnernd hinter mir ins Schloss fielen, dass der Transporter erbebte.

Die alten Wellblechbaracken waren weitgehend neuen Anlagen gewichen, die bald weltweit zum Synonym für die miesen Haftbedingungen politischer Gefangener werden sollten: die H-Blocks.

Sie waren die Juwelen der zum Scheitern verurteilten Politik der »Normalisierung« der britischen Regierung; einer Politik, die, so die Hoffnung, aller Welt zeigen würde, dass auf diesem kleinen Flecken Erde nur eitel Freude und Sonnenschein herrschten und Gerüchte über Brutalität und Diskriminierung reine Ausgeburten der Fantasie waren.

»Raus da!«, ertönte eine barsche Stimme, dann stolperten wir, zwei loyalistische Häftlinge und ich, in das gnadenlos grelle Licht der Gefängnisaufnahme, wo man uns umgehend in kleine Einzelkabuffs bugsierte. Die Türen fielen blitzschnell hinter uns ins Schloss, die Schließbolzen rasteten ein. Die Riegel hörten sich an, als würde man alte .303er Gewehre durchladen, und ich hegte nicht den geringsten Zweifel daran, dass der Wärter auf der anderen Seite in dem Moment nur zu gern eines davon in Händen gehabt hätte.

Die Kritzeleien an den Wänden erinnerten mich an etwas, woran ich nicht mehr erinnert werden wollte, aber man musste einfach umblättern, wie bei einem lange verschollenen Tagebuch.

Nach ein paar Minuten wurde die Tür plötzlich aufgerissen. Das Licht tat mir in den Augen weh.

»Na los! Runter mit den Klamotten. Zieh das an! Wir haben nicht die ganze Nacht Zeit!«, ertönte eine Stimme, dann wurde die Tür erneut laut zugeschlagen.

Zu meinen Füßen lag, wie eine brackige Pfütze, eine braune Gefängnisuniform oder *Kluft*, wie die politischen Gefangenen dazu sagten.

»Ihr müsst mir die Kluft auf den Körper nageln!«, hatte jemand an die linke Wand gekritzelt.

Eine schöne, trotzige Geste, dachte ich, die mir jedoch herzlich wenig Trost spendete. Das Herz schlug mir so heftig in der Brust, dass weiße Funken vor meinen Augen tanzten.

Die Tür wurde aufgerissen, wieder taten mir die Augen weh. Mein Magen sackte ab wie eine Falltür.

»Was zum Geier ist denn los mit dir?«, fragte der Wärter. Er hatte die Größe von nichts dividiert durch etwas; die zu große Mütze rutschte ihm immer wieder über die blutunterlaufenen Augen. Sein Atem stank nach dem Whiskey der vergangenen Nacht. »Hab ich dir nicht gesagt, dass du dich aus- und die Uniform anziehen sollst?«

Ich hatte mir meine Rede im Geiste zurechtgelegt und jede Nacht auf meiner Pritsche im Gefängnis Crumlin Road geübt.

Jetzt, wo ich sie endlich loswerden konnte, brannte mein Hals wie Feuer.

»Ich ...« Mein Magen schien sich unablässig zu drehen, Säure gärte in meinen Eingeweiden, und ich musste dringend scheißen. »Ich weigere mich ... die ... Kluft ... zu tragen.«

Wie durch einen Zauber fiel eine enorme Last von mir ab, obwohl ich im tiefsten Inneren natürlich wusste, was mich jetzt erwartete.

Der Wärter sah mich so fassungslos an, als hätte ihn der Schlag getroffen. Er blinzelte ein paarmal, dann schlug er die Tür zu; der Duft von Wäschestärke zog durch das Kabuff. Ich musste an Dad denken, der sich am Samstagabend zum Ausgehen fein machte, ich fühlte mich schrecklich einsam und hatte gleichzeitig Angst davor, Angst zu haben.

In meinem Kabuff hörte ich das gedämpfte, kumpelhafte Lachen der loyalistischen Häftlinge und Wärter, das leiser wurde, als sie in einen Transporter zu den Blocks einstiegen. Ich hörte sogar die breiten Reifen des Transporters auf dem Kiesstreifen knirschen, bis nur noch ein Echo übrig blieb. Dann Stille.

Plötzlich herrschte Grabesstille in der Aufnahme; meine Nerven zerrütteten mir den Verstand. Wie ein Fuchs, der im Dunkeln wartet.

Vorahnung. Stille. *Natürlich*, dachte ich fast lächelnd. Ich wusste aus Erfahrung, dass große Stille einen so fertigmachen konnte wie aktive Gewalt. Sie diente nur dazu, mich mürbezumachen. Die Sinne zu betäuben.

Als die Tür das nächste Mal aufging, war der Wärter nicht allein.

»Das ist deine letzte Chance, Millar. Zieh *sofort* die Scheißuniform an!«

Trotzig verschränkte ich die Arme, angespannt wie eine Sprungfeder und in Erwartung des Unausweichlichen.

Lange warten musste ich nicht.

Das Positive an Angriffen in einem so engen Raum ist, dass die Angreifer sich selbst meistens ebenso sehr verletzten wie dich.

»Ist jetzt alles klar, harter Bursche? Ich wette, dein Dad und deine Mam wären stolz auf dich, wenn sie dich so splitternackt hier liegen sehen könnten. Wir sollten ein Foto von dir machen und es ihnen schicken, du Fenian-Dreckskerl!«

Sie hatten nur Minuten gebraucht, um mir die Kleider vom Leib zu reißen und mir obendrein noch »das gebotene Maß« Fußtritte dabei zu verpassen. Zwei Wärter lagen schwitzend und keuchend, fluchend und drohend auf mir. Als sie wieder bei Puste waren, rissen sie mich an den Haaren auf die Füße.

»Ich gehe nicht nackt hier raus. Ganz gleich, was Sie oder –«

Ich bekam einen Tritt in die Eier, fiel sofort zu Boden und übergab mich. Sekunden später zerrten sie mich nach draußen auf den Hof, wie einen Streitwagen in *Ben Hur*. Der raue Asphalt schürfte mir die Haut auf; winzige Steinchen blieben darin stecken. Ich bekam einige weitere Tritte in die Eier und an den Kopf.

»Bringt ihn in Block eins. Die zeigen ihm schon, wo's langgeht«, sagte ein Wärter mit britischem Akzent.

Es war Freitagabend. Ich sollte im Star Club sein, ein Bier trinken und mir eine furchtbare Band anhören, die furchtbare Coverversionen von Fleetwod Mac spielte. Stattdessen lag ich hier, splitternackt, mit blauschwarz verfärbten Eiern und Rollsplitt-Steinchen im Arsch.

Dabei war ich noch nicht einmal im Block. Verdammt, das würde eines sehr langen Tages Reise in die Nacht werden.

KAPITEL ZWÖLF

DER ALBTRAUM BEGINNT

1976

Sie [die Engländer] beanspruchen göttliches Recht, die Iren auf ihrer Heimaterde zu bekämpfen, während jeder Ire, der gegen die britische Regierung in England kämpft, als Geächteter zu behandeln ist.
– Karl Marx

Ich werde mich nicht mit ihnen einigen.
Ich lasse mich nicht herumschubsen, schikanieren, instruieren, aktenkundig machen oder nummerieren.
Mein Leben gehört mir.
– Patrick McGoohan, *Nummer 6*

Die knochenfarbenen Zellen, deren Trostlosigkeit der dunkle Himmel noch unterstrich, waren das erste, was ich sah, als ich aus dem Transporter stieg. Ein hell leuchtender Mond schwebte fröhlich über mir und verhöhnte den irdischen Wahnsinn mit einem höhnischen Grinsen. Es war ein feister Mond, der mich an einen Akt von Auguste Rodin erinnerte – und an meine eigene Nacktheit gemahnte.

Am Rand meines Gesichtsfelds leuchtete ein winziges rotes Pünktchen auf und erlosch wieder, wie ein SOS-Signal. Ein Wärter hatte sich in eine Ecke verkrochen, um eine zu rauchen. Zu seinen Füßen lag eine ganze Ansammlung weggeworfener Kippen wie leere Patronenhülsen. Er hätte Clint Eastwood in *Hängt ihn höher* sein können.

Einen Moment hatte ich den Eindruck, als würde er mich

kopfschüttelnd betrachten und an meinem Verstand zweifeln. Aber vermutlich spielte mir nur das Mondlicht einen Streich.

»Na los! Schaff deinen nackten Fenian-Arsch da rüber!«, brüllte der Wärter im Transporter.

»Ganz ruhig, verdammt noch mal!«, brüllte ich zurück.

»Halt's Maul und komm her!«

Ich atmete tief durch und trat ein.

Der durchdringende Geruch von Politur war überwältigend, als ich den Circle betrat – den Mittelpunkt der Blocks. Der Boden wurde ständig gebohnert, gewachst und poliert, sodass er wie Ebenholz glänzte und spiegelglatt war. Ich hatte das absurde Gefühl, als stünde ich auf einem gigantischen Spiegel.

Ein Diensthabender – ein nichtpolitischer Gefangener – schrubbte den Boden. Er sah mich einen Moment an, dann setzte er seine hirnlose Tätigkeit fort, als wären nackte Häftlinge in diesem Höllenloch eine Selbstverständlichkeit.

Der Wärter klopfte an eine Tür. »Herein«, ertönte eine Stimme, dann wurde ich gewaltsam in einen Raum geschubst. Flankiert von vier Wärtern, die nach billigem Rasierwasser rochen.

Der sogenannte PO saß an seinem Schreibtisch. Er ließ den Blick träge über ein Kanzleipapier schweifen, als suchte er nach imaginären Fehlern, die er mit unsichtbarer Tinte anstrich.

Sein Haar hatte die Farbe von feuchtem Stroh; ein rötlicher Teint deutete darauf hin, dass er sich regelmäßig das mürrische Gesicht kratzte; sein Hemd sah verwaschen aus. Schmale Messingstreifen zierten seine Schultern und vervollständigten den Eindruck eines billigen Abziehbildes.

Nach einer halben Ewigkeit legte er schließlich den Stift weg und nickte dem Wärter zu.

»Nummer 606, Millar, *Sir!*«, bellte der Wärter hinter mir ins linke Ohr. »Weigert sich, einen direkten Befehl auszuführen, *Sir!* Will seine Uniform nicht tragen, *Sir!*«

Strohkopf stützte das Kinn auf die Finger.

»Trifft das zu, Millar?«, fragte Strohkopf.

»Mehr oder weniger«, antwortete ich.

»Mehr oder weniger, *Sir!*«, brüllte mir der Wärter diesmal ins rechte Ohr. »Sie nennen den befehlshabenden Offizier und *alle* Mitglieder des Stabes *Sir*, Millar!«

Sir Millar?, dachte ich. *Das hat was.*

Strohkopf beugte sich vor und holte eine Orange aus dem Schreibtisch. Er nagte ein Stück ab und fuhr mit dem Finger unter die Schale. Zitrusduft erfüllte den Raum.

»Ich erinnere mich an dich!«, sagte er nickend. »Crumlin Road. Dreiundsiebzig. Erinnerst du dich auch an mich?«

Hass loderte in seinen Augen auf; nicht sein ureigener Hass, sondern ein uralter, genetisch bedingter Hass, der tief in seinem Gedächtnis gespeichert war.

Ja, ich erinnerte mich an ihn. Sein Name war Docky Fada, und damals hatte er noch keinen Dienstgrad gehabt. Damals war er mucksmäuschenstill, sah einem nie in die Augen und erschrak vor seinem eigenen Schatten. Und jetzt war er hier, mit Messing auf den Schultern und gespielter Tapferkeit.

Er nahm den Stift und klopfte mit dem Finger darauf. »Sind andere Zeiten heute, hm?«, sagte er und formte mit der linken Augenbraue ein haariges Fragezeichen. »Kein Sonderstatus mehr. Keine lächerlichen Situationen mehr, in denen die Häftlinge die Frechheit besitzen, dem Personal zu sagen, was es darf und was nicht. Das Blatt hat sich gewendet. Die Vorzeichen sind andere, Millar. Gewöhnen Sie sich besser daran.«

»Wie Sie meinen«, sagte ich.

»*Sir!*«, kreischte der brüllende Wärter hinter mir hysterisch. »Sie reden den befehlshabenden Offizier ausschließlich mit –«

»Schon gut, Officer Wilson. Die Zeit arbeitet für uns. Ein paar Wochen Einzelhaft dürften Millar etwas Respekt lehren«, sagte

Docky grinsend. »Dir ist doch klar, dass jeder Tag, den du dich weigerst, die Uniform zu tragen und zur Arbeit zu gehen, den Verlust von Straferlass und sämtlichen Privilegien nach sich zieht? Denk heute Nacht in deiner Zelle darüber nach.«

Irgendwo draußen schwoll Lärm an: Das Dröhnen eines Militärhubschraubers übertönte den nervösen Ruf eines ängstlichen Vogels und das einsame Lamento des Regens, der gegen die Fensterscheiben prasselte.

»Ich sehe, dass du mir gar nicht zuhörst, Millar. Na gut. Eines will ich noch klarstellen. Solltest du meine Leute verscheißern, dann verscheißerst du mich. Ich dulde keine Respektlosigkeit. Die Regeln sind ganz einfach: Wenn ein Mitglied des Personals, der Direktor oder ich in deine Zelle kommen, nimmst du Haltung an. Unsere Maxime lautet: Schlüssel im Schloss, Füße auf den Boden. Verstanden?«

Ich beachtete seine Frage nicht, sondern sah ihn nur geringschätzig an.

Schließlich winkte er mich mit einer Bewegung fort, überlegte es sich aber anders. »Woher hast du diese Prellungen und Blutergüsse?«

Ich blieb stumm, während der Wärter hinter mir brüllte: »*Sir!* 606 Millar holte sich die besagten Prellungen und Blutergüsse, als er auf den glatten Stufen des Transporters ausrutschte. Wir haben 606 Millar den Rat gegeben, die Uniform zu tragen, damit er wenigstens einen gewissen Schutz vor den Elementen hat. Aber 606 Millar hat unseren wohlmeinenden Rat in den Wind geschlagen, *Sir!*«

Docky nickte, da ihm die Antwort zu genügen schien, gab mir jedoch noch einen klugen Rat mit auf den Weg, ehe er mich entließ.

»Geh morgen früh zum Arzt, Millar. Dein Sack sieht aus, als würden dir jeden Moment die Eier platzen.«

KAPITEL DREIZEHN

NACKTE SOHLEN UND NACKTE SEELEN

Ein großer Teil der Nachrichten, die man im Kriege bekommt, ist widersprechend, ein noch größerer ist falsch und bei weitem der größte einer ziemlichen Ungewißheit unterworfen.
– Carl von Clausewitz, *Vom Kriege*

Eines liebe und bewundere ich an den Iren, ihr gehört seit Jahrhunderten zu den Geknechteten, andere haben euch beherrscht und unterdrückt, und ihr könnt euch mit dem Freiheitskampf identifizieren ... Ich führe diesseits des großen Ozeans meinen eigenen Kampf, aber wir haben alle dieselben Gründe und Ideale.
– Muhammad Ali

Lämpchen, jedes so groß wie ein Babyzeh, säumten die gesamte Länge des Flügels und tauchten ihn in eine bläuliche Dunkelheit. Die unheimliche Stille, die dort herrschte, wurde nur durch das *platsch – platsch – platsch* meiner nackten Füße gestört.

Schon als die Tür der Zelle hinter mir ins Schloss fiel, zuckte ich zusammen, so laut erschien mir das Geräusch. Aber aus einem unerfindlichen Grund erfüllte es mich auch mit Erleichterung, die Ereignisse des Tages fielen mit dem metallenen Echo schlagartig von mir ab.

Ich war noch keine Minute in der Zelle, als ich eine Stimme hörte. »Sam!«

»Was?«, antwortete ich durch den Spalt der Tür, mein winziges Stückchen Freiheit.

»Komm zur Tür.«

»Ich *bin* an der verfluchten Tür! Wer ist denn da?« Es war verstörend, in die Dunkelheit hineinzusprechen, aus der die eigene Stimme hohl und fremd zurückhallte.

»Finbar«, lautete die Antwort. »Hast du *scéal*, Mann?«

Finbar war der gegenwärtige befehlshabende Offizier der protestierenden Häftlinge. Ich war mehr oder weniger noch im embryonalen Stadium, aber er und acht andere Freiwillige protestierten seit mindestens fünf Wochen. Ich sollte bald herausfinden, dass einem fünf Wochen ohne Besuche oder Lektüre, Radio oder Fernsehen wie fünf Monate vorkamen. Erschwert wurde das tägliche monotone Einerlei durch die Tatsache, dass unsere Post der Gnade der Wärter ausgeliefert war, die sich aus einer Mischung von Sektiererei und sadistischer Vergesslichkeit leiten ließen.

Ich begann mit kleinen Häppchen *scéal* – Neuigkeiten –, an die ich mich erinnerte.

»Ein Bulle wurde erschossen, und zwar in ...« Langsam schilderte ich die Nachrichten der vergangenen Wochen, die sie sicher noch nicht gehört hatten, und hoffte, es würde ihre Moral verbessern. Aber die kalte, zynische Stimme von McJoke lehrte mich recht schnell, was sie unter Neuigkeiten verstanden.

»Verschon uns mit dem Mist! Gibt es Neuigkeiten vom Protest? *Das* wollen wir hören.«

Ich hörte Betten quietschen, als die Gefangenen sich aufrichteten und auf meine Antwort warteten. Der OC im Gefängnis Crumlin Road hatte mir eingeschärft, was ich darauf sagen sollte: *Sag ihnen, dass es bald überstanden ist. Sag ihnen, was immer du willst, damit sie den Protest fortsetzen ...*

»Es heißt, dass es bald vorüber ist.«

»Wie bald?«

Sag ihnen, was du willst, damit sie den Protest fortsetzen …

»Weihnachten.« Mein Gesicht glühte nach dieser Lüge.

»Weihnachten?«, sagte McJoke. Ich stellte mir vor, wie er misstrauisch die Augen zusammenkniff, weil er spürte, dass hier etwas faul war. »Weihnachten?«, wiederholte er und gab mir die Chance, mich aus dem Grab zu befreien, das ich mir gerade mit der Zunge geschaufelt hatte.

»So heißt es. Und wenn nicht Weihnachten, dann allerspätestens Januar.«

»Hast du Snout mitgebracht?«, meldete sich Teapot mit grimmiger Stimme zu Wort.

Snout war im Zellenjargon Tabak.

»Nein, Teapot. Der Wärter in der Aufnahme hat ihn mir weggenommen.«

»Drecksack.«

Ich wusste nicht, ob er den Wärter oder mich meinte.

»In dieser Zelle ist es eiskalt, Finbar«, sagte ich und wechselte hastig das Thema. Durch meine Nervosität kam es mir vermutlich noch kälter vor.

»Die Wärter schalten im Winter die Heizung ab«, antwortete Finbar, »und im Sommer drehen sie sie voll auf. Das gehört zu ihrer idiotischen Strategie, uns von den Protesten abzubringen. Daran gewöhnst du dich schnell, Kumpel. Verkriech dich unter eine dieser Decken. Das hilft.« Er gab sein berühmtes ansteckendes Lachen von sich.

Sofort schnappte ich mir eine Decke und spürte, wie die rauen Fasern mir die Haut zerkratzten. Ich hatte noch keine Ahnung, für wie viele Jahre sie mir zu einer Art Schatten und zweiter Haut werden würde.

»Die Decke ist rau«, jammerte ich.

»Nicht so rau wie der Protest! Hör auf zu flennen!«, ertönte ein Chor von Stimmen.

»Wer hat dir Weihnachten gesagt?« McJoke ließ nicht locker. Ein Hund, der seinen Knochen nicht hergibt.

»Na ja … ich will keine Namen durch die Tür nennen. Die Wärter könnten zuhören.« Noch mehr Lügen. Mein Gesicht stand in Flammen.

»Beachte ihn gar nicht, Sam. Wie haben die Hammers am Samstag gespielt?«, fragte Finbar, der größte Fan von West Ham United.

»Scheiß auf die Hammers«, sagte McJoke überaus diplomatisch. »Das hier ist wichtiger als dieser ganze Scheiß.«

»Was soll das heißen, scheiß auf die Hammers? Scheiß auf dich, McJoke«, sagte Finbar. »Wo waren wir stehen geblieben, Sam, bevor wir so unhöflich unterbrochen wurden?«

»Vergesst diesen ganzen politischen Blödsinn«, klagte Teapot mit panischer Stimme. »Bist du sicher, dass du nicht mal ein Krümelchen Snout dabeihast?«

»Hör doch auf mit dem Snout«, ging McJoke dazwischen. »Eine Antwort nach der anderen.«

»Was soll das heißen, hör doch auf mit dem Snout?«, antwortete Teapot beleidigt. »Du rauchst nicht. Also halt den Mund. Und dieser Protest hört nie auf. Hör *du* gefälligst auf zu flennen.«

Das verbale Hin und Her ging unvermindert weiter, wie ein Tennisspiel. Ich ging von der Tür weg zu dem vergitterten Fenster und betrachtete den Nachthimmel. Er sah wunderschön aus, ein Meer unzähliger funkelnder Sterne im Schatten Gottes. Kreischende Stare flatterten zu den riesigen, pilzförmigen Lampen, mit denen der Hof ausgeleuchtet wurde. Sie warfen ein pyritfarbenes Netz über den Block und sorgten für schroffe Farbkontraste.

Bevor ich einschlief und mich fragte, ob ich zugeben sollte, dass ich das Datum erfunden hatte, hörte ich Teapots mürrische

Stimme in der Dunkelheit: »Dreckskerl. Kein Snout. Vermutlich ist das Datum auch frei erfunden.«

Ich konnte es kaum erwarten, die Reise durch diesen langen Tag zu Ende zu bringen. Ich würde mich ewig daran erinnern, dass wir zu Spekulationen neigen, wenn wir etwas nicht wissen. Informationen, ganz gleich wie erfreulich sie gerade sind, können sich im Nachhinein immer als gefährlich erweisen.

KAPITEL VIERZEHN

GESCHICHTE WIRD NICHT IM SITZEN GESCHRIEBEN

Ich logiere in einer verdreckten Unterkunft und so beengt, dass man keinen Hund darin tanzen lassen könnte.
– Tobias Smollett, *Humphry Klinkers Reisen, Band 2*

Wär mir's nicht untersagt, das Innere meines Kerkers zu enthüllen, so höb ich eine Kunde an, von der das kleinste Wort die Seele dir zermalmte, dein junges Blut erstarrte …
– Shakespeare, *Hamlet*

Am nächsten Morgen weckten uns die Wärter als orchestrales Ensemble für Schlagstöcke und Stiefel, mit denen sie gegen die Zellentüren droschen. Die Wärter blickten sichtlich amüsiert durch die Sicherungsklappen und setzten ihr *Peng-peng-peng*-Stakkato fort, bis auch der letzte Häftling aus dem Bett gesprungen war.

»Ein so wunderschöner Morgen, und ihr liegt noch im Bett! Ungezogen, ungezogen. Raus jetzt! Schlüssel im Schloss, Füße auf den Boden!« Der Wärter klirrte mit den Schlüsseln, um seinen Worten Nachdruck zu verleihen.

Hin und wieder schnappte einer der Gefangenen nach dem Köder. »Steck dir die Schlüssel in den Arsch, du Wichser!«

Der Wärter setzte sein Geklopfe so unbeeindruckt fort wie ein

Specht. »Wie wollt ihr eure Eier haben, Jungs? Beidseitig gebraten? Mit Speck? Gut durch? Und was ist mit Würstchen?«

»Frag doch deine Frau«, erwiderte eine griesgrämige Stimme. »Die hat gestern Nacht eine ordentliche Portion bekommen, während du Nachtschicht hattest!«

»*Oooooooh*, Teapot. Deine Ausdrucksweise schockiert mich. Und das von einem anständigen katholischen Jungen.«

Draußen hatten sich die Stare auf Futtersuche begeben und ein Schwarm Brieftauben flog im Synchronflug durch die Lüfte. Die ersten Strahlen der Sonne brachen die frühmorgendliche Dunkelheit gerade auf, während die Vögel sich plötzlich und unvermittelt abfallen ließen und hinter dem Blickfeld meines Fensters verschwanden.

Natürlich gab es keinen Speck zum Frühstück. Auch keine Würstchen. Nur zähen Haferbrei ohne Milch und Zucker und Brot, das mit seinen blauen Schimmelflecken schon einen recht fragwürdigen Eindruck machte.

Kurz nach dem Frühstück briefte Finbar mich mit den wichtigsten Informationen.

»Der Wärter kommt bald zum Toilettengang. Geh, auch wenn du nicht musst. So kommst du wenigstens aus deiner Zelle. Und vergiss nicht, wir gehen nirgendwo nackt oder in der Uniform hin. Bind dir das kleine Handtuch um die Hüfte.«

Der Wärter kam näher, um uns zum Toilettengang rauszulassen, also setzte ich mich auf das Bett und wartete.

Unvermittelt ging die Klappe auf; zwei Augen starrten mich an. Sie erinnerten mich an konzentrische Plombenzieher, die man durchgekaut und in Lack getunkt hatte.

Er sagte nichts. Starrte mich nur an. Ich erwiderte seinen Blick, obwohl ich es beunruhigend fand, eine grüne Tür mit Glubschaugen zu betrachten. Der Teufel sollte mich holen, wenn ich ihm die Genugtuung gab, mich eingeschüchtert abzuwenden.

Die Klappe sauste herunter!

Langsam ging sie wieder auf. Glubschaugen. Die Lider schlossen sich. Öffneten sich wieder …

Was für ein nervtötender Idiot, dachte ich, als wir unseren Wettkampf im Anstarren fortsetzten.

»Du kennst die Vorschrift, Millar. Schlüssel im Schloss, Füße auf den Boden! Zwing mich nicht, Verstärkung zu holen.«

Ich gab nicht nach, auch wenn sich mir nach der Drohung der Magen zusammenzog.

Rums!, machte die Klappe.

Ich sah ihn nicht mehr, aber er war noch da. Ich hörte ihn atmen.

Die Klappe ging wieder auf. »Guckguck!«, sagte er mit seiner nervtötenden Stimme. »Ich seeeeeh dich. Siehst du miiihich?«

Krankes Arschloch.

»Letzte Chance, Millar. Vier Wärter sind unterwegs. Wenn du nicht aufstehst, zeigen wir dir, wie's geht.«

Er begann einen Countdown. »Zehn. Neun. Acht. *Siiihiieben.* Sechs … sei vernünftig und erspar uns die Mühe, ja?«

Ich verweigerte ihm eine Antwort, aber in meinem Magen schwappte Säure. Ich musste dringend scheißen.

»Viiier. *Drei.* Letzte Chance. Da kommen die Wärter. Zweieinhalb …«

Seine Stimme war blanke Folter. Ich wollte die Prügel hinter mich bringen.

»Eins!« Die Tür schepperte schrecklich; ich klammerte mich so fest an das Bett, dass meine Knöchel weiß wurden.

Die Tür blieb für eine halbe Ewigkeit geschlossen. Nichts als diese bedrückende Stille. Dann ertönte ein irres Gelächter. »Haha! Reingelegt, Sam! Und wie! Hast gedacht, ich wäre der Wärter, was? Ha-ha!«

Ich sprang gerade noch schnell genug vom Bett, dass ich einen Häftling, den sie Polar Bear nannten, im Zickzack von Zelle zu Zelle laufen sah. »Ich hab ihn angeschmiert, Jungs! Ihr hättet Millars Fresse sehen sollen! Ha-ha! Der hat sich eingekackt!«

Vor Finbars Zelle blieb er stehen. »He, Finbar? Millar hat die Füße auf dem Boden gehabt. Er dachte, ich wäre ein Wärter.«

Das ist Blödsinn, wollte ich rufen, doch da wurde mir klar, dass er mich nur aus der Reserve locken wollte.

»Ich dachte, der würde sich in die Hose scheißen«, fuhr Polar Bear so laut fort, dass alle es hören konnten. »Harter Mann von der New Lodge! Ha-ha!« Er wischte sich Tränen aus dem bärtigen Gesicht, während er zu meiner Zelle zurückkam. »Ich bin überrascht, Sam! Dass du auf den alten Trick reingefallen bist!«

»Deine Tricks zünden bei mir nicht, Polar Bear«, log ich. »Du hast es übertrieben.«

Er warf den Kopf zurück und lachte.

Polar Bear war berüchtigt für die Streiche, die er arglosen Gefangenen spielte. Im Gefängnis Crumlin Road hatte er sich als Arzt oder Sozialarbeiter verkleidet, je nach Laune. Glanzlicht seiner Darbietungen war ein fanatischer Priester, dem er den Namen Foxx gab. An den Wochenenden lockte er damit »Bekehrte« aus jeder Ecke des Gefängnisses an. Abends, wenn die Neuankömmlinge sich in einer Reihe aufstellten, verwandelte er seine Zelle in einen Beichtstuhl, indem er sie mit einem Laken teilte, in das er freilich ein Guckloch gebohrt hatte, damit er die Reaktionen der Sünder beobachten konnte.

»Tritt ein, mein Sohn«, sagte Pater Polar mit salbungsvoller Stimme hinter dem Laken.

Ein Gefangener mit rotem Haar und Sommersprossen, die wie die Köpfe rostiger Nägel aussahen und entsprechend groß waren, trat ein und setzte sich.

»Ja, mein Sohn?«

Der junge Mann hustete, um sich zu räuspern. »Es ist fast …« Er verstummte, als er das Auge im Loch hinter dem Laken sah, das ihn anstrahlte.

»Los doch! Ich hab nicht den ganzen Tag Zeit!«, drängte Pater Polar.

»Es … ist fast drei … Monate her seit meiner letzten …«

»Drei Monate! Was für ein Katholik bist du denn, der in drei Monaten nicht einmal sündigt? Hm? *Hm?*«

»Es tut mir aufrichtig leid, Pater, es ist die erste Gelegenheit, die ich habe …«

»Mit dem albernen Märtyrermist verschonst du mich, um Himmels willen! Komm zur Sache!«

Rotschopfs Hände waren feucht; er wischte sie an den Jeans ab; dunkle Flecken blieben zurück.

»Ich hatte … unkeusche Gedanken … Taten. Außerdem –«

»Halt, halt!«, rief Pater Polar. »Wer zum Teufel hat hier das Sagen? Immer schön langsam. Was für unkeusche Taten?«

Rotschopf leckte sich die Lippen. »Sie wissen schon … wichsen.«

»Wichsen? Was ist das?« Pater Polar biss sich auf die Lippen, um ein Lachen zu unterdrücken.

»Na ja, mastur… bieren, Pater …« Der junge Mann rutschte nervös auf dem Stuhl hin und her. »Sie wissen schon, was ich meine …«

»Wissen? *Wissen?* Woher zum Teufel soll ich von so etwas wissen? Abstoßend! Wie sehen deine unkeuschen Gedanken aus?«

Man hörte deutlich, wie Rotschopf tief Luft holte, ehe er zum Rundumschlag ausholte.

»Also … ich hatte … schlimme Gedanken über die Freundin meines besten Freundes, Sie wissen schon?«

»Gott ist mein Zeuge, wenn du noch einmal die Unverschämtheit besitzt und *Sie wissen schon* zu mir sagst, spürst du die Hand

Gottes auf deinem platten Hinterkopf! Ich bin Priester, du Vollidiot! Woher sollte ich etwas von solchen Dingen wissen?«

»Psst ... Verzeihung, Vater. Es ist nur –«

»Einzelheiten! Gib mir Einzelheiten über die Freundin deines besten Freundes, du Judas, du.«

»Ich ... na ja, sie ist so nett.«

»Nett?«, äffte Pater Polar ihn sarkastisch nach. »*Nett?* Wen interessiert das denn? Wie ist sie gebaut?«

»Gebaut? Oh! Toll. Sie ist echt toll gebaut. Üppig«, sprudelte es aus Rotschopf heraus.

»Zwei anständige Möpse, was?«, fragte Pater Polar.

»Unglaublich«, schwärmte der junge Mann entspannt und freute sich über diesen liberal eingestellten Priester. »Neben ihr wirkt Dolly Parton flachbrüstig! Hi-hi!«

Darüber musste Polar unwillkürlich lächeln.

»Tatsächlich? Und der Rest? Das Gesicht?«

»Ach, sie ist eine Schönheit, Pater«, prahlte Rotschopf als Steigerung von *nett*. »Und ihr Arsch erst! Prall, Sie wissen schon.«

Binnen eines Sekundenbruchteils ließ Pater Polar die Hand hinter dem Laken hervorschnellen und verpasste dem Rotschopf eine derart krachende Ohrfeige, dass dieser zu Boden ging.

»Habe ich dich nicht gewarnt, was dieses *Sie wissen schon* angeht? Habe ich nicht?«

»He!«, rief Rotschopf gekränkt aus. »Scheiße, deswegen müssen Sie mir doch nicht gleich eine runterhauen, Pater!«

»Was? Was zum Teufel hast du gesagt? Was ist das für eine Ausdrucksweise? Du kleines Schandmaul!« *Klatsch! Klatsch! Klatsch!* Rotschopf hatte sich weitere Ohrfeigen eingehandelt.

»He! He!«, rief Rotschopf, der rasch aufstand, nur damit Pater Polar ihm hastig einen Arschtritt verpassen konnte.

»Jetzt schaff dich hier raus, bevor ich deinem Kumpel von Dolly Parton erzähle!«

Der unglückliche Rotschopf stolperte aus der Zelle, an der Schlange der Sünder entlang. Er konnte nicht anders und musste ihnen einen Rat geben.

»Was ihr auch tut, flucht nie vor dem Priester. Das ist ein verfluchter Irrer!«

Zugegeben, Polar Bears Streiche waren kindisch, aber ohne seinesgleichen hätte sich die Zeit im Gefängnis nur noch länger hingezogen.

Er lehnte sich an meine Zellentür. »Ich hab gehört, was du gesagt hast, dass der Protest in drei Monaten vorbei ist. Das war Blödsinn, richtig?«

Ehe mir eine Antwort einfiel, stapfte er davon, konnte aber nicht anders, als eine abschließende Bemerkung zu machen. »An Weihnachten wollte ich nicht in deiner Haut stecken, Kumpel. Verlass dich bloß nicht zu sehr auf das selektive Gedächtnis. Man sollte die Leute niemals verarschen, schon gar nicht im Knast.«

KAPITEL FÜNFZEHN

DER FREIWILLIGE

NOVEMBER 1976

> So vieles, worauf ich gut und gern
> verzichten könnte.
> – Sokrates

> Er ist ein alter Busenfreund von mir …
> oh, ein reizender Mensch, so ein reizender Mensch.
> – Sean O'Casey, *Juno und der Pfau*

»He, Sam? Komm einen Moment zur Tür«, sagte Teapot eines Morgens in aller Frühe.

Ich stand tagträumend am Fenster. Es war ein angenehmer Traum, in dem ich an einem Sonntag im Waterworks Park spazieren ging und junge Frauen in engen, verwaschenen Jeans beobachtete, die dieselbe Farbe wie der Himmel hatten. Ich trug ein weißes Hemd von Ben Sherman, Levi's und ein Paar auf Hochglanz polierte Dr. Martens. Ich wollte mich gerade an eine junge Frau ranmachen, auf die ich seit Wochen ein Auge geworfen hatte, als Teapots Knurren mich aus meiner Trance riss.

»Was, Teapot? Was ist denn?«

»Siehst du den Wärter vor Zelle vier?«

Ich blickte durch den Schlitz in der Tür und sah ihn gerade noch. Er öffnete die Türen für den Toilettengang.

»Ja. Und?«

»Wir nennen ihn den Freiwilligen. Pass auf, du wirst gleich sehen, warum.«

Ich sah zu, wie der Wärter sich Teapots Zelle näherte. Er öffnete sie und ließ Teapot heraus, der mir zublinzelte, als er an meiner Zellentür vorbeikam und dabei sang: »Hi ho, hi ho, it's off to work we go …«

Normalerweise zog jeder Wärter eine mürrische Miene, wenn er diesen sarkastischen Song hörte. Zu unserem Protest gehörte, dass wir die Arbeit verweigerten, was die Wärter persönlich nahmen. Doch dieser spezielle Wärter grinste nur. Höchst ungewöhnlich in dieser Umgebung.

Er wippte auf den Fußballen auf und ab und ließ die Blicke nach links durch den Flügel schweifen. Ich wollte mich schon gelangweilt zurückziehen, als er sich plötzlich bückte und den Schnürsenkel band. Das Problem war nur, der musste gar nicht gebunden werden. Tatsächlich öffnete er aus unerfindlichen Gründen beide Schnürsenkel und band sie wieder zu. Hätte ich nicht so genau hingesehen, wäre mir der Taschenspielertrick, mit dem er blitzschnell die Fußmatte vor der Zellentür berührte, gar nicht aufgefallen. Auch das war ungewöhnlich, denn normalerweise ließen wir besagte Matte des kalten Bodens wegen in der Mitte der Zelle liegen.

Der Wärter, der immer noch versuchte, sich die Schnürsenkel zu binden, spähte jetzt unter der Achselhöhle durch, als suchte er nach Schweißflecken. Tatsächlich beobachtete er nur, wie ich später herausfand, den anderen Wärter hinter dem Absperrgitter, dessen Aufgabe darin bestand, die Flügel auf beiden Seiten im Auge zu behalten. Als der Wärter schließlich gelernt hatte, wie man sich die Schuhe band, richtete er sich auf, streckte sich, gähnte und schob die Matte mit der Stiefelspitze in die Zelle zurück.

»Oh, what a beautiful morning …«, stimmte Teapot wie auf ein Stichwort hin an.

Bevor der Wärter die Tür schloss, sah ich ihn noch zwinkern; zweifellos blinzelte er Teapot zu: Mission abgeschlossen.

Im Verlauf des Vormittags erklärte mir Teapot das sonderbare Verhalten. Der Wärter hatte zehn Zigaretten unter der Matte versteckt. »Das macht er jeden Samstag- und Sonntagmorgen, sofern er Dienst in dem Flügel hat.«

Für die Raucher hier waren die Zigaretten ihr Gewicht in Gold wert, zumal man uns im Rahmen der Strafmaßnahmen, weil wir die Häftlingsuniformen nicht tragen wollten, sämtliche sogenannten Privilegien gestrichen hatte.

Jede Zigarette wurde zerdrückt, zu zehn neuen, nadeldünnen Glimmstängeln gerollt und dann zu gleichen Teilen unter den Rauchern verteilt – wobei Teapot natürlich eine Sonderprämie für seinen unerschrockenen Einsatz kassierte.

Ein Glück, dass ich nicht rauchte, aber für alle Raucher war es ein Geschenk des Himmels, das sie über alle Maßen schätzten, da sie wussten, es dauerte, bis die nächste Lieferung eintraf.

Die schier endlose Eintönigkeit der Tage wurde nur durch dieses ungeheure Nichts übertroffen, es war eine Art zusätzliche Dimension der Haft: kein Radio; keine Besuche; keine Lektüre – außer der Bibel; keine Süßigkeiten; keine Klamotten; kein Tabak. Nein! Nein! Nein! Natürlich hatte es seine Vorzüge, dass man nichts besaß, denn die Wärter und Briten konnten einem nichts mehr wegnehmen. Wenn man nicht den Verstand verlieren will, musste man stets allem wenigstens einen positiven Aspekt abgewinnen.

Der Freiwillige teilte uns auch jeden Sonntagmorgen die Fußballergebnisse mit und sorgte dafür, dass wir neben unserem bisschen Brei jeweils noch eine Extraration Brot bekamen. Alles in allem verhielt er sich wie ein Mensch. Hätte man ihn erwischt, hätten die anderen Wärter ihn im günstigsten Fall geächtet. Im schlimmsten gefeuert. Er war uns ein absolutes Rätsel, doch solange er uns mit Zigaretten und den Fußballergebnissen versorgte, durfte er das gern bleiben.

KAPITEL SECHZEHN

QUIETSCHESOHLEN

Und nur das nackte Leben brachte ich davon.
– Hiob 19:20

Schleppt sein Gebein übers Gestein,
Er ist nur ein Bettler, arm und gemein.
– Thomas Noel, *The Pauper's Drive*

Normalerweise herrschte gegen ein Uhr mittags Grabesstille in den Blocks. Die meisten Wärter waren Mittag essen oder auf ein Bier in ihren Club gegangen. Das nutzten wir stets aus, entweder für ein Nickerchen oder Unterrichtsstunden in der irischen Sprache.

Ich stand wie üblich träumend am Fenster, als ich Finbars Stimme hörte. »Sam? Hörst du das?«, fragte er.

»Was?«

»Jemand ist in Zelle 26.«

In Zelle 26 bewahrten die Wärter die Häftlingsuniformen für den Fall auf, dass ihre wildesten Träume in Erfüllung gehen sollten und wir eines Morgens alle aufstehen und darin zur Arbeit gehen würden, wobei wir ihnen im Vorübergehen noch die Schuhe auf Hochglanz wienern dürften.

Es war ungewöhnlich, dass die Zelle zu dieser Tageszeit offen stand, Finbar hatte recht. Und es bewegte sich *tatsächlich* jemand darin.

Die Tür fiel ins Schloss; es herrschte wieder Stille, abgesehen von Cowboy, der sich gerade die Mandeln blutig schnarchte.

»Hört du das?«, fragte Finbar.

»Nein. Was?«

»Ein leises Quietschen. Wie von …«, hier machte er eine dramatische Pause, »… einem Paar nagelneuer Gefängnisstiefel.«

Ich dachte, dass er zu viel Sherlock Holmes gelesen hatte. Unser Protest dauerte jetzt schon über ein Jahr; möglicherweise setzte ihm das langsam zu.

»Und? Was meinst du?«, fragte ich.

»Jemand hat die Kluft angezogen und sich aus dem Staub gemacht«, beharrte Finbar.

Ich lachte laut auf. Niemand hatte dem Protest je den Rücken gekehrt. Ja, es hatten sich Männer geweigert, bei dem Protest *mitzumachen*, doch keiner wäre jemals ausgestiegen. Das war absolut undenkbar.

»Du redest Blödsinn, Finbar.«

»Wir müssen später Blade fragen. Aber ich hab's im Urin, dass einer abgehauen ist.«

Blade war der neue OC. Finbar hatte sein Amt niedergelegt, weil ihm der Job zu anstrengend geworden war. Es war eine undankbare Aufgabe und nichts für Zartbesaitete.

Nach der Siesta versuchten wir vergeblich, Blade zu wecken. Er war ein notorischer Langschläfer, daher beschlossen wir, noch etwas zu warten.

JCB, ein Häftling aus Derry, gönnte uns diese Wartezeit nicht.

»Finbar, Blade ist nicht in seiner Zelle. Ich hab ihn vor einer Stunde weggehen sehen. Er trug die Kluft.«

JCB sagte das so nüchtern, dass wir eine Weile brauchten, es zu verarbeiten. Das Schweigen war greifbar. Keiner sagte ein Wort.

»Fall abgeschlossen«, sagte Finbar schließlich. Agatha Christie wäre stolz auf ihn gewesen.

Wir anderen fanden es schlicht unvorstellbar, dass jemand den Protest aufgab, schon gar kein OC. Nicht weniger schlimm war die Tatsache, dass er nicht den Mut aufgebracht hatte, uns über sein Vorhaben zu informieren. Das war ein schwerer Schlag gegen unsere Moral und feste Überzeugung, wir wären unbesiegbar. Nach diesem traumatischen Erlebnis betrachteten wir einander mit anderen Augen und fragten uns, wer der Nächste sein würde.

Was Blade betraf, er hatte unser Lexikon unwissentlich um ein neues Wort erweitert: Quietschesohlen.

Dennoch erwies sich dieser Tag nicht als völlige Katastrophe. Polar Bear wurde erlöst. Obwohl die Wärter ihn bedrohten, ging er von Zelle zu Zelle, wünschte uns allen Glück, sprach uns Mut zu und versprach, dass er tun würde, was immer in seiner Macht stand, um auf unser unmenschliches Los aufmerksam zu machen.

Die Mienen ohnmächtigen Hasses der Wärter blieben uns lange Zeit ein Quell der Freude. Polar Bear hatte sich ihnen seit dem ersten Tag des Protestes widersetzt. Endlose Einzelhaft und Entzug der grundsätzlichsten Dinge hatten nichts gefruchtet. Und sie konnten rein gar nichts dagegen machen, außer mit schiefem Lächeln und hasserfüllten Augen zusehen.

Natürlich freuten wir uns für Polar Bear, aber ein wenig neidisch waren wir auch. Nicht mehr lange, und er durfte sich anziehen und richtige Nahrung zu sich nehmen. Und heute Nacht würde er ein Stelldichein mit einer Frau haben. Himmlisch! Was hätten wir nicht alles getan, um in seinen Schuhen zu stecken … wenn er sie denn endlich bekam!

Ein breites Grinsen und ein hochgestreckter Daumen waren das Letzte, was wir von ihm sahen, ehe ihn der Transporter verschluckte.

Wie hätten wir ahnen können, dass er schon zwei Monate später tot sein würde; er starb bei einem Autounfall auf dem Heimweg von einem Treffen, bei dem er um Unterstützung für unseren Protest geworben hatte.

KAPITEL SIEBZEHN

DIE TOTEN HELDEN UNSERER JUGEND SIND ZURÜCK

JANUAR 1977

Mut ist Widerstand gegen die Angst, Sieg über die Angst, aber nicht Abwesenheit von Angst.
– Mark Twain

Ich wahre stets die Beherrschung, es sei denn, es wäre vorteilhaft, sie nicht zu wahren.
– Sean O'Casey, *Der Pflug und die Sterne*

Ein neues Jahr. Ein neuer Anfang.

Für uns freilich brachte es nichts Neues. Die Wärter ließen uns nicht mehr zum Duschen in den Waschraum; wir mussten uns einmal täglich mit einer Schüssel kalten Wassers begnügen. Der Toilettengang war zu einer Art russischem Roulette geworden; wir wussten nie, was als Nächstes passieren würde, ob die Wärter brutal werden würden oder uns in Ruhe ließen.

Wenn wir durch den Flügel zum Innenhof gingen, nahmen die Wärter das stets zum Anlass, uns einzuschüchtern. Sie versicherten uns hämisch, dass es nicht mehr lange dauern würde, bis wir ihnen die Stiefel putzen und sie »Sir« nennen würden. Von einem Häftling »Sir« genannt zu werden, war so eine Fantasie, die in den Köpfen der Wärter wie des Direktors herumspukte. Die besonders Tollkühnen unter uns reagierten darauf mit einer »gelben Dusche« – sie gossen den Wärtern den Inhalt unserer Pisspötte über die Köpfe, woraufhin sie unweigerlich verprügelt wurden.

Draußen, vor dem Fenster, kämpfte Stumpy, eine Möwe mit nur einem Bein und abgebrochenem Schnabel, mit einem anderen, gesunden Vogel um einen Brotkrumen. Stumpy hatte das Bein verloren, als er zu dicht über dem Stacheldraht geflogen war. Eine Woche nach diesem schrecklichen Unfall warf ein betrunkener Wärter einen Backstein nach dem Tier und brach ihm den Schnabel.

Stumpy schlug sich so gut es ging durch und kämpfte trotz seiner Behinderung verbissen um sein Leben. Als er den Gegner schließlich in die Flucht geschlagen hatte, versuchte er, das Brot in den Mund zu schaufeln, indem er mit dem gebrochenen Schnabel über den Boden kratzte. Es kostete ihn dreißig Minuten und man konnte es kaum mit ansehen. Aber die Lektion war klar: Er gab niemals auf und bezwang am Ende alle Widrigkeiten und Gegner.

Das Wetter draußen war herrlich: zum Weinen schön. Man wusste, Gott meinte es gut mit einem. Verschiedene Gerüche stiegen mir in die Nase, als ich zwischen den Gitterstäben des Fensters hinaussah: flüssiger Teer, der im sanften Windhauch abkühlte; eine leichte, vage Note von Waschpulver; Spiegeleier in einer Pfanne. Ich bildete mir ein, ich könnte Mister Softy hören, und stellte mir vor, wie alle Kinder mit glücklichen Grinsegesichtern für ein Eis Schlange standen.

Manchmal hört man etwas und muss dabei an längst vergangene Zeiten denken, zum Beispiel die Novembertage in der Kindheit, das Herbstlaub und seinen Modergeruch, die unendlich langsam vergehende Zeit. Manchmal hört man Musik, bei der man sich an Bilder erinnert, die in einer dunklen Ecke des Gedächtnisses verborgen sind und eine Welt zeigen, die perfekt zu sein scheint, nicht so fragwürdig und fehleranfällig.

Ich wollte gerade Finbar auf einen Plausch ans Fenster rufen, als mir die Stimme von Hippo, dem neuesten OC des Flügels, nicht nur den Augenblick, sondern den ganzen Tag verdarb.

Hippo schwallte los wie ein Besessener und hielt uns zum Fenster raus einen Vortrag über Helden und Märtyrer, die für Irland gestorben waren. Es hatte etwas Oberlehrerhaftes, als er uns erzählte, dass wir Männer vom Kaliber eines James Connolly, Patrick Pearse oder Wolfe Tone bräuchten. Vielleicht nervte uns eigentlich nur die Tatsache, dass er erst wenige Monate im Knast saß, wir anderen dagegen Jahre.

Trotz seiner Salbaderei waren wir alles in allem richtig guter Laune. Die Wärter hatten den Haferbrei mit Zucker gesüßt und uns zum Mittagessen sogar Milch in den Tee gegeben ... natürlich nicht beides in beide.

»Nehmen wir zum Beispiel Tone«, dozierte Hippo. »Selbst als ihm klar wurde –«

»Er dürfte uns kaum noch von Nutzen sein, oder?«, sagte ich und presste den Kopf gegen die Gitter. »Soweit ich weiß, ist er tot.«

»Was? Was haste da gesagt?«, fragte er, entsetzt über den verräterischen Spott, den er da hörte.

»Ich sagte, die sind doch verdammt noch mal alle tot. Wir brauchen jemanden wie den unglaublichen Hulk, der uns aus diesem Schlamassel hier rausholt.«

Zehn Sekunden Stille.

»Wen? Was zum Teufel faselst du denn da?«

»Den unglaublichen Hulk. Keinen anderen. Der könnte diese Türen mit einem einzigen seiner Gammastrahlenfürze aushebeln. Mit Staub und Knochen geht das nicht. Es sei denn, du hättest Drachenzähne, um Tone und die anderen wieder zum Leben zu erwecken.«

Gelächter aus dem Flügel.

»Ich hab keinen blassen Schimmer, was du dir da zusammenfaselst, du gehirnlahmer Idiot. Ich hab nie von einem unverwundbaren Wasweißich gehört.«

»Ich fasle mir nichts zusammen. Ich stelle nur fest. Der unglaubliche Hulk alias Bruce Banner ist ein Wissenschaftler, der von Gammastrahlen getroffen wird, die ihn grün machen. Schon deshalb wäre er logischerweise auf unserer Seite.«

Hippo gab ein gekünsteltes Lachen von sich. »Oh, jetzt kapier ich's«, sagte er. Danach wandte er sich wieder seinem ursprünglichen Thema und Zuhörer zu. »Wie schon gesagt, John, die Führungsqualitäten damals waren herausragend. Connolly hätte nicht einmal im Traum daran gedacht –«

»Es ist mein Ernst«, sagte ich und drückte den Kopf noch fester gegen die Gitterstäbe. »Wenn wir Hulk hätten, würden wir die Briten innerhalb einer Woche schlagen.«

»Lass den Quatsch«, sagte er und konnte seine Wut kaum noch verbergen.

»Dann wäre da noch das Ding von den Fantastischen Vier«, fuhr ich fort. »Kräftemäßig gesehen spielen sie zwar nicht ganz in einer Liga mit Hulk, sind aber eine verdammt gute zweite Wahl. Das Problem ist nur, dass einer von ihnen als brennende menschliche Fackel sehr orange aussieht, wir sollten ihn deshalb genau im Auge behalten.«

Aus den Zellen ertönte abermals Gelächter. Ich war nicht mehr zu bremsen.

»Hör mal«, sagte Hippo mit bebender Stimme. »Ich dulde nicht, dass jemand Irlands Tote verspottet. Treib's nicht zu weit.«

»*Ooooooh!* Pass bloß auf, Sam«, rief Cowboy. »Der lässt dir die Kniescheiben zertrümmern, wenn du rauskommst.«

»Was ist mit Superman? Könnte er uns nicht helfen?«, fragte jemand lachend.

»Nee. Diese Türen sind in Wahrheit aus grünem Kryptonit. Absolut tödlich für Superman«, antwortete ich. »Wir sollten uns schon sicher sein, jemanden nicht ins Verderben zu locken, wenn er uns zu Hilfe eilt.«

»Hört endlich auf, ihr blöde Bande!«, brüllte Hippo. »Die Wärter hören zu und lachen, bis ihnen die Eier abfallen.«

»Was für Eier? Wärter haben keine Eier!«, rief Joe McDonnell. Neuerliche Lachsalven tönten aus den Fenstern.

»Was ist mit Lone Ranger?«, fragte Cowboy, beantwortete seine Frage jedoch selbst. »Nee. Silver käme nie und nimmer durch den Flügel.«

Die nächsten drei Tage kreisten alle Gespräche um die Helden unserer Kindheit und bescherten uns ein tröstliches Gefühl der Nostalgie. Irgendwann war das Thema dann durch.

»Könnt ihr euch vorstellen, was die Leute draußen von uns denken würden, wenn sie den ganzen Blödsinn hören müssten, der in den vergangenen Tagen hier geredet wurde?« Das sagte Hippo laut zum Fenster hinaus, damit es alle hörten. »Die würden uns für verrückt halten. Ihr solltet euch schämen, Republikaner, die über Superhelden im Fernsehen schwatzen. Ich hoffe nur, dass nie jemand davon erfährt.«

Draußen fiel ein rostfarbener Regen vom Himmel, die Tropfen, die unter unseren Fenstern aufschlugen, sahen aus wie verkokelte Pennys.

»Du kapierst es einfach nicht, Hippo, was?«, sagte ich. Ich lag auf dem Rücken und starrte zur Decke.

»Was kapieren? Dass ihr alle eine Bande von Schwachköpfen seid?«

»Nein. Ganz im Gegenteil. Hör mir zu, dann lernst du vielleicht was«, riet ich ihm. »Erstens: Uns ist scheißegal, was *irgendjemand* da draußen denkt. Wir sind es, die hier drinnen zu überleben versuchen, nicht sie. Zweitens: In den letzten drei Tagen sind wir aus diesem Gefängnis entkommen – wenn auch nur im Geiste. Aber nichtsdestotrotz entkommen. Und das alles dank dem unglaublichen Hulk. Schieb dir das in den Arsch und setz dich drauf!«

Cowboy kicherte. »Und Lone Ranger. Er hat auch seinen Teil dazu beigetragen, Sam. Vergiss das nicht.«

Vergessen? Wie könnte ich? Es war der Tag, an dem neue Befehle eintrafen. Der wahre Albtraum sollte jetzt erst anfangen.

KAPITEL ACHTZEHN

IN DER SCHEISSE

AUGUST 1978

Ha! mir juckt der Daumen schon,
Sicher naht ein Sündensohn –
Lasst ihn ein, wer mag's sein!
– Shakespeare, *Macbeth*

Ich habe geschworen, niemals zu schweigen, wann immer und wo immer ein Mensch zu leiden hat oder gedemütigt wird.
Wir müssen uns immer für eine Seite entscheiden. Neutralität hilft dem Unterdrücker, niemals dem Opfer. Schweigen ist dem Peiniger Zuspruch, niemals dem Gepeinigten.
– Elie Wiesel

»Habe ich mir das nur eingebildet, oder gibt es diesen neuen Befehl wirklich, Sam?«

Ich war gerade außerstande, Finbar zu antworten, weil mein Darminhalt sich anschickte, den Weg nach Süden anzutreten. Wir mussten unsere Exkremente zum Fenster hinauswerfen, nachdem die Wärter und die Gefängnisverwaltung uns die Garantie verweigert hatten, uns beim Toilettengang nicht mehr zu verprügeln. Es war erniedrigend, beschämend und menschenunwürdig, aber die Alternative wäre gewesen, dass wir weiterhin Prügel bezogen und noch mehr Männer den Protest aufgeben würden. Was, sagte ich mir, vermutlich ohnehin nur noch eine Frage von ein paar Tagen, höchstens einer Woche war. Der Protest bröckelte an allen Ecken und Enden und hatte sich in einer gemütlichen Nische der Selbstgefälligkeit eingerichtet, was ihm zweifellos den Rest geben würde.

EINEN MONAT SPÄTER

»Was meinst du, Finbar?«, fragte ich und betrachtete die Schar fetter Ratten vor dem Fenster, die über den Hof wuselten und das Undenkbare fraßen.

»Ich war überzeugt, dass die Wärter inzwischen klein beigegeben hätten«, antwortete er und warf einer Ratte namens Goofy, deren Schneidezähne wie winzige Schiffsplanken vorstanden, einen Brocken steinhartes Brot hinunter. »Dieses Loch ist eine Katastrophe. Sieh dir doch an, in welchem Zustand es ist.«

In den Zellen befanden sich keinerlei Möbel mehr, eine Strafe für unser *unzivilisiertes Verhalten.* Die eklige weiße Farbe war einem noch ekligeren Braun gewichen, bei dem es sich unglücklicherweise nicht um Farbe handelte. Die Wärter hatten unsere Exkremente mit dicken Gummihandschuhen – mit denen sie auch den Fraß ausgaben, von dem wir uns ernährten – in die Zellen zurückgeworfen, sodass wir uns gezwungen sahen, sie an den Zellenwänden zu verschmieren.

Daraufhin hielten sie, wo es ihnen gerade angebracht schien, mit Hochdruckreinigern in die Zellen. Durch das Wasser verwandelten sich die Matratzen auf dem Boden in aufgeweichte Schwämme. Hatte man das Pech und geriet in den Strahl, riss er einen umgehend von den Füßen und man landete mit dem Arsch auf dem Boden.

In dem allgegenwärtigen Gestank von Scheiße und Pisse sehnte man sich nach den angenehmen Düften von Old-Spice-Rasierwasser, Lifebuoy-Seife oder Cherry-Blossom-Schuhcreme;

irgendeiner Art von olfaktorischer Alternative. Jetzt wusste ich, wie der beklagenswerte Hiob sich gefühlt haben musste, als er auf seinem Exkrementehaufen saß. Der einzige Trost war, dass dies den Wahnsinn ganz bestimmt beenden würde. Nicht einmal die britische Regierung würde diesen Zustand auf Dauer zulassen.

»Noch zwei Wochen, Sam. Dann dürfte es wohl überstanden sein«, sagte Finbar.

»Allerhöchstens vier, Finbar. Du weißt, wie ungern die Briten kapitulieren. Bloß nicht die Contenance verlieren, du weißt schon, alter Freund.«

»Ja. Ja, du hast recht, Kumpel. Vermutlich vier. Dreckskerle …«

VIER MONATE SPÄTER

Die Wärter, in einem weiteren Versuch, unseren Widerstand zu brechen, hatten die Fenster von außen vernagelt, sodass weder Licht noch Luft hereinkamen. Die Zellen schienen dadurch tatsächlich auf die Größe von hautengen Särgen geschrumpft.

Winzige Panikdämonen begannen in meinem Kopf zu tanzen, die unerträgliche Hitze und der Gestank verschmolzen zu einer wahren Hölle für die Sinne.

Damit der Gestank von Pisse und Scheiße noch schlimmer wurde, hatten sie die Heizungen bis zum Anschlag aufgedreht. Doch auch die Enge war eine unerträgliche Folter und nichts für Weicheier. Man wollte sich die Haut aufkratzen und die Haare ausreißen, während die Zelle sich in einen Backofen und Sarg verwandelte und immer kleiner und heißer zu werden schien. Die Tapete aus Exkrementen an den Zellenwänden blätterte ab wie bei einem Reptil, das sich häutet. Wenn man schlief, regneten einem die Flocken auf die Haare und in den Mund. Miniaturpyramiden verfaulenden Essens brachten Maden hervor, die einem in Ohren, Nase und Mund krochen, wenn man schlief.

Am einunddreißigsten Juli besuchte uns Erzbischof (später Kardinal) Tomás ÓFiaich. Zuerst schlug ihm bei seinem Besuch der meisten Häftlinge eine kräftige Dosis Zynismus entgegen. Was hatte die Kirche je getan, um unsere Situation erträglicher zu machen? Ihre übliche, feige Ausrede lautete, sie würden »hinter den Kulissen« arbeiten.

Sein Besuch stellte unser Vertrauen in die Kirche nicht wieder her, hatte jedoch nachhaltige Folgen. Tomás ÓFiaich vergaß nie mehr, was er gesehen hatte. Und er legte Zeugnis von der Brutalität und dem Schrecken der H-Blocks ab:

»Ich habe den ganzen Sonntag im Gefängnis verbracht«, berichtete er den Medien der ganzen Welt, »und war zutiefst schockiert von den unmenschlichen Bedingungen in den Blocks drei, vier und fünf, wo über dreihundert Gefangene inhaftiert sind. Man würde keine Tiere unter solchen Zuständen halten, geschweige denn Menschen. Als nicht einmal annähernd so schlimm erschien mir der Anblick Hunderter Obdachloser, die im Dreck der Kloaken in den Elendsvierteln von Kalkutta lebten. Der Gestank und Dreck in manchen Zellen, wo Reste verfaulten Essens und menschlicher Ausscheidungen an die Wände geschmiert wurden, ist unvorstellbar. In zweien konnte ich nicht einmal sprechen, da ich Angst hatte, ich müsste mich übergeben. Die Häftlinge haben keine Betten, Stühle oder Tische in den Zellen. Sie schlafen auf hauchdünnen Matratzen auf dem Boden, die in einigen Fällen vollkommen durchnässt sind. Die Männer haben keinerlei Schutz, abgesehen von einem winzigen Handtuch und einer rauen Decke, keine Bücher, Zeitungen oder sonstigen Lektüren, abgesehen von der Bibel (selbst religiöse Zeitschriften wurden nach meinem letzten Besuch verboten), keine Stifte oder Schreibutensilien, kein Fernsehen, Radio; Hobbys oder sonstige Betätigungen sind untersagt, ebenso wie Sport oder soziale Kontakte untereinander. Sie sind rund um die Uhr in ihren Zellen eingesperrt; manche vegetieren schon seit mehr als anderthalb Jahren unter diesen Bedingungen dahin.«

Wir dachten schon, die Barbaren könnten nicht mehr barbarischer werden, doch die Reaktion der britischen Regierung auf den Besuch von Erzbischof ÓFiaich bestand darin, dass wir nur noch mehr Prügel bezogen – und fortan zu ständigen Zellenwechseln gezwungen wurden.

KAPITEL NEUNZEHN

WARZENSCHWEIN

Es ist etwas geschehen, worüber man kaum sprechen, aber unmöglich schweigen kann.
– Edmund Burke, Prozess von Warren Hastings

Ein Mann kann vernichtet,
aber nicht besiegt werden.
– Ernest Hemingway, *Der alte Mann und das Meer*

Wer so naiv war wie ich selbst auch und glaubte, die Rede von Erzbischof ÓFiaich würde die britische Regierung zur Vernunft bringen, wurde böse überrascht. Eines frühen Morgens verlegte man einen nach dem anderen von uns in einen leer stehenden Gefängnisflügel, der gerade frisch gestrichen worden war. Der Umzug ging ganz unspektakulär über die Bühne – wir mussten alle in den Duschraum gehen, wo man uns befahl, das winzige Tuch abzunehmen und auszuschütteln, mit dem wir uns bedeckten, und dann durch den Circle, die Kontrollzone, in den frisch gestrichenen Flügel weiterzugehen. Es kam nicht zu Gewalttätigkeiten, doch das unheimliche Gefühl, dass eine ganze Schar stummer Wärter jede unserer Bewegungen beobachtete, war beängstigend genug. Trotz allem herrschte weitgehende Einigkeit: »Nicht ganz übel.«

Der zweite Umzug fand fünf Tage später statt. Er verlief nicht traumatisch, war jedoch geprägt durch ein neues, scheinbar unschuldiges Utensil: einen Spiegel. Der sollte in der Folge zu einem Albtraum werden, der uns bis zum Ende unseres Protests quälte. Und darüber hinaus.

Bei unserem dritten Umzug veränderte sich die Stimmung dramatisch. Man konnte die Spannungen, die in der Luft lagen, förmlich riechen. Statt drei Wärtern hatten wir jetzt sechs. Sie rissen uns die winzigen Handtücher mit Gewalt vom Leib und zwangen uns durch ihre schiere Übermacht über dem Spiegel in die Hocke.

Mit jedem der darauffolgenden Umzüge kam eine neue Brutalität hinzu: Haareziehen, Ohrfeigen, Schläge in die Nieren, Tritte in die Genitalien, Analuntersuchungen, Ins-Gesicht-Spucken. Die Wärter hatten eine *carte blanche* der britischen Regierung, die Foltern *du jour* durchzuführen, und kamen der Aufgabe mit dem größten Vergnügen nach. Man hatte uns allen »Beförderung« auf die Stirn gestempelt – entsprechend wurden wir von den Wärtern misshandelt. Wenn sie uns brachen – egal mit welchen Mitteln, mit Stiefeln oder Fäusten –, standen ihnen alle Aufstiegsmöglichkeiten offen.

Jeder Häftling hatte seine ganz eigene Nemesis unter den Wärtern: Meine trug den Spitznamen Warzenschwein. Er war ein sadistischer Perversling, zu dessen Kunststückchen es gehörte, dass er schlafenden Gefangenen unvermittelt in den Mund urinierte und sie durch den Sehschlitz beobachtete, wenn sie auf die Toilette gingen. Mit Vorliebe brachte er eine winzige Henkersschlinge zum Einsatz, die er während seiner gesamten Schicht bei sich trug. Hockte der Häftling erst einmal nackt über dem Spiegel, holte Warzenschwein die Schlinge aus der Tasche und ließ sie baumeln wie ein Pendel.

»Tick-tack, her mit dem Sack. Bimmel-bimmel, ran an den Pimmel.« Dann streifte er einem die Schlinge über den Penis und lachte, wenn man sich vergeblich dagegen sträubte. »Halt doch still, Mann. Hör auf zu zappeln wie ein Fisch auf dem Trockenen. Halt ihn still! Schon besser. Gut jetzt.«

»Gut jetzt« bedeutete, dass er die Schlinge fest um den Penis gelegt hatte.

»Und jetzt hoch mit dir. Braver Junge. Hier geht's lang.« Und dann zog er fest, zwang einen, ihm wie eine Marionette am Faden zu folgen, und strahlte dabei über das ganze aknenarbige Gesicht wie ein Honigkuchenpferd. Man verspürte stets die unterschwellige Angst, dass er einem den Penis vom Hodensack reißen könnte, und hasste ihn umso mehr.

Danach gab es nur noch zwei Gewissheiten. Erstens, wenn dir jemand seinen nackten Finger in den Arsch bohrte, dann war es Warzenschwein. Und zweitens, es gab keinen Gott mehr.

Aus den fünf Tagen, die die Wärter bisher gebraucht hatten, um einen Flügel zu reinigen, wurden drei. Bonuszahlungen in nicht unerheblicher Höhe dienten als Lockmittel, damit sie ununterbrochen arbeiteten und Zellenwechsel in einem beängstigenden Tempo durchpeitschten. Das grässliche *Wir ziehen um!* hörten wir nicht mehr einmal, sondern zwei- bis dreimal die Woche. »Immer tüchtig anpacken, Jungs«, sagten die grinsenden Wärter zu uns. »Ich will dem Frauchen von dem zusätzlichen Geld ein hübsches neues Auto kaufen. Nächste Woche geht es mit den Kindern nach Spanien. Wir kaufen ein schönes Eis in der Waffel, mit Schokostreuseln obendrauf.«

Leider waren dem nicht alle Gefangenen gewachsen. Manche ertrugen den Wahnsinn nicht mehr und stiegen aus. Die Verbliebenen erfreuten sich zunehmend weniger Sympathien, da jeder Häftling, der den Protest abbrach, die Wärter ermutigte, noch brutaler vorzugehen, da sie sich in dem Irrglauben wogen, wir anderen würden uns irgendwann auch geschlagen geben.

»Was denkst du jetzt, Finbar?«, fragte ich und sah den Wärtern auf der anderen Seite des Hofs zu, die den Flügel reinigten, aus dem wir gerade verlegt worden waren. Wir hatten einen überaus brutalen Zellenwechsel hinter uns; zwei Männer hatten die Quietschesohle gemacht. Unsere Moral erreichte einen Tiefpunkt.

»Könnte schlimmer sein. Sieh dir H3 an. Der Block ist ein Albtraum. Da haben die Wärter offenbar jedem die Nase gebrochen.«

»Das war Aufseher Paddy Joe, dieses Tier«, sagte Seamus, ein sonst eher stiller Häftling. »Die 'Ra [IRA] müsste alles unternehmen, um den Wichser zu kriegen und den Wärtern zu zeigen, dass wir sie überall und jederzeit erledigen können. Mal sehen, wie brutal die noch sind, wenn ein paar von denen erschossen wurden. Ihre Häuser würden keine nackten Gefangenen stürmen, und sie hätten ganz bestimmt was anderes als ihre Schwänze in der Hand. Wichser.«

Wir reagierten alle bestürzt. Seamus war vermutlich der stillste Mann im Knast; er fluchte nie, geschweige denn, dass er gefordert hätte, Leute zu erschießen.

»Du hast völlig recht, Seamus. Höchste Zeit, dass die 'Ra die Finger ausstreckt und Druck auf diese Dreckskerle ausübt«, sagte ich zum Fenster raus – möglichst leise. Man wusste nie, ob die Wärter nicht vor der Zelle standen und uns belauschten.

»Ganz recht, Seamus«, begeisterte sich Finbar.

»Wenn ich nur draußen wäre«, sagte Hippo. »Ich würde es den Pissern zeigen.«

»Wir reden hier von Kopfschüssen, Hippo. Nicht davon, sie zu Tode zu langweilen«, sagte Cowboy lachend.

Wir stimmten in das Gelächter ein bis jemand rief, ein Zivilist käme in Begleitung einiger Wärter den Flur entlang.

Der Zivilist entpuppte sich als »Arzt«, den wir nie vergessen würden. Seine Kleidung bestand aus einer Tweedjacke mit Ellbogenflicken, brauner Hose und einem Paar grüner Gummistiefel der Marke Dunlop, die ihm praktisch bis zu den Schenkeln reichten. Er trug eine Krawatte, was ihm den Spitznamen Dr. Langbinder einbrachte, und war ein Söldner, den die Briten gebracht hatten, um eine neue Politik durchzusetzen, mit der sie den Protest endgültig zu beenden hofften.

Als wir schon dachten, die hätten ihr Pulver endgültig verschossen, kamen sie auf eine neue Foltermethode.

Wir hatten schon Gerüchte darüber gehört, dass einige Männer aus den anderen Blocks den Spießrutenlauf der Tritte und Schläge absolvieren mussten und hinterher von den Wärtern gepackt und in eine Badewanne mit eiskaltem Wasser geworfen worden waren. Dort schrubbte man sie mit Wurzelbürsten, Desinfektionsmitteln und Ajax-Scheuerpulver ab. Wir hofften, dass es nur ein Gerücht wäre, aber das Problem mit Gerüchten im Block, besonders mit den ganz schlimmen, war eben, dass sie meist der Wahrheit entsprachen. Nur die positiven entpuppten sich als Lügen, und wir fanden bald heraus, dass dieses letzte keine Ausnahme bildete.

Man hätte eine Stecknadel fallen hören können, als Langbinder die Klappe der Zellentüren öffnete, jeweils eine Minute hineinschaute und sich dann Notizen in einem Hefter machte.

»Was zum Teufel der wohl geschrieben hat?«, fragte JCB nervös, als Langbinder fort war.

Natürlich hätten wir Mutmaßungen anstellen können, aber keiner wollte etwas sagen. Keiner, außer dem großmäuligen Hippo.

»Opfer. Jede Wette. Langbinder hält nach dem nächsten Kandidaten für die Wanne Ausschau. *Didel-dudel-dadel, der Knastbruder muss ins Badel.*«

»Halt die Klappe, Hippo, du morbider Knallkopf«, brüllte irgendwer. »Hoffentlich holt er dich.«

»Weißt du, was, Hippo?«, sagte Cowboy. »Du könntest hier die Quietschesohle machen, und keiner würde sich deswegen beklagen. Wäre besser für die Moral, wenn du gleich 'n Abgang machen würdest.«

Hippo hielt das für einen Witz. Hätte er doch nur geahnt, wie sehr es der Wahrheit entsprach.

»Ich werde länger als alle anderen hier sein, Cowboy, nimm also kein Blatt vor den Mund.«

»Wir hatten schon viele harte Männer hier, die haben genau dasselbe gesagt, Hippo, und dann beim ersten Gegenwind gekniffen«, sagte Joe. »Rate mal, wo sie jetzt sind? Die polieren den Wärtern die Stiefel und kochen ihnen Tee. Pass also bloß auf, dass deine Worte nicht auf dich zurückfallen.«

TAGE SPÄTER

Zwei Tage waren verstrichen, und Langbinder hatte sich nicht mehr sehen lassen. Wir dachten, wir könnten durchatmen.

»War anscheinend doch nur ein Gerücht, Sam. Der alte Langbinder hat offenbar die Biege gemacht. Vermutlich hat er den Geruch nicht ertragen«, sagte JCB.

»Lass das, JCB«, sagte Cowboy. »Du kennst die Regel.«

Niemand hatte Langbinder erwähnt, damit wir ihn ja nicht herbeiredeten. Das war ein ungeschriebenes Gesetz: Niemals über etwas Negatives reden, das noch nicht passiert ist, denn sonst passiert es garantiert.

Aber es war zu spät. Finbar hörte es zuerst: »*Psssst!* Seid mal einen Moment still. Hört doch.«

Wir spitzten alle die Ohren. Es war Musik. Geisterhaft. Simon and Garfunkels Klassiker »Bridge Over Troubled Water«. Zum ersten Mal seit Jahren hörten wir Musik, und sie war wunderschön. Jedenfalls bis uns die teuflische Bedeutung der Worte aufging: *When you're weary, feeling small* ... Aus einem Hahn strömte Wasser in eine Wanne ... *When tears are in your eyes* ... Dröhnendes Gelächter von den Wärtern ... *I'll comfort you* ... Schritte kamen näher, stoppten. Unsere Mägen brannten, unsere Herzen klopften ...

Gedanken schossen mir durch den Kopf: Die Stille vor dem Sturm kann so bedrohlich sein wie das dann eintretende Ereignis, jeder, der die Unbarmherzigkeit dieser Stille einmal erlebt und erfahren hat, wie sehr sie uns manipuliert, weiß das.

Jeder von uns hörte in dieser Stille, wie die Klappe an der eigenen Zellentür hochging.

Tatsächlich nickte der mit seiner Opferliste bewaffnete Langbinder den Wärtern stumm zu und zeigte ihnen, welche Tür sie zu öffnen hatten. Man konnte unmöglich hören, was gesprochen wurde, aber Sekunden später stürmte eine Bande Wärter herein und zerrte einen nackten Häftling an Haut und Haaren hinaus. Der Mann stöhnte vor Schmerzen, Langbinder folgte ihm ungerührt. Und wir konnten nichts dagegen tun.

Like a bridge over troubled water ... water ... water ... Die Wärter ließen die Nadel absichtlich beim letzten Wort hängen.

Eine andere Tür wurde aufgerissen, ein weiterer Häftling nach draußen geschleift, und wir alle hatten nur noch einen Gedanken: *Bin ich der Nächste? Was machen die mit mir? Warum schert sich keine Sau darum, was hier mit uns passiert? Wenn das in Russland passieren würde, ginge ein Aufschrei um die ganze Welt ... Hol dich der Teufel, JCB, du hast das herbeigehext!*

Plötzlich schien alles wie erstarrt und in völliger Stille gefangen. Nur das Blut pochte mir noch laut in den Schläfen, als die

Wärter zwischen meiner und der Nachbarzelle stehen blieben. Langbinder tuschelte mit den Wärtern. Ich erstarrte, als könnte ihn die kleinste Bewegung auf mich aufmerksam machen. Ich betete zu Gott, dass ich wieder an ihn glauben würde, wenn sie mich nur in Ruhe ließen ... sie uns alle in Ruhe ließen. Als ich hörte, wie sich der Schlüssel langsam im Schloss drehte, versicherte ich Gott, er könne die anderen getrost vergessen und nur mich retten. Führ ihn zur nächsten Tür. Er ist erst zwei Jahre hier. Nimm Hippo. Der Dreckskerl hat es verdient. Gott, ich gehe sogar wieder zur Messe, wenn ...

Doch alles war vergeblich. Gott schien anderweitig beschäftigt zu sein. Vermutlich löste er gerade ein himmlisches Kreuzworträtsel, denn direkt vor mir stand der gefürchtete Langbinder mit einer Phalanx von Wärtern an der Seite.

»Wie geht es Ihnen?«, sagte er, ohne sich vorzustellen. »Ich bin Arzt.«

Das war Josef Mengele angeblich auch, wollte ich sagen, leider fehlte mir in dieser Situation der Mumm dazu. Ich tat, als wäre Langbinder Luft für mich, was ihn jedoch nicht weiter zu beeindrucken schien.

»Sie sind zum Waschen gebeten? Kommen Sie bitte?« Seine Stimme war emotionslos, die Worte unschuldig und dennoch so schlüpfrig und ölig wie ein Spiegelei.

Es kostet schon unter günstigsten Bedingungen Mühe, sich unter Kontrolle zu halten, aber wenn man splitterfasernackt ist, hat man keine Chance. Ich zitterte am ganzen Körper.

»Antworte dem Doktor!«, knurrte Warzenschwein.

»Schon gut, meine Herren. Bitte begleiten Sie den Häftling zu den sanitären Einrichtungen, wo ich mir ein besseres Bild von seinen Bedürfnissen machen kann.«

Meinen Bedürfnissen? Ich bezweifelte, dass meine Bedürfnisse im Waschraum erfüllt werden konnten.

Wenn man nicht freiwillig ging, hatte das zur Folge, dass man zu einem römischen Streitwagen umfunktioniert und an den Knöcheln nackt durch den ganzen Flügel geschleift wurde, bis einem die Haut brannte, die am Boden zudem aufgeschürft wurde.

Water ... water ... water ...

Ich erinnere mich, wie ich nackt durch die Luft zum Waschraum schwebte und ein wahres Hochgefühl erlebte, so wie es Vögel beim Abflug empfinden müssen. Mein Penis schwang von einer Seite zur anderen, gab grässlich klatschende Geräusche von sich und blinzelte in die Welt wie ein einäugiger Pirat. Als sie mich in die Wanne mit dem eiskalten Wasser stießen, blieb mir buchstäblich die Luft weg, aber das sollte meine geringste Sorge sein, denn das Wasser drang mir in Mund und Nasenlöcher und ich bekam panische Angst, zu ertrinken.

Water ... water ... water ...

»Immer wollt ihr die harte Tour, ihr Jungs«, sagte Warzenschwein, als mich die anderen Wärter ein paar Sekunden Luft holen ließen. »Ich glaube, im Grunde genommen gefällt euch das.«

Water ... water ... water ...

Sie kippten mir Desinfektionsmittel als Shampoo auf mein Haar. Danach schrubbten sie mir mit einem Straßenbesen und Ajax die Haut. Wenn man als römischer Streitwagen über den Flur geschleift wurde, hatte man wenigstens noch die Haut am Leibe, nach dem Abschrubben fühlte es sich so an, als sei auch der letzte Rest davon dahin. Warzenschwein, Gott segne ihn, achtete besonders beflissen darauf, dass mein Penis blitzsauber wurde, während Langbinder scheinbar fasziniert danebenstand, sich Notizen machte und das alles staunend und lächelnd beobachtete.

Water ... water ... water ...

Das Desinfektionsmittel schlug mir auf den Magen; ich spürte, dass ich mich jeden Moment übergeben musste. Da drückten sie mich mit den Händen unter Wasser, und ich wusste, ich würde sterben – nicht in einem Feuergefecht mit britischen und loyalistischen Terroristen, sondern in einer elenden, dreckigen Badewanne in Long Kesh. Bei alledem wusste ich doch klar und deutlich, wo die Wanne stand und welche Positionen die Wärter einnahmen. Wenn ich heute darüber nachdenke, glaube ich fast, dass ich eine Art kurzer Astralreise erlebt haben muss.

Plötzlich herrschte Frieden und eine angenehme Stille, die einer Form der Erlösung gleichkam.

Ich erinnere mich, wie ich registrierte, dass ich mich wieder in meiner Zelle befand, und mir nicht erklären konnte, wie ich dorthin gelangt war. Es war fast dunkel, im ganzen Flügel herrschte Ruhe. Jeder klägliche Teil meines Körpers schmerzte. Nur der Geruch von Desinfektionsmittel und Ajax, der mir aus Haaren und Poren drang, bestätigte mir, dass alles echt gewesen war.

Die einzig gute Nachricht erhielt ich am nächsten Morgen, als JCB mir verriet, Hippo, der Mann, der länger als alle anderen hier sein wollte, habe die Quietschesohle gemacht. Langbinder hatte ihm den Rest gegeben und das Fass zum Überlaufen gebracht.

KAPITEL ZWANZIG

JOHN WAYNE, WO BIST DU, WENN MAN DICH BRAUCHT?

MÄRZ 1979

Mach nicht zu deiner Freude andrer Leute Leid!
– Publilius Syrus

Die Tatsache, dass eine Person auf Befehl ihrer Regierung oder Geheiß eines Vorgesetzten gehandelt hat, entbindet sie nach internationalem Recht nicht von der Verantwortung.
– Die Nürnberger Prinzipien

Vor den Zellenfenstern hatten sich Krähen versammelt und störten den sonntagvormittäglichen Frieden. Sie hatten eine tote Ratte eingekreist und konnten ihr Glück offenbar kaum fassen.

»Haut ab, ihr Mistviecher!«, kreischte Goose, der das nervtötend laute *Krä Krä Krä* offenbar nicht mehr ertrug.

Um die Ruhe war es geschehen, ein neuer Morgen in den Blocks nahm seinen Lauf.

Eine Stunde später hörte man den hohlen Klang von Türen, die ins Schloss fielen, als die Häftlinge zur Messe in die Kantine gingen.

Ich selbst ging, neben einigen anderen, nicht mehr zur Messe, seit der Engel des Todes die Bemerkung gemacht hatte, dass Reinlichkeit göttlich wäre. Eine alles andere als subtile Herabwürdigung des Protests durch diesen Judas Priest, nur ohne Heavy Metal.

Während die an- und abschwellenden frommen Lieder und Psalmen den ganzen Flügel in eine schläfrige Atmosphäre hüllten, beschloss ich, einen Spaziergang zu machen, ging auf dem lakritzeschwarzen Boden auf und ab und legte in meiner Wanderlust Kilometer zurück, die mich nirgendwohin führten.

Wenn ich als Kind in den Zoo ging, sah ich immer dem gebrochenen Löwen zu, der in seinem Käfig auf und ab ging. Ich dachte, er würde mir folgen und nur darauf warten, dass er mich mit seinen riesigen Pfoten anspringen könnte. Leider sah die Wirklichkeit längst nicht so abenteuerlich aus: Das arme Tier litt unter Depressionen.

Trab, trab, trab, ging der Löwe und versuchte verzweifelt, die Depression abzuschütteln, aber jedes Mal, wenn er stehen blieb, stellte sie sich mit Macht wieder ein. Hin und wieder sprang er gegen die Wand und prallte mit dem Geräusch eines geplatzten Balls davon ab. Fassungslos. Traurig. Zum Erbarmen.

Trab, trab, trab, ging ich, und in meiner Brust brannte dieselbe Depression, wodurch ich mich dem alten Löwen verbunden fühlte. Während ich ging, tat sich vor meinem geistigen Auge der Himmel auf und offenbarte ein göttliches Bild, eine kaleidoskopartige Steppdecke aus Orange- und Blautönen, die sich zu einem karminroten, in seinem Stolz prachtvollen Pfau zusammenfügten.

»Sam?« JCB zischte mir mit einem kaum hörbaren Bühnenflüstern aus der Nachbarzelle zu. Er hatte mir eine Inhaltsangabe von einem Buch versprochen, einem Wildwestroman, die Cowboy hören wollte, unsere Koryphäe in Sachen Wilder Westen.

Cowboy liebte Westernromane. Er sagte stets, wenn sie gut genug für Yeats waren, dann wären sie ganz gewiss gut genug für ihn. Cowboy war eine Legende, mindestens zweimal aus britischen Gefängnissen ausgebrochen und öfter angeschossen worden als Charles de Gaulle. Ein Gerücht wollte es, dass er auf beiden Seiten seines Körpers lebensgroße Cowboygewehre tätowiert und die Briten beim Sonnenbaden auf ihn geschossen hätten, weil sie die Waffen für echt hielten!

»Ja, JCB? Was geht?«, antwortete ich.

»Cowboy dürfte begeistert sein, Sam. Natürlich erwarte ich keine wortwörtliche Wiedergabe, du kannst dir gern die künstlerische Freiheit nehmen und ein wenig ausschmücken.«

Ich sah JCB nicht – ich wusste nicht einmal, wie er aussah, obwohl wir schon seit Jahren Nachbarn waren.

»Schieß los, JCB.«

»Okay …« Er räusperte sich, trank einen Schluck Wasser und legte los. »Da gibt es einen schwarzen Cowboy namens White und einen weißen Cowboy namens Black …« Er lachte.

Eine warme Brise strich mir über das Gesicht und trug wehmütige Erinnerungen an nicht eingehaltene Versprechen mit sich. Ich roch den Duft von Äpfeln und musste an meine Schulzeit denken, an unberührte Pausenbrote, die heimlich in Schubladen lagerten. Aus der Ferne tönte brummend ein Rasenmäher über die Wüstenei aus grauem Stein und Stacheldraht. Ich stellte mir vor, wie er sich durch das Gras fräste und grüne Nadeln in die Luft wirbelte. Plötzlich verstummte er und hinterließ ein stählernes, summendes Nichts in meinem Kopf. *Nicht einmal das gönnt man uns*, dachte ich wütend. *Noch nicht einmal die Geräusche von draußen sind normal. Sogar sie sind ein Luxus, ein Privileg.*

»… und die Postkutsche befördert das ganze Gold aus Mister Silvers Mine …«

Ich war dankbar für die Ablenkung von JCB. Seine Stimme mit ihrem Akzent aus Derry hatte einen angenehmen, sonoren Klang, von dem ich mich gern in den Bann schlagen ließ und in den alten Wilden Westen hinüberglitt.

Während ich JCB zuhörte, hörte ich nicht den leisen Kuss von Sohlenleder vor meiner Zelle …

»Jedenfalls«, fuhr JCB fort, »hat der Revolvermann nur einen Arm. Sein Name ist Handy Jack …« Er lachte über seinen eigenen Witz.

… hörte nicht das leise Klirren des Schlüssels, der ins Schloss gesteckt wurde …

»Nancy Campbell, die Cancan-Tänzerin, liebt Mister Silver. Cancan. Dose. Campbell. Kapiert, Sam?« Er kicherte.

… spürte nicht die Blicke der Raubtieraugen im Nacken …

»Der Saloonbesitzer ist angepisst, weil sein Girl – sag ›gal‹, Cowboy ist ganz verrückt nach Authentizität –, sein *gal* Nancy diese azurblauen Augen hat …«

Kabumm!

Ich habe, wie die meisten Menschen, Schmerzen in unterschiedlichem Maße verspürt, aber noch nie zuvor die unerträglichen Qualen, die einem ein brutaler linker Haken in die Nieren bereitet, wenn er mit einer Wucht ausgeführt wird, auf die Ali oder Foreman stolz gewesen wären. Ein Wärter, den wir Affengesicht nannten, hatte die gesamten hundertfünfundzwanzig Kilo seiner Leibesfülle in diesen Schlag hineingelegt, der mich gute vier bis fünf Zentimeter vom Boden emporhob.

JCB bekam nicht mit, was sich abspielte, und fuhr mit seinem Buch fort. »Ihr jrabt alle tief innen Teergrubben.« Jetzt war er Bad Luck McCrae, der größte Pechvogel unter den Bankräubern diesseits des Mississippi. »Keine falsche Bewegung, oder ihr seid alle tot …«

»Ihr haltet euch für harte Männer, was?«, zischte mir Affengesicht ins Ohr. *»Aber so hart seid ihr auch wieder nicht.«* Er drückte mir das Knie gegen die Luftröhre, während ich zusammengekrümmt am Boden lag und mein hagerer, nackter Körper fast zerquetscht wurde.

»Well, Fargo, der andere Partner, besitzt den einzigen Brunnen im Umkreis von Meilen …«, fuhr JCB fort und machte eine

Pause, damit ich Zeit hätte, den Witz zu verstehen. Als ich keine Antwort gab, fuhr er fort. »Fargo … well. Nicht kapiert? Wells Fargo …«

»*Siehst du, wie leicht das ist?*«, sagte Affengesicht. »*Ich könnte dir einfach so das Genick brechen. Ganz leicht, nicht?*«

Es hatte wenig Sinn, darauf zu antworten. Mit seinem Knie auf dem Kehlkopf wäre es sowieso kaum möglich gewesen, und ich wollte mir die Schande ersparen, zu krächzen wie eine Bauchrednerpuppe. Am Rand meines Gesichtsfelds stand Desperate Dan, der größte Wärter der Welt, unheimlich schweigend, ein grauer Schatten, der nahtlos mit dem sepiafarbenen Geschmier mit Scheiße an den Wänden verschmolz. Er berührte mit seinem Kopf die Decke, so groß war er. Er war das genaue Gegenteil von Affengesicht: stoisch und wortkarg.

Auf der Ranch schlüpfte JCB derweil weiter in die Rolle des Bad Luck McCrae: »Sheriff, wenn Se auch nur 'n Moment dran denken, mich wieder in dat Loch zu bringen, was Se 'ne Zelle nenn' tun, ham Se nich mehr Hirn als 'n zweischwänziger Hund …«

Affengesicht war zufrieden und beendete sein kurzes Aufwärmtraining mit vor Anstrengung bebender Brust. Er verließ die Zelle ohne ein weiteres Wort. Nur der Geruch von Schweiß und Angst blieb zurück.

»Die zwei Cowboys, Black und White, die hübf'n auf ihre Klebber – das musst du wortwörtlich so sagen, Sam, *hübf'n auf ihre Klebber* – und reiten in den roten Sonnenuntergang«, kam JCB zum Ende und wartete darauf, dass ich meine Meinung zum Besten geben würde. Stattdessen bekam er Besuch von Affengesicht und Desperate Dan.

Kabumm! Kabumm! Kabumm!, machte der Kopf von JCB an der Wand, und ich dachte eine Schrecksekunde lang, er würde durch die Wand kommen und sagen: *Sieht so aus, als hätte Affengesicht das Ende nicht gefallen!*

Klatsch! Klatsch! Klatsch! Es hörte nicht auf, ein brutaler Wahnsinn. Und Gott möge mir vergeben, ich war nur froh, dass sie mich nicht mehr in die Mangel nahmen.

Etwa eine Stunde später kam mein Zellengenosse von der Messe zurück. Er stapfte wütend in der Zelle auf und ab. »Du glaubst nicht, was ich über meine betrügerische Freundin höre. Weißt du noch, wie ich dir erzählt habe, dass sie mit ihren Schwestern nach Spanien fährt?«

Nein, das wusste ich nicht mehr. Ich wollte es auch nicht wissen. Ich konnte vor Schmerzen kaum atmen; meine Nieren standen in Flammen. Meine Nase fühlte sich zerquetscht an. Rippen gebrochen. Mir war zum Heulen zumute.

»Also, anscheinend ist sie gar nicht mit ihren Schwestern gefahren! Nein. Ich habe gehört, dass sie ...«

Er laberte an die zwanzig Minuten weiter und verfluchte seine Freundin – oder Exfreundin –, dann machte er ein Nickerchen und schnarchte wie ein Schwein. Erst sehr viel später machte er eine Bemerkung über meinen Zustand. »Alles in Ordnung? Du siehst gar nicht gut aus. He! Was sagst du zu meiner Freundin? Einfach unglaublich!«

Ganz meine Meinung, dachte ich, als Cowboy gerade zum Fenster rausrief: »Sam? JCB? Alles bereit für heute Abend, Leute?«

Auch am Abend, als wir von unserem Martyrium in der Gewalt von Affengesicht und Desperate Dan erzählten, hatte kaum jemand Mitleid mit JCB oder mir. Hört auf zu flennen. Trocknet euch die Augen. Meine Nacherzählung von JCBs Buch geriet zur völligen Katastrophe. Die meisten Männer schliefen ein. Selbst JCB stöhnte über meine schlechten Witze, mit denen ich seine ersetzte. Allerdings gestand er mir später, dass er überwiegend der Prügel wegen gestöhnt hatte.

»So schlimm war das doch gar nicht«, sagte mein Zellengenosse, als er meine Niedergeschlagenheit bemerkte. »Hätte schlimmer sein können.«

Das Buch? Die Prügel? Die Untreue seiner Freundin? Ich bat ihn nicht um eine Klärung. Stattdessen sah ich, wie der Nachthimmel plötzlich aufleuchtete. Blitze zuckten im Dunkel und tauchten die Zelle in silbernes Licht. Regen prasselte durch das unverglaste Fenster herein.

»Sieh dir den verdammten Himmel an! Der brennt ja!«, rief mein Zellengenosse und kam zu mir ans Fenster.

Wir pressten die Gesichter fest gegen die Gitterstäbe, die verhinderten, dass die Zelle völlig unter Wasser stand, und uns gleichzeitig *de facto* ermöglichten, uns zu waschen, was streng genommen nicht erlaubt war.

Plötzlich sah das Himmelszelt finster, wütend, unversöhnlich aus. Es erinnerte mich an die Farbe von gehackter Leber, die in Flammen stand, und schuf einen Zirkus mit lauter seltsamen und wunderschönen Geschöpfen, prachtvollen Kreaturen aus Gottes durchgeknalltem irdischem Zoo. Regentropfen, so groß wie Frösche, prasselten uns in die Gesichter, während die zuckenden Blitze unsere Gesichter in milchige, grinsende *Phantom-der-Oper*-Masken verwandelten. Das fettige Haar meines Zellengenossen klebte ihm an der Stirn wie eine zottelige Dornenkrone. Regen-, nicht Blutstropfen bedeckten sein Gesicht.

Ah, Gott, Du bist wahrhaftig und herrlich, wir danken Dir für diese wunderschöne Regennacht, in der wir ein wenig von dem Dreck aus unseren armen Gesichtern waschen können. Es macht Dir doch hoffentlich nichts aus, wenn wir nicht vor Bewunderung auf die Knie fallen, oder doch?

Da die Schmerzen in den Nieren mich zu zerreißen drohten, bat ich Gott, dass mich ein Blitz treffen möge. Nass genug wäre ich ja gewesen. Gute Leitfähigkeit. Ich stand sogar mit den Füßen in kleinen Wasserpfützen.

Na los. Lass Deinen Zauber bei mir wirken, Gott. Erlöse mich aus diesem Wahnsinn. Schick mir einen kräftigen Stromschlag. Töte mich. Hier und jetzt.

Doch er ließ sich nicht erbarmen. Stattdessen prasselte der Regen auf mein Gesicht und gestattete mir, ein Mann unter Männern zu bleiben. Erst da begriff ich, wie sadistisch dieser Gott tatsächlich war. Er schickte einen nicht in die Hölle; er gewährte einem lediglich Erinnerungen, damit man sich damit quälen konnte, immer und immer wieder, bis in alle Ewigkeit.

KAPITEL EINUNDZWANZIG

KRANKENHAUS, TABAK UND VIETNAM

APRIL 1979

Der Mensch wird gegen seinen Willen klug.
– Aischylos

Ich gehe nur raus und könnte etwas länger brauchen.
– Lawrence Oates, Polarforscher.
Letzte Worte in *Scott's Last Expedition*

Am Ende erwiesen sich die Prügel von Affengesicht als wahrer Segen. Nachdem ich wochenlang burgunderfarbenes Blut zur Zellentür hinausgepinkelt hatte, hatten die sogenannten Ärzte endlich ein Einsehen und verlegten mich in den militärischen Flügel des Musgrave Park Hospital. Man isolierte mich umgehend in einem Raum ohne Fenster, damit ich ja keinen anderen unglücklichen Patienten in dem Krankenhaus ansteckte.

Das Zimmer war eine Wucht: frisches Bettzeug, köstliches Essen, bezaubernde Krankenschwestern, Fernsehen und mehr Bücher und Zeitschriften, als ich jemals lesen konnte. Ich bezweifelte, ob mein Gefängnisstoffwechsel mit diesem Ansturm auf die Sinne fertigwerden würde, beschloss aber, das Risiko für Mother Ireland einzugehen.

Die Schwestern und ich wechselten kaum ein Wort miteinander, da sie alle aus loyalistischen Vierteln kamen und sich nicht scheuten, mir das durch ihre paradoxe Einsilbigkeit auch deutlich vor Augen zu führen. Dennoch muss ich sagen, dass sie mich unter den gegebenen Umständen anständig behandelten.

Nach meiner Nierenoperation machten sie mich mit Morpheus bekannt, dem Gott des Schlafes. Er umfing mich jede Nacht durch die Spritze einer vierschrötigen Frau, die wohl jede russische Ringerin bezwungen hätte. Wenn sie kam, wirbelte sie mich herum wie eine Flickenpuppe, rammte mir die Nadel in den Oberschenkel und achtete dabei nicht auf die blutenden Stiche, die von meinem Bauch bis zum Ansatz der Wirbelsäule führten wie eine Karte von Chile.

»Danach geht es Ihnen besser«, sagte sie grinsend und ohne meinem gequälten Stöhnen Beachtung zu schenken. »Seien Sie froh, dass es Morphium ist.« Sie blinzelte mir hämisch zu und drehte mich wieder um. Ich wartete auf den Halbnelson, aber der kam nicht. »Gute Nacht«, sagte sie, obwohl sie es nicht ernst meinte, schaltete das Licht ab und ließ mich *Vietnam: A Television History* ansehen.

Mir war schwindelig. Ich hörte die Hubschrauber über mir und irgendwo von den *Fields of Fire* die statische Stimme von Tricky Dicky Nixon, der etwas davon faselte, dass er kein Ganove wäre und niemals kapitulieren würde ... oder war es die von Big Ian? Als die Schmerzen nachließen, glaubte ich, in einem lila und blauen Dunst zur Decke zu schweben, und lachte darüber.

Noch im Schlaf drehte ich mich nervös von einer Seite auf die andere, weil ich im Geiste in der Kindheit geschmiedeten Echos nachjagte; Echos wohlwollender, altbekannter Stimmen, Gerüche und Gelächter. Dann holten mich dieselben Echos zurück in die Wirklichkeit. Ich fühlte mich niedergeschlagen und schrecklich einsam.

Die enorme Kunstfertigkeit der Ärzte in dem Krankenhaus, die meinen Beteuerungen über meine Schmerzen zum Trotz der Ansicht waren, dass vier Tage statt vier Wochen Rekonvaleszenz durchaus genügten, brachte meinen Krankenhausaufenthalt zu einem jähen Ende. Tricky Dicky beteuerte immer noch seine Unschuld, während ich mich unter Schmerzen, in Handschellen und von vier großen Polypen flankiert aus dem Zimmer schleppte.

Ich kehrte mit der Geschwindigkeit einer fußlahmen Schnecke in den Block zurück – und so gebückt wie der Glöckner von Notre-Dame. Stiche bedeckten meinen Körper wie ein Korsett; so schleppte ich mich in den Flügel. Jemand rief: »Sam ist wieder da!« Weitere stimmten ein. Jeden anderen hätten sie gefragt, was es Neues gab, mich fragten die Männer nicht. Sie hatten mir noch nicht verziehen, dass ich wegen Weihnachten 1976 gelogen hatte.

»Du hast nicht zufällig etwas Snout mitgebracht?«, fragte Teapot mit ernster Stimme und sichtlich aufgewühlt, obwohl er wusste, dass es mir unmöglich gewesen sein musste, etwas aus dem Hochsicherheitskrankenhaus herauszuschmuggeln. Er wiederholte die Frage, und da ich beim dritten Mal immer noch nicht antwortete, ging er von der Tür weg. »Dreckskerl«, murmelte er. »Was für ein elender Wichser.«

Trotz meiner Schmerzen musste ich über Teapots Bemerkungen grinsen. Nein, es war nicht gut, wieder hier zu sein, zumal ich jetzt gekostet hatte, was wir alle seit Jahren vermissten. Aber heute Nacht würde es anders sein. Teapot würde mir eine Entschuldigung zuflüstern und sich zusammen mit den anderen die Lungen blutig qualmen – dank der vierschrötigen Frau, die zwar ein bellender, doch keineswegs bissiger Hund gewesen war und mir so viel Tabak mitgegeben hatte – in meinem Arsch versteckt –, dass es wie in Gallaghers Zigarettenfabrik roch, wenn ich furzte.

Im Geiste ließ ich die vergangenen Tage im Krankenhaus Revue passieren. Ich hielt mich mit dem Gedanken aufrecht, dass wir irgendwann alle wieder nach Hause gehen dürften, wenn dieser Wahnsinn erst vorüber wäre. Doch leider hatte der große amerikanische Schriftsteller Thomas Wolfe nur zu recht, mit seinem Klassiker *Es führt kein Weg zurück*. Wie hätte ich ahnen können, dass keiner von uns realistischerweise jemals wieder nach Hause gehen dürfte? Man hatte uns in einem Hochofen geschmolzen. Wir hatten uns verändert, vollkommen und unwiderruflich. Wir würden nie wieder dieselben sein. Wir würden für alle Zeiten verkorkst bleiben.

Die Wärter konnten Knochen brechen und Fleisch zerfetzen, und sie scheuten nicht davor zurück, das auch zu tun. Unsere Existenz spielte sich ganz auf der untersten Ebene ab. Wir waren nichts und nackt wie bei unserer Geburt. Aber unsere Gedanken waren frei, daran würden sie niemals etwas ändern können. Und sie würden niemals begreifen, wie wir tickten, dass wir anders waren als alle vor uns und anders als jene nach uns. Wir waren Spartaner. Scheiße, wir waren besser als Spartaner. Wir waren Blanket-Men.

KAPITEL ZWEIUNDZWANZIG

MAN TRITT KEINEN MANN, DER SCHON AM BODEN LIEGT? WELCHE GELEGENHEIT WÄRE DENN GÜNSTIGER?

DEZEMBER 1979

> Die Revolution ist wie die Geschichte einer großen Liebe. Zuerst ist sie eine Göttin, eine heilige Sache. Aber alle Liebesgeschichten haben einen schrecklichen Feind. Die Zeit. Wir fangen langsam an, klarer zu sehen. Die Revolution ist keine Göttin, sie ist eine Hure. Sie war niemals rein, niemals heilig, niemals vollkommen.
> – Jesus Raza (Jack Palance), *Die gefürchteten Vier*

> Die Revolution? Wenn die Schießereien aufhören und die Toten begraben sind, kommen die Politiker wieder ans Ruder, dann stellt sich heraus, dass alles eine verlorene Sache war.
> – Bill Dolworth (Burt Lancaster), *Die gefürchteten Vier*

Die britische Regierung und die Wärter hatten sich mit den erzwungenen Bädern, den Zellenwechseln, den Durchsuchungen vor dem Spiegel und ständigen Prügeln selbst übertroffen. Sie glaubten, ihre Methoden würden Früchte tragen, und wer hätte ihnen widersprechen können? Immer mehr Männer kehrten dem Protest den Rücken, die meisten von ihnen hatte man zu

Brei geschlagen. Wir waren ständig in der Defensive, was bedeutete, wir konnten nicht gewinnen. Wir mussten neue Regeln festlegen, um zu verhindern, dass der Protest in einem Sumpf versackte, aus dem es kein Entrinnen gab.

Die Frühschicht der Wärter betrat den Block an diesem Morgen ungewöhnlich leise. Sie hämmerten nicht lautstark mit ihren Schlagstöcken, wie sie es sonst taten, um uns zu wecken, sie öffneten lediglich die Klappen der Sehschlitze, sahen herein und entfernten sich murmelnd wieder. Sie waren in äußerst ernster Stimmung. Uns allen war klar, etwas musste passiert sein, nur was?

Erst als Charlie von der Putzkolonne behutsam mit dem Besen gegen meine Tür klopfte, fanden wir es heraus.

»Hast du schon das Neueste gehört?«, flüsterte er. Eine überflüssige Frage, wenn man bedachte, dass er unsere Haupt- und einzige Informationsquelle war.

»Nein, Charlie. Was denn?«

»Die IRA hat gestern Nacht einen Wärter in seinem Auto erschossen«, flüsterte er so leise, als würde sein Leben davon abhängen. Wenn die Wärter ihn erwischten, würde er ziemlichen Ärger bekommen.

»Ist der Dreckskerl tot?«, fragte ich.

»Das hoffe ich für ihn. Die Beerdigung ist morgen.« Er ging hastig weiter. Heute war definitiv nicht der Tag, an dem er dabei erwischt werden würde, wie er mit einem von uns redete.

Die Nachricht über den toten Wärter machte sofort die Runde. Jeder schien gleichzeitig davon gehört zu haben und flüsterte seine Meinung dazu durch die Röhren. Aber diese Meinungen waren durchaus geteilt.

»Das müssen wir jetzt büßen. Verlasst euch drauf.«

»Hör auf zu flennen, ja! Was Besseres hätte nicht passieren können. Die überlegen es sich jetzt sicher besser, ob sie uns bei einem Zellenwechsel immer windelweich prügeln.«

»Das spielt denen in die Hände. Man wird die Wärter zu Märtyrern stilisieren. Es wird heißen, dass die bedauernswerten Männer nur ihre Arbeit machen. Ich könnte die Presseerklärung des Nordirlandministeriums besser schreiben als das verdammte Nordirlandministerium selbst, Herrgott noch mal!«

Was mich anbetraf, mir konnte es nicht schnell genug gehen, die Wärter einen nach dem anderen zu erschießen. Ich wünschte nur, dass nicht ausgerechnet unser Flügel als nächster mit dem Zellenwechsel dran wäre. Leider stand für uns ausgerechnet in den nächsten zwei, drei Tagen turnusmäßig ein Zellenwechsel an, und man durfte die Augen nicht vor dem Offenkundigen verschließen: der Zellenwechsel würde ein Albtraum werden.

Als die Wärter schließlich wiederkamen und uns unser Frühstück brachten, pfiffen sie. Mit dem Grinsen in ihren Gesichtern hätte man Glas schneiden können. Das war natürlich eine reine Propagandapantomime – was immer ihr tut, lasst die Blanket-Men um Himmels willen eure Gefühle nicht sehen. Erledigt euren Dienst ganz normal. Wahrt die Fassung. Tragt eine Maske.

Als Zeichen des Respekts für ihren gefallenen Kameraden ließen die Wärter die Arbeit ruhen und verkündeten eine dreitägige Ruheperiode. Keine Post. Keine Besuche. Keine Lebensmittelpakete. Kein Fernsehen. Kein Radio. Schrecklich. Wie sollten wir diese Prüfung überleben? Ohne das alles würden wir endgültig durchdrehen. Zum Pech der Wärter waren wir nie in den Genuss dieser Dinge gekommen. Sie hatten sowieso schon alles genommen und mehr oder weniger keine Druckmittel mehr zur Verfügung.

»Wie zum Teufel sollen wir die Dreckskerle bestrafen, wenn wir nichts mehr haben, womit wir sie noch zusätzlich bestrafen könnten?«, soll der Direktor angeblich gefragt haben (dessen Idee übrigens die berüchtigten Leibesvisitationen vor dem Spiegel waren, um uns zu brechen).

Wir hatten also Glück ... ganze drei Tage lang. Als *eigene* Protestmaßnahme – es hatte den Anschein, als würde mittlerweile jeder protestieren – reinigten die Wärter die Zellen nicht mit Hochdruckreinigern und führten auch keine Zellenwechsel durch. Wir genossen die Phase der Erholung wie Kinder ein Picknick. Keine Prügel, volle drei Tage lang ... drei Tage ... drei Tage ...

Wir redeten ununterbrochen. Wir waren regelrecht *high*.

»Hab ich dir je gesagt, dass mein Dad ein Filmstar war?«, fragte Joe aus heiterem Himmel.

»Komm mal runter, Joe! Die Angeberei treibt selbst mir die Schamröte ins Gesicht.«

»Es ist mein Ernst. Willst du es hören oder nicht?«

»Habe ich eine Wahl?«, fragte ich.

»Nein. Wickel dir die Decke um und komm ans Fenster.«

»Ihr seid verrückt, in so einer Nacht am Fenster zu stehen. Es ist arschkalt«, sagte mein Zellengenosse, der in Embryonalhaltung auf seiner uringetränkten Matratze lag und vor Kälte bibberte.

Er hatte recht. Es war die kälteste Nacht seit Beginn der Aufzeichnungen. Bei jedem Wort kondensierte mein Atem zu weißen Wölkchen, der Wind war schneidend kalt und schmerzte im Gesicht, sobald man ans Fenster trat. Gequält sah ich nach draußen. In der Kälte schien das Licht beinahe flüssig wie Wasser geworden zu sein, die Fassade des Wachturms erstrahlte in einer Kaskade aus Glaskristallsteinen.

»Na los, Joe«, sagte ich, um die Sache zu beschleunigen.

»Hast du je den Film *Die Wikinger* mit Kirk Douglas gesehen?«

»Und Tony Curtis!«, rief Cowboy, der wie üblich lauschte, von seiner Matratze.

»Genau der, Cowboy! Mein Dad und sein Bruder Hugo waren als Bauarbeiter in Wales. Da kommt dieser Amerikaner und fragt, ob sie sich ’n paar Kröten dazuverdienen wollen. Natürlich lässt sich keiner die Chance auf ’n paar extra Kröten entgehen, und natürlich, in einem Film mit Kirk Douglas mitzuspielen.«

»Und Tony Curtis!«, rief Cowboy.

»Scheiß auf Kirk Douglas und Tony Curtis!«, rief jemand dazwischen. »In zwei Tagen steht ein Zellenwechsel an, und wenn dieser Wärter begraben ist, sind wir alle tote Wikinger!«

Bei dem Mann lagen die Nerven blank, wie bei uns allen, weil wir uns ständig fragten, was die Wärter für uns in petto hatten. Wir wussten, angenehm würde es nicht werden.

»Was soll das heißen, scheiß auf Kirk Douglas?«, fragte ein sichtlich pikierter Cowboy.

Als das Gespräch gerade in Niederungen abzugleiten drohte, zog eine Sternschnuppe über den stahlblauen Nachthimmel wie ein silberner Kreidestrich. Ich fragte mich, ob das ein Omen war oder ob mir mein blinzelndes Auge lediglich etwas vorgegaukelt hatte.

»Wünscht euch was«, rief jemand. Ich hatte es mir also nicht eingebildet.

»Dass morgen alles vorbei ist!«, rief Goose.

»Etwas Snout!«, rief Teapot.

»Eine Frau!« Alle im Chor.

»Dass Gerry Adams und Martin McGuinness gezwungen sind, einen Zellenwechsel mitzumachen, bevor sie die Quietschesohle machen können, die elenden Wichser!« Alle lachten.

Danach herrschte Stille. Dicke Schneeflocken fielen vom Himmel, sie kreisten wie wütende Hornissen, ehe sie sich am Fuß des Stacheldrahts niederließen und winzige Pyramiden bildeten. In unseren Zellen heulte der Wind, es war der Gesang einer trunkenen Todesfee, die uns spöttisch daran erinnerte, wie einsam und isoliert wir waren.

Doch dann ertönte eine Stimme vom anderen Ende des Flügels: »Wir ziehen um!« Ein paar von uns lachten. Die Wärter verlegten uns sonst nie nachts. Sicherheitsmaßnahme. Nicht genug Wärter im Dienst. Außerdem mussten sie den Flügel gegenüber noch reinigen, damit wir dort einziehen konnten.

Wir wurden kalt erwischt. Männer, die sich vor wenigen Minuten zum Schlafen hingelegt hatten, waren plötzlich starr vor Nervosität. Unser Denken geriet so sehr in Aufruhr wie unsere Mägen, während wir auf und ab gingen und uns fragten, wozu dieses nächtliche Manöver?

Normalerweise dauerten die Intervalle während des Öffnens der einzelnen Zellentüren nicht länger als dreißig bis sechzig Sekunden: Zeit genug, einen Häftling in die Waschräume zu führen, zu verprügeln und in einen sauberen Flügel zu schaffen.

Diesmal war es anders. Es vergingen drei bis vier Minuten, bis wieder eine Zellentür geöffnet wurde.

In der Ferne hörten wir den Lärm von Tischen, die über den Boden des Circle gezogen wurden. Gedämpfte Schreie und Rufe tönten herüber, sodass wir noch schneller gingen und unsere Mägen wie Säure brannten.

Mein Zellengenosse und ich sahen einander nur an wie Zombies. Wir mussten beide dringend scheißen.

Atme ganz normal. Lass die Wichser deine Angst nicht sehen. Ruhig ... sachte ...

Sie kamen näher. Noch zwei Zellen entfernt. Weitere Schreie. Die Eiseskälte war vergessen. Nackte Angst regierte. Angst kennt keine Mauern.

Sie sind nebenan!

Gott, ich würde mir in die Hosen scheißen, wenn ich Hosen zum Reinscheißen anhätte.

Der Vollmond hatte noch nie kälter oder runder ausgesehen. Keine Wolke beeinträchtigte seinen Glanz, während die Sterne zu spät einen Morsecode der Warnung funkten. Plötzlich klirrte ein Schlüssel in meiner Zellentür. Ich zuckte zusammen. Die Tür ging auf. Kein Wort wurde gesprochen. Mein Zellengenosse ging zuerst. Er wollte es hinter sich bringen.

Ich hatte das schon so oft durchgemacht, dass mein Verstand auf Autopilot schaltete und alles leugnete, als ich die Zelle verließ: *Ich gehe im Park spazieren … bin zu Hause und sehe* Top of the Pops … *Es ist Donnerstag, und ich fühle mich bestens, weil ich gerade meinen Lohn erhalten habe …*

Ein Schreckensszenario riss mich zurück in die Realität. Die Durchsuchung fand nicht in den Waschräumen statt, sondern im Circle. Vier Wärter hielten einen nackten Häftling verkehrt herum an den Knöcheln. Sechs weitere Wärter standen um ihn herum, dazu ein berüchtigter »Weißkittel« namens Paddy Joe, der dem nackten, kopfunter hängenden Mann brüllend Verwünschungen entgegenschleuderte. Einer der Wärter tastete im Anus des Häftlings, während zwei andere die Pobacken so weit wie möglich auseinanderzogen.

Im Park herrscht Gedränge … eine Gruppe Kinder spielen Cowboy und Indianer … meine Brüder Joe und Danny winken mir zu, genau wie Dad. Lass dich von den Dreckskerlen nicht unterkriegen, Junge, *rufen sie.* Du bist besser als die.

Der Häftling vor mir wurde auf einen Tisch geworfen, der mit Blut und Scheiße besudelt war. Sie packten ihn an den Haaren und schlugen sein Gesicht auf die Tischplatte. Seine Nase brach, alles war voller Blut.

Meine Brüder winken mir immer noch zu, aber sie sind es nicht, es sind die Wärter vor mir, die mir winken, dass ich näher kommen soll.

In diesem Augenblick traf ich meine Entscheidung. *Lauf! Lauf, so schnell du kannst, du nacktärschiger Dreckskerl!*

Die Wärter waren starr vor Fassungslosigkeit, als ich so schnell losrannte, dass ich aufpassen musste, nicht gegen die

Wand zu knallen. Wie bei Peter Kelly. Ich rannte wie ein Irrer, und mein Dad stoppte die Zeit. Der urinbesudelte Boden war eisglatt, doch meine Beine flogen regelrecht dahin, während ich von einem Rudel Wärter-Windhunden verfolgt wurde, die mir auf Armeslänge folgten.

Schließlich trat einer der Wärter nach meinen Füßen, er verfehlte sie knapp. Stattdessen verlor er das Gleichgewicht, rutschte aus und schlitterte durch Urin und Blut auf dem Boden. Als ich in der Zelle ankam, machte mein Zellengenosse eine bestürzte Miene. Er hatte den Lärm gehört und glaubte, sie würden ihn noch einmal holen kommen. Seine Erleichterung, als er sah, dass ich es war, blieb nicht von langer Dauer.

»Freu dich nicht zu früh«, sagte ich zu ihm. »Die kommen *garantiert* hinterher!«

Urin- und schweißgebadet standen die Wärter gleich darauf in der Tür, sie hechelten wie ausgehungerte Hunde, die ihre Beute endlich in die Ecke getrieben sahen.

Ich konnte nur abwarten.

Zuerst versuchten sie, mich aus der Zelle zu zerren, damit sie mich besser verprügeln konnten. Ich klammerte mich mit der Kraft der Verzweiflung an den Rohrleitungen fest und dankte Gott, dass die Wärter die Heizung im Winter abschalteten, sonst hätte ich mich bestimmt nicht daran festhalten können.

Tief in seinem Inneren hätte mir mein Zellengenosse sicher am liebsten die Finger abgehackt – nur damit die Wärter wieder aus der Zelle verschwanden. Aber er hielt mich eisern an Kopf und Hals fest – ein wenig *zu* eisern, dachte ich später –, sodass die Wärter ihr Tauziehen mit meinen Beinen beenden und sich stattdessen damit begnügen mussten, mich zu treten.

Binnen weniger Minuten war alles vorbei.

»Habt ihr denReckskerl laufen sehen?«, fragte ein urinbesudelter Wärter, der wie John Wayne durch den Flügel stolzierte.

»Ha-ha! Man hätte glauben können, dem brennt der Arsch! Ha-ha!«

»Verdammte Scheißrennerei«, antwortete ein anderer. »Ich könnte jetzt ein schönes Glas Bier vertragen.«

Wie wir alle, dachte ich, während ihre Stimmen verklangen.

Keine Stunde später war alles vorbei. Die Inventur ergab gebrochene Nasen, Rippenbrüche, ausgeschlagene Zähne. Fast jeder hatte ein Veilchen. Ich hatte Glück gehabt und war mit einigen Blutergüssen als Andenken davongekommen und einem Nagel, den ich mir nach der Hetzjagd glatt aus dem Zeh reißen konnte. Ich blutete stark aus den Ohren und dem Mund, hatte aber überlebt. Keiner erwähnte die Analuntersuchung. Wir waren alle zu beschämt. Mein Zellengenosse sah mich nicht einmal an. Er wusste, was ich gesehen hatte, und gab sich irgendwie selbst die Schuld daran, was die Wärter auf ihrer Folterbank des Schreckens gemacht hatten. Plötzlich lebten wir in einem Paralleluniversum, das sich aus der von Gewaltexzessen geprägten Realität und dem noch brutaleren psychischen Druck zusammensetzte, der uns allmählich in den Wahnsinn trieb.

Es ging inzwischen auf Mitternacht zu und unsere durchweichten Matratzen und Decken hätten längst wieder in den mit Exkrementen verschmierten Zellen landen sollen. Um uns warm zu halten, hüpften wir auf und nieder, es war sinnlos, Urin und Regenwasser gefroren auf dem Fußboden, unsere Füße klebten bald schon an Eis fest. Die Gelenke versagten in der Kälte zuerst und zwangen uns in scheinbarer Anbetung auf die Knie. Wir hätten alles getan, um die unerträgliche Kälte etwas abzumildern.

»Was meinst du, wie lange es noch dauern wird, bis wir wieder eine Decke kriegen?«, fragte mein Zellengenosse mit klappernden Zähnen. Das Blut an seiner Nase war inzwischen festgefroren.

Ich wollte nicht reden. Ich zitterte an meinem ganzen jämmerlichen Körper.

»Bist du taub?«, fragte er.

»Woher zum Teufel soll ich das wissen? Ich bin kein Wärter, oder?« Kaum hatte ich es gesagt, bereute ich es schon, entschuldigte mich aber nicht.

Wie ein unsichtbarer Ringer zwang uns die Kälte auf den Fußboden. Langsam und unter Schmerzen.

Wir hörten nur noch das Heulen des Windes. Winzige Vögel schienen in unseren Köpfen zu flattern, die uns versicherten, ja, ihr spürt die Kälte und die Schmerzen, doch, doch, das ist kein bisschen Einbildung hier, und wenn ihr noch so sehr tut, als sei es anders, es wird gar nichts daran ändern. *Biete es Gott dar*, flüsterte der Engel des Todes. *Vergiss nicht, was ich dir gesagt habe: Reinlichkeit ist göttlich.*

Hätten wir ihn jetzt nur hier gehabt, dieses Aas von einem Priester, nackt und grün und blau würden wir ihn schlagen. Mal sehen, wie sehr er dann noch an Gott und Reinlichkeit geglaubt hätte.

Ich roch Colditz, noch ehe er ans Fenster kam. Der süßliche, eklige Duft von Marihuana war sein Markenzeichen geworden, das man trotz Scheiße- und Pissegestank noch wahrnahm.

»Ganz schöner Schlamassel, was, Millar? Ihr Jungs seid wie Magneten für die Scheißstrafaktionen.«

Ich versuchte aufzustehen, obwohl ich dachte, dass meine Knie jeden Moment brechen würden.

Colditz hatte den Mantelkragen hochgeschlagen und schirmte sein Gesicht damit weitgehend ab. Die Mütze trug er tief in der Stirn. Man sah nur seine Nase und den Schatten der Augen – und natürlich den Joint in seinem Mundwinkel.

»Verdammte Scheißkälte, oder?«, sagte er lachend und stieß taubengrauen Rauch aus.

»Wann kriegen wir die Decken wieder?«, fragte ich. »Es sind fast zwei Stunden vergangen. Die Männer erfrieren.«

»Diese scheinheilige Mitleidsnummer kannst du dir schenken, Millar. Na klar friert ihr euch die Ärsche ab. Genau darum geht's ja! Ich meine, ihr legt einfach so einen ihrer Kameraden um und erwartet dann, dass man euch mit Samthandschuhen anpackt? Werd erwachsen! Die hoffen doch, dass einer oder zwei von euch morgen früh so tot sind wie ihr Kumpel.«

Nach all den Jahren erinnerte Colditz mich immer noch an Clint Eastwood, so wie damals, als ich ihn in jener Nacht zum ersten Mal im Innenhof aus dem Transporter steigen sah. Er nannte die anderen Wärter stets »die«, er machte sich nicht mit einem »wir« gemein, sondern blieb ganz bewusst auf Distanz. Die heimatverbundenen Wärter hassten ihn nicht weniger als uns. Für sie war er ein englischer Kopfgeldjäger, der mit fragwürdiger Loyalität in ihrem Revier wilderte. In puncto Loyalität konnten sie jedoch ganz beruhigt sein. »Ich verkneife mir die ›Für Königin und Vaterland‹-Ansprache«, sagte Colditz. »Daran glaube ich nicht. Ich bin wegen des Geldes hier. Schlicht und einfach.«

Ehe ich eine weitere Frage stellen konnte, war er schon wieder im Dunkel der Nacht verschwunden.

Der schneidende Wind kam allmählich richtig in Fahrt. Die feuchten Wände waren übersät von kleinen Eissplittern, sodass wir uns nicht einmal anlehnen konnten.

Um drei Uhr klirrte ein Wärter mit dem Schlüssel in der Stechuhr. Das machten sie zu jeder vollen Stunde. Aber immer noch bekamen wir keine Decken oder Matratzen.

Echos. Echos der Kindheit. Grabe tief. Finde sie. Lass dich von ihnen wärmen, den Wahnsinn mit einer Dosis wackeliger Vernunft ausgleichen. Du kannst das. Du weißt, dass du es kannst.

Wie zum Teufel macht Kojak das?

Was, um Himmels willen?

Du weißt schon. Diesen Trick mit dem Streichholz. Er zündet es mit einem Daumenschnippen an. Wie zum Teufel macht er das?

Sind Sooty und Sweep real? Wer ist Doctor Who? Wie kriegt Jacobs die Feigen in die Feigenrollen? Hat Hulk grüne Eier? Und das Ding orangefarbene?

Vier Uhr. Klick. Immer noch keine Decken.

Jetzt weißt du, wie sich Fleisch in der Gefriertruhe fühlt! Geschieht dir ganz recht. Seid wie Magneten für Strafmaßnahmen …

Brave Jungs, brave Jungs, die Burschen im Kesh!, sagt der Fischer.

Gib mir noch einen schwarzen Busch, Goldlöckchen, mein Schatz, sagt Er, Dem Gehorcht Werden Muss. *Spendieren wir den guten Jungs was Warmes zu trinken in so einer schrecklichen Nacht*, pflichtet der Giftzwerg bei.

Gute Jungs, gute Jungs. Noch einen Whiskey für Mother Ireland. Diese guten Jungs bringen uns eines Tages alle nach Stormont, die dummen Wichser, sagt Tom-Tom, der Totengräber. *Wir leben alle in prachtvollen Häusern – nur die natürlich nicht, die dummen Idioten. Gute Jungs.*

Fünf Uhr. Klick!

»Gott ist tot; an seinem Mitleiden mit den Menschen ist Gott gestorben«, flüsterte mir Nietzsche ins Ohr.

Sechs Uhr. Klick!

Scheiß auf Mother Ireland, die Hure, und alle, die auf ihr segeln. Sie mit ihrer grünen, weißen und orangefarbenen Unterhose und ihren Titten voller Blut. Scheiß auf die Priester, die pädophilen Dreckskerle, die bei jeder sich bietenden Gelegenheit Messknaben ficken. Scheiß auf alle Politiker, die uns schlimmer ficken als alle anderen. Scheiß auf sie alle. Scheiße! Scheiße! Scheiße!

Sieben Uhr. Klick!

»Wenn es nach mir ginge, würdet ihr Wichser gar nichts kriegen!«, sagte Affengesicht und warf feuchte Decken in die Zelle. Sein rotes Haar sah aus, als würde es gleich Feuer fangen, so groß schien sein Zorn.

»Wichser!«, wiederholte er und schlug die Zellentür zu.

Jetzt ist die Decke vollkommen nutzlos. Wir sind jenseits jeglicher Hilfe. Zu kalt. Vielleicht hätte ein Flammenwerfer geholfen, und so, wie wir Affengesicht kannten, hätte er wohl keine Skrupel gehabt, ihn einzusetzen. Trotz allem wussten wir, wir hatten die Bestie besiegt, mit allem, was sie uns antun konnte.

»Ist ... ist ... ist es zu glauben, dass wir ... wir ... wir das überlebt haben?«, sagte mein Zellengenosse mit klappernden Zähnen und einer zerquetschten Nase, durch die er sich wie Marlon Brando anhörte. »Ich glaube wir sind alle scheißunverwundbar geworden! Ja! *Jaaaaa!*«

Seine Augen sahen glasig aus. Kein Zweifel, er verlor den Verstand. Ich sah ihn voller Entsetzen an, während meine Füße an dem gefrorenen Boden festzukleben schienen.

Sieben Uhr zwanzig. »Wir ziehen um!«

Ein Zellenwechsel? War das ein kranker Witz? Nein, wir *wurden* verlegt. Schon *wieder verlegt*. Und diesmal nicht nur in einen anderen Flügel. Die auf dem Innenhof vorgefahrenen Transporter sagten uns, dass wir in einen anderen Block verlegt werden würden, ein Abenteuer, das sich am Ende sicher als so unerträglich wie die vorherigen erweisen würde.

Acht Uhr fünf. Wir trafen in dem Block ein. Ein Begrüßungskomitee aus Wärtern hieß uns mit den üblichen Tritten und Faustschlägen willkommen, die wir freilich nach der Feuertaufe der vergangenen Nacht kaum noch spürten. Die Farbe an den Zellenwänden war noch feucht, so eilig hatten sie es gehabt, uns zu verlegen. Es dauerte nicht lange, bis wir durch die Ausdünstungen der frischen Farbe unerträgliche Kopfschmerzen bekamen.

Drei Uhr. Nach siebzehn Stunden Terror und Kälte warf man uns endlich Matratzen und Decken in die Zellen.

Wieder einmal hatten wir einen Sieg errungen.

Wir haben gewonnen. Wir sind unbesiegbar. Genau wie die verdammten Spartaner! Keiner wird uns je bezwingen. Niemals.

KAPITEL DREIUNDZWANZIG

EINE ZEUGENAUSSAGE, SEHR VIEL SPÄTER

Kein Mann, der im Unrecht ist, kann gegen einen Mann bestehen, der im Recht ist und nicht aufgibt.
– Texas Ranger Captain Bill McDonald

AUSZÜGE AUS EINEM INTERVIEW MIT DEM EX-KRIEGSGEFANGENEN UND BLANKET-MAN MICHAEL FERGUSON AUF »ANCIENT CIRCLES«, USA:

»Die Prügel ließen nicht nach; die Wärter verprügelten systematisch jeden Häftling im gesamten Flügel. Ich erinnere mich, wie sie auf meine Seite des Zellentrakts kamen. Ich saß in der dritten Zelle von unten, und neben mir ein Mann namens Sammy Millar – komisch, ich habe ihn nie gesehen, aber seine Stimme würde ich bis heute wiedererkennen. Ich weiß noch, wie die Wärter seine Tür aufrissen, ihn den Flügel runterzerrten und traten und schlugen, während sie ihn gegen die Türen der anderen Zellen stießen. Als die Wärter ihn schließlich in die andere Zelle stießen, muss er, das schwöre ich bis auf den heutigen Tag, direkt gegen die Wand geknallt sein, denn sie hatten noch nicht einmal seine Zellentür schließen können, da stand er schon am Fenster seiner Zelle und schrie meinen Namen: ›Massey! Massey!‹, so laut er nur konnte. Massey war der Spitzname, den die Häftlinge mir gegeben hatten, nach dem Traktorenwerk Massey Ferguson.

Er brüllt also zum Fenster seiner Zelle raus, und ich stehe an meiner Zellentür und bekomme vor lauter Angst und Nervosität kaum ein Wort heraus; ich kann nicht einmal schlucken, weil ich keine Spucke mehr habe! Als die Wärter gerade meine Tür aufreißen, brüllt Sammy meinen Namen, was das Zeug hält: ›Massey! Massey!‹ Und plötzlich fallen Angst und Nervosität von mir ab, und ich brülle zurück: ›*Was zum Teufel willst du?*‹ [Der Moderator und Massey lachen.] Und ich höre ihn antworten: ›Wenn du da drüben ein Ohr findest, bring es bitte mit – das ist meins!‹ [Erneutes Gelächter.] Die schleifen mich aus der Zelle und treten mich die ganze Zeit mit ihren Stiefeln, und ich lache den ganzen Weg über, ich lache, während die Wärter das machen, und ich lache nicht, weil ich es komisch finde, was die uns antun, sondern ich lache aus reiner Erleichterung, und das nur wegen dieses Mannes – eines gewöhnlichen Burschen, wie ich, in der Nachbarzelle –, dem es gelungen ist, über die Angst und den Terror hinauszuwachsen. Ich wusste, wegen dem, was Sammy an diesem Tag gesagt hatte, würden die Wärter es nicht schaffen, mich zu brechen, ich würde ertragen können, was sie mir antaten, genau wie jeder andere Häftling, der nach mir in diesen Flügel käme, weil es einem der Gefangenen gelungen war, über den Terror hinauszuwachsen, und uns anderen damit geholfen hat zu überleben.«

KAPITEL VIERUNDZWANZIG

DER TODESENGEL KOMMT AUF GLÜHENDEN SOHLEN, ABER OHNE GLIMMSTÄNGEL

JUNI 1980

Der Boden der Hölle wird mit den Schädeln treuloser Priester gepflastert sein.
– Der heilige Johannes Chrysostomos

Sagte ich: »Oft braucht man Stunden für eine Zeile;
Doch wirkt der Vers nicht wie aus dem Augenblick geboren,
Ist all das Sticheln und Wiederauftrennen verloren.«
– William Butler Yeats, *Adams Fluch*

»Cowboy?«, ertönte flüsternd die krächzende Stimme von Seamus.

»Was? Was willst'n, Seamus?« Cowboys Stimme hörte sich hohl und apathisch an, als wäre er kurz vor dem Einschlafen. Er wollte nicht gestört werden. Er wusste, Seamus würde mindestens drei Wochen lang kein Besuch gestattet werden. Außerdem brachte er sowieso keinen Snout mit, die Wärter hatten es inzwischen geschafft, den Tabakschmuggel wirksam zu unterbinden.

Für die Raucher war der Tabakentzug eine weitere Schikane, und so verfielen sie auf extreme Methoden. Manche rollten Flusen von ihren Decken in Bibelseiten und rauchten diese »heiligen Kippen«, obwohl sie sich später übergeben mussten. Andere versuchten es mit den Schalen, die manchmal von Ofenkartoffeln übrig blieben. Als die Wärter hinter diesen kleinen Trick kamen, verschwanden die Ofenkartoffeln umgehend vom Speiseplan. Ein Mann behauptete sogar, dass er die trockenen Exkremente rauchte, die von den Wänden blätterten. Zwei Tage später machte er die Quietschesohle, was für uns andere die Frage aufwarf, ob wohl die speziellen Zigaretten seine Entscheidung beeinflusst haben mochten, was Finbar zu der sarkastischen Bemerkung veranlasste, dass diese Quietschesohle entweder Scheiße rauchte oder Scheiße erzählte.

»Cowboy. Ich sehe einen Stummel, sogar mehrere –«

»Wo, Seamus?« Cowboy stand blitzschnell an der Tür; neu erwachte Begeisterung sprach aus seiner Stimme. »Mein Gott, wo?« Er klang wie ein Jäger, der sich an seine Beute anpirscht.

Stummel war der Ausdruck für eine Kippe, die einer der Wärter manchmal, wenn auch recht selten, achtlos wegwarf. Aus einem entsprechend großen Stummel ließen sich zwei, wenn nicht gar drei Knastzigaretten drehen. Die Raucher hätten jede davon in Gold aufgewogen.

Cowboy hatte, wie die anderen Raucher, seit mindestens drei Monaten keine Zigarette mehr geraucht und betrachtete diesen Stummel als ein wahres Wunder, als vom Himmel persönlich geschicktes Ambrosia.

»Dreißig Zentimeter von deiner Tür weg, Cowboy. Wo die Streben zusammenlaufen.«

»Lass mir einen Augenblick Zeit, den Apparat vorzubereiten, Seamus, alter Kumpel.«

Der Apparat war ein langes, schmales Stück Toilettenpapier, das er an einem Ende zu einem Haken oder genauer gesagt einem Fragezeichen geformt hatte. Ob er damit die Beute einfahren konnte, war immer noch die Frage.

»Okay, Kumpel, dann mal los«, sagte Cowboy, der sich anhörte, als wäre er sechzehn Jahre alt.

»Ein Stück links von dir, Cowboy. Etwas höher. Noch ein Stück. Jetzt bitte etwas weiter nach rechts …« Seamus hörte sich an, als würde er *Der goldene Schuss* moderieren, es war eine wenig beneidenswerte Aufgabe, Cowboy zu der Fluppe zu lotsen.

»Kannst du den Apparat noch ein Stück weiter rausschieben, Cowboy?«, fragte Seamus nervös. Zwanzig Minuten waren ohne Erfolg verstrichen. Wir hörten alle, wie sehr sich Cowboy zusammenreißen musste, damit er nicht die Beherrschung verlor. Mit seiner Geduld stand es nicht zum Besten, wenn ihn der Nikotinentzug plagte.

»Wärter im Anmarsch!«, rief Goose vom oberen Ende des Flügels.

»*Scheiße!*«, zischte Cowboy, dem man die Frustration anmerkte.

Der Wärter ließ die Stechuhr klicken und ging wieder durch den Flügel zurück, doch ausgerechnet vor Cowboys Zelle bückte er sich und band sich die Schnürsenkel.

Cowboy mussten dicke Schweißperlen auf der Oberlippe stehen, vermutlich betete er gerade zu Gott, dass der Wärter die Fluppe nicht sehen würde.

Sekunden darauf ging der Wärter weiter.

»Seamus? Hat der Wichser sie mitgenommen?«, fragte Cowboy, der sich in seiner Nervosität mehr oder weniger die Unterlippe abgekaut hatte.

»Nein, ist noch da.«

Wir gaben einen Stoßseufzer der Erleichterung von uns, nachdem wir auf keinen Fall Cowboys Todesröcheln hören wollten. Es war, als würden wir auf einer Bombe sitzen und darauf warten, dass sie entschärft wurde.

In den nächsten zwei Stunden wagte keiner, auch nur ein Wort zu flüstern, während die »Cowboy und Seamus«-Show so verbissen wie erfolglos ihren Lauf nahm.

»Cowboy, du streifst sie immer, ziehst sie aber nicht näher ran.«

»Seamus …« Cowboys Stimme bebte, so sehr bemühte er sich den Gefühlsausbruch zu unterdrücken, der ihn jeden Moment zu übermannen drohte. »*Du* musst *mich* dirigieren. Nicht umgekehrt, verflucht noch eins, *Kumpel.*« Das letzte Wort spuckte er aus wie ein Stück Apfelkuchen, das ihm im Hals stecken geblieben war.

Dann passierte es.

»Cowboy! Du hast sie! Jetzt *gaaaaanz* vorsichtig. Langsam … langsam … zieh sie rein. Langsam … langsam. *Laaaaaaaaaaaaangsammm …*«

Cowboy musste der Schweiß in solchen Strömen über das Gesicht laufen, dass er wohl kaum noch klar erkannte, wohin er den Apparat steuerte. Vermutlich würde ihn gleich ein Herzinfarkt erwischen? Was für eine Art, abzutreten, und das nur wegen eines Stummels.

»Sachte … gut so … hast es fast geschafft, Cowboy. Nur noch ein winziges Stück … du hast sie!«

Die Prüfung war überstanden. Wir johlten vor Begeisterung, als er den Stummel erobert hatte. Endlich konnten wir uns wieder unterhalten, ohne Cowboys Zorn fürchten zu müssen.

»Seamus! Du dummer Trottel! Das war gar kein Stummel! Es war ein Stück Papier. Verdammt, du brauchst dringend eine Brille!«

Bevor Cowboy Seamus weiter zusammenstauchen konnte, rettete jemand seine Haut, indem er bekannt gab, dass der Engel des Todes den Hof heraufkam.

Der Engel des Todes zog den Mantelkragen fest um den Hals zusammen. Er hatte die Grippe, und die Kälte nagte an ihm.

»Der Engel des Todes, um diese Zeit? Das bedeutet nichts Gutes«, sagte Finbar und sprach damit aus, was wir alle dachten.

»Vielleicht kommt er mit Taschen voller Snout. Um wiedergutzumachen, dass er uns jahrelang ohne Zigaretten hier hat verrotten lassen«, sagte Cowboy, der kein Hehl aus seinem Sarkasmus und seiner Abneigung machte.

Nein. Wir wussten alle, er kam, um jemandem mitzuteilen, dass ein Familienmitglied gestorben war. Was hätte es sonst sein sollen?

Während der Tod durch den Flügel schritt und dabei freundlich mit den Wärtern plauderte, warteten wir mit angehaltenem Atem.

»Millar. Der Priester will dich sprechen«, bellte Affengesicht.

»Danke, Officer«, sagte der Engel des Todes und verbarg seinen Ekel nicht, als er meine mit Scheiße beschmierte Zelle betrat.

Reinlichkeit ist göttlich ...

»Sam, ich habe schlechte Nachrichten für Sie«, sagte er mit seiner öligen Stimme. Ich wusste, es wäre Dad, von dem er gleich sprechen würde. »Ihre Mutter ist vor zwei Tagen in Dublin gestorben.«

»Meine Mutter ...?« Ich war schockiert. Ich dachte, sie wäre schon vor langer Zeit gestorben, als ich elf war und sie meine Mathenoten nicht mehr wissen wollte.

»Sagten Sie wirklich meine Mutter?«

»Ja. Vor zwei Tagen. Es tut mir schrecklich leid.«

Na klar doch.

Die nächsten Minuten schwiegen wir. Er sah sich mit einer Mischung aus Furcht und Abscheu in der Zelle um. Offenbar konnte er es nicht erwarten, bis er wieder in der realen Welt eines gemütlichen Heims, eines prasselnden Kaminfeuers und eines großen Glases Brandy war, um seine Grippe und meinen Gestank zu vertreiben.

»Wenn ich etwas tun kann ...«, sagte er, während er zur Tür lief, um zu gehen.

»Haben Sie Snout dabei?«, fragte ich, weil ich ihn nicht so einfach davonkommen lassen wollte.

»Snout? Was ist das denn?«

»Tabak.« *Als ob du das nicht genau wüsstest, du Schleimbeutel.*

»Oh. Nein. Habe ich nicht ... Sie wissen, so etwas dürfen wir nicht mit reinbringen.« Er setzte ein wässriges Grinsen auf. Ich wollte es ihm dorthin zurückschlagen, wo es herkam, direkt in die verdammte Hölle.

»Wie machen Sie das eigentlich?«, fragte ich.

»Was machen?«, antwortete er und drehte sich zu mir um, obwohl er nur noch wegwollte.

»Wie leben Sie mit Ihrem Gewissen? Lehrt die Kirche nicht, dass man stets nach seinem Gewissen handeln soll?«

»Sie lehrt auch, dass das Gewissen stets rein sein sollte, so wie meines jetzt.« Das Thema behagte ihm.

»Sie haben sich all die Jahre über mit angesehen, wie wir hier gefoltert, erniedrigt und gedemütigt worden sind. Nicht ein einziges Mal haben Sie versucht, etwas dagegen zu unternehmen, und Sie wollen ein Mann Gottes sein?«

Er fuchtelte mit den Armen in der Luft, ein Magier, der einen Zaubertrick vorführt. »Sie müssen nicht so leben. Niemand hier. Die Verantwortung liegt allein bei Ihnen, nicht bei mir oder der Kirche, die alle so gern zum Prügelknaben machen.« Er schnäuzte sich die triefende Nase. »Wissen Sie, wie oft mich meine nichtkatholischen Freunde fragen, was um Himmels willen mit Ihnen nicht stimmt, und mich zwingen, etwas zu rechtfertigen, das nicht zu rechtfertigen ist?«

Mir war vollkommen schnurzegal, was er, seine Freunde oder die Kirche dachten, und das sagte ich ihm auch unmissverständlich ins Gesicht.

»Andere haben den Protest ohne Probleme verlassen, warum tun Sie das nicht?«, beharrte er.

»Viele sind berufen, aber nur wenige auserwählt«, antwortete ich ihm.

Er schüttelte mit einem unverhohlen bösartigen Lächeln den Kopf. Mit einem Niesen beendete er das Gespräch.

Kaum war der Engel des Todes gegangen, fragte Cowboy, ob ein Wunder geschehen wäre.

»Hat diese *Fotze* einer dreckigen Hure eventuell Snout mitgebracht, Sam?«

»Nein, leider nicht, Kumpel. Nur die Nachricht, dass meine Mutter tot ist.«

Er schwieg ein paar Sekunden. »Ach, Sam«, sagte er dann. »Entschuldige mein loses Mundwerk. Ich wollte nicht …«

»Mach dir keinen Kopf.« Der Tod meiner Mutter war unbedeutend. Ich hatte größere Probleme, zum Beispiel mein eigenes Überleben. Morgen durften wir uns wieder auf einen Zellenwechsel freuen.

Ich würde diesen Zellenwechsel überleben. Und den nächsten. Und den nächsten …

Leck mich, Engel des Todes.

KAPITEL FÜNFUNDZWANZIG

TONY BLACKBURN UND PAN'S PEOPLE

WINTER 1980

Ein örtlich begrenztes Phänomen namens Christentum.
– Thomas Hardy

Der Teufel kann sich auf die Schrift berufen.
– Shakespeare, *Der Kaufmann von Venedig*

Gerüchte. Ein ausgedörrter Wald in bernstein- und kupferfarbenen Flammen. Reichlich.

Ein unbestätigter Bericht machte die Runde, dass ein Hungerstreik bevorstand. Niemand – am wenigsten die Häftlinge – wollte ihn, aber er kam dennoch.

Vor meiner Zelle fielen daumengroße Schneeflocken in den Innenhof.

»Ich fürchte mich vor niemandem«, dröhnte die Stimme des Wärters, den wir Prediger nannten. Bei Zellenwechseln hatte er stets eine große, sehr schwere Bibel dabei, aus der er zitierte. Nach jedem Zitat schlug er sie den nackten Häftlingen dann so brutal auf den Kopf, dass ihnen schwindelig davon wurde.

»Herr, reinige diesen Sünder …« *Klatsch!* »… von den Sünden.« *Rums!* »Lasst ihn sehen, wie sehr wir ihn lieben. Dass wir …« *Klatsch!* »… dies aus Liebe tun, um seine Seele zu retten.« *Rums!*

Manchmal lief einem Blut aus Ohren und Nase, aber das

stimmte die gemeine, scheinheilige Bestie nicht milder. »Oh, danke, Herr, für dieses geläuterte Blut, es ist uns ein großes Zeichen.« Der Prediger war schweißgebadet und verdrehte die Augen in den Höhlen.

»Wie langweilig«, sagte Finbar laut genug, dass der Prediger es hören konnte.

»Und ob ich schon wandelte im finsteren Tal …« Der Prediger lief durch den Innenhof, sodass ihm der Schnee bis auf die Haut ging.

»Beachtet den Dreckskerl gar nicht«, sagte JCB. »Der will nur Publikum haben.«

Der Prediger lachte. »Ich *will*, dass einer von euch tapferen Männern mich besuchen kommt, sofern ihr jemals hier rauskommt. Wisst ihr, ich habe mir gerade eine bildschöne .357er Magnum gekauft und würde sie nur zu gern an euren Köpfen ausprobieren. Nicht mit Peitschen, sondern mit den Stacheln von Skorpionen läutere ich euch!«

Eine Stunde verging, und er schwadronierte immer noch in seinem lauten Singsang vor sich hin, damit alle ihn hörten.

»Shall we gather at the river –«

»Warum packst du nicht endlich zusammen und gibst Ruhe?« Das war Colditz. Wir hatten ihn seit Wochen nicht gesehen und dachten, er wäre versetzt worden oder hätte gekündigt.

»Warum kümmert ihr euch nicht um eure Angelegenheiten und geht nach England zurück? Keiner braucht euch hier oder will, dass ihr uns die Jobs wegnehm – *aaah!*«

Colditz rammte dem Prediger das Knie in die Eier, sodass der zusammenklappte und hinfiel. Dann hob Colditz ihn hoch wie eine Stoffpuppe, setzte ihm die Mütze wieder auf, packte ihn am Kragen und marschierte mit ihm in den Circle.

Später erfuhren wir, dass Colditz angeboten hatte, mit jedem Wärter im Block zu kämpfen, als er den Prediger in den Circle geworfen hatte. Sein Angebot wurde abgelehnt, was uns nicht im Geringsten überraschte, kannten wir doch die Abneigung der Wärter gegen ehrliche Zweikämpfe.

Der Hungerstreik, den wir im Vormonat begonnen hatten, erreichte im Dezember ein kritisches Stadium, weil die Gesundheit der Männer stark angegriffen war. Am schlimmsten stand es um Sean McKenna – die Prognose lautete, dass er nur noch zwei Tage zu leben hätte.

Wir anderen, die nicht im Hungerstreik waren, durften rein gar nichts unternehmen, wir hatten die Anweisung erhalten, unter allen Umständen einen kühlen Kopf zu bewahren – jedes Zeichen von Frustration unsererseits hätte nur der britischen Regierung und den Wärtern in die Hände gespielt. Dieser Befehl war am schwersten zu befolgen, denn wir wussten nur zu genau, was unsere Freunde und Kameraden durchmachten. Aber manche von uns waren zuversichtlich, es würde sich selbst in diesem späten Stadium etwas aushandeln lassen, ohne dass jemand ums Leben kam. Selbst die Wärter schienen der Ansicht zu sein, dass wir die Oberhand hatten, einige buhlten regelrecht um unser Wohlwollen.

»Ich hoffe ja, die erfüllen alles, was ihr verlangt«, log Warzenschwein so überzeugend wie ein Nazi bei einer Bar-Mizwa. »Ham wir nich alle *schlimme* Zeiten hinter uns? Is zu hoff'n, dass jetzt alles besser wird und wir lernen, anständig miteinander umzugehen.«

Ich fand die kriecherische Anbiederung zum Kotzen. Andererseits, wenn er Angst hatte, wir könnten einen Sieg davontragen, wussten die Wärter vielleicht etwas, das wir nicht wussten. »Haben wir Weihnachten bei *Top of the Pops*, Sam?«, fragte Finbar lachend, während Warzenschwein verdrossen davonstapfte und riesige Stapfen im Schnee hinterließ.

»Ich würde mir sogar die Weihnachtsansprache von Queen

Elizabitch anhören, Mann!«, antwortete ich. Pan's People ertönten in meinem Kopf. Ich fragte mich, ob sie sich sehr verändert hatten. Vermutlich nannten sie sich mittlerweile Pan's Rentnerinnen und brauchten Rollatoren zum Laufen … nicht, dass es mich nennenswert gestört hätte.

Vor den Zellen hatte der Schnee eine trügerische Stille mit sich gebracht. Kleine Vögel hinterließen winzige Spuren im Schnee, während die fetten, durchscheinenden Flocken sie wie Zelte zu bedecken drohten.

»Direktor im Anmarsch!«, ertönte eine Stimme am Anfang des Flügels.

Der Direktor? Um diese nachtschlafende Zeit? Was zum Teufel ging hier vor sich? Hatte Warzenschwein am Ende doch etwas gehört?

Niemand sagte ein Wort, weder der Direktor noch die Bande der Wärter, die ihn begleiteten, eine Tür nach der anderen öffneten, achtlos einen Wisch hineinwarfen und die Tür wieder zuschlugen.

Es war eine Übereinkunft, den Hungerstreik zu beenden!

Ich überflog die Seiten, so schnell es meine blank liegenden Nerven zuließen, und schwöre, ich hörte Tony Blackburn, der die Weihnachtssendung von *Top of the Pops* ansagte. Die spärlich bekleideten Pan's People standen um ihn herum: »Die Nummer eins sind in dieser Woche die wackeren Rebellen, die Blanket-Men.«

Ich las das Dokument, so gründlich es ging, durch und versuchte, nichts Wichtiges auf den achtundvierzig Seiten zu übersehen. Wie sich herausstellte, stand wenig Substanzielles darin. Es handelte sich um ein Meisterwerk vager Doppeldeutigkeiten, die jede Menge Interpretationsspielraum ließen und es schafften, mit einer Hand zu geben und mit der anderen gleichzeitig zu nehmen. Ein Spinnennetz aus Zweideutigkeiten und Einschränkungen durch ein »vielleicht«, »eventuell« und »man wird sehen«. Darauf konnten wir uns unmöglich einlassen. Sollten wir so viele Jahre der Folter und Qualen für belanglose Zugeständnisse das Scheißhaus runterspülen? Diese Übereinkunft war das Papier nicht wert, auf dem sie geschrieben stand.

Tony Blackburn löste sich umgehend in nichts auf. Genau wie Pan's People. Ich bildete mir ein, ich könnte noch einen Hauch ihres Parfüms wahrnehmen, und mir war zum Heulen zumute.

Vielleicht ja nächstes Jahr zu Weihnachten ...

KAPITEL SECHSUNDZWANZIG

HOFFNUNG

FRÜHJAHR 1981

> **Als Kind war ich mir bewusst, dass ich einer unterprivilegierten Schicht angehörte.**
> **Als Erwachsener war ich in einer Situation, in der ich sicher leicht zur Waffe hätte greifen können … Ich wuchs mit Leuten auf, die in einen Hungerstreik traten, und sie mussten so manches erlebt haben in Belfast, dass sie so weit gingen, ihre Körper siebzig Tage lang schmachten zu lassen.**
> **– Liam Neeson**

Lieber Heiliger Vater,
ich hoffe, dieser kurze Brief erreicht Sie bei guter Gesundheit. Bitte verzeihen Sie das Papier, auf dem er geschrieben wurde. Ich schreibe Ihnen nicht, um Ihnen von unserer Situation zu berichten, sondern um Sie zu bitten, das Leben meiner Kameraden zu retten, die von der britischen Regierung zu einem Hungerstreik gezwungen wurden. Das irische Volk hat schon viel zu lange für seine politischen und religiösen Überzeugungen leiden müssen … Die irische Geschichte ist gesättigt von dem Blut, das irische Männer und Frauen für die Nation und die katholische Kirche vergossen haben, und jetzt, da die irische Nation die katholische Kirche so dringend braucht, herrscht nichts als Schweigen. Warum? Was müssen die Iren tun, damit die Kirche ihnen hilft? Wenn Sie diesen Brief erhalten, ist es vielleicht zu spät, meine Kameraden zu retten. Sie müs-

sen jetzt laut und deutlich sprechen, in aller Öffentlichkeit, hinter verschlossenen Türen nützt es nichts. Meine Kameraden werden sterben, wenn Sie nicht handeln.
Sam Millar

(Brief, den ich aus dem Knast an den Papst geschickt habe, der in Richard Englishs epischem *Armed Struggle: The History of the IRA* veröffentlicht wurde. Es war einer von mehr als zweitausend Briefen, die ich verfasst habe, um Unterstützung für die Hungerstreikenden zu erhalten.)

Wir wussten, dass wir nicht mehr die Leidenschaft wie noch beim ersten Hungerstreik besaßen, als der zweite im März begann. Diesmal verfolgten wir eine andere Strategie: Freiwillige sollten sich dem Hungerstreik nach und nach anschließen, nicht *en masse*, wie beim vorherigen. Derweil beschlossen wir, unseren Waschstreik zu beenden, um die größtmögliche Aufmerksamkeit für die Männer im Hungerstreik zu wecken.

Ehrlich gesagt empfanden wir es alle als Erleichterung, dass wir uns wieder waschen durften. Unsere Haare, die wir seit vielen Jahren nicht shampooniert oder geschnitten hatten, fielen uns fettig und verfilzt wie ölige Schiffstaue auf die Schultern; unsere Zähne, die seit ebenso vielen Jahren keine Zahnbürste mehr gesehen hatten, sahen dagegen erstaunlich gut aus, was wohl überwiegend daran lag, dass die Wärter uns im Zuge ihrer Strafmaßnahmen keinen Zucker gaben. Hätten sie uns welchen gegeben, hätten uns vermutlich irgendwann die Zahnschmerzen fertiggemacht.

Unsere erste Dusche seit Jahren! Gott, wie herrlich! Ich vergesse nie die ersten Wasserstrahlen, die mich wie ein Stachelschwein piksten; den betörenden Duft von Shampoo und Seife, bei dem sich meine Nasenflügel vor Wonne blähten; die schiere

Dekadenz von alldem, während der Dreck von Jahren von mir abfiel …

»Kannst du dich gefälligst beeilen, Herrgott noch mal? Du vergeudest das heiße Wasser. Wir anderen haben auch seit Jahren nicht mehr geduscht«, ertönte eine giftige Stimme hinter mir.

Er war klein und dunkelhäutig, Narben von Schusswunden überzogen seinen ganzen Körper. Ich kannte ihn nicht, aber er mich.

»Wir sind seit vier Jahren Nachbarn, und du erkennst mich nicht mal?«, sagte er.

Ich hatte all die Jahre nicht gewusst, wie er aussieht; er war nur eine Stimme in meinem Kopf … und Cowboy entsprach so gar nicht meinen Erwartungen, was man mir offenbar deutlich ansah.

»Du siehst auch ganz anders aus, als ich mir dich vorgestellt habe«, sagte er lachend, als hätte er meine Gedanken gelesen.

Die Gerüchte, dass er Tätowierungen von Gewehren an sich hatte, erwiesen sich zu meinem Bedauern als unzutreffend.

Einer der Wärter, der uns beobachtete, lachte gekünstelt und hoffte wohl, er könne an dem Gespräch teilhaben.

»Was ist so komisch?«, fragte Cowboy mit eisiger Stimme, die den Wärter augenblicklich erstarren ließ.

»Nichts …« Das Gesicht des Wärters wurde erst knallrot, dann kalkweiß, als Cowboy verächtlich die Oberlippe fletschte.

»Warum machst du dann nicht einfach weiter gar nichts und verziehst dich dazu?«

»Hört mal … ich weiß, wie ihr uns hassen müsst … aber … wir tun auch nur unsere Pflicht.«

»Pflicht? Ihr wisst ja nicht mal, was das heißt«, sagte Cowboy.

Die Wärter waren nervös, weil wir uns nicht mehr in unseren Zellen befanden. Und mit gutem Grund. Vergeltung war ein unberechenbarer Geselle, der jederzeit und überall zuschlagen konnte, das wussten sie. Mit ihren Spatzenhirnen hielten sie uns für Irre, für Löwen, die jederzeit sprungbereit waren; für unüberwindbare Kreaturen aus einer Gruselgeschichte, ohne menschliche Regungen. Die Kreatur, die sie in ihrem Denken selbst geschaffen hatten, das Geschöpf ihrer Propaganda, war von der Leine, und wir hatten nicht vor, diese Einschätzung zu widerlegen.

Das Zähneputzen entpuppte sich als nächste schwere Prüfung, denn wir waren die rauen Zahnbürsten nicht mehr gewohnt. Blut färbte die Waschbecken rot, weil wir uns das Zahnfleisch wund scheuerten. Und dabei aussahen wie Vampire beim Festschmaus.

Nach der Dusche saß ich auf einem Stuhl, während der Friseur mir das taillenlange Haar kürzte – mit jedem Schnitt der Schere fühlte sich mein Kopf leichter an. Obwohl es mir wie eine Befreiung vorkam, dass ich wieder kalte Luft im Nacken spürte, überkam mich eine plötzliche Wehmut, als ich sah, wie die jahrelang gewachsenen Haare fielen. Als wäre ein alter Freund dahin.

Aber damit war es nicht vorbei. Ich konnte das Unausweichliche, vor dem mir besonders graute, nicht länger aufschieben. Der Friseur hatte mir meinen Bart so kurz geschnitten, wie es mit der Schere ging, jetzt musste ich selbst noch die Bartstoppeln abrasieren, und zwar mit einem dafür ziemlich ungeeigneten, einfachen Plastikrasierer. Die Stoppeln fielen beim Rasieren wie kurze Nägel, doch meine Gesichtshaut schrie buchstäblich vor Schmerzen auf, weil ich mich dauernd schnitt, was auch daran lag, dass ich mich blind rasieren musste.

Ich hatte mich seit über vier Jahren nicht mehr in einem Spiegel gesehen. Meine Eitelkeit erlaubte mir nicht, es jetzt zu tun, ich wusste, es wäre eine Begegnung mit einem Fremden, einem alten, verwahrlosten Fremden, der den Sinn von alledem infrage stellen würde.

Unterdessen ging der Hungerstreik weiter.

In der ›Behaglichkeit‹ und Dunkelheit deiner Zelle bist du dir ständig dessen bewusst, dass nur wenige Schritte entfernt ein Mann langsam und qualvoll stirbt. Du hast so inbrünstig gebetet, dass du irgendwann an deinem Verstand zweifelst und schließlich die eigene Existenz infrage stellst: Warum bist du nicht im Hungerstreik und leidest wie alle anderen?

Und je mehr du flehst, von derlei Gedanken verschont zu bleiben, desto mehr quälen sie dich, bis du dir sagst, dass dir der Mut fehlt, du es keine paar Tage ohne Nahrung aushalten würdest, geschweige denn Wochen. Du hast Bücher darüber gelesen, wie Körper und Geist darunter leiden, wie die Haut sich über dem ausgemergelten Skelett zusammenzieht und die Knochen so spröde werden wie gebrannter Kalk, dir graut vor Migräneanfällen, die so schlimm sind, dass sich Schmerzen durch deinen Schädel fräsen, in deinen Augen stechen. Dann folgen Ohnmacht, Blindheit und Koma. Zuletzt der Tod.

Ich erschauerte in der Dunkelheit, ein Feigling, der sich vor sich selbst versteckte, während jeder Tag die Hungerstreikenden dem Tod näher brachte.

Die Wärter ihrerseits stellten große Teller mit Irish Stew und anderen Köstlichkeiten vor den Zellen der Häftlinge auf, die sich im Hungerstreik befanden – ein kranker, kläglicher Versuch der Folter, um sie zum Essen zu bewegen. Der appetitanregende Dunst zog in alle Zellen und verstärkte das Knurren der sowieso schon leeren Mägen noch. Jeder im Hungerstreik sollte die Botschaft verstehen. Und unweigerlich rief irgendwann einer der Wärter mit lauter Stimme: »Gut so, Mann! So ist es recht. Hau rein! Wo das herkommt, gibt es noch mehr.«

Dass keiner der Hungerstreikenden auf diese plumpen und sadistischen Manöver hereinfiel, machte die Wärter stinkwütend. Sie schleppten makabererweise leere Särge mit sich herum und sagten: Nicht mehr lange, und wir begraben dich in so einem. Wir wahrten allen Provokationen zum Trotz unsere Disziplin. Und betrieben unsere eigene psychologische Kriegsführung, indem wir den Wärtern klarmachten, dass sie selbst dran wären, sollte einer der Männer sterben.

Dann geschah etwas ausgesprochen Seltsames. Der Zeitpunkt war so perfekt, dass man sich fragte, ob das Schicksal eingegriffen hatte und es – *vielleicht* – doch einen Gott gab.

Als Frank Mcguire starb, der Unterhaus-Abgeordnete für Fermanagh / Tyrone, war das ein enormer Schock für alle Kriegsgefangenen. Wir hatten nicht nur einen Freund verloren, sondern auch einen, der unablässig die Stimme gegen die schlechte Behandlung durch die britische Regierung und die Wärter erhoben hatte. Durch seinen Tod fiel unsere Moral auf einen absoluten Tiefpunkt. So tief wie noch nie zuvor.

Und dann kam uns Frank zu Hilfe, genau wie zu seinen Lebzeiten.

»Bobby Sands sollte sich um Franks frei gewordenen Sitz im Unterhaus bemühen«, schlug jemand vor, der seinen Arsch damit offensichtlich sehr weit aus dem Fenster hängte. Ein grotesker Vorschlag. Hatten wir unsere Leute nicht darauf eingeschworen, an keinen Wahlen der Briten teilzunehmen? Und wie sollten wir es mit der perfekt geschmierten Propagandamaschine des britischen Staates aufnehmen? Nicht zu vergessen die Stolperfalle: Sollte Bobby kandidieren und nur wenige Stimmen bekommen, würde das der britischen Regierung einen starken Hebel gegen uns in die Hände geben. Sie würden behaupten, das schlechte Wahlergebnis belege deutlich, dass die Häftlinge keine Unterstützung mehr hätten.

Trotz dieser Einwände gab es keine Alternative, wir mussten es versuchen.

KAPITEL SIEBENUNDZWANZIG

TRAGÖDIE

DIENSTAG, 5. MAI 1981

Was unsre Pein jetzt ist, wird mit der Zeit zu unserm Element.
– John Milton, *Das verlorene Paradies*

Nehmt der alten Zeiten Gesang,
Dass uns bleibe unser Name:
Iren, ewig Unbeugsame.
– William Butler Yeats, *Am Fuße von Ben Bulben*

Die Tage vor der Wahl waren nervtötend. Die Briten hatten verzweifelt versucht, Bobbys Namen von den Stimmzetteln entfernen zu lassen. Die katholische Kirche ließ uns durch ihre unterwürfigen Priester mitteilen: »Niemand stimmt für Bobby Sands.« Es erfüllte uns mit Unbehagen, dass die britische Regierung und die katholische Kirche nicht nur aus demselben Gesangbuch sangen, sondern auch in dieselbe Hose machten.

Wenn es uns gelänge, nur einen nennenswerten Teil der Stimmen einzuheimsen, wäre das schon ein bedeutender Sieg für uns.

Im gesamten Block herrschte gespanntes Schweigen, während wir vor unserem geheimen Radio auf die Wahlergebnisse warteten. Der OC hatte uns ermahnt, wir sollten uns unter keinen Umständen anmerken lassen, dass wir das Ergebnis kannten, sonst würden sie uns das Radio abnehmen, das er brauchte, um Neuigkeiten zu erfahren. Sein Befehl war unmissverständlich: Wie es auch ausgehen mag, ihr habt euch auf die Zunge zu beißen.

Das hätten wir vermutlich auch, wäre es nicht so gewesen,

dass Bobby nicht nur ganz passabel abschnitt, sondern den Wahlsieg davontrug und der neue Unterhaus-Abgeordnete für Fermanagh/Tyrone wurde.

Wir jubelten, wir weinten, wir schlugen mit Türen, bis uns die Kräfte verließen. Wir hatten gewonnen. Wir schwebten, und nichts auf dieser Welt hätte uns auf den Boden zurückholen können. Schließlich war alles vorbei, bis auf die Jubelrufe. Wir fielen einander in die Arme. Niemand musste mehr sterben. Wir konnten wieder menschenwürdig leben.

Warzenschwein sah aus, als plagten ihn Selbstmordgedanken. Dem Prediger fehlten die Worte. Der Freiwillige schaffte es kaum, sein Grinsen zu verhehlen. Alles fügte sich trefflich.

»Das ist das Licht am Ende des Tunnels, Finbar. Ist das zu glauben, nach all den Jahren?«, sagte JCB ekstatisch und kicherte wie ein Schuljunge. »Nächstes Jahr um diese Zeit könnte ich zu Hause sein.«

»Licht am Ende des Tunnels, JCB?«, sagte Finbar sarkastisch. »Der Tunnel, an dessen Ende man ein Licht sehen könnte, ist noch nicht einmal gebaut.«

»Es ist vorbei, Finbar. Gib es zu, Kumpel«, sagte ich, um JCB zu unterstützen. »Nicht einmal die verfluchte Thatcher ist heimtückisch oder dumm genug, einen gewählten Volksvertreter sterben zu lassen. Sei nicht so ein Miesepeter.«

Er schwieg einen Moment. »Wie lange bist du schon im Knast, Sam?«, fragte er dann.

»Das weißt du ganz genau«, sagte ich. »So lang wie du. Über vier Jahre. Warum?«

»Ach, nach allem, was du gesagt hast, dachte ich, es wären nur vier Tage. Du kennst die Briten so gut wie ich und weißt, wozu sie fähig sind.«

Ich darf nicht zulassen, dass er das letzte Wort behält. Er zieht mich nur auf …

»Okay, Finbar. Wie du meinst. Du hast gewonnen.«

Das Tragische war natürlich, dass er recht hatte.

Die britische Regierung setzte sich achtlos über das Wahlergebnis hinweg und verkündete, es würde nicht das Geringste ändern. So viel zur Demokratie! Und in einem allerletzten Versuch, das Gesicht zu wahren – das eigene natürlich! –, entsandte die Kirche eine Abordnung von Idioten, die über ein Ende des Hungerstreiks »verhandeln« sollten. Sie erklärten uns, was wir bekommen *könnten*, was wir *eventuell* erreichen könnten, aber niemals, was tatsächlich an Zugeständnissen *gemacht* werden würde. Sie hatten nichts weiter vorzuweisen als die aufgewärmten alten Dokumente, die den ersten Hungerstreik unter so fragwürdigen Konditionen beendet hatten. Und sie schämten sich ihrer Verlogenheit kein bisschen. Hätten sie ihrer Besorgnis vor Jahren Ausdruck verliehen, wären wir vielleicht gar nicht in diese verzweifelte Lage gekommen. Jetzt war es ein wenig zu spät.

Es war am frühen Dienstagmorgen, dem fünften Mai, als wir ein leises Klopfen in den Rohrleitungen hörten. Es klang wie ein Herzschlag. Wir waren in gewisser Weise darauf vorbereitet, dennoch traf uns die Nachricht von Bobbys Tod wie ein Schock.

»Als ich sechzehn war ... starben die Hungerstreikenden der IRA, darunter Bobby Sands ... das waren Jungs in meinem Alter, die buchstäblich für ein politisches Anliegen starben, an das sie glaubten. Ich sah mich um; wir hatten ein paar Kids, die abzunehmen versuchten, damit sie es in die Ringermannschaft schafften, und einige, die sich auf die jährlichen Absolvententreffen konzentrierten. Seit dieser Zeit weiß ich, dass es etwas gibt, das die Mauern meiner Highschool und der Kultur, die man dort eingebläut bekommt, weit überragt.«
– Tom Morello, Gitarrist, Rage Against The Machine

Über hunderttausend Leute kamen zu Bobby Sands' Beerdigung. Die letzten Worte in seinem Gefängnistagebuch sprachen uns allen aus der Seele: »*Ní bhrisfidh siad mé mar tá an fonn saoirse, agus saoirse mhuintir na hÉireann i mo chroí. Tiocfaidh lá eigin nuair a bheidh an fonn saoirse seo le taispeáint ag daoine go léir na hÉireann ansin tchífidh muid éirí na gealaí.* (Sie werden mich nicht brechen können, denn meine Sehnsucht nach Freiheit und die Sehnsucht nach Freiheit des irischen Volkes, die ich in meinem Herzen trage, ist viel zu groß. Es wird ein Tag anbrechen, an dem alle Menschen in Irland ihre Sehnsucht nach Freiheit offenbaren. An diesem Tag werden wir den Mond aufsteigen sehen.)

Bobby folgten neun weitere Männer, die alle eines elenden Hungertodes starben.

KAPITEL ACHTUNDZWANZIG

CATCH 22

WINTER 1982

Wir sind keine Heiligen, aber wir sind da,
wie verabredet. Wie viele Leute können das
von sich behaupten?
– Samuel Beckett, *Warten auf Godot*

Is a dream a lie if it don't come true,
Or is it something worse?
– Bruce Springsteen, »The River«

»Nach all den Jahren muss man sich erst wieder daran gewöhnen, Schuhe zu tragen, was, Sam?«, sagte Finbar und beantwortete seine Frage selbst.

Wir drehten gemessenen Schrittes im Innenhof unsere Kreise und versuchten, unsere Schuhe einzulaufen, die sich noch anfühlten wie Holzplanken oder Clogs mit winzigen Nägeln darin. Je länger wir gingen, desto mehr schienen unsere Füße anzuschwellen.

Monate waren seit dem Ende des Hungerstreiks vergangen, der zehn Häftlinge das Leben gekostet hatte. Die Briten hatten uns gewisse Grundrechte zugestanden: Wir trugen unsere eigene Kleidung, keine Gefängniskluft; wir bekamen Zeitungen, Bücher und Schreibutensilien; und wir duften jetzt eine Stunde im Hof spazieren gehen. Aber das eigentliche Thema – keine Gefängnisarbeit zu verrichten – blieb ungeklärt.

Über uns zogen Wolken auf, aus denen kleine Tropfen auf uns herabregneten. Nach all den Jahren in der Zelle war es ein Prasseln, das süchtig machte. Die Männer suchten Unterschlupf, aber ich sah nur aus der Ferne zu meiner Zelle hinauf und stellte mir mein zu einem stummen Schrei verzerrtes Gesicht vor, wie es sich Jahr für Jahr zwischen die Gitterstäbe des Zellenfensters gezwängt gezeigt hatte. Es war schrecklich und unerträglich, ein Bild, das sich mir einbrannte und dem die Zeit bis heute nichts anzuhaben vermochte.

Gerüchte. Wie Mauern ohne ein Fundament. Häftlinge gehen darin auf. Wir hatten im Lauf der Jahre so viele gehört, dass man meinen sollte, wir wären immun dagegen gewesen. Aber nein, wir doch nicht. Unsere erste Reaktion war stets: Ist das wahr? Das wäre ja großartig. Bist du ganz sicher? Ohne Scheiß?

Wir fielen immer wieder darauf rein, auch wenn wir wussten, dass es eigentlich unmöglich war. So wie ich damals allen erzählt hatte, an Weihnachten würde es vorbei sein. Bei diesem jüngsten Gerücht verhielt es sich nicht anders. Und es klang plausibel.

Ein Zugeständnis, das uns die britische Regierung nach dem Ende des Hungerstreiks machte, war die Umsetzung von Straferlass. In der Theorie hörte sich das gut und schön an, in der Praxis gab es jedoch einen Haken, einen Catch 22, wie wir sagten – wie bei allen Zugeständnissen der britischen Regierung. Um in den Genuss von Straferlass zu kommen, mussten wir Gefängnisarbeit verrichten. Nach drei Monaten fleißiger Arbeit sollten wir dann unseren Hafterlass bekommen. Für mich bedeutete das zum Beispiel, dass ich, wenn ich drei Monate arbeitete, am Ende dieser drei Monate entlassen werden würde und die restlichen zweieinhalb Jahre meiner ohnehin illegalen Haftstrafe nicht mehr absitzen müsste.

Das war natürlich verlockend, und die Briten wussten das auch. Der alte Trick: Teile und herrsche. Aber wenn ich nicht in den verschärften Vollzug gekommen wäre, wäre ich schon vor drei Jahren zu Hause gewesen. Kein Begrüßungskomitee in der

Aufnahme; keine Nacktheit, Erniedrigung, Demütigung: keine Leibesvisitationen und Analuntersuchungen über dem Spiegel; keine Zellenwechsel, erzwungenen Bäder oder schrecklichen Prügel.

Scheiß drauf, dachte ich. *Noch zweieinhalb Jahre. Kein Problem.*

Es hieß noch Tage, Wochen, Monate und Jahre des Zellenwechsels und der Schläge. Tief in meinem Herzen wusste ich, eines Tages würde ich frei sein. Ich träumte rund um die Uhr davon, Tag und Nacht, wie von einem Abenteuerspiel, hielt es in den geballten Fäusten, brannte es mir für alle Zeit in mein Bewusstsein ein.

Ich hatte ja keine Ahnung, welches Abenteuer mich erwartete, als ich Jahre später tatsächlich in die Freiheit entlassen wurde.

KAPITEL NEUNUNDZWANZIG

GESPRENGTE KETTEN MINUS STEVE MCQUEEN

HERBST 1983

Der Krieg ist das Gebiet des Zufalls. (...) Er vermehrt die Ungewissheit aller Umstände und stört den Gang der Ereignisse.
– Carl von Clausewitz, *Vom Kriege*

Eine Woche vor dem Ausbruch hielten nur noch sechs Männer den Protest aufrecht und weigerten sich, ihn zu beenden. Sie alle hatten noch lange Strafen abzusitzen und sahen in dem Protest die einzige Möglichkeit, sich wirksam auszudrücken. Es war ein bedeutender Schritt für sie, ihn zu beenden.
– Derek Dunne, *Out of the Maze*

»Warum zum Teufel setzt ihr sechs euren Protest fort?«

Die Frage, die in all den Jahren von den Wärtern, den Briten und der Kirche gestellt wurde, kam jetzt aus einer unerwarteten Ecke: vom OC der H-Blocks. Die Adern an seiner Stirn schwollen an, während seine Gesichtsfarbe zwischen puterrot und lila changierte.

»Du kriegst noch einen Herzinfarkt, wenn du dich nicht beruhigst«, sagte Blute, unter dessen enormer Leibesfülle der Hocker, auf dem er saß, winzig wirkte.

Monate waren seit dem offiziellen Ende des Protests verstrichen; fünf andere und ich hielten *de facto* an unserem eigenen Protest fest.

»Die Bewegung sollte in eurem Handeln Vorrang haben«, fuhr der OC fort, ohne auf Blutes Rat zu achten. »Nicht irgendein emotionaler Protest, so gut er auch gemeint sein mag, der nur Unstimmigkeiten fördert, wo wir doch mit einer Stimme sprechen sollten.« Er atmete tief durch und ließ die Luft langsam entweichen. Seine Ansprache zeitigte nicht die erhoffte Wirkung. »Es war für uns alle ein traumatischer Protest. Alle mussten leiden. Die Jungs, die gestorben sind, waren Freunde von euch. Aber darauf müssen wir aufbauen – und zwar schnell. Wir brauchen vollkommene Einigkeit, darum bitte ich euch, dass ihr es euch noch einmal überlegt und zur Vernunft kommt. Auch wenn wir manche Kröte schlucken müssen …«

Niemand hörte ihm mehr zu. Wir hatten das alles schon gehört, zuerst wöchentlich, inzwischen täglich. Unser Entschluss stand fest. Unsere Haltung blieb unerschütterlich. Wir würden uns nicht erweichen lassen. Unter keinen Umständen.

Der OC sah zum Fenster hinaus, schüttelte resigniert den Kopf und setzte sich erschöpft hin. Er wirkte ausgelaugt, als wären die Diskussionen mit uns zu viel für ihn.

»Okay«, sagte er mehr zu sich selbst als zu uns. »Nur zwei Leute im Block wissen, was ich euch jetzt sage, und Gott steh euch bei, wenn einer von euch den Mund aufmacht.« Er beugte sich auf seinem Stuhl vor und flüsterte so leise, dass ich ihn kaum hören konnte.

Der größte Ausbruch in der Geschichte Irlands stand bevor, wie ein unaufhaltsamer Zug aus Stahl und Tapferkeit. Niemand könne seine Entschlossenheit oder sein Ziel aufhalten. Niemand. Die Briten nicht, die Wärter nicht.

Da trafen wir sechs unsere Entscheidung: Wir wären mehr als stolz darauf, diese Sache zu unterstützen.

KAPITEL DREISSIG

OFFENE RECHNUNGEN

25. SEPTEMBER 1983

Jedoch – es ist Zeit, dass wir gehen: ich, um zu sterben, und ihr, um zu leben. Wer aber von uns beiden zu dem besseren Geschäft hingehe, das ist allen verborgen außer nur Gott.
– Sokrates, zitiert in Platons *Apologie*

Wir sind alle zu lebenslänglicher Einzelhaft in unserer Haut verurteilt.
– Tennessee Williams, *Orpheus steigt herab*

Unser Tag war endlich gekommen. Der Circle bot ein Bild des organisierten Chaos. Häftlinge – die ihre Flucht vorbereiteten – rannten in sämtliche Richtungen. Manche trugen die Uniformen von Wärtern, die gefesselt irgendwo in einem Zimmer lagen. Vor der Zentrale mit dem Schaltpult lag ein Wärter, der aus einer Kopfwunde blutete. Er weigerte sich, die Schlüssel rauszugeben, als ein Freiwilliger ihn darum bat. Seine tapfere oder törichte Tat brachte ihm die vorhersehbare Kopfverletzung ein.

Eine Gruppe Häftlinge umringte den verwundeten Mann und versicherte ihm, dass er nicht sterben würde, während sie versuchten, die Blutung zu stillen.

Ich war wütend, dass sie sich nach allem, was wir durchgemacht hatten, um den Wärter kümmerten. Doch dieser Impuls verschwand, als ich mir klarmachte, dass er der Freiwillige gewesen sein konnte oder sonst irgendein anderer Wärter, der uns früher einmal geholfen hatte.

Doch als ich näher kam, wich mein Mitleid rasch einer euphorischen Freude. Es war kein anderer als Warzenschwein.

Die Bilder, wie er seine Henkersschlinge um einen Penis band und dann daran zog; wie er mit seinen Wurstfingern Analuntersuchungen an nackten Männern vornahm; wie er schlafenden Häftlingen in den Mund urinierte; das alles würde ich nie wieder vergessen. Nein, ich entschied, wenn es wirklich einen Gott gab, müsste Warzenschwein überleben. Allerdings nur als Schwachsinniger, eingesperrt in seinem Kokon der Perversionen. Kein Mensch hätte das so sehr verdient wie Warzenschwein. *Quidproquo* war längst überfällig, und jetzt, wo es so weit war, wollte ich es auskosten, so gut es ging. Noch nie war Rache so süß gewesen, seit Fletcher Christian mit der neunschwänzigen Katze Captain Bligh windelweich prügelte.

Alles lief ab wie am Schnürchen. Wir hatten sämtliche Ziele im Block erreicht. Musste nur noch der Happy Wagon kommen. Was nicht mehr lang dauern dürfte ...

»Er kommt! Der Happy Wagon kommt!«, rief ein Freiwilliger.

»Räumt den Schlamassel auf!«, befahl der OC. »Ihr zwei? Helft dem Sanitäter, Warzenschwein zu transportieren. Die anderen gehen ihrer Rolle als Wärter nach. Vermasselt es nicht.«

Die letzten Worte waren Befehl und Appell zugleich. Alles musste wenigstens annähernd normal aussehen.

Der Fahrer des Happy Wagon nickte dem Wärter – einem verkleideten Häftling – am Tor zu, als der öffnete und ihn einließ. Nichts wirkte verdächtig. Perfekt. Komm in mein Netz, sagte die Spinne zur Fliege.

»Wie läuft es?«, fragte der Fahrer, aber die Antwort, die er bekam, war nicht die, die er erwartet hatte.

»Was glaubste wohl, was mit Helden wie dir passiert?«, sagte der Häftling zu dem Fahrer und hatte plötzlich eine Waffe in der Hand, die er ihm an den Kopf hielt.

Der Fahrer war in einen Albtraum geraten, vor dem allen Wärtern grauste: Häftlinge reißen die Macht an sich und nehmen Geiseln. Dies hier war schlimmer als ein Albtraum, denn es war real. Und die Tatsache, dass ein anderer Wärter sterbend oder tot auf dem Boden lag, machte es noch schlimmer.

Der Fahrer nickte nur wie ein Zombie. Er fühlte sich schwach, er musste aufs Klo. Hatte er die Männer je beleidigt? Würden sie ihm die Schuld an dem Fraß geben, den der Stümper von einem Koch Essen nannte und den er liefern musste? Die wussten doch ganz bestimmt, dass er nur der Fahrer war? *Ich habe immer versucht, darauf zu achten, dass der Mist wenigstens warm bleibt. Dieser Dreckskerl von einem Koch. Er müsste hier sein, nicht ich. Das ist nicht gerecht! Lieber Gott, warum musste es mich erwischen?*

»Du fährst uns schön ruhig hier raus. Hast du verstanden?«

Der Fahrer nickte. Er brachte kein Wort heraus. Und er musste wirklich dringend scheißen.

»Wir haben nicht nur Waffen, sondern auch eine Handgranate. Jeder hier hat lebenslänglich und absolut nichts zu verlieren. Wenn du eine Dummheit machst, fliegen wir alle zusammen in die Luft. Kapiert?«

O Gott! Eine Handgranate! Ich bin tot. Das sind Irre, diese elenden Blanket-Men. Jeder weiß das. Ich bin tot. Dieser Scheißkoch!

»Okay, okay. Du kannst jetzt aufhören zu nicken«, sagte der Häftling mit der Waffe. »Die Botschaft ist angekommen.«

Der Fahrer hörte nicht auf zu nicken, und wer hätte es ihm verübeln können? Ich hätte unter diesen Umständen vermutlich ebenso heftig genickt. Vielleicht sogar noch zwanghafter. Doch jetzt hing alles davon ab, dass er so richtig Angst hatte. Hatten wir ihm genügend eingeheizt, oder würde er im letzten Moment versuchen, wie Warzenschwein den Helden zu spielen?

Eine rein rhetorische Frage, denn die Häftlinge – darunter Blute und Goose – zwängten sich in den Happy Wagon. Als er langsam mit seiner kostbaren Fracht an Bord den Innenhof entlangfuhr, fragte ich mich noch, ob der Happy Wagon seinem Namen nun endlich einmal Ehre machen würde.

Die Dynamik der Ereignisse, und die Tatsache, dass jeden Moment Wärter und britische Soldaten durch die Tore stürmen konnten, war uns ein enormer Ansporn, unsere Politik der verbrannten Erde so schnell es ging durchzuziehen. Wir verbrannten einfach alles: Fotos, Akten, Zellenkarten. Alles, um Verwirrung zu stiften.

Ich konnte nicht widerstehen und warf einen Blick zu den Wärtern hinein, die alle bis auf die Unterwäsche ausgezogen und gefesselt waren und um ihr Leben fürchteten.

Wir hatten seit Jahren Angst. Sie erst seit wenigen Minuten. Ich fühlte mich betrogen, dass sie so einfach davonkommen sollten, und wollte etwas dagegen tun. Ich hätte den Raum ganz leicht in Brand stecken und Gott das Urteil überlassen können. Die Unschuldigen würden überleben, die Schuldigen sterben.

Kleine Rauchwolken stiegen von den schwelenden Dokumenten auf, während Warzenschweins Blut zu einem weinroten Fleck in Form eines Fragezeichens gerann. Ich fragte mich nur, wie weit die Jungs im Happy Wagon gekommen sein mochten und was ihnen beim Halt vor den Toren durch die Köpfe gehen mochte. Wie um alles in der Welt würden sie ein Tor passieren können, geschweige denn sechzehn?

Etwa eine Stunde später gab uns unser geheimes Radio die Antwort.

»*Zurück zu unserer vorigen Meldung. Wir erhalten Meldungen über einen enormen versuchten Ausbruch aus dem Maze* [Long Kesh]. *Noch liegen widersprüchliche Meldungen vor, aber eine Anzahl Männer wurden geschnappt …*«

Ich war am Boden zerstört. Alle geschnappt. Mir wurde übel. Ich verfluchte Gott. Hätte er uns nach all den Jahren nicht wenigstens einmal wohlgesinnt sein und den Ausbruch klappen lassen können? Was für ein Gott war das, der uns nach allem, was wir durchgemacht hatten, immer weiter folterte?

»... eine große Zahl immer noch auf freiem Fuß ...«

Verzeih mir, Gott! Ich wusste, Du bist auf unserer Seite!

Die Reaktion folgte auf dem Fuß. Im gesamten Block ertönte ein explosionsartiger »Endlich haben wir es geschafft!«-Jubelruf. Türen klapperten, Möbelstücke wurden an die Wände gedonnert. Meine Nackenhaare richteten sich auf, ich schwöre, ich schwebte mit den Füßen über dem Boden.

Ich sah zum Fenster hinaus und erblickte die Spiegelung meines Lächelns. Wir hatten das Unmögliche geschafft – wir waren aus der unbezwingbaren Festung ausgebrochen, die Thatcher so inbrünstig liebte, eben weil sie als ausbruchssicher galt. Das war unsere Rache. Heute Nacht dürfte einer Menge Leute hundeelend zumute sein.

Dann kamen sie angeströmt wie Insekten und stürmten den ganzen Hof. Wärter und die Männer der gefürchteten RUC, der Royal Ulster Constabulary, wütend, zugleich aber auch ängstlich. Häftlinge haben Waffen. Müssen vorsichtig sein. Dabei waren sie ohne Waffen schon durchgeknallt genug, diese verrückten Blanket-Men.

Mich erstaunte, wie ruhig ich blieb. Ich wollte, dass sie kamen und sahen, was sie nie bezwingen würden; sie sollten die Gesichter der Blanket-Men sehen – unbeugsam, unbesiegt.

Der Direktor schwankte und taumelte wie ein betrunkenes Stinktier, als er mit der Waffe in der Hand den Circle betrat. Er verstand die Anarchie nicht, die ihn erwartete – seine Männer in Unterwäsche und gefesselt; ein verwundeter Wärter; zu Asche verbrannte Dokumente.

»Dreckskerle! Dafür werdet ihr büßen!«, kreischte er, ein verwundeter Hund, der den Mond anheulte.

»Was meinst du, Sam? In den Nachrichten hieß es, dass einige Wärter erschossen wurden«, sagte Pat.

»Wir können nur hoffen, dass das stimmt, Kumpel«, antwortete ich.

Türen gingen auf. Ein Direktor, ein Polizist, ein Wärter und zwei RUC-Leute führten hastig eine Zählung durch und versuchten verzweifelt, zu bestimmen, wer geflohen und wer noch da war. Unser kleines Freudenfeuer hatte gewirkt. Der erboste Direktor würde eine ganze Weile brauchen, bis er die Namen der Flüchtigen herausfand. Je länger, desto besser.

»Verdammt, bist du taub, Millar? Ich sagte: Bewegung!«, brüllte mir der Wärter ins Gesicht.

Ich rutschte langsam vom Bett und ging so beiläufig wie möglich zum Circle, mittlerweile ein in Rauch getauchtes, blutverschmiertes Chaos, mit Wärtern und Polypen im Halbdunkel. Sie standen so ernst herum wie Oranier am Zwölften.

»Zieh die Schuhe aus!«, herrschte mich ein Wärter an.

»Zieh du sie mir doch aus!«, fauchte ich zurück.

Das machte er mithilfe einiger anderer Wärter. Danach kamen meine Jeans, das Hemd, meine Unterwäsche. Anderen Häftlingen erging es ebenso. Schließlich mussten wir im Gänsemarsch nackt zur Tür hinaus und über den Hof gehen. Die winzigen Steinchen, die mir in die Fußsohlen schnitten, weckten Gedanken an den Strand von Bangor in mir. Aber statt kreischender Möwen hörte ich in der Ferne Hunde bellen.

Als ich durch das Tor des anderen Blocks trat, sah ich die Hunde, sie bildeten ein nahezu perfektes Spalier, bellend zerrten sie an den Leinen der Hundeführer. Wir mussten immer wieder zwischen den Hunden hindurchgehen, die nach unseren Füßen schnappten. Durch die Kälte spürten wir ihre Bisse zuerst kaum, später dafür umso mehr. Dann kamen die richtigen Bisse; ich schrie und hasste mich dafür.

Die Hunde gerieten in unkontrollierbare Raserei. Sie bissen, schnappten und rissen uns gnadenlos die Haut auf.

»Dreckskerl! Er hat einen Hund getreten!« Jemand hatte das Sakrileg begangen. Unerhört.

»Ein hilfloses Tier zu treten!«, riefen die Wärter und Bullen und ließen Fußtritte auf den nackten Mann niederhageln. »Das wird ihm eine Lehre sein, dem Wichser!«

»Ein ganz und gar furchtloser Mann«, schrieb Melville in *Moby Dick*, »ist ein bei Weitem gefährlicherer Geselle als ein Feigling.« Die Aussage konnte ich nur unterstreichen, als ich mit ansehen musste, wie der Häftling Hunde und Wärter mit wirkungslosen Tritten seiner bloßen Füße abzuwehren versuchte. Jedes Mal, wenn er zu Boden ging, kam er sofort wieder hoch.

Doch niemand entkam den Hunden …

Am nächsten Tag trafen erste Berichte darüber ein, wie viele Männer es in die Freiheit geschafft hatten und wie viele geschnappt worden waren. Am Ende hatten es neunzehn unserer Männer geschafft. Im Gefängnis herrschte Stillstand, während die Briten eine Untersuchung darüber durchführten, wie wir das Unmögliche möglich gemacht hatten. Es würde nie wieder so sein wie vorher. Wir wussten das. Die Wärter wussten das.

Ironischer- und gerechterweise brachte der Ausbruch uns allen den Vorteil, dass die Gefängnisarbeit abgeschafft wurde. Sie konnten uns nicht mehr bestrafen, weil wir etwas verweigerten, das nicht mehr verlangt wurde, und so saß ich binnen zwei Monaten in einem Transporter, der zur Aufnahme führte, und nach Hause. Ein Déjà-vu in umgekehrter Folge. Es war eine lange und gefahrvolle Reise gewesen, die den Glauben einer harten Prüfung unterzogen, aber nicht bezwungen hatte.

»Unterschreiben Sie das«, sagte der Direktor und hielt mir ein Blatt Papier in der ausgestreckten Hand hin.

»Was ist das?«, fragte ich, verschränkte trotzig die Arme und nahm es nicht entgegen.

»Sie müssen bestätigen, dass Sie niemals Schusswaffen oder Sprengstoff in Ihrem Besitz haben. Unterschreiben Sie es, wenn Sie nach Hause wollen.«

»Nein. Ich unterschreibe einen Scheißdreck.«

Sein Gesicht lief so rot an wie ein Pavianarsch. Die vier Wärter rechts und links von ihm trauten ihren Ohren nicht.

»Du unterschreibst besser, Millar«, riet mir einer der Wärter.

»Oder?«

Der Wärter sah Hilfe suchend den Direktor an.

»Oder ... oder ... wir behalten Sie bis acht Uhr heute Abend hier!«, stieß der Direktor freudestrahlend hervor. »Das ist absolut legal.«

Ich bepisste mich fast vor Lachen. »Sie behalten mich bis acht Uhr heute Abend hier?«

»Ganz recht.«

»Sie haben mich schon seit acht verdammt langen Jahren hier festgehalten. Glauben Sie ernsthaft, da könnten mir ein paar Stunden noch was ausmachen?«

Sein Gesicht sah aus, als würde es gleich explodieren.

»Bringt ihn in sein Kabuff zurück. Behaltet ihn bis heute Abend hier! Die paar Stunden dürften ihm den Rebellen austreiben!«

Hastig schubsten sie mich in die Zelle zurück und schlugen die Tür hinter mir zu. Ich hörte den Direktor und die Wärter weggehen; bald herrschte völlige Stille. Plötzlich strömten sämtliche Erinnerungen an die Zeit vor vielen Jahren in mich ein, als ich nackt und geschunden darauf wartete, dass sie mich in die Blocks brachten, damit mein Albtraum beginnen konnte. So viel Leid, so viel Tod und Folter. Wie zum Teufel hatte ich – hatten wir, die Blanket-Men – das nur überleben können?

»Gut, Millar. Raus. Es wartet ein Transporter, der dich zum Tor bringt«, sagte ein Wärter keine Stunde später und riss die Tür auf. »Der Direktor hat Erbarmen mit dir.«

Ich wusste es nicht, aber draußen hatte sich eine große Schar Freunde, Verwandte und Nachbarn eingefunden – unter Führung von Dad –, die meine sofortige Freilassung forderten, andernfalls würde es Ärger geben.

Genau das, was der Direktor nicht wollte.

Dad und Danny begrüßten mich am Tor. Ich hatte beide seit Jahren nicht mehr gesehen. Dad sagte nichts, schüttelte mir nur die Hand und lächelte stolz. Das Reden überließ er Danny.

»Willkommen daheim, Kleiner.«

An diesem Abend gab es eine Begrüßungsparty in einem örtlichen republikanischen Pub mit Familienmitgliedern, Freunden und Nachbarn, von denen ich die meisten seit Jahren nicht mehr gesehen hatte. Auf dem Heimweg sah ich ein junges Mädchen, das von dem berüchtigten Ulster Defence Regiment belästigt wurde. Die meisten Mitglieder des UDR, einer loyalistischen, paramilitärischen Truppe, deren sich die Briten bedienten, um Patrioten in die Knie zu zwingen, stammten aus bäuerlichen Gegenden. Viele Morde im Norden gingen auf ihr Konto, darunter das berüchtigte Miami-Showband-Massaker. Obwohl sie so viele Katholiken ermordet hatten, wurden tatsächlich nur eine Handvoll Mitglieder des UDR des Mordes angeklagt.

Die zehn schwer bewaffneten Ganoven hatten eine Straßensperre in der Antrim Road errichtet, wo sie Patrioten anhielten und durchsuchten, die ihrem Tagwerk nachgingen. Seite an Seite mit dem UDR hatten die Kollegen von der RUC (heute unter dem Namen PSNI bekannt) Maschinengewehre aufgestellt, die sie bedrohlich auf die Häuser von Patrioten richteten.

»Warum lasst ihr das junge Ding nicht in Ruhe nach Hause

gehen?«, sagte ich und näherte mich der bunt zusammengewürfelten Schar. Einer der UDR-Männer wandte sich mir zu. Er hatte langes, ungepflegtes Haar, das unter einer schäbigen Mütze hervorlugte, und sich seit Wochen nicht mehr rasiert.

»Hau ab und kümmere dich um deinen Kram, Fenian-Drecksack«, sagte er und versuchte sich an einer bedrohlichen Miene. Mit seinem ausgeprägten Bauernakzent aus Ballymena hörte sich die Drohung lächerlich an, doch angesichts des Sturmgewehrs, das er liebevoll in der Armbeuge wiegte, verging mir das Lachen.

»Hau doch selber ab.« Ich hatte keinen Tropfen Alkohol getrunken, aber mein Blut kochte von rechtschaffenem Zorn. Ehe wir uns auf ein Wortgefecht einlassen konnten, kam einer der Bullen rüber und nahm mich in Augenschein. Er hatte die Haken rechts und links von seiner kugelsicheren Weste eingehakt und die Mütze tief ins Gesicht gezogen … ein Möchtegern-Clint-Eastwood.

»Entschuldige dich bei dem Corporal«, sagte der Bulle.

»Nie und nimmer.«

Er beugte sich direkt vor mein Gesicht. »Glaubst du, du hast es mit einem von diesen Landeiern zu tun, harter Mann?«, zischte er. Er nickte zu den UDR-Leuten, die sich hinter der Straßensperre drängten. »Ich gebe dir noch eine Chance. Entschuldige dich, oder ich nehme dich wegen tätlichem Angriff fest.«

Ich stand da, sah ihn an, sagte kein Wort.

»Na gut. Das war's«, sagte er.

Und mit diesen Worten schubsten sie mich in einen gepanzerten Land Rover, brachten mich auf das Polizeirevier in der Tennant Street und klagten mich offiziell wegen tätlichen Angriffs an. Ich war noch keine zehn Stunden aus der Zelle raus und saß schon wieder in einer.

Ein paar Stunden später kam Dad vorbei. Selbst aus meiner Zelle hörte ich seine laute Stimme hallen, als er den Polypen einheizte. Als ich schließlich wieder auf freiem Fuß war, ging ich heim und wartete ab, was die Bullen als Nächstes tun würden. Sie hatten mich gewarnt, dass ich die kommende oder übernächste Woche vor Gericht erscheinen müsste.

Vier Tage später nahmen die Ereignisse eine seltsame Wendung. Eine Phalanx bewaffneter Polizisten umstellte unser Haus. Ich öffnete die Tür, und da stand ein Sergeant mit einem Dokument in der Hand. Ich ging davon aus, dass es sich um den Haftbefehl handeln würde, zu meiner Überraschung war es genau das Gegenteil. Die Anklage gegen mich war fallen gelassen worden, die Polizei wollte »Gnade« zeigen. In Wahrheit saßen ihnen die lokalen Medien und Menschenrechtsorganisationen im Nacken, deshalb hatten sie entschieden, dass der erstunkene und erlogene Blödsinn die Mühe einer Gerichtsverhandlung nicht lohnte.

Während die Abordnung der Polypen noch um mich herumstand und mit angehaltenem Atem auf meinen Dank wartete, sah ich, wie mir ein Arm mit einem Brief in der Hand entgegengestreckt wurde. Es war Martin, unser Postbote, der sich durch die Bullenschar drängte.

»Sam! Ein Brief aus den Staaten, Mann!«, rief Martin.

Er gab mir den Brief; ich bedankte mich bei ihm und schlug den Bullen die Tür vor der Nase zu. Dann öffnete ich hastig den Brief und betrachtete staunend den Inhalt. Ein Scheck über tausend Dollar! Mehr Geld, als ich in meinem ganzen Leben je gesehen hatte. Der Brief kam von einer Gruppe Kumpels, die in New York arbeiteten und mir sagten, ich solle meinen Arsch pronto da rüberschaffen. Die hatten sogar einen Job für mich organisiert, ausgerechnet in einem Casino. Dad sah glücklicher aus als ich – es war meine Chance, hier rauszukommen und mir ein neues Leben aufzubauen.

»Du hast es verdient, Sohn. Vergiss das alles hier.«

»Ich kann nicht, Dad. Ich verlasse Belfast niemals und lebe in New York, solange hier noch Krieg ist.«

»Glaubst du nicht, du hast schon mehr als genug getan?«

»Darum geht es nicht. Ich habe zu viele Freunde verloren. Vor diesen Erinnerungen kann ich mich nicht verschließen.«

Dad schüttelte den Kopf. »Ich bin sicher, deine toten Kameraden würden wollen, dass du gehst. Sollen zur Abwechslung mal andere kämpfen.«

»Nein, ich habe mich entschieden. Ich kann nicht.«

»Dann mach wenigstens mal eine Woche Ferien. Hm? Damit du zur Ruhe kommst. New York dürfte dir gefallen, genau wie mir, wenn wir dort vor Anker gegangen sind. Bitte, Sohn. Für mich?«

»Ich kann nicht, Dad ...«

»Bitte?«

»Ich ... kann nicht ...«

ZWEITER TEIL

IM SCHÖNEN NEW YORK

Jeder New Yorker mit halbem Hirn hat die Absicht, ein Buch zu schreiben – und tut es.
– Groucho Marx

Jedes Mal, wenn vier New Yorker in ein Taxi einsteigen ohne zu streiten, hat gerade ein Banküberfall stattgefunden.
– Johnny Carson

An New York schätze ich am meisten die Menschen, weil ich glaube, dass sie falsch verstanden werden. Den Leuten ist offenbar nicht klar, wie freundlich die New Yorker sind.
– Bill Murray

KAPITEL EINUNDDREISSIG

CASINO

JULI 1984

Es gibt kein großes Genie ohne einen Schuss Verrücktheit.
– Aristoteles

Das Leben ist ein Spiel mit schlechten Quoten – als Wette würde es niemand jemals annehmen.
– Tom Stoppard,
Rosenkranz und Güldenstern sind tot

Ich lebte jetzt in Queens, New York. Meine Freundin Bernadette war bei mir, die mein Dad mir in der Hoffnung vorgestellt hatte, dass eine so stille und reizende Person mir helfen würde, keinen Ärger mehr zu bekommen. Mit über einhundert verschiedenen Ethnien ist Queens der multikulturellste und größte Bezirk unter den fünf Stadtbezirken New Yorks.

Ich hatte Dads Rat am Ende doch angenommen und reiste für einen kurzen Urlaub nach New York. Wir sehen uns in einer Woche wieder, habe ich ihm zum Abschied gesagt. So eine Ahnung, es könnte anders kommen, hatte ich natürlich, und tatsächlich sollte ein Jahrzehnt vergehen, bis wir uns wiedersahen.

In Manhattan machte ich eine Ausbildung zum Croupier im dortigen Casino. An diesem Abend war ich früher gekommen, um noch etwas zu üben, und beschloss, eine Pause im zweiten Stock zu machen. Blauer Dunst stieg empor und räucherte die hohe Decke ein. Unter mir scharten sich die Leute um die Tische und maßen ihr Glück mit ihren Fertigkeiten und ihre Fertigkeiten mit ihrem Glück. Tausende Dollar wechselten innerhalb weniger Augenblicke den Besitzer.

Ich beobachtete fasziniert das Geschick der Geber – die Schnelligkeit von Boxern gepaart mit mathematischer Präzision. In Belfast nannten wir das Spiel Siebzehnundvier oder Pontoon. Hier nannten sie es Blackjack.

Die Spieltische waren halbmondförmig, mit grünen Filzplatten und groß genug für sieben Spieler. An allen zehn Tischen herrschte reger Betrieb. Hinter den sitzenden Gästen standen weitere, die auf einen Sitzplatz warteten oder ihre Wetten einfach neben den sitzenden Spielern platzierten.

»Wo sum Deibel steckt Nicky!«, rief Bronx Tommy, der zur Casino-Leitung gehörte. Das Casino verlor in schwindelerregendem Tempo Geld. Nicky war der beste Geber, mit einem Händchen für Rettung in letzter Minute, aber so, wie die Gäste gewannen, schien es mir angemessener, den Apostel Judas Thaddäus um Hilfe zu ersuchen, den Fürsprecher in ausweglosen Situationen.

»Wo sum Deibel steckt er?«, wiederholte Bronx Tommy und suchte mit seinem gesunden Auge die gesamte Etage ab. Ich war sicher, dass er mich direkt ansah, daher wich ich hastig etwas zurück und machte mich unsichtbar, damit er nicht auf die Idee kam, mich mit reinzuziehen.

Abgesehen vom *Ooooh* und *Aaah* der Gewinner oder Verlierer ist Blackjack ein stilles Spiel, bei dem die Kommunikation größtenteils in knappen Bewegungen eines Fingers oder einer Hand besteht. Mit einer Fingerbewegung bittet man um eine weitere Karte, eine Handbewegung bedeutet dagegen, dass der Spieler bei dem bleibt, was er hat. An diese Regeln hält sich jeder strikt. Wenn der Geber eine Karte aus dem »Kartenschlitten« geholt hat – einem länglichen Behälter aus Plexiglas –, wird sie nicht mehr zurückgenommen. Ein Spieler muss deshalb genau aufpassen, dass er nicht im falschen Moment einen Finger bewegt – die Strafe dafür kann eine ungewollte Karte sein.

In New York City waren die Casinos beliebte Treffpunkte nach der Arbeit. Es handelte sich überwiegend um große Häuser, die man umgebaut hatte, damit sie den Casinos in Atlantic City glichen, wenn auch in deutlich kleinerem Maßstab. Was ihnen an Größe fehlte, machten sie allerdings mit Gemütlichkeit und Schick mehr als wett; ihre Popularität erklärte das jedoch nur teilweise.

Der Hauptgrund dafür waren die Steuern. In New York City mussten Casinos ihre Gewinne nicht versteuern, keineswegs aus fiskalischer Großzügigkeit, sondern weil sie sowieso illegal waren. Allgegenwärtig war deshalb die Angst vor Besuchen der Public Morals Squad (PMS), einer Schlägertruppe bewaffneter Bullen. Casinos, die sich weigerten, ihnen einen Anteil des Gewinns abzugeben, wurden einfach dichtgemacht. Und Razzien gab es verstärkt dann, wenn Wahlen anstanden, damit sich Lokalpolitiker mit ihnen schmücken konnten. Unauffällig als Geschäftsleute oder Touristen verkleidet, mischten sich die Polizisten unter die anderen Gäste der Clubs, was meist zwischen acht und ein Uhr abends geschah, und hinterließen ihre Visitenkarte in Form zertrümmerter Tische und zerdepperter Wandleuchten. In Wahrheit wollten sie nur eines: dasselbe wie wir – Geld.

»Sagt uns, wo es ist, dann schlagen wir nichts kaputt, sondern konfiszieren nur das Geld.« Sein Name war Murphy, und genau so sah er auch aus. Er war der Boss der PMS und genoss ihren Vandalismus in vollen Zügen.

Der Casinobesitzer hasste die PMS und verfolgte ihr gegenüber eine ganz einfache Politik: Keinen Cent. Auch wenn sie den Laden in Schutt und Asche legten, keinen müden Cent.

Wenn wir Murphy sagten, wir hätten keine Ahnung, was er von uns wollte, verwandelte er sich in einen modernen Thor mit einem Vorschlaghammer, er schlug Löcher in Wände und spaltete Spieltische mitten entzwei. Aber so viel Schaden die Typen von der PMS auch anrichteten, sie fanden nie Geld. Sie konnten ihre Wut nur damit beschwichtigen, dass sie uns festnahmen und eine oder zwei Nächte in einer Zelle festhielten. Dann holte uns ein Richter raus – meist gegen eine Geldbuße von zweihundert Dollar – und ermahnte uns, nie wieder gegen das Gesetz zu verstoßen.

In den Casinos herrschte an sieben Tagen die Woche rund um die Uhr Betrieb. Die Spieler bekamen Essen und Alkohol gratis und wurden sogar kostenlos mit dem Taxi abgeholt und wieder nach Hause gebracht, falls sie das wollten. Die Geber kamen aus allen Schichten und so unterschiedlichen Ländern wie Korea, Puerto Rico und Kanada. Als ich anfing, arbeiteten nur zwei Leute aus Irland dort. Doch das sollte sich in den kommenden Monaten ändern.

Der Besitzer des Casinos war ein irischstämmiger Amerikaner namens Johnny Mac, ein Selfmademillionär, dessen Familie aus Tyrone stammte. Er hatte im Gefängnis gesessen, weil er einen Mann getötet hatte, und war eine Zeit lang Boss der irischen Mafia gewesen, die die Bronx und Lower Manhattan kontrollierte. Man sah den leisen, bescheidenen Mann selten im Casino, außer an Weihnachten, wenn er sich überschwänglich bei den Gebern bedankte, indem er ihnen Umschläge mit stattlichen Bonuszahlungen überreichte.

Macs Aufseher hieß Ronnie Gibbons, ein Exboxer aus Liverpool, der sich etwas auf seine Fäuste und sein Köpfchen einbildete. Er hatte stets eine Ausgabe von Marc Aurels *Selbstbetrachtungen* in Reichweite und zitierte seine Philosophie rauf und runter. Ronnie und Mac waren sich in einem angesagten Fitnessstudio in Manhattan begegnet, dem New York Athletic Club, wo Ronnie regelmäßig mit Sandsack und Springseil trainierte. Mac beeindruckte offenkundig, was er sah.

»Ich könnte einen wie dich für meinen Club brauchen«, sagte er und gab Ronnie eine Visitenkarte. »Ruf mich an.«

Normalerweise hätte Ronnie die Karte zerrissen. Er war selbstständig und dachte nicht im Traum daran, für jemand anderen zu arbeiten – als Sklave, wie er immer betonte. Aber etwas sagte ihm, dass er die Karte einstecken sollte, nachdem er sehr wohl wusste, mit wem er sprach.

Ronnie betrachtete sich selbst als Menschenfreund in zerlumpten Hosen, als einen modernen Robin Hood, der glaubte, dass man den Reichen nehmen und den Armen geben sollte. Manchmal blieb diese Philosophie jedoch etwas vage und es fiel ihm schwer, zwischen den Armen generell und sich selbst zu unterscheiden.

Als er im Casino anfing, arbeitete er nicht nur als Rausschmeißer – wie es ursprünglich Macs Absicht gewesen war –, sondern als eine Art Mädchen für alles. Wenn eine Toilette geputzt werden musste und der Hausmeister ließ sich nicht blicken, sprang Ronnie ein und polierte sie auf Hochglanz. Eine defekte Glühbirne musste ausgewechselt werden? Schon stand Ronnie mit seiner Klappleiter parat. Bestellte ein Spieler etwas zu trinken und der Barkeeper war beschäftigt? Schon kam Ronnie mit einem Tablett voller Drinks! Und danach half er einer Spielerin in den Mantel. Was für ein Typ.

Das jedenfalls dachte Mac, während Ronnie seine Allgegenwart perfektionierte und damit jeden hinters Licht führte, außer Barney Jameson, Macs damaligen Aufseher.

»Mit dem Kerl stimmt was nicht«, beklagte sich Jameson bei Macs Vater John, als sie die Einnahmen der Schicht von zwölf bis sechzehn Uhr zählten. »Schon sein aufgesetzter englischer Akzent macht mich rasend.«

»Er trinkt nicht«, sagte John, der gerade den zweiten großen Whiskey des Tages kippte. »Einem Mann, der nich trinkt, hab ich noch nie übern Weg getraut. Das ist ja, wie wenn der Papst Sex hätte. Einfach nicht okay.«

»Jetzt hört mir mal zu, ihr beiden, Ronnie wird bleiben«, sagte Mac und rechnete die Gewinne der Kartenspiele nach, die sein Vater ausgerechnet hatte. »Er hat eine Menge Potenzial – besonders mit den Fäusten. Und er könnte sich als großer Gewinn für das Haus erweisen.«

Zwei Worte, die Jameson *nicht* hören wollte: Potenzial und Gewinn.

»Trotzdem trau ich keinem Mann, der nich trinkt«, murmelte Macs Vater wieder.

Ein paar Monate später spielte das Schicksal Ronnie ein Siegerblatt in Form eines versuchten Raubüberfalls in die Hand. Ronnies schnelle Reflexe und Geistesgegenwart ließen dem Täter, einem jungen Mann unter zwanzig, keine Chance. Er schlug ihn bewusstlos.

»Habe ich ein Händchen für Gewinner, oder nicht?«, sagte Mac, als er davon hörte.

Eine Woche später wurde Ronnie, trotz aller Einwände von Jameson, in die Geschäftsleitung befördert. Und er hinterließ umgehend einen bleibenden Eindruck. Zuerst verschärfte er die Sicherheitsmaßnahmen, damit keine Straßenräuber mehr einfach so reinspazieren konnten. Danach nahm er sich die Finanzen des Casinos vor und überprüfte die Ausgaben doppelt und dreifach, über jeden Dollar sollte ab sofort ordentlich Buch geführt werden.

Damit wuchsen die Spannungen zwischen ihm und Jameson.

»Wir bezahlen zu viel für Alkohol«, sagte Ronnie bei einem

Treffen der Geschäftsleitung. »Im Haus wird nicht die Hälfte dessen konsumiert, was man uns berechnet.«

Ronnie breitete die Quittungen auf einem kleinen, ovalen Tisch vor Mac aus.

Jamesons Schwager lieferte den Alkohol, und Jameson nahm ihn hastig in Schutz.

»Das Haus bekommt gute Konditionen von unserem Lieferanten. Und was soll dieses ständige *wir* überhaupt? Man könnte meinen, der Laden würde dir gehören und nicht Mac.«

Jameson hörte sich schuldbewusst an, was ihm aber zu spät aufging.

»Ich spreche einfach nur für uns alle«, erklärte Ronnie mit ruhiger Stimme. »Der Profit und Fortbestand des Hauses sollten – *müssen* – oberste Priorität haben.«

Mac sah amüsiert zu. Eine weise Eule, die wusste, dass zwei Hähne hier um die Vorherrschaft auf dem Hof kämpften.

»In welcher Beziehung stehst du zu Mike Bloom?«, fragte Ronnie. Er ging auf Jameson zu.

»Was meinst'n du damit, *Beziehung*? Er ist mein Schwager, das weiß Mac so gut wie jeder andere hier. Auf was willste raus damit, Sohn?«, fauchte Jameson.

»Ich sage damit, dass dein Schwager vielleicht schlecht im Rechnen ist. So was kommt vor. Vielleicht hat er es ja gar nicht böse gemeint, vielleicht war er nur unaufmerksam. Ich bin sicher, er berichtigt das, wenn man ihm die Möglichkeit gibt.«

»Wovon redest'n du eigentlich? Willste auf was Bestimmtes raus?«

»Ich schätze, seine Rechenfehler haben das Haus allein im letzten Jahr fünf Riesen gekostet, und die Quittungen des Vorjahres habe ich noch gar nicht geprüft. Wer weiß, wo wir am Ende landen?«

»Mac?«, sagte Jameson fassungslos. »Ist das zu glauben? Der

Kerl beleidigt meinen Schwager, der dem Haus mehr als gute Preise macht.«

Mac sagte nichts, sondern sah sich nur still fasziniert um. Alle in der Geschäftsleitung – insgesamt acht Personen – wünschten sich vermutlich, gerade anderswo zu sein. Nicht etwa, weil Jameson vorgeführt wurde, sondern weil jeder befürchtete, sein eigener Geschäftsbereich könnte einer ähnlich gründlichen Prüfung unterzogen worden sein. Alle gingen im Geiste ihre früheren Geschäfte durch, und keiner erinnerte sich gerne.

Bevor Jameson ein weiteres Wort sagen konnte, schlug Ronnie ihm mit voller Wucht ins Gesicht, sodass er bewusstlos zu Boden ging.

»Tiny! Kommst du mal, bitte«, sagte Ronnie.

»Ja?«, sagte Tiny, der hünenhafte Rausschmeißer, als er den Raum betrat.

»Wirf diesen Haufen Scheiße bitte draußen zum Müll. Von heute an ist er hier eine *persona non grata.*«

»Hä?«

»Er darf das Casino nicht mehr betreten – nie wieder. Okay?«

Nachdem Jameson fort war, blieb es Macs Vater überlassen, ein paar abschließende Worte zu sagen, während er Ronnie die Hand schüttelte. »Ich hab Jameson nie getraut, schon vom ersten Tag an nicht, Ronnie. Hat für meinen Geschmack zu viel getrunken. Trau nie einem Mann, der zu viel trinkt.«

Ronnie lächelte nur. Es wäre sicher kein Fehler, Mac senior im Auge zu behalten.

»Wo sum Deibel steckt Nicky, der elende Kommunist!«, fluchte Bronx Tommy, während er sich im Büro ein weiteres Tablett mit Chips schnappte. »Da plündern uns die verdammten Schlitzaugen und Juden aus, und der kleine Pisser ist nicht aufzutreiben!«

Nicky war der beste Geber, den das Casino hatte, ein großartiger Entertainer mit blitzschnellen Fingern und einem ebensolchen Verstand. Er kam aus Rumänien und trug stets eine kleine Pistole in der Achselhöhle. Wütend wurden die Spieler bei ihm nie, die Gründe dafür lagen auf der Hand.

Bronx Tommys Wut stand auf einem ganz anderen Blatt. Als sein gewaltvolles Leben begann, ging das seiner Mutter zu Ende. *Ein wütendes, hässliches Baby*, witzelte die Hebamme, die bei der Geburt lieber das Baby als die Mutter sterben gesehen hätte. Mit achtzehn Jahren hatte Tommy schon Sing Sing, Attica und Green Haven von innen erlebt. Er versuchte sein Glück als Eintreiber für die irische Mafia in Boston. Man schoss ihm zwei Mal ins Gesicht, und so verlor er ein Auge: »Echt nervig, so ein Golfball als Augapfel.« Mac sah ihn, erkannte den Rohdiamanten in ihm und stellte ihn als Türsteher und Rausschmeißer ein, der die Aura eines Straßenkämpfers mit einer so unerschütterlichen Loyalität verband, dass es schon an Fanatismus grenzte. Doc, einer der anderen Bosse, misstraute Ausländern, Tommy misstraute jedem – einschließlich Doc, dem er unterstellte, nicht nur Löhne und Trinkgelder einzusacken.

»Immer mit der Ruhe, Tommy«, riet Susan, eine Assistentin der Geschäftsführung. »Du kriegst noch einen Herzanfall. Nicky wird bestimmt so schnell wie möglich hier sein.«

»Red doch keinen Scheiß, Frau! Wir haben fast keine schwarzen Chips mehr. Die nehmen uns da draußen aus. Sind wir verdammte Kommunisten, oder was?«

»Hier, Süßer«, sagte Maria, die Kellnerin aus Puerto Rico, und hielt Tommy auf dem Weg zur Bar ein Glas Johnnie Walker hin.

Tommy zögerte, überlegte, ob Whiskey in dieser niederschmetternden Situation hilfreich sein würde, und kippte ihn dann hastig runter. Er hasste es, guten Whiskey verkommen zu lassen. Und er hasste es, guten Whiskey an sich vorüberziehen zu lassen. Am liebsten hatte er es, wenn ihm guter Whiskey die Kehle hinunterlief.

»Das hat gutgetan, Maria. Aber jetzt ist Schluss damit, sonst bringt mich das verdammte Magengeschwür noch um.«

»Ich hab dir doch gesagt, du sollst ihm keinen Alkohol geben«, musste sich Maria dann von Doc anschnauzen lassen, während Tommy zum Kriegsschauplatz an den Spieltischen zurückkehrte.

»*Su mama traga sobo*«, antwortete Maria. (Deine Mutter schluckt Sperma.)

»Was hast du gesagt?«, fragte Doc misstrauisch.

»Ich sagte, Tommy ist der Boss. Oder etwa nicht? Ich mache, was *er* sagt. Nicht, was *du* willst«, sagte Maria, schüttelte das Haar und ließ den verstimmten Doc stehen.

»Maria?«, ging Susan in der Hoffnung dazwischen, die Situation zu entschärfen. »Geh die Gäste bedienen.«

»*Te huele la pepa hedionda, quiebra pichas*«, sagte Maria zu Susan. (Deine Möse stinkt, du spindeldürre Hure.)

»Ich weiß, dass meine Möse stinkt, Maria. Aber sei so lieb und nenn mich nicht spindeldürr«, antwortete Susan und erwiderte das Lächeln maliziös. Dann wandte sie sich an Doc. »Du darfst dich nicht von ihr provozieren lassen. Beachte sie einfach nicht.«

»Die ganzen irischen Bohnenfresser-Geber und Kellnerinnen, die Mac eingestellt hat, taugen nichts«, antwortete Doc. »Die kriegen doppelt so viel wie die anderen Geber, und wofür? Damit sie die Chips doppelt so schnell hergeben können! Wenn es nach mir ginge ...«

»Geht es aber nicht, oder?«, sagte Tommy und baute sich bedrohlich hinter Doc auf. »Das ist Macs Laden, der kann einstellen und rausschmeißen, wen er will.«

Doc war zwar der Personalchef, aber Tommy dafür Macs rechte Hand und *de facto* der Boss. Es kam selten vor, dass sie in derselben Schicht arbeiteten, aber wenn, dann waren sie wie Hund und Katze und Ärger vorprogrammiert.

»Ich sage dir, diese Bohnenfresser sind schädlich für das Haus. Es ist Wahnsinn, mit ihnen zu arbeiten«, fuhr Doc fort.

Tommys gutes Auge blickte finster. »Ende der Diskussion. Verstanden? Wenn's dir nicht passt, such dir einen anderen Job. Das lässt sich machen.«

Zu meinem grenzenlosen Entsetzen entdeckte Tommy plötzlich mich und winkte mir zu, dass ich vom zweiten Stock runterkommen und Tisch vier übernehmen sollte.

Auf dem Weg in mein Verhängnis ging ich zögernd an einem leuchtenden Schild vorbei: »Ausgang« stand darauf. Es war meine letzte Chance, zu entkommen. Wie mir vor diesem Augenblick gegraut hatte. Meine Einführung in die Welt des Blackjack stand unmittelbar bevor.

Man hatte uns in der Geberschule in New Jersey beigebracht, dass wir nur Roboter waren, Kartenausgabemaschinen. *Zeigt keine Gefühle. Es ist nicht euer Geld. Nehmt weder Sieg noch Niederlage persönlich. Wenn ein Gast gewinnt, gratuliert ihr ihm; wenn er verliert, bedauert ihr ihn. Es gibt nur eine einzige Todsünde, sie heißt: Verbrüderung. Unsere einzige Kardinalsregel ist Verbrüderung. Macht das nicht. Wenn ihr euch mit einem Gast verbrüdert, fliegt ihr raus – ohne jede weitere Frage, dafür gibt es keine Entschuldigung.*

Ich atmete auf dem Weg zum Tisch tief durch. Schluss mit Schule. Das hier war die harte Realität.

Jim O'Neill, der wie ich aus der Gegend der New Lodge Road in Belfast stammte, klopfte mir kameradschaftlich auf die Schulter. »Keine Bange, Sam. Ist nicht so schlimm wie eine Verlegung in den Blocks.« Er lächelte.

Jim hatte Jahre im Protest verbracht, genau wie ich. Nachdem die schreckliche Zeit hinter ihm lag, war er nach Amerika gekommen, um sich ein neues Leben aufzubauen. Er machte das recht gut und war die Karriereleiter schon erheblich raufgeklettert – und ich wollte ihm nur zu gern nacheifern. Ich hoffte nur, dass es noch ein Plätzchen neben ihm geben würde, wenn ich da oben ankam.

»Ich behalt dich im Auge«, zwinkerte mir Tommy mit seinem guten Auge zu und flüsterte: »Wir sind mit achtzehn Riesen in den Miesen. Ich hab das Gefühl, dass du einer unserer glücklichen Geber bist, Junge.«

Genau das wollte ich nicht hören. Unter Personalchefs gibt es einen Mythos über »heiße« und »kalte« Geber; über Geber, die einen speziellen Talisman bei sich haben. Das ist natürlich Unsinn, aber zu meinem Unglück glaubte Tommy fest daran. Ich brauchte wohl mehr als ein Glückskleeblatt im Arsch, um diesen Titanic-mäßigen Katastrophentisch zu retten; der Gedanke an achtzehntausend Dollar Rückstand war dabei keineswegs hilfreich.

Ich spürte alle Blicke auf mir ruhen, während ich versuchte, die Karten genau so zu mischen, wie man es mir in der Croupierschule beigebracht hatte. In meinen steifen Fingern fühlten sich die Karten wie Brotteig an. Ich ließ einige auf den Boden fallen, sehr zur Freude der Spieler, die lachten und mich anpöbelten.

Ich fing an zu schwitzen.

»Lass dich nicht aus der Fassung bringen, Junge«, sprach Tommy mir Mut zu. »Die kriegen noch früh genug ihr Fett weg.«

Alle paar Minuten schob Tommy mit der Zungenspitze sein künstliches Gebiss aus dem Mund, um es zu begutachten. Es war eine abstoßende Angewohnheit.

Rechts von mir saß mein »Spotter« Victor, ein alter Haudegen aus Atlantic City. Er hatte mir versichert, dass der Spotter die wichtigste Person am Tisch sei.

»Ein guter Spotter löst sämtliche Probleme, die sich ergeben könnten, bevor sie außer Kontrolle geraten. Er muss stets wachsam sein. Bei einem echten Fehler können ein Geber oder Spieler schlecht aussehen, darum muss der Spotter die Situation so schnell und diplomatisch entschärfen wie möglich, ohne dass jemand das Gesicht verliert oder sich als Schwindler beschimpfen lassen muss. Außerdem musst du auf Ablenkungen achten. Damen, die regelrecht ihre Titten raushängen lassen; Kaffee, der plötzlich auf dem Tisch verschüttet wird – sogar Typen, die Herzinfarkte vortäuschen. Diese Leute versuchen jeden erdenklichen Trick. Lass schlicht und einfach den Tisch nicht aus den Augen. Das ist schon alles, dann kommst du gut klar.«

Es war, als würde ein älterer Bruder auf mich aufpassen.

Zehn bis zwölf Kartensätze kommen bei jedem Spiel zum Einsatz. In der Ausbildung bringen sie einem bei, wie man so leise und perfekt wie ein Schmetterlingsflügel mischt. Ich machte mich trotz meiner Ausbildung zum Gespött. Wenn man gemischt hat, hält man das Blatt in einer Hand zum Spieler hin. In der anderen hält man die »Abhebekarte«, ein Stück durchsichtiges Plastik, das man dem Spieler anbietet, damit er den Kartenstapel abheben kann. Danach wird der gesamte Stapel in den »Kartenschlitten« befördert, wo der Geber sie eine nach der anderen mit Lichtgeschwindigkeit rausholt.

Zu meinem Leidwesen war ich von Lichtgeschwindigkeit noch sehr weit entfernt.

»Oh, eine Jungfrau? So nervös, junger Mann? Wir beißen nicht.« Sie war eine Koreanerin, alle an meinem Tisch waren Koreanerinnen. Sie trugen identische dunkle Kostüme und rote Polohemden, schienen allesamt Kettenraucher zu sein und bliesen mir den Rauch direkt ins Gesicht, sodass meine Augen brannten. »Bringst du uns Glück, geben wir dir gutes Trinkgeld.« Sie lächelte. Nicht freundlich, nur geschäftsmäßig. »Ich versuche es«, krächzte ich mit vor Nervosität rostiger Stimme.

»Bringst du uns Pech, schneiden wir dir die Eier ab«, sagte die

Kleinste der Gruppe. Das fanden alle urkomisch und lachten laut auf.

»Achte nicht auf sie, Sam«, riet mir Victor. »Die versuchen nur, dich durcheinanderzubringen.«

Man hatte mich vor Spielern aus Korea gewarnt. Sie galten als sehr begeisterte, fast religiös inbrünstige Spieler. Wenn sie merkten, dass ein Geber schwach war, zögerten sie nicht, ihm den Todesstoß zu versetzen.

Die Karten kamen nicht aus dem Schlitten, weil ich sie zu dicht hineingepackt hatte.

Victor beugte sich zu mir, strich mit dem Daumennagel über die Karten und lockerte sie. »Ganz ruhig, dann klappt's auch. Lass dir Zeit, Sam.«

»Na los! Na los! Du bist viel zu *laaaaaaaangsam!*«, kreischten die Koreanerinnen.

Langsam, aber sicher begann ich. Mit jedem Spiel wuchs mein Selbstvertrauen. Nach vier Spielen schafften einige Chips den Rückweg auf das Tablett.

»Er nicht gut! Wir wollen einen neuen Geber!«, riefen sie. »Er gibt wie alter Mann zu *laaaaaaaangsam!*«

Ich hielt mich fast eine Stunde am Tisch auf und empfand es wie einen Rausch. Ich verspürte ein Kribbeln.

»Möchtest du eine Erfrischung, Samuel, mein Held?«, fragte Bronx Tommy mit breitem Grinsen und beförderte mich vom »Jungen« zu einem, den er mit Vornamen anredete.

Schließlich befanden sich die Chips wieder auf dem Tablett. Jetzt mussten die Spielerinnen sie zurückkaufen, wenn sie weitermachen wollten. Die Koreanerinnen holten hastig Hundertdollarscheine aus ihren teuren Handtaschen und legten sie vor mir hin. Ich fächerte das Geld umgehend vor Tommy und Victor auf, damit sie die Summe bestätigen konnten, unterzeichnete den Handzettel mit meinem Namen, zeigte ihn den beiden Männern und beförderte das Geld mit einem schnellen Schubs in die Geldbox am Tisch.

Die Kasino-Leitung konnte sich die Handzettel jederzeit ansehen und wusste genau, wie viel Bargeld sich in einer Box befand. Wenn sich mehrere Tausend Dollar angesammelt hatten, wurde die Box normalerweise entfernt und eine leere angebracht. Man machte das so, um potenzielle Diebe abzuschrecken ... und damit die Polizei bei Razzien nichts fand. Im abgeschirmten Büro wurde das Geld dann im Beisein von Mac oder dessen Vater als Box-Manager gezählt, damit niemand lange Finger machen konnte. Danach wurde es »heimgeschickt«, das heißt, es verschwand in einem komplexen System aus Löchern und Trennwänden, die sich an strategischen Stellen im gesamten Club befanden. Etwas so Unschuldiges wie eine Maxwell-House-Blechdose konnte Tausende Dollar enthalten.

Bronx Tommy war wie hypnotisiert davon, dass das Glück sich gewendet hatte. Er richtete sein Glasauge zur Decke, und ich schwöre, ich habe eine Träne gesehen.

»Es reicht! Wir gehen!«, sagte die Anführerin und schlagartig verließ die Truppe von Frauen den Tisch.

»Gut gemacht, Samuel, mein Bester. Gönn dir eine lange Pause. Hast du dir verdient«, sagte Tommy und trug die randvolle Geldbox ins Büro.

»Nicht so schlimm, wie du gedacht hast, oder?«, sagte Victor und zündete sich eine übel riechende Zigarre an.

»Nein. Ehrlich gesagt hat es mir sogar Spaß gemacht. Schade, dass sie aufgehört haben.«

»Kartenadrenalin. Ha! Genieß es, solange du das kannst. Karten sind so launisch wie Frauen und Katzen. Keine Loyalität, Sam. Kratzen und beißen bei der erstbesten Gelegenheit.«

Als ich den Tisch für eine Pause verließ, folgte mir Doc, der Personalchef.

»Ich habe dich beobachtet, Sam«, sagte Doc. Mit seinen ewigen dreiteiligen dunklen Anzügen, die sein ernstes Gemüt reflektierten, sah er wie ein pietätvoller Totengräber aus. Wir standen an der Bar, Doc beugte sich zu mir wie ein Geier, der Aas in Augenschein nimmt.

»Mich beobachtet? Warum?«

»Du hast dich auf die Kundinnen eingelassen. Du hattest Mitgefühl. In jedem anderen Beruf wäre das bewundernswert. Hier ist es dein Tod. Du solltest dir nicht einbilden, dass wir denen leidtun, wenn sie gewinnen – niemals. Das wissen die Kunden so gut wie wir. Verstanden?«

Bevor ich antworten oder erklären konnte, dass ich gar keine Kunden kannte, klopfte mir Maria auf die Schulter. »Was kann ich dir bringen, Süßer?«, fragte sie.

»Coke, bitte, Maria«, antwortete ich knapp.

»Flasche oder Pulver?« Sie öffnete lachend den Kühlschrank.

Maria war eine bildschöne, sehr genusssüchtige Frau, mit einem Fimmel für teuren Schmuck. Leute, die sie mochte, nannte sie »Süßer«. Bei Leuten, die sie nicht mochte, blieb sie dagegen äußerst förmlich. Und was darf ich Ihnen bringen? Fragte sie Doc, als sie mir meine Cola einschenkte.

»Wasser«, antwortete Doc, der aus seiner Fremdenfeindlichkeit keinen Hehl machte. Er misstraute allen Ausländern – auch Maria und mir – und verfügte über ein schier endloses Arsenal rassistischer Schimpfworte. Jeder war ein »Schlitzauge«, ein »Nigger« oder ein »Bohnenfresser«. Hinter meinem Rücken nannte er mich »Mick« oder »Esel«, aber das störte mich nicht im Geringsten. In Belfast musste ich schlimmere Beschimpfungen einstecken.

Doc hatte Maria einmal Jorge Castañedas *Compañero* lesen sehen, den Klassiker über Leben und Tod von Che Guevara; er drehte vollkommen durch und nannte sie eine »Kommunistenschlampe«. Die bildschöne Frau lächelte nur, was ihn noch mehr auf die Palme brachte.

Maria schenkte das Wasser für Doc in ein winziges Whiskeyglas – ohne Eis – und ließ es gefährlich nahe am Tresenrand stehen. *»Porque no se va a lavar el culo?«*, fragte sie. (Warum gehst du dir nicht deinen Arsch putzen?)

»Hä?«, sagte Doc.

»Ich sagte, wohl bekomm's«, antwortete Maria wie aus der Pistole geschossen und freundlich lächelnd. *»Me cago en su madre.«* (Ich scheiß auf deine Mutter.)

»Zurück zum Thema, Sam. Mitgefühl kann dich in diesem Metier schneller umbringen als ein Profispieler mit fotografischem Gedächtnis.« Er betrachtete das Wasser misstrauisch, als fürchtete er, Maria könnte reingespuckt haben. »Physiognomie. Weißt du, was das bedeutet?«

Keinen blassen Schimmer, dachte ich, es bestand jedoch kein Zweifel, dass ich es umgehend erfahren würde, denn er schenkte mir sogleich ein schiefes Lächeln, das seinen Gesichtszügen zweifelsohne Schmerzen bereitete.

»Das bedeutet ›Gesichtszüge als Spiegelbild des Charakters‹.« Er machte eine dramatische Pause, erntete jedoch nur einen lauten Furz von einem betrunkenen Gast auf dem Weg zur Toilette. Zu allem Unglück handelte es sich bei dem Gast auch noch um einen russischen Einwanderer.

Doc sah finster drein und schüttelte den Kopf.

»Ein Blick in dein Gesicht, und ich kann darin lesen wie in einem Buch. Genau wie die da.« Er zeigte zu den Tischen. »Besonders die Schlitzaugen nutzen jedes Mitgefühl, das du zeigst, gnadenlos aus. Sie deuten es als Schwäche.« Sein Grinsen verschwand. »Genau wie ich.«

»Noch eine Cola, Süßer?«, fragte Maria.

»Nein danke, Maria«, antwortete ich, worauf sie sich *Days of our Lives* ansehen ging, das gerade auf NBC gezeigt wurde, ohne weiter auf Doc zu achten, den die ständigen Unterbrechungen sichtlich nervten.

»Ich wünschte, Mac würde sie rausschmeißen. Sie glotzt den ganzen Tag nur Seifenopern. Reine Geldverschwendung für das Haus«, brummelte Doc und schob das unberührte Glas weg. »Ja, die Schlitzaugen und der andere Abschaum können hier alles verlieren, wofür ihre Eltern zwanzig Jahre lang gearbeitet haben. Na und? Das ist nicht unser Problem. Wir halten ihnen keine Pistole an den Kopf, damit sie ihr Geld verspielen, oder? Nein. Denk mal darüber nach, wenn du heute nach Hause gehst.«

Ich nickte. Er ging weg.

»Lass dich nicht von ihm ärgern, Süßer«, riet mir Maria. »Er bildet sich ein, dass er etwas Besseres ist als wir, dass seine Scheiße nicht stinkt, dass seine Mutter – wenn er eine hatte – nicht ficken musste, um ihn zu kriegen. Ha!« Sie beugte sich über den Tresen und flüsterte mir zu: »Soll ich dir mal was erzählen?«

Brandy, Schokolade und ein teures Parfüm von Chanel stiegen von ihrem verführerischen Dekolleté auf, als ich mich zu ihr beugte.

»Seit ich hier bin, hat er noch kein einziges Mal versucht, mich anzubaggern. Und weißt du auch, warum, Süßer?«

»Nein, Maria. Warum denn?«

»Er ist ein *mama pingas*«, zischte sie verschmitzt und mit leuchtenden Augen.

»Ein was?«

»Ein Schwanzlutscher, Süßer. Ein *guineo*. Eine verdammte Schwuchtel. Kapiert? Eine erstklassige, schwanzlutschende Tunte, Süßer. Kapiert?«

»Nein.«

»Doch, Süßer! Mit George dem Ringer.«

»George …? Dem Rausschmeißer, der um Mitternacht arbeitet? Ein seltsames Paar, Maria. Bist du dir ganz sicher?«

»Ob ich mir sicher bin, fragt er! Und ob ich mir sicher bin, Süßer. Glaubst du etwa, ich sitze den ganzen Tag nur vor der Glotze? Ich *weiß* es. Lass bloß keine Chips fallen, wenn er hinter dir steht, Süßer!« Sie lachte auf dem ganzen Weg zurück zu *Days of our Lives*.

KAPITEL ZWEIUNDDREISSIG

GROSSE PLÄNE

SEPTEMBER 1984

Nichts ist umsonst.
– Sprichwort

Das setzt dem Ganzen die Krone auf.
– Edward Moore, *Die Unbekannte*

Ich arbeitete mittlerweile seit rund zwei Monaten ganztags im Casino. Die Bezahlung war gut, und ich freute mich jeden Tag darauf, so viele ganz verschiedene Leute zu treffen. An diesem besonderen Tag war es kühl und die Sonne warf lange Schatten, als ich mich dem Casino in der 18th Street näherte. Natürlich bemerkte ich die große Limousine, die davor parkte, sofort – eine wunderschöne schwarze Frau saß am Steuer.

Als ich näher kam, ging langsam eines der Fenster auf.

»Hey, Alter! Steig ein.« Ronnie grinste.

»Wo hast du die denn gestohlen?«, fragte ich.

»Mach dich nicht lächerlich. Hab ich gestern von einer jungen, schwarzen Sängerin in New Jersey gekauft, Whitney Huston, die hat eine große Karriere vor sich, wird in der Musikbranche bald ganz groß rauskommen«, versicherte er mir. »Hör mal, ich hab mit dir und den anderen irischen Jungs was zu besprechen. Ich lade euch heute Abend alle zum Essen ins Milano's ein. Sag den anderen, dass ich sie so gegen acht abholen werde.«

»Um was geht es denn?«

»Nächsten Monat eröffnen wir noch ein Casino, und ich will dich mit in der Geschäftsleitung haben.«

Es hatte schon Gerüchte darüber gegeben, dass Mac ein weiteres Casino eröffnen würde, diesmal an der West Side.

»Was redest du da für einen Unsinn?«, fragte ich. »Ich bin Geber, was zum Teufel sollte mich für die Leitung qualifizieren?«

»Also, wenn alles so läuft, wie ich mir das vorstelle, dürftest du einer der wichtigsten Männer sein, die das Sagen haben. Aber noch kein Wort davon. Verstanden?«

Ich dachte, dass er Blödsinn quasselte, nickte aber. »Kein Problem. Dann sehen wir uns heute Abend.«

Das Restaurant, in dem wir uns am Abend einfanden, war berühmt für seine exorbitanten Preise und die Promis, die dort ein und aus gingen.

»Lasst euch nicht von den Preisen abschrecken«, sagte Ronnie, als hätte er unsere Gedanken gelesen. »Die Rechnung geht aufs Haus, bestellt also, worauf immer ihr gerade Lust habt.«

Das ließen wir uns nicht zweimal sagen, wir wussten, in so einen Laden würden wir nie wieder kommen.

Nach dem Essen warteten wir auf das Dessert. »Kommen wir zum Geschäftlichen«, sagte er. Er brachte einen Notizblock nebst Kugelschreiber zum Vorschein. »Ihr seid alle so ehrgeizig wie ich, und in etwa vier Wochen gibt es die Gelegenheit, diesen Ehrgeiz unter Beweis zu stellen. Jeder hier am Tisch bekommt eine leitende Position, sobald das neue Casino öffnet. Ihr müsst euch alle reinknien und eurer Sache sicher sein.«

Wir lächelten. Das klang wie Musik in unseren Ohren.

»Das Casino in der Achtzehnten läuft nicht halb so gut, wie es könnte und sollte. Zu viele alte Säcke in der Geschäftsführung, und sonst nur verdammte Ausländer und illegale Einwanderer.«

Darüber mussten wir lachen, schließlich waren wir ja allesamt verdammte Ausländer und illegale Einwanderer.

»Aber das wird sich ändern«, fuhr Ronnie fort. »Jeder hier

hilft mit, ein neues Konzept umzusetzen. Ich will eine ganze Casinokette eröffnen, so wie McDonald's.«

»Bieten wir auch Happy Meals an?«, fragte ich.

»Wenn uns das Leute ins Casino bringt, machen wir auch das. Ich habe eine *carte blanche* von Mac, trotzdem müssen wir mit den Itakern vorsichtig sein. Mir persönlich gehen sie vollkommen am Arsch vorbei, aber Mac ist der Boss, und der will nicht auf zu viele Zehen gleichzeitig treten.«

»Und was ist mit der gegenwärtigen Geschäftsleitung? Die dürften doch ziemlich sauer sein, weil wir ihnen die Jobs wegnehmen?«, fragte einer der Männer.

»Ihr werdet euch durchsetzen müssen, oder? Zeigt ihnen, wer der Boss ist. Falls sie nicht spuren, brecht ein paar Beine.«

Einer oder zwei hielten das für einen Witz und lachten. Die kannten Ronnie noch nicht gut genug.

Es lag auf der Hand, dass er uns vor seinen Karren spannen wollte, und ich fragte mich, ob er uns nur für dumme irische Micks hielt, auf denen er nach oben klettern konnte, um sein Imperium aufzubauen und seine Großmachtfantasien auszutoben.

Im Lauf des Abends wich die ernste geschäftliche Besprechung unbeschwerteren Themen. Alle brannten darauf, »den Laden zu schmeißen«, in die Leitung aufzusteigen und einen guten Job zu machen. Ich fragte mich, wie lange es dauern würde – wie viele Brücken wir noch hatten ... nicht, um sie zu überqueren, sondern um sie niederzubrennen, bevor uns alles um die Ohren flog.

»Gut. Bin gleich wieder da«, sagte Ronnie und stand vom Tisch auf, um zu telefonieren. »Bestellt noch was von dem teuren Dessert, dann brechen wir auf.«

Fünf Minuten später hörten wir alle, wie draußen ans Fenster geklopft wurde. Dort stand Ronnie und drückte sich den Riechkolben an der Scheibe platt. Sein Halbmondgrinsen und die funkelnden Augen verrieten uns das Schlimmste: Er hatte die Flatter gemacht, die Zeche geprellt und uns in der Scheiße sitzen lassen. Sofort setzte eine Miniaturstampede ein, als wir zur Tür stürzten und den verdutzten Kellner mit der Rechnung in der Hand stehen ließen.

Als wir ihn in der Limousine einholten, liefen ihm vor Lachen Tränen über das Gesicht. Er fand superlustig, dass er uns und das Restaurant gleichermaßen angeschmiert hatte.

»Ihr hättet eure Fressen sehen sollen!«, wiederholte er immer wieder.

Und das war der Mann, der vorhatte, ein Imperium aufzubauen?

KAPITEL DREIUNDDREISSIG

BLUT IST DICKER ALS WASSER

JANUAR 1985

Einen Familienbetrieb kann nur die Familie selbst zerstören.
– Bronx Tommy

Des Mannes Lohn ist wahre Freud,
Steht ihm ein treues Weib zur Seit'.
– Cornelius Whur, *The Female Friend*

Die Wolken zogen wie graue Flaggschiffe davon und gaben einen prachtvollen dunkelblauen Himmel frei. Über mir glitt die Seilbahn nach Roosevelt Island mühelos dahin. In der Seilbahnkabine winkte ein kleines Mädchen. Ich winkte zurück, da klopfte es mit den Fäustlingen an die Scheibe und lachte.

Ein Jahr war verstrichen, und es lief alles recht gut. Ronnies Plan, die Alten rauszudrängen, stand kurz vor der Vollendung. Die meisten der irischen Geber waren inzwischen in leitende Positionen aufgestiegen, Mac hatte sich weitgehend zurückgezogen und verbrachte immer weniger Zeit in den Casinos.

Ronnie hatte mich gebeten, mich vor dem Metropolitan Museum of Art in der Upper East Side mit ihm zu treffen. Wir wollten von dort mit dem Taxi zu einem Ort für ein geplantes neues Casino fahren, der passenderweise hinter dem Empire State Building lag. Es sollte mit ein wenig mehr Pomp als sonst eröffnet werden. Ich befürchtete, eine so exponierte Lage würde Probleme mit sich bringen, Ronnie sah das allerdings anders.

»Das ist doch genau richtig«, sagte er. »Man ist von dort aus gleich mittendrin, wo sich die japanischen Touristen mit großem Geld in großen Beuteln in Scharen rumtreiben.«

Er trug jetzt Kleidung von Brooks Brothers, war aber immer noch ein Menschenfreund in zerlumpten Hosen. Ein Obdachloser, dem er ein paar Dollar in die Hand drückte, musste sich vorher mit einigen Zitaten von Marc Aurel »aufklären« lassen. Ich sah, dass der unglückliche Mann sich fragte, ob es sich lohnte, sich für zwei Piepen das ganze Gequassel anzuhören.

Wenig später standen wir vor unserem hoffentlich nächsten Casino, einem großen Haus, dessen hohe Räume sich leicht umbauen ließen. Aus heiterem Himmel schloss sich uns eine junge Frau an.

»Sam. Das ist meine kleine Schwester Rita. Sie wird zum Team gehören.«

Ronnie holte neuerdings seine ganze Familie in das Geschäft. Es spielte keine große Rolle, dass sie weder Ahnung von Casinos noch von Blackjack hatten. Für Ronnie war Blut dicker als Wasser, also gab er ihnen Jobs, ganz gleich, welche Folgen es haben würde.

»Hallo, Sam. Ich hab viel Gutes über dich gehört«, sagte Rita. Sie trug ihr Haar kurz und benahm sich sehr burschikos, machte jedoch einen intelligenten Eindruck und schien ihr Gegenüber mit einem Blick einschätzen zu können.

»Hallo, Rita. Ich wusste gar nicht, dass Ronnie eine Schwester hat.«

»Du kennst Ronnie inzwischen doch, Sam. Zuerst kommt das Geschäft, zuletzt die Familie.«

Wenn das nur wahr gewesen wäre, vielleicht wäre später alles ganz anders gekommen …

»Genug geplaudert. Gehen wir rein«, sagte Ronnie und öffnete die Tür eines großen Backsteingebäudes. »Stellt euch das mal vor, Blackjack auf drei Etagen. Das größte Casino in der Stadt, Mann.«

Es war wirklich eindrucksvoll, das musste ich zugeben. Jede Etage hatte die Größe eines kleinen Ballsaals. Ich sah sie im Geiste schon mit Spielern bevölkert.

»Wie lange noch, bis es fertig ist?«, fragte Rita und tat so, als hätte sie keine Ahnung, obwohl Ronnie sie vermutlich längst eingeweiht hatte.

Man wird sie im Auge behalten müssen, dachte ich mir.

»Bald. Ich verhandle noch mit dem Besitzer, damit er mit der Miete runtergeht.« Ronnie klopfte sich Staub von den Händen. Er hasste es, sich die Hände schmutzig zu machen. Eine Eigenheit, an die ich mich später hätte erinnern müssen, die mir aber erst wieder einfiel, als es zu spät war. »Wie auch immer, ich habe einen neuen Job für dich, Sam.«

»Und was für einen?« *Und was ist das für ein Geruch? Fisch? Eine Ratte?*

»Box-Manager.« Er betrachtete meine Reaktion.

»Du verscheißerst mich doch, oder?«

»Nein. Du kannst den Job haben, wenn du ihn willst.«

»Und was ist mit Macs Vater? Es ist seine Aufgabe, sich um die Einnahmen zu kümmern. Du kannst ihn doch nicht einfach feuern. Das ist verrückt.«

»Ich kann *jeden* feuern. Aber ich feure ihn nicht. Ich gebe ihm nur einen Job, bei dem ihn das Geld nicht mehr in Versuchung führt.«

Es verschwand Geld im Haus. Und nur drei Leute kamen infrage – Mac, sein Vater und Ronnie. Mac konnte es logischerweise nicht sein. Ich bezweifelte sehr, dass es sein Vater war.

Als Box-Manager würde ich Zugang zu dem gesamten Geld haben, das im Casino eingenommen und wieder ausgegeben wurde. Nur Ronnie und Mac hätten dann dieselben Privilegien. Aber da Mac sich zurückgezogen hatte, eigentlich nur Ronnie und ich.

Da kam mir ein Gedanke. Was, wenn nicht Macs Vater das Geld stahl? Wenn es Ronnie war? Was, wenn er mich als Sündenbock aufbaute?

»Darüber muss ich nachdenken«, sagte ich zu seiner Überraschung nur.

»Okay. Aber ich muss es bald wissen. Es dürfte übrigens ziemlich lukrativ für dich sein, also lass dir die Sache nicht entgehen.«

Wir gingen hinaus in die Kälte, die vom East River emporstieg.

»Ich bin am Verhungern«, sagte Ronnie. »Gehen wir was essen.«

»Nein danke. Ich habe unser letztes Geschäftsessen noch zu gut in Erinnerung.«

Er lachte. »Okay. Dann sehen wir uns morgen.«

»Auf bald, Sam. Man sieht sich«, sagte Rita mit einem breiten Grinsen.

KAPITEL VIERUNDDREISSIG

BIST DU JEMALS EINE HARLEY D GEFAHREN? ICH AUCH NICHT!

JUNI 1985

Millars Sinn für Humor hatte sich in acht Jahren in den berüchtigten H-Blocks verfinstert, und er machte den Eindruck, als wäre er überzeugt, dass er für die Sache geopfert hatte, was in seinen Kräften stand.
– *Daily News*, New York

Wenn du zornig bist, zähle bis vier;
bist du sehr zornig, so fluche.
– Mark Twain, *Querkopf Wilson*

»Kannst du ein Motorrad fahren?«, fragte Ronnie mit einem Grinsen im Gesicht.

»Ja. Warum?«, fragte ich.

»Ich hab eins für dich.«

Ich glaubte ihm nicht, und das wusste er auch.

»Nein, ernsthaft. Es steht draußen. Bei all dem Geld, das wir für Taxifahrten ausgeben müssten, um dich zu den Clubs zu bringen, rechnet sich das in null Komma nix.« Sein Piepser ertönte. »Na los. Gehen wir raus, mal sehen, ob du damit auch klarkommst.«

Ein Motorrad! Ich versuchte, ruhig zu bleiben, aber die Vorstellung, mit einer Harley D kreuz und quer durch Manhattan zu fahren, war einfach zu viel für mich. Ich hätte mich fast bepisst vor Aufregung. Mein eigenes Bike. Ich würde der nächste Peter Fonda sein und auf silbernem Chrom und heißem Leder reiten. Meine eigene …

»Was zum Teufel ist *das?*« Die Realität verpasste mir einen Tritt in die Eier, als ich sah, was mich erwartete.

»Dein Motorrad, Kumpel! Gefällt es dir nicht?«

Es war ein Scooter. Ein Moped. Eines dieser kleinen Dinger, die Zwerge im Zirkus fuhren. Schon der Anblick war deprimierend.

»Soll das ein Witz sein, oder was?«, fragte ich.

»Damit kommst du super durch den dichten Verkehr, Mann. Alle, die dich sehen, werden dich beneiden«, begeisterte sich Ronnie.

»Ist das dein Ernst?«

»Natürlich ist es mein Ernst. Du wirst kein Problem damit haben, einen Parkplatz zu finden. Du kannst es einfach mit in den Club nehmen und sicher abstellen.«

»Nein! NEIN, verdammt! Du kannst dir dieses Zwergenmoped in deinen Liverpooler Arsch stecken. Es ist mir völlig gleich, ob du mir mehr Geld gibst, die Antwort bleibt Nein. Nein. Nein. Nein.« Ich hatte meine Prinzipien …

Es war schrecklich, mit dem Moped durch den dichten Verkehr zu fahren, besonders in der Nähe durchgeknallter Taxifahrer. Die Taxis waren gelbe Haie, sie brausten oft nur einen Zentimeter entfernt vorbei, lachend. Dennoch, muss ich zugeben, sparte ich mir die Suche nach einem Taxi, wenn ich Geld von einem der Casinos abholen musste, und ich konnte mich mühelos durch die Staus drängeln. Die Dollars, die ich jeden Tag zusätzlich einnahm, waren auch nicht zu verachten.

Kaum war ich in der 32nd Street eingetroffen, kam ein Anruf von der 80th, dass sie zu viel Geld im Haus hätten. Ein Iraner hatte alles verloren, außer den Ölbohrtürmen.

»Unglaublich, dass der immer noch da ist«, sagte ich zu Chris, der die Geschäfte beaufsichtigte, als ich die Boxen mit dem Bargeld leerte.

»Der spielt seit vier Tagen. Ohne Unterbrechung. Geht nicht mal aufs Klo. Eben noch hat er sechzig Riesen verloren, im nächsten Moment ist er Lazarus. Da soll einer schlau draus werden«, antwortete er.

Aufgeschreckt durch Aufruhr an der Eingangstür drehte ich mich um und sah Rocky, den Rausschmeißer und Türsteher, mit blutüberströmtem Gesicht hereinstolpern.

»Keine Bewegung!«, rief ein Puerto Ricaner mit abgesägter Schrotflinte in der Hand. »Alle an die Wand – *sofort!*«

Hinter ihm folgten zwei weitere Räuber, beide als Pizzaboten verkleidet und bewaffnet. Alle verstummten, außer Rocky, der stöhnte und sich die blutige Nase hielt.

Sie waren nicht maskiert. Das bedeutete entweder, es war ihnen egal, oder, es sollte keiner überleben, der sie erkennen könnte. Danach folgte ein weiteres unheilvolles Zeichen.

»Wer ist der Boxen-Boss? Wir wissen, dass er hier ist. Wir wissen auch, dass er Sam heißt.«

Ich spürte, wie mir alles Blut aus dem Gesicht wich.

»Wer von euch ist Sam?«, wiederholte er übertrieben ruhig.

Ich dachte an die Szene in *Spartacus*, in der die Römer ihn und seine Männer umzingeln und ihm ein Abkommen anbieten: *Gebt uns Spartakus, dann schicken wir euch zurück in die Salzminen.* Kirk steht auf, um zu sagen, wer er ist, als sich plötzlich einer seiner Männer erhebt und sagt: »*Ich* bin Spartakus, du römischer Drecksack!« Dann steht der nächste Mann auf, und der nächste, und alle sagen, sie seien Spartakus. Die Tränen standen mir in den Augen, als ich mich umsah. Die Chance, dass meine Mitarbeiter sich melden und sagen würden: »*Ich* bin Sam, ihr Openkerle. Ihr kriegt hier kein Geld!«, war nicht gerade hoch. Vermutlich würde das Gegenteil passieren und jemand sagen: »*Der da* ist Sam, der elende Mick da drüben beim Kühlschrank. Tötet ihn.«

Zu meiner Überraschung sagte keiner ein Wort. Ich wusste jedoch, alle fürchteten das Schlimmste.

»Okay. Dann eben auf die harte Nummer«, sagte einer der Schützen. »Alle! Auf den Boden! Sofort!«

Es war ein Wettkampf, wer zuerst am Boden liegen würde. Ich glaube, ich habe um mehrere Sekunden gewonnen.

»Zieht die Hosen aus! Die Weiber auch!«

Wir gehorchten.

Ich überlegte mir, ob ich die Schlüssel rausrücken sollte. Würden sie uns dann nicht trotzdem erschießen? Könnte ich auf Zeit spielen und darauf hoffen, dass jemand etwas gesehen hatte und die Polizei rief?

Ehrlich gesagt wusste ich, dass ich die Schlüssel niemals rausrücken würde. Die Belfaster Sturheit – der Fluch, mit dem ich zur Welt gekommen war – kochte in mir hoch, und sollte es für jeden in dem Raum bedeuten, erschossen zu werden, mich eingeschlossen … na und! Keine Schlüssel.

»Macht uns nicht wütend. Okay? Wenn wir das Geld kriegen, hauen wir ab. Ganz einfach. Wenn nicht? Dann muss jemand sterben.« Er richtete die Waffe zur Decke und schoss. *Bumm! Bumm!*

Die Schüsse fuhren in die Decke, Verputz regnete auf uns herab. Wir zuckten unwillkürlich zusammen und fragten uns, was als Nächstes käme.

Zufällig retteten uns diese beiden Schüsse das Leben. Jemand hatte sie gehört und die Polizei gerufen, die binnen weniger Minuten eintraf und durch ein Megafon brüllte, wir sollten alle mit erhobenen Händen rauskommen, und zwar schnell.

In dem ganzen Durcheinander flüchteten die Räuber durch

eine Hintertür, wobei sie einen Schlüssel benutzten, von dem nur wenige wussten.

Wir gingen raus, ohne Hosen, in die wunderschöne Sonntagmorgensonne. Wir fühlten uns prima dabei. Wir lebten. Als die Polizisten uns statt der Räuber in einer Reihe aufstellten und sogar Pressefotografen zuließen, beschwerte sich niemand. Wir waren nur froh, es heil überstanden zu haben.

Am nächsten Tag brachten die New Yorker Zeitungen Fotos von uns, wie wir vor dem Casino in einer Reihe standen. Eine Schlagzeile lautete: *Geber mit runtergelassenen Hosen erwischt …*

KAPITEL FÜNFUNDDREISSIG

DIE *TITANIC*: VON TAUSEND IREN GEBAUT. VON EINEM ENGLÄNDER VERSENKT.

We're drinking my friend,
To the end of a brief episode.
– Johnny Mercer, »One For My Baby«

Glücklich, wem es gelang, den Grund der Dinge zu erkennen.
– Vergil, *Georgica*

»Was zum Teufel ist passiert?«, fragte Ronnie.

»Wir wurden überfallen. Das ist verdammt noch mal passiert!«

»Beruhige dich, Mann, komm runter.«

»Es hätte jemand sterben können. Die kannten meinen Namen und den geheimen Fluchtweg. Also sag mir nicht, ich soll mich beruhigen. Sag mir, woher die das alles wissen konnten.«

»Keine Ahnung, Mann, aber das kriegen wir bald raus. Drei Hispanos, ja? Richtig? Okay. Ich werde das regeln.«

»Du kriegst rein gar nichts geregelt. Alles um dich herum geht vor die Hunde, und du siehst es nicht einmal.«

»Es war nur ein Raubüberfall. Niemand wurde verletzt.«

»Aber es hätte jemand *getötet* werden können. Begreifst du das nicht? Es ist nicht nur der Überfall, sondern eine Million Kleinigkeiten, die sich allmählich zusammenläppern. Und deine Familie ist ein Teil des Problems.«

»Meine Familie? Was meinst du damit?« Seine Stimme klang leise, als hätte ihm gerade jemand in den Rücken geschossen.

»Zuerst bringst du deine Schwester und deinen Bruder in das Casino. Dann deine verdammten Onkel und Vettern. Ich warte nur darauf, dass deine Oma bald hier arbeitet.«

»Man muss doch für seine Familie sorgen –«

Ich fiel ihm ins Wort. »Hör zu, Ronnie. Rita hat diese Joker-Poker-Maschinen aufstellen lassen. Sie kassiert den gesamten Profit. Das Casino kriegt gar nichts. Genau wie bei den Zigarettenautomaten. Dann ist da ihre Freundin, die angeblich in der Geschäftsführung mitarbeitet. Nur was? Die lässt sich am Ende der Schicht sehen, um ihre und Ritas Profite einzustreichen, das ist alles. Sonst tritt Rita nur jedem auf die Füße und macht sich Feinde. Ich hab sogar Leute drohen hören, dass sie ihr in den Arsch treten.« Es tat gut, mir das alles von der Seele zu reden. Es war wie eine Beichte an einem verregneten Samstagnachmittag.

»In den Arsch treten?« Er war entsetzt. »Sie hat überhaupt keine sogenannte Freundin. Jedenfalls nicht in dem Sinn, in dem du es andeutest.«

»Das war noch nicht alles«, sagte ich, griff in die Innentasche und zog einen Umschlag heraus.

»Was ist das denn jetzt schon wieder?«, fragte er ängstlich.

»Die Hauptschlüsselkarten. Es fehlen welche. Wir haben ein Riesenproblem.«

»Was? Wie zum ...« Er nahm die Karten und zählte sie nach. Und zählte sie nochmals.

»Nur vier Leute haben Zugang dazu«, sagte ich »Wir beide, Mac ... und Rita.«

»Ich glaube, ich krieg gleich einen Herzanfall, Mann.« Das war kein Witz. »Erst Tritte in den Arsch, dann das.« Er klopfte mit den Fingern auf die Karten.

»Wenn Mac das rauskriegt ...« Dazu konnte er sich nun seine eigenen Gedanken machen. Ich ließ ihn allein.

Schon am nächsten Tag gingen wir einen Kaffee trinken. Er hatte einen Plan. Wieder einmal. Er hatte nämlich *immer* einen Plan.

»Erstens. Die Joker-Poker- und Zigarettenautomaten gehören jetzt dem Casino. Okay?«

Ich nickte.

»Meine Vettern sind raus. Okay?«

Ich sagte nichts.

»Ritas, äh, Freundin steht nicht mehr auf der Gehaltsliste.«

»Und Rita?«, fragte ich. »Und die beiden fehlenden Schlüsselkarten?«

»Wir wissen nicht, ob es Rita war. Irgendwer könnte echt einen blöden Fehler gemacht haben.«

»Das glaubst du doch so wenig wie ich. Du denkst mit dem Herzen, nicht mit dem Kopf. Was würde passieren, wenn Mac das rauskriegt? Ich gehe jede Wette ein, dass so was nie vorgekommen ist, als er noch die Zügel in der Hand hielt.«

»Was soll ich machen? Sie ist meine kleine Schwester ...«

»Die uns vermutlich bescheißt. Schaff sie uns vom Hals oder gib ihr einen Job, bei dem sie so was nicht durchziehen kann.«

»Das sind harte Worte, Kumpel. Lass mich mit ihr reden.«

»Es wäre für uns alle besser, wenn du nicht nur mit ihr reden, sondern handeln würdest.«

Ich vermutete, dass er nicht einmal mit ihr reden würde. Für Ronnie war Blut dicker als Wasser, auch wenn das Blut verunreinigt war. Es war nur eine Frage der Zeit, bis wir unsere Jobs los wären. Dann erzählte er etwas, das zusätzlich Unheil versprach.

»Hör mal, ich hab gute Neuigkeiten für dich. Das neue Casino ist fast fertig. Ich überlege, ob ich es *Titanic* nennen soll.«

»Weißt du nicht, was mit der *Titanic* passiert ist?«

»Sei nicht so pessimistisch. Das bringt uns weiter, als wir uns in unseren wildesten Träumen vorstellen können. Wart's nur ab.«

Abwarten? Hatte das der Kapitän der *Titanic* nicht auch gemacht? Ich schwöre, als wir aufstanden und gingen, sah ich einen Eisberg direkt vor uns.

KAPITEL SECHSUNDDREISSIG

EIN ZAHNARZT BOHRT NACH

JULI 1986

Der allmächtige Dollar ist das einzige Objekt der Anbetung.
– Anonym

»Verquerer und verquerer!«, rief Alice.
– Lewis Carroll, *Alice im Wunderland*

Das neue Casino eröffnete prunkvoll. Eine Flut von exotischen Blumen und Topfpflanzen schmückten die Räume, es gab bestes Essen, Wein und Unterhaltung. Alle Geber bekamen einheitliche Kleidung verpasst. Bunte Oberhemden und Krawatten, die bei den Latinos so beliebt waren, wurden durch konservative weiße Hemden und schwarze Krawatten ersetzt. Alkohol im Dienst war verboten. Und nach der Arbeit durfte auch keiner mehr in den Sälen herumlungern.

Vor dem Casino 32nd Street begrüßte mich Mike, der Türsteher. Er war der Nachfolger von Tiny, der vor einer Woche nach einer Überdosis Kokain an einem schweren Herzanfall gestorben war. Es lief Bob Segers »Mainstreet«, als ich eintrat.

Unsere Klientel kam aus allen Gesellschaftsschichten. Geldadel und Unterschicht, Richter und Ganoven, oder Ganoven und Ganoven, wie Victor sagen würde. Wir hatten Schauspieler und Nutten (die am meisten Trinkgeld gaben), Börsenhändler von der Wall Street (die am wenigsten Trinkgeld gaben), Araber und chassidische Rabbis aus Brooklyn; eine berühmte Ballerina, Raging Bull und eine Norman-Rockwell-Großmutter namens Anne.

Gäste, die um erhebliche Summen spielten, durften sich in unser »blaues Buch« eintragen, das ihnen bis zu fünftausend Dollar Kredit gewährte. Anne stand in dem blauen Buch, hatte aber Probleme, ihre Schulden zurückzuzahlen.

Mir fiel die unangenehme Aufgabe zu, die Schulden einzutreiben, und ich wollte gar nicht dran denken.

Ich wartete, bis sie ihr tägliches Ritual an unserem Buffet halbwegs hinter sich gebracht hatte: sehr süßer, schwarzer Kaffee, ein Stück Plunder mit Feigen und ein Glas Brandy, um den Kaffeegeschmack wegzuspülen.

»Guten Morgen, Anne. Wie geht es Ihnen heute?«, fragte ich, schenkte mir einen Kaffee ein und hoffte, dass mich Stanley, der Zahnarzt, nicht entdecken würde.

»Der beste Morgen von allen, Sam«, sagte sie lächelnd und mit einem gespielten irischen Singsang in der Stimme. »Diese Plunderstücke sind wirklich köstlich. Woher bekommt ihr die nur? Ich habe schon danach gesucht, bekomme sie aber nirgends.«

»Ein kleines Café an der Ecke 18th.«

»Oh, reizend. Wie heißt es denn?«

»Ein kleines Café an der Ecke …« Ich lächelte und kam zum geschäftlichen Teil. »Kann ich kurz im Büro mit Ihnen reden, Anne?«

Widerwillig betrat sie den Raum und schwang ihren berühmten Strohkorb dabei.

»Worum geht es denn?«, fragte sie und setzte sich.

»Ich sage es Ihnen wirklich nur ungern, Anne, aber wir versuchen, unsere Ausgaben zu reduzieren und einige offene Schulden einzutreiben. Bedauerlicherweise stehen Sie weit oben auf der Liste. Sie haben Ihr Kreditlimit weit überstiegen.«

»Wie viel bin ich schuldig?«

Ich zeigte ihr das blaue Buch, wo neben ihrem Namen 6200 $ stand.

Sie sah ein wenig verlegen aus. »Ich weiß, Sam. Für gewöhnlich zahle ich meine Schulden zurück, aber die letzten Monate waren nicht leicht, seit mein Mann gestorben ist.« Sie stellte den Kaffee auf den Tisch und wischte Krümel von ihrem Kleid, das kleine, fliegende Vögel zeigte.

Ich hasste mich. »Es tut mir leid, Anne, das mit Ihrem Mann wusste ich nicht. Das hätten Sie uns sagen müssen. Wir hätten versucht, Ihnen aus der Klemme zu helfen.«

»Stolz, Sam. Wenn man in mein Alter kommt, versucht man, so viel Würde wie möglich zu wahren. Das alles tut mir schrecklich leid, aber ich verspreche Ihnen beim Grab meines Mannes, dass ich bis zum Wochenende *alle* Schulden zurückgezahlt habe.« Ihr Lippenstift hinterließ einen Halbmond auf der Kaffeetasse.

»Sie müssen nicht alles auf einen Schlag zurückzahlen.«

Sie hielt die Hand hoch. »Dieses Wochenende. Der Club hat es mehr als gut mit mir gemeint. Oh! Fast hätte ich es vergessen.« Sie griff in den Strohkorb. »Das ist für Ihre Tochter. Sie hat morgen Geburtstag, richtig?«

»Anne, Sie sollten wirklich aufhören, jedem Geschenke zu kaufen. Dann hätten Sie Ihre Schulden schon beglichen.«

Sie wusste immer, wer wann Geburtstag hatte, und besorgte immer ein Geschenk.

Es war traurig, sie so gehen zu sehen. Eine einsame alte Dame, deren einzige Freude im Leben das Casino darstellte. Ich verfluchte Ronnie, weil er mich in diese unangenehme Lage gebracht hatte, und schwor mir, dass er von jetzt an seine Drecksarbeit selbst erledigen sollte. Da entdeckte mich Stanley, der Zahnarzt, mit Annes halb aufgegessenem Plunder und ihrem halb getrunkenen Kaffee.

»Ich habe Ihnen doch gesagt, was mit diesem Kaffee ist, Sam. Ebenso gut könnten Sie Ihre Zähne gleich mit Teer anstreichen … oh, nein. Sagen Sie mir, dass das kein Plunderstück ist?«

Man kam durch das Casino an eine Menge Vergünstigungen, sofern man sie anzuzapfen verstand. Ich dachte, ich hätte einen Hauptgewinn gelandet, als Stanley mir anbot, mich umsonst zu behandeln. Wie hätte ich ahnen können, dass ich mir damit statt Zahnschmerzen wahre Seelenqualen einhandelte? Er gab die miesesten Trinkgelder und war der langweiligste Blackjackspieler der Welt.

»Da könnten Sie gleich rausgehen und an einem dieser Dampfhammer auf der Fifth Avenue nuckeln«, fuhr Stanley fort. »Diese Plunderstücke sind Gift für Ihre Zähne ...«

Und so weiter. Gnadenlos wie einer seiner Bohrer. Er hörte erst auf zu lamentieren, nachdem ich das Plunderstück samt Kaffee in den Mülleimer geworfen hatte.

»Also hat sie uns beschissen?«, fragte Ronnie, als Anne nach einer Woche immer noch nicht wiederaufgetaucht war. »Du bist auf ihren Blödsinn reingefallen, nicht?«

»Was hätte ich denn machen sollen? Sie von Mike in die Mangel nehmen lassen? Sie zwingen, uns ihren Ehering zu geben? Sie hat gerade ihren Mann beerdigt, Herrgott noch mal. Sie wird ihre Schulden bezahlen. Ich kann den Charakter von Leuten beurteilen.«

Dann kamen Nachrichten auf Kanal Zwei. *Eine siebzigjährige Frau wurde am frühen Abend in einem Altersheim festgenommen. Sie hatte versucht, ihren Mann – mit Waffengewalt – aus dem Heim zu befreien. Laut Polizei versuchte die Frau, ihren Mann zu entführen, der an Alzheimer leidet ...*

»Das ist unglaublich«, sagte Ronnie und betrachtete fassungslos Anne, die in Handschellen in einen Streifenwagen verfrachtet wurde.

Das war unsere Großmutter? Die immer Geschenke mitbrachte? Die uns 6200 $ schuldete?

Durch die Meldung erfuhren wir, dass Annes Mann nicht tot war, sondern sich in dem privaten Altersheim erholte. Anne, die Angst hatte, ihre Verwandtschaft könnte versuchen, sich das Geld aus der Versicherung ihres Mannes zu krallen, hatte ihn präventiv entführt, bevor es der Verwandtschaft möglich wäre.

Es war traurig, ihr wütendes Gesicht zu sehen, als sie in Handschellen abgeführt wurde. Aber ihr Gesicht sah nicht halb so wütend aus wie das von Ronnie.

»Ich hab dir gesagt, du sollst *niemandem* vertrauen, Sam. Begreifst du das jetzt? Die alte Krähe hätte *uns* mit der Waffe bedrohen können. Das hätten wir nicht überlebt. Wer ist der Nächste auf der Liste?«, fragte er und sah in das blaue Buch. »Hoffentlich nicht ihre Schwester. Die hat vermutlich eine Maschinenpistole im Höschen versteckt.«

Im Casino herrschte Hochbetrieb; ich war ununterbrochen damit beschäftigt, Geldboxen zu leeren. Die russischen Spieler brüllten herum und waren so unausstehlich wie sonst auch. Die Koreaner waren ungewöhnlich bedrückt, da sich ihr Glück gewendet hatte. Anscheinend gewann nur Stanley, der Zahnarzt, vor dessen grinsendem Gesicht türmten sich schwarze Chips zu einer blanken Pyramide auf.

»Sam!«, rief er und blinzelte mir über seinen Stapel Chips zu.

Ich hob den Daumen. »Gut gemacht, Stanley! Gewinnen Sie eine Million!« *Elender, geiziger Wichser!*

»Super, Mann, was?«, sagte Ronnie, der den Blick über die Tische schweifen ließ. »Wir sind voll bis zum Rand. Wie eine gute Tasse Twinings-Tee.«

»Ja, große Klasse«, antwortete ich. »Wenn das so weitergeht, müsste doch eigentlich eine Lohnerhöhung drin sein, oder?«

So etwas hörte Ronnie nicht gern, darum zog er umgehend Leine, mischte sich unter die Gäste und machte wie ein Idiot

Bücklinge am Tisch der Koreaner. Er hatte zu viele Kung-Fu-Filme gesehen. Trotzdem schien er glücklich wie die Made im Speck. Für ihn lief alles gut. Im September wollte er noch ein neues Casino eröffnen.

Leider ging kurz darauf alles schrecklich schief. Nach einer ersten Schieflage im Januar brachen die Casinos im August endgültig finanziell zusammen. Paradoxerweise erwies sich ihre Stärke als ihr Untergang. Ronnie war selbstgefällig geworden und glaubte, sie würden von allein laufen. Die Vetternwirtschaft, die er eindämmen wollte, grassierte nach wie vor und fraß unter der Oberfläche wie Rost. Er hatte versucht, die Casinos zu einem Familienbetrieb zu machen, und dabei vergessen, dass nur die Familie einen Familienbetrieb zerstören kann.

Der letzte Nagel im Sarg wurde eingeschlagen, als eines der unbenutzten Casinos, in dem wir die Blackjacktische lagerten, überfallen wurde. Die Diebe entkamen mit ein paar Tausend Dollar und einer kleinen Kiste voller Waffen, die wir unter den Bodendielen versteckt hatten, falls jemand unser Geschäft bedrohen sollte.

Das war schlimm genug. Unglücklicherweise fanden die Eindringlinge auch Rita und ihre Freundin … die mietfrei dort wohnten. Sie mussten sich nackt ausziehen und wurden dann wie ein sich küssendes Liebespaar gefesselt.

Viele glaubten, dass Rita den falschen Leuten auf die Zehen getreten war und bekommen hatte, was sie verdiente. Ich sagte ihr, sie solle es positiv sehen: Niemand war zu Schaden gekommen. Und war es nicht ein Glück, dass Ronnie und ich sie gefunden hatten, und nicht Bronx Tommy oder Doc?

Sie war »not amused«, genau wie Queen Victoria.

Als das Casino schließlich am Ende war, überraschte das keinen, außer Ronnie. Doch selbst jetzt blieb er gewohnt philosophisch: Wie gewonnen, so zerronnen, lautete sein Motto. Außerdem, versicherte er mir, wäre schon ein neuer Plan im Entstehen. Jemand Größeres als Johnny Mac würde sein nächstes Projekt finanzieren – ein neues, größeres und besseres Casino. Er habe aus seinen Fehlern gelernt – keine Familienmitglieder mehr. Er würde *jede einzelne* Transaktion im Auge behalten und entweder abnicken oder streichen. Er würde in dem neuen Casino wohnen, damit er im Notfall schneller da wäre als Fliegen auf der Scheiße. Ob ich bis dahin eine Weile bei ihm bleiben könnte? Nur, bis er das endgültige Okay von seinem Größer-als-Mac-Partner bekommen hätte?

»Ich besitze keinen Cent, Kumpel«, sagte er. »Aber sobald das große Geschäft abgeschlossen ist, zahl ich dir alles zurück …«

Ich wollte Ja sagen, konnte aber nicht. Hätte Nein sagen müssen, wollte aber nicht. Mal sehen, mehr versprach ich ihm nicht. Morgen oder übermorgen würde ich ihm Bescheid sagen. Ich wollte ihn fragen, ob seine Familie jetzt zu ihm hielt, wo er sie brauchte. Warum nahm ihn jetzt niemand bei sich auf? Und wo waren all seine sogenannten Freunde? Kein einziger hatte ihm seine Hilfe angeboten …

KAPITEL SIEBENUNDDREISSIG

BIER, HOTDOGS UND GELD. VIEL GELD. HAB ICH DAS GELD ERWÄHNT? VIEL GELD?

AUGUST 1986

Sei vorsichtig, was du dir wünschst ...
– Chinesisches Sprichwort

Glaubt dem Erfahrenen!
– Vergil, *Aeneis*

In diesem Sommer fuhr ich, wie in jedem Sommer zuvor, nach Rochester im Bundesstaat New York. Es tat immer gut, die Stadt eine Weile zu verlassen.

Ich verbrachte die meiste Zeit damit, alte Freunde zu besuchen, zu den vielen Picknicks zu gehen – Treffen, bei denen hauptsächlich viel Bier getrunken wurde.

»Wie läuft es denn da unten?«, fragte Tom, ein pensionierter Polizist und Freund.

»Könnte besser sein ...«

»Du wirkst etwas angestrengt. Was ist los?«

Ich grübelte seit ein paar Monaten über einen Einfall nach, der so unerhört war, dass ich ganz vorsichtig sein musste.

»Ich habe Probleme im Casino.«

»Was für Probleme?«

Für Tom war ich wie ein Sohn. Als ich nach Amerika kam, war er es, der mir geholfen hatte, eine Wohnung zu finden. Wenn ich knapp bei Kasse war, wandte ich mich an ihn.

»Diese Italienerdreckskerle in New York versuchen, mich unter Druck zu setzen«, log ich. »Die wollen mehr Schutzgeld.« Diese Lüge hätte nicht ferner von der Wahrheit sein können. Tatsache war, dass die Italiener den Iren aus dem Weg gingen. Die wussten, was sie erwartet hätte.

»Mir gefällt nicht, dass du da unten bist. Die sind alle verrückt. Ich wünschte, du würdest dir einen anderen Job besorgen, zum Beispiel mit mir als Wachmann bei Brink's arbeiten.«

Ich lachte. »Damit wären meine Probleme gelöst. Ich würde den Laden ausrauben und mein eigenes Casino eröffnen!«

Tom sah mich seltsam an, und ich wusste, dass ich ihn beleidigt hatte. Als New Yorker Polizist genoss er ein hohes Ansehen bei Kollegen und in der Gemeinde, in der er diente. Er war der Jimmy-Stewart-Typ und machte alles stets streng nach Vorschrift.

»Das liegt nur am Bier, Tom«, versicherte ich ihm nicht gerade überzeugend.

Ich hatte das Depot von Brink's schon besucht – Tom hatte mich herumgeführt, als die anderen Wachmänner schon nach Hause gegangen waren. Damals war ich erstaunt gewesen über die bescheidenen Sicherheitsvorrichtungen. Man erzählte sich, einmal sei sogar ein Pizzabote reinspaziert, ohne dass ihn jemand angesprochen hätte. Die Türen standen sperrangelweit offen, man hatte Geld palettenweise in einer Ecke deponiert, von dort sollte es in die riesigen Tresore geschafft werden, sofern die Wachmänner nach dem Baseballspiel Zeit dafür hätten! Das leichtsinnigste Vergehen war angeblich, wenn einer der Wachmänner in die angrenzenden Geschäfte ging, um Besorgungen zu machen, und die Tür einen Spalt offen stehen ließ, mit einem Bleistift dazwischen, damit sie nicht ins Schloss fiel. Millionen, und nur ein Bleistift als Hindernis! Und weil die Wachmänner stinkfaul waren, gehörte dieses Verhalten zur Tagesordnung. Für mich bestand kein Zweifel, das Geld lag bei Brink's auf dem Präsentierteller.

Toms Reaktion verriet mir, was ich wissen musste: Er würde bei meinem Plan auf keinen Fall mitmachen. Also vergaß ich die Sache schnell wieder.

Vorerst …

KAPITEL ACHTUNDDREISSIG

OFFENE TÜREN

Es braust ein Unglück gegen meine Ruh,
Denn diese Nacht träumt ich von Säcken Geldes.
– Shakespeare, *Der Kaufmann von Venedig*

Wer keine Hitze verträgt, hat in der Küche nichts verloren.
– General Harry Vaughan

Nach meiner Rückkehr begab ich mich auf Jobsuche. Ich hätte einfach alles genommen und wurde schlussendlich Türsteher in der eleganten Park Avenue, wo ich den Reichen und Berühmten die Türen aufhielt.

Nach vier Monaten wohnte Ronnie immer noch in meinem Apartment und machte meine Frau mit seinen täglichen Rezitationen aus Marc Aurel wahnsinnig. Ich wusste, es war Zeit, dass er ging, als er sich das Gesamtwerk von Sokrates in der Bibliothek auslieh. Irgendwann reicht es.

»Hör mal, Kumpel, du musst dir eine eigene Bude suchen. Ich sag es nicht gern, aber du machst uns hier alle verrückt.«

Er lachte nur, was mich noch mehr nervte.

»Keine Bange. Ich treffe mich morgen Abend mit meinem neuen Partner. Dann kannst du diesen Wichsern in der Park Avenue sagen, sie sollen sich ihren Job sonst wo hinschieben.«

Zwei Wochen später schlief er immer noch auf dem Boden unseres Apartments. Sokrates war durch Homer ersetzt worden, und meine Frau drohte mir, sie würde nach Belfast zurückkehren, wenn ich Ronnie nicht rauswarf.

»Tut mir leid, Kumpel«, sagte ich und trug ihm seinen Koffer zum Fahrstuhl.

»Keine Bange, ich treffe mich mit meinem neuen Partner –«

Ich sah, wie die Fahrstuhltür zuging und ihm die Worte abschnitt, mit denen er sich selbst etwas vormachte.

Kaum hatte ich ihm vergnügt zum Abschied gewinkt, klingelte das Telefon. Etwas sagte mir, dass es Ronnie war, der vermutlich in der Telefonzelle auf der anderen Straßenseite stand und mich anflehen würde, noch eine Woche bleiben zu dürfen.

Geh nicht ran. Lass es klingeln.

Aber es war nicht Ronnie. Es war Marco, ein ehemaliger Rausschmeißer im Casino. Er hatte in der Armee gedient, war ein Golfkriegsveteran.

»Hör mal. Wegen dieser anderen Sache …«, begann er geheimnisvoll.

»Ja?«

»Kein Problem?«

»Können wir uns nächste Woche treffen?«, fragte ich.

»Kein Problem.«

KAPITEL NEUNUNDDREISSIG

DER WALFÄNGER

Ein ungeprüftes Leben ist nicht lebenswert.
– Sokrates

Nennt mich Ismael.
– Herman Melville, *Moby Dick*

Es war heiß und schwül, als ich nach meinem Treffen mit Marco in Rochester am Sonntagnachmittag nach Manhattan zurückkehrte. Schweißnasses Hemd und klamme Unterwäsche. Dreiunddreißig Grad im Schatten, Tendenz: steigend. Da braute sich ein Rekord zusammen. Man sagt, dieses schwüle Wetter macht die New Yorker irre. Manchmal verleitet es sie auch, etwas Irres zu tun.

Zum ersten Mal seit meiner Ankunft in der Stadt vor vielen Jahren fühlte ich mich isoliert. Die meisten, wenn nicht alle Freunde aus Belfast waren nach Hause zurückgekehrt. Das Casino war ihre Haupteinnahmequelle gewesen, deshalb entschieden sich die meisten zu verschwinden, solange sie noch etwas Geld in der Tasche hatten. Man konnte es ihnen nicht verübeln. Vermutlich wäre ich ihrem Beispiel sogar gefolgt, hätte ich mich nicht mit dem irrsinnigen Plan getragen, bei Brink's einzubrechen. Ich fragte mich immer wieder, ob ich wirklich etwas so Tollkühnes und Gefährliches durchziehen und überleben konnte.

Über mir schwebte die Sonne in gespenstischem Dunst, als ich die enge Straße betrat, in der sich eine ganze Schar Obdachloser verkrochen hatte und ihre wenigen Habseligkeiten hütete. Eine alte, baufällige Kirche war jetzt ihr Zuhause.

»Du handelst dir Ärger ein, Kumpel«, sagte der Mitarbeiter eines Imbisses, der mich zu den Obdachlosen gehen sah. »Das sind mordgeile Wichser. Abschaum.«

Er zeigte vorwurfsvoll auf sie, während er sich einen Streifen Juicy-Fruit-Kaugummi in den Mund steckte. Beim Kauen bewegte er nervös die Kieferknochen, wie Norman Bates in *Psycho*.

Ich nickte, beachtete ihn aber nicht weiter. Ich kannte die Straßen von Belfast, da konnten mich New York und seine Bewohner kaum bis gar nicht erschrecken.

Die erbärmlichen Bedingungen, unter denen die Obdachlosen in dieser reichen Stadt lebten, war immer wieder schockierend. Ihr elendes Dasein wirkte umso niederschmetternder, als nur wenige Straßen entfernt, in der Park Avenue, die Reichen – ein obszöner Widerspruch – ihre Haustiere verhätschelten. Es waren Welten, die sich überlappten, doch kaum je einmal berührten.

Viele der Obdachlosen waren einst Säulen der Gesellschaft. Jetzt galten sie nur noch als Abschaum, den man sah, aber nicht wahrzunehmen versuchte, obwohl er gern mit aller Schroffheit apokalyptische Verwünschungen ausstieß.

Ein Mann, dem man das linke Bein am Knie abgenommen hatte, saß in einem wackeligen Rollstuhl. Mit seinem verwelkten Gesicht sah er älter aus, als er war, als hätten ihm Armut und Not seiner Knochen beraubt, sodass man die dunklen Ränder unter seinen Augen umso deutlicher sah.

Am Ende der Straße lag ausgeweidet eine pralle Einkaufstüte, aus der eine ausgetrocknete Damenbinde ragte wie eine blutige, in der Hitze hechelnde Zunge. Der Gestank, der von der Tüte ausging, drehte den Passanten offenbar den Magen um. Mir nicht. Ich hatte schon Schlimmeres erlebt. Bei den Protesten im Gefängnis. Im Schlachthof.

Als ich um die Tüte herumging, rempelte mich ein Mann in einer Decke mit Paisleymuster an. »Du versaust meine Haut mit blauen Flecken, du Wichser?«, murmelte er. »Du solltest mich besser gleich umbringen, sonst mach ich dich kalt! Kapiert? *Kapiert?* Haste gehört, was sagste dazu?« Er streckte mir die Zunge raus.

»Lass den Mann in Ruhe, Jo Jo«, sagte der Typ im Rollstuhl. »Er hat dir doch nix getan.«

Jo Jo sah mich finster an, dann seinen Freund, und verkroch sich wieder im Schatten.

»Er meint es nicht böse, echt. Er misstraut Fremden nur.«

Ich wusste nicht, ob ich mich bedanken und schnellstens den Rückzug aus der Straße antreten sollte. Stattdessen suchte ich in der Hosentasche nach Kleingeld.

»Lass das. Beleidige uns nicht«, sagte der Mann.

Ich wurde rot.

»Entschuldige ...«

»Auch das ist nicht nötig. Dein Gesicht hat sich schon entschuldigt.« Er lachte und wurde dann von einem Hustenanfall durchgeschüttelt. »Ich lache nicht oft genug. Bin aus der Übung.«

»Du hörst dich nicht an wie ein New Yorker«, sagte ich.

»Du auch nicht, wenn ich das sagen darf.«

Diesmal hustete er nicht, sondern lächelte nur.

»Ich komm aus Tennessee, falls man überhaupt sagen kann, dass man von wo kommt. Meistens schreib ich, sammle aber Dosen, um zu überleben. Du?«

»Ich komme aus Belfast. Hab in einem Casino gearbeitet ... das heißt, wenn es die Bullen nicht gerade dichtgemacht hatten.«

»Tja, da hab ich heut was dazugelernt. Ich wusste nicht mal, dass es in New York Casinos gibt. Muss ich in meinem Geschreibsel erwähnen.«

»Offiziell gibt es sie nicht, sie sind illegal«, erklärte ich ihm.

»Ist nicht weiter schlimm. Verdammt, in dieser Stadt obdachlos zu sein, ist illegal, wenn man dumm genug ist, dem Bürgermeister zu glauben!« Er kam mit seinem Rollstuhl näher. Auf dem Schoß hatte er eine Tüte leere Dosen. »Belfast? Das ist ’n raues Pflaster. So viele Tote. Reiner Wahnsinn.«

Jetzt war ich derjenige, der lachte. In New York werden an einem Wochenende mehr Menschen getötet als in Belfast in einem Jahr. Offenbar muss jeder irgendein größeres Monster erschaffen, damit das eigene nicht so schlimm wirkt.

»’n raues Pflaster«, wiederholte er nachdenklich.

»Sicher nicht so hart, wie in New York als Obdachloser im Rollstuhl unterwegs zu sein«, sagte ich.

»Könnte schlimmer sein. Wenn zum Beispiel die Räder weg wären«, sagte er mit einem gezwungenen Lächeln. »Ich mach das nich regelmäßig, das Dosensammeln, weißt du, aber es gehört zu dem außergewöhnlichen Abenteuer, das ich erlebe, seit ich letztes Jahr zu Weihnachten aus Tennessee nach New York gekommen bin.«

Er suchte in seinen Taschen nach etwas, fand es, zündete die Zigarette an und sog den Rauch tief in die Lungen.

»Ich selbst hatte ’n besseren Samstag, weil ich acht Mäuse und ’n paar Zerquetschte für Dosen gekriegt hab, und am selben Morgen kam mir ’ne Idee.«

Er blies ein winziges Rauchwölkchen in die Luft, als wollte er nichts davon verschwenden. »Normalerweise krieg ich nur genügend Dosen für Zigaretten und Kaffee zusammen, sodass ich ’ne Weile drinnen sitzen und ’n Blick auf das Geschreibsel werfen kann, an dem ich jetzt seit elf Jahren sitze. In all der Zeit bin ich kreuz und quer durch ganz Amerika getrampt. Mit Güterzügen bin ich bis rauf nach Kanada und hab in Montreal als Anstreicher auf ’nem Schiff angeheuert, das mich nach Hamburg in Deutschland brachte. An Bord eines rostigen alten Walfängers hab ich damals meine Beine verloren. Eine Botschaft von Gott, dass man Seine Geschöpfe nicht jagen darf, ohne Seinen Zorn abzubekommen.«

Ich dachte, er würde mir erzählen, dass er die Beine in Vietnam verloren hatte, und fand die Wahrheit auf eine perverse Weise faszinierender, beinahe romantisch. Inzwischen war es spät geworden, aber das war mir egal.

»Ich hab fast acht Jahre in Irland gelebt, in Dublin«, fuhr er fort, »bin da hin und her gereist und hab die Folkmusik studiert, die neben Gospel die Wurzel unserer Country- und Rock-'n'-Roll-Musik ist. Da ich meist mehr schlecht als recht von der Hand in den Mund gelebt hab, interessierte ich mich für die Menschen am Rande der Gesellschaft, die Landstreicher und Obdachlosen, die in Großstädten oder sonst irgendwo auf der Straße lebten. Von diesen Leuten habe ich gelernt, wie man überleben kann, aber noch viel mehr habe ich von ihnen über unsere Gesellschaft gelernt. Mein Großvater, der mich halb aufgezogen hat, ist ein belesener Mann. Er besitzt Tausende Bücher aller Art. Er hat Saatgut ausgebracht, das er von 'ner Motorradbande in Philadelphia bekam. Die sind jedes Jahr mit ihren Motorrädern vorbeigekommen, um das Gras abzuholen, und haben ihm zwei Pfund Speed aus der Crack-Hauptstadt mitgebracht.«

Jo Jo murmelte irgendwo in den Schatten. Ich fragte mich, ob er nach einem Messer suchte.

»Ist 'n belesener Mann, mein Opa, und drum interessier ich mich auch für Mechanik, Elektronik, Wissenschaft, Erfindungen und technologische Innovation. Er hat mich inzwischen fast enterbt, weil ich so lebe und wegen meinen Interessen. Er und ich haben 'n Krach am Laufen, weil er mir nie verraten hat, wer mein Daddy war oder wie ich bei ihm gelandet bin. Ständig tischt er mir neue Versionen auf. Ich glaub ihm kein Wort mehr.«

Er sog noch einmal an der Kippe, die zwischen seinem Daumen und Zeigefinger verschwand. Der Geruch verbrannter Haut lag in der Luft. Erinnerte mich an einen Zwischenfall in Belfast.

»Ich hatte 'ne Rohfassung von meinem Buch fast fertig, mit jeder Menge Songs drin, die ich geschrieben hab, aber letzten Oktober verbrannte alles bei 'nem Feuer im Westen von Philadelphia. Mit allem anderen, das ich besaß und bei mir trug. Gitarre auch. Eine zerkratzte, aber wunderschöne alte Gitarre. Hätte mir fast das olle Herz gebrochen. Da ging ich nach Tennessee zurück, konnt nicht bleiben und mir anhören, wie Opa sagte: ›Hab's dir gesagt. So ist's, wenn man das Schicksal herausfordert.‹ Er will sich zur Ruhe setzen und dass ich bleib und ihn versorge, weil er alt ist. Einen Dreck werd ich, ich hab selber genug zu tun. Außerdem könnte er sich 'ne hübsche Krankenschwester leisten, wenn er wollte.«

Er fuhr mit dem Rollstuhl einen Halbkreis, zur Sonne hin. »Tut mir leid, schätze, ich musste das mal wem erzählen. Hunger kann ich aushalten, aber Schweigen war immer die reine Folter für mich.«

Ich sagte nichts, weil ich fürchtete, ich könnte die stehen gebliebene Zeit wieder in Gang setzen. Selbst die alte Kirche schien sich in der Hitze auszudehnen, zu horchen und noch längere Schatten die Straße hinabzuwerfen. Die brennenden Kerzen waren längst verloschen und spornten doch noch die Fantasie an, mit lebhaften, quälenden Engeln, mit Alibigesichtern, die alle zusammen einen majestätisch einprägsamen Gobelin bildeten.

»Ich weiß, du musst gehen, aber lass mich noch zu Ende erzählen, was ich angefangen hab. Ich beschloss, eine letzte Herausforderung der Reise zu meistern ... ohne Geld und alles nach New York zu gehen und rauszukriegen, ob ich den Winter überstehe, die Leute finde, die ständig so ein hartes Leben fristen, ihre Lebensweise lerne und abwarte, auf was für neue Songs und Einfälle mich das bringt. Das hab ich geschafft, und es war fast immer die reine Hölle, hauptsächlich wegen dem Verhalten der sogenannten normalen Leute und der Hoffnungslosigkeit, die man auf der Straße spürt. Ich hab 'ne Menge psychische Narben davongetragen, aber auch neue Songs geschrieben und Ideen gehabt, jetzt muss ich raus aus diesem Dasein, damit ich etwas Abstand kriege, drüber schreiben und den Leuten helfen kann. Und ich hoffe, dass ich 'n Verlag dafür finde.«

Die Stille der Straße war auf unheimliche Weise schön. Wie eine Symphonie, die von den Gespenstern gefallener Krieger performed wird. Man hätte hineinfallen und sich für immer und ewig davon mitreißen lassen können.

Er hatte über eine Stunde geredet, aber mir kam es wie eine Minute vor. Vor einer Stunde hatte mich noch Selbstmitleid geplagt, jetzt nicht mehr. Er hatte mir, einem Fremden, seine Lebensgeschichte erzählt, von Familienintrigen und mieser Behandlung, von verlorenen Hoffnungen und der unerschütterlichen Überzeugung, dass die ganze, an unseren Seelen klebende, dunkle Schuld bezwungen werden kann.

Ich wollte ihm von dem Leben erzählen, das ich kennengelernt hatte, von der Brutalität und dem Tod, davon, wie es ist, wenn man sich vor seinen eigenen Empfindungen fürchtet, wenn man solche Qualen empfindet und sich so leer fühlt, dass die einzige Erlösung der Tod zu sein scheint.

Doch bevor ich noch etwas sagen konnte, prasselte ein wahrer Sturzbach auf uns herab. Er füllte die Schlaglöcher, die schnell blubbernd in der völlig überschwemmten Straße verschwanden.

Über uns suchte ein Schwarm Stare Schutz, sie kreischten wie ihre Vettern in Long Kesh. Und um uns herum suchten Passanten verzweifelt Schutz vor den Taxis, die gleichgültig Wasserfontänen auf die Gehwege spritzten.

Ich drehte mich um und wollte mich verabschieden, aber er war fort, so wie alle anderen auch.

»He!«, rief der Imbissangestellte und wischte sich die enormen Pranken an einer mehligen Schürze ab. »Sie sollten wirklich nicht allein dort rein. Der elende Abschaum würde Ihnen die Kehle durchschneiden und nichts dabei finden. Gehen Sie, los! Ich pass auf, dass Ihnen keiner folgt.«

Ich flüchtete mich in den Strand Bookstore am Broadway und stöberte in dem Arsenal neuer und antiquarischer Bücher.

Kaum hielt ich ein Buch mit dem Titel *Silver's Goldmine* in der Hand, plagten mich Erinnerungen. Erinnerungen, die mindestens so betörend waren wie Parfüm auf der Haut einer Geliebten. Ich dachte an JCB, dessen Kopf gegen die Höhlenwand knallte, von Höhlenmenschen mit Keulen gestoßen. Es war egoistisch, ich weiß, aber ich war froh, dass ich hier war und nicht mehr unter den Obdachlosen.

Der Imbissangestellte lungerte an der Hintertür herum, schüttelte ungläubig den Kopf und dachte offenbar, was für ein Glück ich gehabt hätte, dass ich mit heiler Haut da rausgekommen war. Und in gewisser Weise hatte ich tatsächlich Glück gehabt. Glück, einem Mann begegnet zu sein, dessen Namen ich noch nicht einmal kannte, der für mich jedoch alles in die richtige Perspektive gerückt hatte. Plötzlich fühlte ich mich nicht mehr so isoliert in dieser großen Stadt. Ich war frei und wusste ganz genau, was ich tun würde, wenn – *falls* – die Zeit kam, ein streng gesichertes Gebäude zu betreten, ohne vorher um Erlaubnis zu bitten.

Es war nur eine Frage der Zeit. Und des *Timings.*

KAPITEL VIERZIG

DER STAND DER DINGE

DEZEMBER 1987

**Vor Gefahren bebt ein tapferer Mann nicht;
der Feigling nur vermag nichts überall.
– Euripides**

**Um einen Freund zu finden, muss man ein Auge zudrücken. Um ihn zu behalten – zwei.
– Norman Douglas, *Almanac***

Es ging nur langsam voran. Ich nahm jeden Job an, den ich kriegen konnte, während Ronnie einen winzigen Laden in SoHo eröffnete, in dem er Seidenschals und Krawatten verkaufte. Die Miete betrug achttausend Dollar im Monat, aber er bezahlte keinen Penny. Der Vermieter war auf sein Geschwätz hereingefallen, wie so viele vor ihm. Da saß er nun in seinem verglasten Laden zwischen Kunsthändlern und teuren Restaurants und bot seinen winzigen Bestand an getürkten Designermarken auf Pappkartons feil.

Und Marco? Der dachte nur noch an das viele Geld. Es machte ihn wahnsinnig. Aber wir konnten rein gar nichts tun, bis wir einen geeigneten dritten Mann gefunden hatten – sollte uns das je gelingen.

Ich begann inzwischen daran zu zweifeln, und in meiner Hoffnungslosigkeit nannte ich den einzigen Namen, der mir noch einfiel.

»Wir brauchen einen Transporter«, sagte ich zu Ronnie, während ich seine Auslagen begutachtete. »Den wir verstecken können, bis alles klar ist.« Ich hatte bereits ein Auto versteckt, hatte jedoch keinen Plan, wie ich unauffällig an einen Transporter kommen konnte.

Ronnie erzählte ich so wenig wie möglich, damit er nur erahnte, worum es ging. Je weniger er wusste, desto besser. Ich hatte ihm nicht gesagt, dass es sich um ein Depot von Panzerwagen handelte. Ich fand, dass er das jetzt noch nicht wissen musste.

»Kein Problem, Kumpel. Ich kenn zufällig ein Plätzchen, wo ich einen kriegen kann.«

Das Plätzchen war ein Ausstellungsraum für Automobile an der West Side.

Wir gingen gleich die Treppe hinaus zu den neuen Transportern.

»Du denkst doch hoffentlich nicht daran, so einen zu klauen?«, fragte ich und hoffte, es wäre anders, obwohl ich wusste, dass er genau das vorhatte.

Bevor er antworten konnte, gesellte sich ein junger farbiger Verkäufer zu uns.

»Hallo, guter Mann«, sagte Ronnie übertrieben; der breite Liverpooler Akzent war verschwunden, stattdessen gab er den Don von Oxford. »Ich suche einen neuen Transporter. Könnten Sie mir freundlicherweise zeigen, was Sie anzubieten haben?« Mit seinem dreiteiligen Anzug, der Nickelbrille und der ledernen Aktentasche unter dem Arm wirkt er absolut glaubwürdig.

»Gern, Sir. Unsere aktuellsten Modelle befinden sich im zweiten Stock. Wenn Sie mir folgen würden …«

In der folgenden Stunde führte uns der Verkäufer ihre Topmodelle vor. Ich hielt mich im Hintergrund, während Ronnie die Motorhauben öffnete und so tat, als hätte er eine Ahnung davon. Immer wieder, wenn der Verkäufer den Mund aufmachte, antwortete Ronnie: »Das ist ja wirklich reizend. Ich bin sehr beeindruckt, junger Mann.«

Bevor wir uns verabschiedeten, schüttelte er ihm die Hand und versicherte ihm, dass wir *ganz bestimmt* wiederkommen würden und was für ein hervorragender Mitarbeiter er doch wäre. Oh, und haben Sie je Marc Aurel gelesen? Nicht? Das sollten Sie unbedingt tun …

»Das war verdammte Zeitverschwendung«, sagte ich eine Straßenecke weiter. »Was sollte der Blödsinn, so zu tun, als wollten wir einen Transporter kaufen? Du kennst doch sicher jemanden in Harlem, der uns unauffällig einen besorgen kann?« Ronnies geschiedene Frau lebte in Harlem; er kannte einige Gebrauchtwagenhändler dort.

Er lächelte nur und blinzelte. »Und was ist damit?«

Er klopfte mir mit einem Schlüssel auf die Nase. Ich roch das Metall.

»Was ist das?«, fragte ich, obwohl ich die Antwort kannte.

»Während du dich verkrochen hast, war ich wachsam. Unglaublich, dass die Schlüssel einfach so an einem Brett hängen, wo sie nur darauf warten, dass sie jemand mitnimmt. Vermutlich Versicherungsbetrug. So muss es sein. Bin gleich wieder da.«

Ohne zu zögern, begab er sich wieder in den Ausstellungsraum.

Keine zehn Minuten später fuhr er neben mir rechts ran, sein Gesicht strahlte wie die Lackierung des neuen Transporters. »Worauf wartest du? Steig ein.«

Die Selbstsicherheit, mit der er den Transporter organisiert hatte, stärkte mein Vertrauen in ihn. Aber hatte er den »Schneid« dazu, wie er selbst immer sagte? Bald sollten wir es herausfinden.

Wir fuhren zum Washington Square und versteckten den Transporter. Als wir später vor der Tür des alten Hauses standen, in dem Edgar Allan Poe einst wohnte, zogen wie aus dem Nichts dunkle Wolken auf.

»Ich wette, dieses Haus könnte uns die eine oder andere Geschichte erzählen«, sagte Ronnie und sah zum Fenster hinein. »Hier hängen nachts jede Menge Irre rum und hoffen, dass sie Poes Geist sehen. Vermutlich der Grund, weshalb in dieser Stadt so viele Morde passieren.«

Ich beschloss, ihn einzuweihen, worum es ging, bevor er *zu* morbide wurde, damit er entscheiden konnte, ob er mitmachen wollte.

Da fing es in Strömen zu regnen an; wir rannten los und suchten in einem kleinen Café Schutz. Ich hätte den Regen als weiteres Omen deuten sollen, sah aber gerade nicht allzu klar.

»Du musst vermutlich einen oder zwei Wachmänner mit deiner harten Rechten bewusstlos schlagen«, sagte ich, trank einen Schluck Kaffee und beobachtete seine Reaktion.

Er ließ ein Grinsen sehen, seine Augen sagten jedoch etwas anderes.

»Ja«, antwortete er schließlich. »Wir tun, was wir tun müssen. Die alte Rechts-links-Kombination sollte ausreichen.«

Plötzlich stand er auf und führte vor aller Augen in dem Café den Ali-Shuffle auf, die berühmte Beinkombination von Muhammad Ali, einschließlich Uppercuts und rechter Haken gegen einen unsichtbaren Gegner. Alle in dem Laden waren hingerissen, nur ich nicht.

»Kannst du dich jetzt wieder hinsetzen, verdammt?«, zischte ich.

Das tat er erst, nachdem er auch den Moonwalk im Stil von Michael Jackson vorgeführt hatte.

»An sich sollte es keine Probleme geben«, sagte ich und pustete sacht über den heißen Kaffee. »Kinderspiel.«

»Kleinigkeit«, stimmte er zu. »Kinderspiel.«

Ich trank von dem Kaffee. Und genau in jenem Augenblick, als das volle Aroma meinen Mund ausfüllte, wurde mir klar, dass wir Probleme hatten. Einen Berg Probleme.

KAPITEL EINUNDVIERZIG

FALSCHE ABZWEIGUNG? FALSCHE PERSON?

Feigheit ist meiner Seele fremd.
– Emily Brontë

Wenn ich einen Spaten sehe, nenne ich ihn Spaten.
– Oscar Wilde, *Ernst sein ist alles*

Zwei Tage später brachen wir am frühen Morgen in noch fast völliger Dunkelheit nach Rochester auf. Vor uns lagen acht Stunden Fahrt, darum schien es besser, so früh wie möglich loszufahren. Ich fuhr im Auto voraus, Ronnie mit dem Transporter hinterher. Es waren schwere Schneefälle vorhergesagt; wir wussten, wir müssten uns sputen, damit wir nicht unterwegs liegen blieben.

Wir verließen Manhattan auf der schneebedeckten Park Avenue, die auf der gesamten Länge von wie Soldaten aufgereihten Weihnachtsbäumen gesäumt wurde. Man hatte sie so überreich mit Lichterketten geschmückt, dass sie uns in der Dunkelheit wie Schwärme von Glühwürmchen entgegenkamen. Schnee lastete auf den Ästen, die aussahen, als könnten sie jeden Moment brechen und auf die Passanten herunterfallen.

Als dann Wind aufkam, brachte er Schneeflocken mit sich, die so groß waren wie Schmetterlinge. Immer wieder sahen wir liegen gebliebene Autos am Straßenrand, die allmählich unter all dem Schnee verschwanden. Aus dem Radio tönte Bing Crosby, und der Nikolaus mit seinem »Hohoho« schien allgegenwärtig.

Wir hielten uns strikt an die Geschwindigkeitsbegrenzungen,

obwohl die breite New Yorker Stadtautobahn regelrecht zum Rasen herausforderte. Ich hoffte nur, Ronnie würde der Versuchung widerstehen; falls nicht, hätten wir umgehend die New Yorker Autobahnpolizei am Hals gehabt.

Alles lief prima, bis etwa zur Hälfte der Strecke, als ich zufällig in den Rückspiegel sah und gerade noch mitbekam, wie Ronnie vom Highway abfuhr. Er hatte die falsche Ausfahrt genommen.

Scheiße! Ich konnte den Highway erst bei der nächsten Ausfahrt verlassen, dreißig Meilen weiter.

Ich schlug mit der Faust auf das Lenkrad und beschimpfte ihn als größten Idioten unter der Sonne. Er hätte mir einfach nur nachfahren müssen, aber wie üblich brachte er nicht einmal etwas so Einfaches fertig, bei ihm musste alles immer kompliziert sein. Als ich endlich abfahren, wenden und die dreißig Meilen zurückfahren konnte, war er verschwunden.

Zuerst war es mir nicht klar, doch dann begriff ich, dass genau das seine Absicht gewesen war.

Mir blieb nichts anderes übrig, als den Plan sofort aufzugeben. Ich kehrte unverrichteter Dinge nach New York zurück und hatte gerade noch genügend Geld für Benzin und Maut. Ich schäumte vor Wut, am meisten auf mich selbst, weil ich Ronnie vertraut hatte, obwohl ich es besser wissen konnte.

Ein paar Tage später machte ich mich auf den Weg zu ihm, um ihm zu sagen, was ich von ihm hielt. In der U-Bahn konnte ich den Blick nicht von einer rehäugigen jungen Dame abwenden, die ein Werbeplakat für *Les Misérables* am Broadway zierte. Ein Witzbold hatte daruntergekritzelt: *Sehe ich miserabel aus?* Antwort: *Mehr oder weniger.*

Ganz meine Meinung, dachte ich, als ich aus der Bahn ausstieg und zu seinem Geschäft lief.

»Du bist eine feige Memme«, sagte ich, als ich das Geschäft betrat – laut genug, dass zwei Kunden es hören konnten. Ich wollte seinen Laden verwüsten, die gesamten dubiosen Waren auf die Straße werfen, und ihn gleich hinterher.

»Ganz ruhig, Kumpel«, antwortete er, schob die beiden Kunden hastig aus dem Laden und versicherte ihnen, was für ein Scherzkeks ich wäre. Ha! Ha! Ha!

»*Ruhig?* Du bist eine feige Memme. Genau das bist du. Ein typischer feiger Brite.«

Dass ich ihn einen Briten nannte, missfiel ihm besonders, er forderte mich auf, das sofort zurückzunehmen.

»Ich bin Engländer, Liverpooler, um genau zu sein.«

»Mir wäre es scheißegal, wenn du einer von den Beatles wärst.«

»Ich weiß, wie das aussehen muss, Kumpel. Um ehrlich zu sein, haben mich die lange Fahrt und der viele Schnee auf der Straße verwirrt. Der Schnee hat mich geblendet. Ich dachte, ich hätte dich an der Ausfahrt rausfahren sehen, und bin dir nachgefahren, Gott ist mein Zeuge, ich war bestürzt, als ich feststellte, dass du es nicht warst. Ich bin auf den Highway zurück und nach Rochester gefahren, aber du warst nicht da, Mann.«

Der letzte Satz klang vorwurfsvoll; sein Ausdruck erinnerte an einen Hund, den sein Besitzer ausgesetzt hat.

War er nach Rochester gefahren? Es gab keine Möglichkeit, das zu klären.

»Das ist jetzt sowieso alles egal«, sagte ich. »Es ist vorbei. Die Gelegenheit kommt nie wieder. Wir haben es versaut.«

»Sag das nicht, Kumpel. Nächstes Mal planen wir es gründlicher. Wir hatten es vielleicht etwas zu eilig. Es hätte mit einer Katastrophe enden können, wenn wir –«

»*Vergiss es.* Okay? Sag einfach kein Wort mehr. Kapiert?«

Er sagte nichts mehr, und ich ging und blickte nie mehr zurück zu diesem Falter, der sich damit brüsten wollte, dass er die Flamme berührt hatte, aber ohne die Gefahr, zu verbrennen; er wollte bestenfalls Mittäter sein.

KAPITEL ZWEIUNDVIERZIG

SHOWTIME!

5. JANUAR 1993

Meredith, wir sind drin!
– Fred Kitchen, *The Bailiff*

370 South Avenue war die Adresse eines roten Betongebäudes in einem heruntergekommenen Industriegebiet unweit des Interstate Highway 490. Ein Bauwerk, das man keines zweiten Blickes würdigte, völlig unscheinbar. Niemand vermutete, dass dieses einfache, eingeschossige Gebäude Aladins Höhle sein könnte, das Panzerwagendepot von Brink's Incorporated.

Und genau das war auch beabsichtigt.

Brink's Incorporated, 1859 gegründet, ist die älteste und größte Firma für gesicherte Transporte der Welt; hundertsechzig Filialen gibt es in den USA, vierzig in Kanada, dazu Zweigstellen in fünfzig Ländern rund um den Erdball. Die Firma konnte auf eine lange Geschichte zurückblicken, und ich wollte Teil dieser Geschichte werden. Ich hatte gehofft, wir könnten es vor Weihnachten durchziehen. Jetzt schrieben wir schon den 5. Januar 1993, fünf Tage vor meinem Geburtstag. Es war kurz nach vier Uhr, um sieben sollte es entweder der glücklichste oder traurigste Geburtstag werden, den ich je feiern würde.

Die Pläne hatten sich drastisch verändert. Keine Ausflüchte mehr. Tief im Inneren wusste ich, dass es der reine Wahnsinn war, doch ich war besessen von der Idee unerhörten Reichtums. Was auch immer von jetzt an geschehen würde, es gab kein Zurück mehr, weder für Marco noch für mich. Ich hatte einen neuen Transporter, einen Gebrauchtwagen, grau, klein und unscheinbar. Und ach ja, eines hatte ich ihm bisher noch nicht gesagt. Ich hatte Waffenattrappen besorgt.

»Was zum Teufel ist das? Willst du mich auf den Arm nehmen? So war das nicht abgesprochen!«

»Es ist wichtig, dass niemand verletzt wird. Und das wird auch niemand, wenn du mir vertraust. Wir brauchen keine echten«, sagte ich und versuchte, ihn mit meiner Logik zu beruhigen. »Die Wachen da drin scheißen sich in die Hosen, wenn wir damit vor ihren Gesichtern rumfuchteln.«

Wir standen in der Hundekälte im Schnee und Wind und sahen einander an. Er schüttele weiterhin ungläubig den Kopf.

»Kein Wunder, dass dein Freund kalte Füße bekommen hat«, sagte er schließlich und beendete damit die schreckliche Stille. »Du bist vollkommen irre.«

»Vertrau mir. Wir können das durchziehen, ohne dass jemand zu Schaden kommt. In einer Stunde oder so hast du im Lotto gewonnen. Was sagst du?«

»Durchgedrehter irischer Dreckskerl!«, sagte er.

Als Erstes mussten wir einen Parkplatz finden, der so nahe an dem Gebäude lag wie möglich, jedoch weit genug entfernt von den Kameras, mit denen die Gegend überwacht wurde. Ich geriet etwas in Panik. Die wenigen Parkplätze, die es gab, wurden von den Anwohnern beansprucht, sodass wir nur in einer winzigen Nebenstraße parken konnten. Das Problem dabei war, dass wir den Transporter nicht einfach stehen lassen konnten, weil man dort nur zu bestimmten Zeiten parken durfte, und wir konnten es nicht riskieren, einen Strafzettel zu bekommen, der uns später eventuell in Erklärungsnöte brachte. Uns blieb jedoch keine andere Wahl, ich parkte den Transporter unter den Bäumen, die die Straße säumten, und betete, dass niemand aus dem Fenster sah.

Der größte Teil des Geldes kam aus der Federal Reserve Bank

in Buffalo und sollte vor Ort in Geldautomaten deponiert werden. Der letzte gepanzerte Wagen hatte gerade bei Brink's haltgemacht. Ich sah ihn auf das Gelände fahren, während ich mich raschen Schrittes dem Gebäude näherte.

Bei dem eisigen Wetter unterschieden wir uns in unseren Kapuzenpullis und Schals kaum von den wenigen Passanten auf dem Heimweg. Man hätte vermuten können, wir hätten unsere Klamotten im selben Militärbekleidungsladen in Brooklyn gekauft.

Je näher die Dämmerung rückte, desto heftiger schlotterten mir die Knie, während das Depot von Brink's im Licht der Scheinwerfer des Autoverkehrs aufschien. Eine Stimme in meinem Kopf versuchte, mich zur Vernunft zu bringen, und fragte mich, was zum Teufel ich mir dabei dachte. Aber darauf wusste ich längst eine Antwort. Eine Million Antworten.

Als wir den Parkplatz von Brink's erreichten, setzte sich Marco hastig in Toms winziges Auto, das zwischen zwei elefantösen gepanzerten Transportern parkte. Ich hatte Toms Auto schon vom Highway aus gesehen und lächelte. Tom parkte an jedem Werktag auf demselben Platz. Und ich verließ mich auf diese Gewohnheit. Normalerweise schloss er die Autotüren nicht ab, so wie die meisten anderen Leute in dieser Gegend auch.

Marco zwängte sich auf den Rücksitz des Wagens und machte sich unsichtbar, während ich aus sicherer Entfernung zusah und mittels eines Walkie-Talkies mit ihm in Kontakt blieb. Ich wusste, wann der letzte Transporter wegfahren würde, und noch wichtiger, dass die Wachmänner immer einen rausschickten, der sich vergewissern musste, dass das Gelände sicher war, bevor sie das Geld in den Tresor schafften. Sobald ich den Wachmann rauskommen sah, würde ich es Marco über Funk durchgeben, der ihn dann überwältigen sollte, bevor er wieder in dem Gebäude verschwand.

Alles hing vom richtigen Zeitplan ab. Wir mussten einander vertrauen. Er war darauf angewiesen, dass ich im richtigen Augenblick das Signal gab, ich, dass er die Anweisungen auch direkt ausführte. Ein kleiner Fehler, und wir würden beide am Ende ohne einen Penny dastehen und vermutlich ins Gefängnis wandern. Machten wir es jedoch richtig, würden wir es lachend bis zur Bank schaffen, oder in diesem Fall zu Brink's.

»Der letzte Transporter fährt gerade los«, flüsterte ich in das Walkie-Talkie.

Marco antwortete nicht, weshalb ich noch einmal flüsterte: *»Der Transporter fährt los.«*

Daraufhin hörte ich die sarkastische, geflüsterte Antwort: *»Ich weiß, verdammt. Ich bin direkt nebendran.«*

Der Transporter fuhr langsam weg. In den nächsten Minuten würde der Wachmann rauskommen.

»Es kommt jemand raus«, flüsterte ich in das Walkie-Talkie. Der eisige Wind fräste mir über das Gesicht, ich verstand Marcos Antwort kaum. *»Hörst du mich? Jemand ist draußen und sieht sich um.«*

Der Wachmann ging zur Seite des Gebäudes und näherte sich dann zu meinem Entsetzen zögernd Toms Auto. Aus der Entfernung sah ich nicht, was er vorhatte. Es schien, als würde er sich an die Hüfte greifen. Hatte er etwas gesehen? Meine Stimme in Marcos Walkie-Talkie gehört und ging nachsehen? Griff er nach der Waffe an der Hüfte?

Der Wachmann stand neben Toms Auto, und mir blieb das Herz stehen. Ich fragte mich, ob Marco meine Anweisungen gehört hatte. Verbindung aufnehmen kam nicht infrage, da ich Angst hatte, der Wachmann könnte es hören.

Ich registrierte nur zwei Geräusche dort in der Dunkelheit, wo mir der Wind in den Arsch blies: meinen Herzschlag und eine Uhr im Kopf, die mich ermahnte, dass uns die Zeit davonlief. Ich musste den Transporter in zwanzig Minuten wegfahren oder einen Strafzettel wegen Falschparken riskieren. Schlimmer, er könnte abgeschleppt werden. *Das* wäre ein Spaß.

Bei Brink's regte sich nichts. Es schien, als würde der Wachmann in das Auto schauen. Da traf ich die tollkühne Entscheidung, dass ich zu Fuß zu Brink's gehen und den Wachmann überwältigen würde, bevor er Marco festnahm.

Ich ging ruhig, aber forsch. Der Wachmann hatte sich immer noch nicht bewegt. Er wandte mir den Rücken zu. Zehn Sekunden, und ich hätte ihn.

Marco stieg langsam aus dem Auto aus. Er brauchte meine Hilfe nicht.

»Nicht die Hände heben, Kumpel«, sagte er leise und richtete die Spielzeugpistole auf den erschrockenen Wachmann. »Lass sie einfach in den Taschen. Spiel nicht den Helden, ja?«

Der Wachmann nickte.

»Jetzt dreh dich schön langsam um. Wir besuchen deine Kumpels da drin und werden eine große, glückliche Familie sein. Wenn ihr euch benehmt, ist das alles im Handumdrehen überstanden. Kapiert?«

»Klar«, sagte der Wachmann und wandte sich mir zu. »Tut nur keinem von uns was.«

Fuck! Es war Tom. Ich fühlte mich beschissen, weil ich wusste, dass er Angst hatte. Natürlich konnte ich ihn nicht beruhigen, also blieb ich stumm, fragte mich aber, ob er ahnte, dass ich es war.

Ein paar Sekunden später enterten wir das Gebäude so mühelos wie Piraten ein Passagierschiff – wir marschierten einfach durch eine angelehnte Tür rein. Irgendwo in der Dunkelheit ertönten Stimmen wie aus weiter Ferne.

Ich sah auf die Uhr. Uns blieben keine acht Minuten mehr, um das Gebäude zu sichern, den Rest der Wachleute zu entwaffnen und den Transporter zu holen und vorzufahren – und das alles natürlich schön unauffällig.

Ich hielt den Finger an die Lippen. Es kam jemand. Eine Tür ging auf. Im Geiste sah ich den Wachmann in die Dunkelheit blicken, wo wir standen, weil er spürte, dass etwas nicht stimmte, und zur Waffe greifen. Ob er erst schießen und dann fragen würde? War es der schießwütige Wachmann, von dem Tom eines Abends bei einem Bier lachend erzählt hatte? Derjenige, der damit prahlte, er hoffe, irgendein Wichser wäre dumm genug, den Laden auszurauben, während er Dienst hatte? »Ha! Ich würde dem Drecksack in die Eier schießen und mich dran weiden, wie er sich unter Schmerzen windet. Und dann ... *bumm!* Mitten zwischen die Augen.«

Ich griff mir unwillkürlich zuerst an die Eier, dann ins Gesicht. Ich versuchte, nicht daran zu denken, damit es mein Urteilsvermögen nicht trübte. Aber sosehr ich mich bemühte, ich wurde das Bild nicht los, dass mein Gesicht eine blutige, über sämtliche Wände verteilte Masse wäre.

Die Schritte verschwanden in der Richtung, aus der sie gekommen waren. Ich atmete tief durch, als Marco mir auf die Schulter klopfte, weil es jetzt Zeit war, zu handeln.

Zwei Minuten waren vergangen. Wir brachten Tom im Erdgeschoss ganz hinten unter, weit weg von den anderen, ehe wir die gefährliche Reise die Treppe hinauf antraten.

Oben angekommen blendete uns das Licht aus dem Raum vor uns. Wir hatten den schwierigsten Teil des Plans erreicht: »Die Falle.«

Die Falle war die Überwachungszentrale, alle Bilder der Kameras im Gebäude wurden hierhin übertragen. In einem der vielen Spinde in der Falle befanden sich die Videorecorder, die sämtliche Aktivitäten in und um die Tresore aufzeichneten, in denen das Bargeld lagerte, an den Zählmaschinen, in den Büros und der Garage.

Ich setzte mich und verfolgte auf den Monitoren der Wachleute, wo sie mit Waffen an den Hüften ihren Pflichten nachgingen. Einer stand im Tresorraum. Ein anderer verstaute Geld in Säcken.

Ich sondierte den Raum und prägte mir die örtlichen Gegebenheiten, so gut es in der kurzen Zeit möglich war, ein. Unter einem Tisch zum Geldzählen lag eine zerquetschte Coladose; auf dem Tisch eine Zeitung, wie ein Tischtuch. Als würden sie jemanden zum Essen erwarten.

Wir dürfen sie nicht enttäuschen, dachte ich.

Dann fiel mein Blick auf den offenen Waffenschrank mit den Schrotflinten darin, die nur darauf zu warten schienen, dass ihre Stunde gekommen war.

Dreckszeug. Ich wette, ihr würdet mir nur zu gern den Hintern wegschießen.

Die Waffen schienen meinen Blick zu erwidern. Harmlos. Noch ...

Ich sah sogar die braunen Ringe der Kaffeetassen der Wachleute auf den Zeitungen von gestern. Plötzlich war ich zum Chefredakteur geworden. Morgen um diese Zeit würden sie alle etwas über sich selbst in den Zeitungen lesen können. Wir alle. Hoffentlich.

Marco beugte sich über meine Schulter und zeigte auf den Wachmann im Tresorraum. »Den übernehme ich«, flüsterte ich. Ich ahnte tief in meinem Inneren, dass ich damit die Arschkarte zog, weil es sich ganz bestimmt um den Schießwütigen handelte. Hab ich ein Glück, dachte ich andererseits, wohl wissend, dass jedes laute Geräusch den Alarm auslösen würde.

Einen Moment beanspruchte das Bild einer automatischen Tür, die ins Schloss fiel, mein ganzes Denken. Schlimmer noch, der Schießwütige, sehr viel schneller als ich, schoss mir in die Eier, lachte und rief: »Wichser! Hab dich! *Bumm-bumm!*«

Ich erschauerte, dann zog ich mir hastig das Tuch vors Gesicht. Gleich würden wir in Geld schwimmen. Oder in der Scheiße stecken, je nachdem, wie es ausging.

Sekunden später stand ich hinter dem Wachmann im Tresorraum. Ich hatte mich äußerst erfolgreich angeschlichen und musste hüsteln, damit er mich überhaupt bemerkte. Er drehte sich zu mir um und dachte zuerst wohl, jemand würde ihm einen Streich spielen, wich dann aber bestürzt zurück. Ich richtete die Spielzeugpistole auf ihn. Seine Hand schwebte bedrohlich über seiner echten Waffe.

Mühsam versuchte ich, meinen Belfaster Akzent mit dem miesesten russischen zu verbergen, den man je gehört hatte. »Denk njicht mal dran, Genosse«, zischte ich. Meine Nerven waren gespannt wie Drahtseile.

Aber er *dachte* daran. Die ganzen verdammten Filme mit John Wayne und Gary Cooper gingen dem Schießwütigen durch den Kopf. Wegen Duke und *High Noon* würden wir gleich alle tot sein.

Ein Schweißtropfen schmiegte sich an seine linke Augenbraue wie der Kopf eines Kaninchens, das nervös über eine Hecke blickt und nach dem Hund Ausschau hält. Langsam rann er an seinem Gesicht hinab und hinterließ eine glänzende Spur.

Er würde es tun. Der durchgeknallte Irre würde den Heldentod sterben und mich und alle anderen mitnehmen.

Ich spannte den Hahn meiner beschissenen Spielzeugpistole, und es hörte sich an, als hätte jemand eine rostige Bierdose geöffnet. Ich ging davon aus, dass der Plastikhahn abbrechen und zu Boden fallen würde. Aber das Geräusch holte den Schießwütigen in die Wirklichkeit zurück, ein Geräusch, dem ich ewig dankbar sein würde.

»Runter, verdammt!«, brüllte ich, als ich ihn zögern sah.

Er gehorchte. Ich nahm ihm die Waffe ab und filzte ihn hastig, falls er zu den Leuten gehörte, die eine Ersatzwaffe zwischen den

Arschbacken versteckten. Mit den Plastikhandschellen, die Polizisten bei Störenfrieden benutzten, fesselte ich ihn.

Marcos Wachmann zeigte sich vernünftiger und ließ Waffe und Gürtel gleich fallen. Alle – offenbar auch die anderen Wachleute – wirkten erleichtert, als der Schießwütige entwaffnet war. Es war sowieso nicht ihr Geld. Brink's Inc. bezahlte diesen Männern nur den Mindestlohn und erwartete trotzdem, dass sie das Geld mit ihrem Leben verteidigten. Es war einfach lächerlich.

Drei Minuten. Dann war alles vorbei. Erschreckend, wie einfach es gewesen ist. Als ich das Gebäude verließ, um den Transporter zu holen, beschlich mich ein seltsames Gefühl. Ich war enttäuscht. Alles war so reibungslos abgelaufen. Drei Jahre Planung, und in den drei entscheidenden Minuten hatten sich alle Bedenken als unerheblich erwiesen. Ich fühlte mich fast beraubt.

In unserem Adrenalinrausch wurden wir zu Supermännern. Berge von Geld verschwanden vor unseren Augen in Säcken. Ab und zu hielten wir kurz inne und grinsten einander an. Ich war so glücklich, dass ich mich am liebsten selbst umarmt und geküsst hätte.

In weniger als fünfzehn Minuten verstauten wir über fünfhundertvierzig Kilo Papier. Ein olympiareifer Rekord. Fünfundvierzig Kilo Papier entsprachen rund einer Million Dollar. Mir ist gleich, was alle anderen sagen, aber ein solider finanzieller Anreiz verleiht ungeahnte Kräfte.

Es lief jedenfalls gerade bestens, als jemand draußen an die Tür klopfte und wir umgehend erstarrten. Vielleicht hatte uns und unseren überreizten Nerven nur der Wind einen Streich gespielt? Als das Klopfen abermals ertönte, wussten wir Bescheid.

Ich legte den Finger an die Lippen und lief hastig, aber lautlos, zwei Stufen auf einmal die Treppe zum Monitorraum hinauf. Sekunden später sondierte ich mit den Kameras die Umgebung vor dem Gebäude.

Ich fasste es nicht. Draußen stand ein einzelner Schwarzer, der gegen die Stahltür klopfte. Hin und wieder schien er über die Schulter zu jemandem zu sehen, der im Dunkeln wartete. Hatte irgendwer etwas Verdächtiges gesehen? Was, wenn mehr als ein Polizist da draußen auf uns wartete? Könnte er ein Bulle sein, der gerade dienstfrei hatte und nur mal nachsehen kam, ob alles in Ordnung war? Oder andere Scheißräuber, die uns ausrauben wollten? Welche Ironie des Schicksals! In dem Moment schien alles möglich.

Was immer uns durch die Köpfe ging, wir wussten, wir mussten runter und herausfinden, was er wollte. Je länger wir warteten, desto misstrauischer würde er – würden sie? – werden.

Marco ging langsam zur Tür, ich blieb direkt hinter ihm im Schatten und hielt die Schrotflinte eines Wachmanns in der Hand.

Marco holte tief Luft und sprach durch die Sicherheitsklappe. »Was ist los, Mann?«

Der Mann wirkte so nervös wie wir. »Tut mit schrecklich leid ... wir haben uns verfahren. Wir suchen den Weg zurück zum Highway ...«

Er war nur ein Schwarzer, der sich in einer fremden Stadt verirrt hatte. Seine Frau und die Kinder saßen mit verängstigten Gesichtern in einem Auto am Straßenrand und sahen vermutlich einen Irren vom Ku-Klux-Klan vor sich, der in der Nacht daherkam.

Als der Wagen des Mannes davonfuhr, lehnten wir uns an die Wand, keiner sagte ein Wort, aber jeder wusste, was der andere dachte. Ich lachte. Er auch. Wir konnten nicht mehr aufhören und kicherten und bissen uns auf die Lippen, bis uns Tränen über die schuldbewussten Gesichter liefen.

Als wir den Lieferwagen randvoll geladen hatten, sprang ich rein und ließ den Motor an. Thunderbirds, los! Er stotterte, eine dunkle Rauchwolke stieg empor, dann zitterte er wie eine Rakete vor dem Start.

Er zitterte und zitterte, setzte sich aber nicht in Bewegung. Wir hatten zu viel Geld eingeladen. Der Motor soff ab, das Gebäude war mit schwarzem Rauch eingenebelt.

Marco war oben und packte die Videobänder ein, um es der Polizei so schwer wie möglich zu machen.

Ich drehte den Zündschlüssel wieder um. Nichts. Als ich gerade aussteigen wollte, hechtete Marco herein, der allerdings kein Wort sagte, damit keine Panik aufkam. Jeden Moment könnte ein Telefonanruf kommen. Vielleicht hatte jemand den vielen Rauch oder sonst etwas Verdächtiges gesehen.

Er handelte zuerst, öffnete die Motorhaube und sah nach, ob sich etwas retten ließ.

Etwas sagte mir, dass wir verloren waren.

»Wirf ein paar der Säcke raus«, zischte er.

In nicht einmal einer Minute luden wir ein Drittel der Säcke aus. Der Adrenalinrausch ließ rapide nach, meine Muskeln taten weh.

»Versuch's noch mal.«

Ich wollte die Maske abziehen. Schweiß und Rauch brannten mir in den Augen, ich sah kaum noch etwas. Stattdessen drehte ich den Zündschlüssel, trat das Gaspedal durch und betete zu Gott, obwohl ich wusste, Er würde dies alles nicht gutheißen.

Der Transporter gab einen Stoßseufzer der Erleichterung von sich, hustete und brüllte auf.

Ich war vor Erschöpfung wie ausgelaugt. Wenn ich ihn jetzt abwürgte, wäre bestimmt alles gelaufen.

Die massiven Türen der Garage gingen langsam – *zu langsam* – auf und ließen den Nachthimmel sehen. Der schönste Anblick, der mir je untergekommen war. Es spielte keine Rolle, dass wir an die drei Millionen wieder ausgeladen hatten und im Tresorraum zurücklassen mussten. Ich freute mich nur, abhauen zu können, und genoss die kalte Nachtluft in vollen Zügen. Endlich konnten wir die Masken abnehmen.

Im Transporter lagen fünfeinhalb Millionen in Zwanzigern, der Rest in unterschiedlichen Scheinen, alles in allem fast acht Millionen Dollar. Nicht schlecht für einen Jungen aus Belfast und eine Stunde Arbeit. Leider lag Tom auf den Geldsäcken. Marco bestand darauf, ihn mitzunehmen, damit die anderen Wachleute keine Dummheiten machen sollten. Ich fühlte mich mies. Er lag da wie ein Stück Fleisch im Schlachthaus. Ich rechtfertigte alles, indem ich mir einredete, ihn später finanziell zu entschädigen. Dann müsste er nicht mehr für Brink's arbeiten. Außerdem hatten wir vor, ihn in einer Stunde unbeschadet abzusetzen.

Doch schon zwanzig Minuten später steuerten wir den Transporter – ohne Tom – in die Garage eines im Staat New York prominenten Anwalts und Vetters von Marco. Still und leise luden wir die Säcke aus und verstauten sie hinter einer falschen Wand, die von der echten nicht zu unterscheiden war.

Die Versuchung, ein wenig von meinem Anteil für die Heimfahrt zu behalten, war überwältigend, aber zum Glück behielt Marco einen kühlen Kopf.

»Sei nicht dumm, Sam. Was ist, wenn dich zufällig die Bullen anhalten?«

Bevor wir im Dunkel der Nacht verschwanden, warf ich einen Blick in das hell erleuchtete Esszimmer, wo der Anwalt Freunde bewirtete. Ich schwöre, dass er mir zuzwinkerte und mit einem Lächeln das Glas hob.

Marco fuhr in einem Auto weg – vermutlich dem seines Vetters –, ich kümmerte mich um den Transporter. Wenn alles gut ging, wollten wir uns in einem Monat wieder treffen. Auf der achtstündigen Fahrt zurück nach New York begrüßte mich eine Reklametafel mit der Frage, ob mir mein Aufenthalt in Rochester gefallen hätte und ich wiederkommen würde. Ich lächelte der Frau zu. *Und wie es mir gefallen hat, aber du wirst mir verzeihen, wenn ich mich hier nicht noch einmal blicken lasse.*

Alles war genau nach Plan verlaufen. Einfach und wie am Schnürchen. Ein Jammer nur, dass der Transporter so klein war, aber so ist das nun mal. Was sollte ich mich beschweren? Niemand war verletzt, niemand erwischt worden. Perfekt.

Von wegen perfekt! Zwanzig Minuten später schaltete ich das Radio ein und erfuhr, dass das perfekte Verbrechen nur für die zwanzig Minuten perfekt gewesen war, in denen ich das geglaubt hatte. Einer der Wachmänner hatte sich befreien können und den Alarm ausgelöst. Polizeihubschrauber durchsuchten die Gegend. Im Radio erwähnten sie einen Transporter. Sie kannten sogar die Farbe! Scheiße!

Hätte es nicht geregnet, hätte ich vermutlich keine Reifenspur hinterlassen, die wie ein schwarzer Daumenabdruck den hellen Betonboden des Depots von Brink's verunzierte. Aber das war alles vorbei. Schnee von gestern. Als immer mehr Streifenwagen den New York State Highway verstopften, befürchtete ich zunehmend, es vielleicht doch nicht bis nach Hause zu schaffen. Jede Ausfahrt des Highways wurde gesperrt und von schießwütigen Polizisten bewacht, die sicher liebend gern Zielübungen mit mir veranstaltet und ihre Magazine dabei leer geschossen hätten.

Sobald ich einen Autoscheinwerfer hinter mir sah, drehte sich mir der Magen um. Ich versuchte, die Nachrichten und gleichzeitig die Hubschrauber über mir zu hören, und hielt mich dabei die ganze Zeit sklavisch an das Tempolimit von fünfundfünfzig Meilen pro Stunde. Mehrmals bildete ich mir ein, hinten im Transporter jemanden zu hören.

Der Raubüberfall wurde inzwischen auf allen Rundfunksendern gemeldet, die ich reinbekam. *Das Tatfahrzeug war ein grauer Transporter. Besetzt mit zwei, möglicherweise drei Männern. Alle be-*

waffnet. Alle extrem gefährlich. Bitte seien Sie äußerst vorsichtig. Wiederhole: Alle bewaffnet und gefährlich.

Diese Wichser sorgten dafür, dass man mich erschießen würde. Ich sah die aufgeputschten Polypen regelrecht vor mir, wie sie grinsend hinter ihren Streifenwagen lauerten, Scheinwerfer und Blaulicht ausgeschaltet, und mich schon aus einer Meile Entfernung rochen. »Fox News« und vielleicht sogar »Hard Copy« würden sie hinterher alle interviewen, und jeder würde behaupten, er hätte die tödlichen Schüsse abgefeuert, die mein Gehirn auf der ganzen Straße verteilten. Sie wären Helden und würden sogar kurze Sprechrollen in *Cops* bekommen. Sie hatten es geschafft.

Zweimal musste ich eine Tankstelle anfahren und tanken, jedes Mal war ich mir sicher, es wäre das Ende. Würde ich in Flammen aufgehen, oder würden sie abwarten, bis ich wieder in den Transporter einstieg? Nein. Flammen. Als Vorgeschmack darauf, was mich am Ende der großen Reise erwartete.

Sieben Stunden später, als ich langsam mit dem Ticket in der Hand auf die Mautstelle zufuhr, wusste ich, hier wäre es jetzt endgültig gelaufen. Vermutlich ließen mir die Drecksäcke nicht einmal die Möglichkeit, mich zu ergeben.

»Schönen Tag noch«, sagte die lächelnde Dame in der Mautkabine und gab mir auf einen Zwanziger raus.

Als ich daraufhin ihr hübsches, aber unechtes Lächeln sah – wusste ich, es würde alles gut gehen. »Danke. Ich gebe mir alle Mühe«, antwortete ich und fuhr mit dem Transporter in die aufgehende Sonne, die sich gerade über Manhattan sehen ließ.

Mit etwas Glück bin ich in zwanzig Minuten zu Hause. Perfekt.

Es kann einfach nichts schiefgehen, wenn man einen perfekten Plan hat. Das klappt immer. Bis man feststellt, dass der Plan doch nicht ganz so perfekt war ...

KAPITEL DREIUNDVIERZIG

PLATZ FÜR HELDEN

JUNI 1993

Eine elegante Genügsamkeit, Zufriedenheit, Ruhestand, ländliche Stille, Freundschaft, Bücher.
– James Thomson, schottischer Dichter

Money doesn't talk, it swears.
– Bob Dylan, »It's Alright, Ma (I'm Only Bleeding)«

Mir war der Laden mit dem Schild »Zu vermieten oder zu verkaufen« schon oft aufgefallen, als ich meine Kinder zur Schule brachte und daran vorbeifuhr. Genau das, was mir vorschwebte, ein Mittelschichtsviertel mit einem griechischen, italienischen und irischen Bevölkerungsanteil, eine Gemeinde mit Menschen, die hart arbeiteten und stolz darauf waren, wo sie lebten.

Aber das Äußere des Ladens deutete auch einige negative Aspekte an: Er schien ziemlich klein zu sein, das Metallgitter war mit riesigen, rostigen Schlössern gesichert – alles in allem vier und jedes so groß wie eine Kokosnuss. Ich fragte mich, ob das ein Hinweis auf eine hohe Kriminalitätsrate in der Gegend war oder nur auf einen übervorsichtigen Besitzer. Ein ausgetrockneter Grünstreifen führte wie ein Dreitagebart bis direkt zu dem Gebäude.

»Mir ist aufgefallen, dass Sie sich den Laden schon häufiger angesehen haben. Interessiert daran?« Der Mann, der die Frage stellte, war schlank und groß, mit rotem Haar und einem Gesicht voller Sommersprossen, die wie die Köpfe rostiger Nägel aussahen. Unverkennbar ein Ire.

Er hatte mich mit seinem plötzlichen Auftauchen kalt erwischt. »Ich sehe ihn mir nur an, weil ich überlege, ob ich in dem Viertel vielleicht einen Laden eröffnen sollte, aber –«

Bevor ich zu Ende sprechen konnte, nahm er mich am Ellbogen und brachte einen Schlüsselbund zum Vorschein. Eine Minute später lagen die Schlösser am Boden, ging das Gitter auf. Er schubste mich eilfertig hinein.

»Terry McLaughlin.« Er hielt mir die Hand hin, ich schüttelte sie. »Hier gibt es alles, was Sie brauchen. Kleine Toilette hinten, jede Menge Lagerplatz im Nebenzimmer – am Ende der Straße ein tolles Restaurant.«

»Ja, aber –«

»Was für einen Laden möchten Sie denn aufmachen? Nachts sieht man von hier aus sogar das beleuchtete Empire State Building, rot, weiß und blau. Ein toller Ausblick.«

»Ja, ich weiß. Ich sehe es jede Nacht von meinem Apartment aus«, sagte ich und wischte ihm damit das stolze Grinsen aus dem Gesicht.

»Oh …«

Es hörte sich alles ganz ordentlich an, aber seine Beschreibung war doch etwas übertrieben. Das Innere entpuppte sich als nackte Zimmerflucht – der verwohnte Zeuge einer traurigen Geschichte von Verwahrlosung. Alles Mögliche lag kreuz und quer durcheinander auf dem Boden und hinterließ einen wenig einladenden Eindruck. Uralte Farbe blätterte von den Wänden; kahle Glühbirnen hingen an nervösen Kabeln, überall lag für mich lebensgefährlicher Staub und es stank nach Zigarettenkippen. Ich dachte an meine Allergien und das Asthma. Die Klimaanlage funktionierte auch nicht richtig.

Terry sah mir meinen Widerwillen an. Dass der Laden seit zehn Monaten leer stand, hatte ihm zugesetzt … und seinem Bankkonto auch. Weitere Verluste durch dieses hässliche Entlein konnte er sich nicht leisten. Draußen umzingelten riesige Bäume den hinteren Teil des Ladens, erdrückten ihn mit ihrer Nähe.

»Wir könnten sie fällen lassen«, sagte Terry, der meine besorgte Körpersprache beobachtete. »Der Laden wäre dann heller und würde größer wirken. Offen gestanden habe ich erst gestern zu meiner Frau gesagt, dass diese Bäume irgendwie –«

»Nein, ich finde sie toll.«

»… Wunder für den Laden wirken«, sagte er lächelnd und ohne auch nur einmal ins Stocken zu geraten.

»Mein Vater hatte so einen Baum im Garten.« Ich zeigte zu dem fraglichen Baum, dessen Rinde die Narben von Eichhörnchenzähnen erkennen ließ. »Damit hat er Preise gewonnen und es auf Seite eins der *Irish News* gebracht – unserer Lokalzeitung in Belfast.« Ich plapperte wie ein Narr. »Aber sie zwangen ihn, den Garten und die Bäume aufzugeben. Die sagten, sie wollten eine Ringstraße bauen …«

Ich dachte, dass ich eine Träne in Terrys Augen sah. Vermutlich wegen der staubigen Spinnweben, die von der Decke hingen.

»Eine Schande«, sagte er und schüttele tief berührt den Kopf. »Ich verstehe die Leute nicht. Manche dieser Bäume gibt es seit Jahrhunderten. Sie waren vor uns hier und dürften uns lange überleben, sofern wir es ihnen gestatten.«

Jetzt hörte er sich auf einmal an, als wolle er gleich aus dem *National Geographic* oder aus Thoreaus *Walden: oder Leben in den Wäldern* zitieren. Ich wies ihn nicht darauf hin, dass er die Bäume vor wenigen Minuten noch fällen und zubetonieren wollte. Und ich sagte ihm nicht, wie sehr ich die Bäume im Garten meines Vaters damals gehasst hatte, ich erzählte nicht, dass er mich nach der Schule gezwungen hatte, auf einem Kohlehaufen Wache zu halten, aus Angst davor, die Nachbarskinder würden die Äpfel stehlen, bevor er sie an den Gemüsehändler aus der Hölle verkaufen konnte. Sobald der erste Dieb den Kopf über den Gartenzaun reckte, sollte ich mit Kohlen nach ihm werfen.

»Kaffee?«, fragte Terry und riss mich aus meinen Gedanken. »Rossalina's Restaurant macht den besten Kaffee der Welt, und was das italienische Essen angeht ...« Er blickte himmelwärts in eine Höhe, die jeder Beschreibung spottete. »Die liefern auch ins Haus, sieben Tage die Woche.«

»Das gehört Ihnen nicht zufällig auch?« Ich lächelte.

»Nein, wir sind seit Jahren befreundet. Es sind nette Leute. Habe ich erwähnt, dass es jeden Dienstag und Donnerstag Spezialitäten gibt?«

»Milch und ein Stück Zucker bitte, Terry ...«

Fünf Minuten später kam er zurück; wir standen draußen, tranken Kaffee und hörten kaum vernehmlich den Rasensprenger des Nachbarn säuseln, der einen Rasen mit welken Gänseblümchen und gelangweiltem Unkraut bewässerte. Ich sah Sperlinge und Elstern zwischen den verstreuten Büschen, ein Taubenschwarm flatterte himmelwärts und störte das makellose Blau. Ich sah ihnen nach, wie sie in der Ferne kleiner und schließlich zu kleinen Pünktchen wurden, nicht größer als Reiskörner.

»Da ist viel zu tun, Terry«, sagte ich. »Ich weiß nicht, ob ich das Geld und die Zeit opfern will.«

Er nickte. »Natürlich, aber Sie sehen doch das Potenzial, nicht wahr?« Er grinste, weil er dachte, er hätte gewonnen.

Hatte er auch. Fast.

»Na ja, ich muss mir noch zwei Immobilien ansehen. Eine morgen, die andere am –«

»Lassen Sie es. Sie bekommen den Laden zwei Monate mietfrei, und ich lasse persönlich die Elektrik erneuern und Schönheitsreparaturen durchführen.« Er streckte mir die Hand hin, um den Handel unter Ehrenmännern zu besiegeln.

»*Drei* Monate? Das ist echt großzügig, Terry.«

Seine Hand zuckte leicht in der Bewegung, wie in Zeitlupe, als hätte er es plötzlich nicht mehr so eilig. Er schüttelte meine dennoch – fast etwas zu fest – und fragte mich zum ersten Mal nach meinem Namen.

»Patrick.«

»Schöner Name«, sagte Terry, der den Nachnamen gar nicht wissen wollte.

So sollten alle Geschäfte abgewickelt werden, dachte ich, während wir zur Vorderseite des Ladens gingen und uns in der angenehmen Wärme einen guten Tag wünschten. Ein Handschlag, keine Fragen, keine Verpflichtung für die Beteiligten, sollte etwas schiefgehen.

Ich prägte mir den Tag fest ein und speicherte jedes Wort und jede Berührung für eine Zeit, in der das Leben nicht mehr so wunderbar und entspannt sein würde. Ein Augenblick ewiger Wehmut, dem das verheerende Ende niemals etwas anzuhaben vermochte.

KAPITEL VIERUNDVIERZIG

NOCH EINMAL HULK SEIN

Die Gefährten unserer Kindheit behalten stets eine gewisse Macht über unseren Geist, die spätere Freunde kaum jemals erlangen.
– Mary Shelley, *Frankenstein*

Jeder lebt davon, dass er etwas verkauft.
– Robert Louis Stevenson, *Across the Plains*

Gleich am nächsten Tag begann ich mit der Arbeit in dem Laden, ich schrubbte ihn erst einmal von oben bis unten. Eimer mit weißer Farbe standen geduldig im Hof und warteten auf ihren Einsatz.

Während Jai Park – ein koreanischer Schildermaler und alter Gast des Casinos – mir seine Pläne für die Fassade schilderte, richtete ich im Geiste das Innere ein. Ich schwor mir, dass es kein gewöhnlicher Comic-Laden werden sollte.

Wenn du es baust, kommen sie ...

Die Leute *würden* kommen, und zwar von meilenweit her; Kinder würden ihre Eltern oder Babysitter so lange nerven, bis sie mit ihnen hierherfuhren. Und wenn ich das kleine Kind für den Laden gewonnen hatte, würde ich auch das große Kind kriegen, den Vater, den wehmütig Zurückblickenden, und ihn mit den Figuren und Comics seiner Kindheit hypnotisieren und ihm zunicken, während er so tat, als wolle er sich nur umsehen: *Für die Kinder. Ich schaue mich nur mal um.*

Genieren Sie sich nicht, würde ich ihm versichern. *Sehen Sie mich an, ich bin das größte Kind im ganzen Viertel. Wie wäre es mit* Spider-

Man Nr. 1, hm? *Besser erhalten finden Sie das garantiert nie wieder. Ich wette, so ein gut erhaltenes Exemplar haben Sie noch nie gesehen*, würde ich sagen und es von der Wand nehmen wie das Gemälde eines alten Meisters.

Natürlich würde er mir versichern, dass er *doch* schon einmal ein so gut erhaltenes Exemplar gesehen hätte, nämlich an dem Tag, als er versuchte, seinem alten Herrn zehn Cent aus den Rippen zu schnitzen, um jeden einzelnen Cent gebettelt hatte, damit er sich *dieses* Exemplar kaufen und seine Sammlung vervollständigen könnte.

Ich wollte Hulk sein, würde ich ihm im Vertrauen gestehen und damit ein Wissen preisgeben, für das ein guter Psychiater hätte töten müssen. Der Vater würde erleichtert lächeln über dieses dunkle Geheimnis, das wir teilten.

Ich würde ihm natürlich nicht verraten, dass ich der Hulk sein wollte, weil ich meinen Vater, der mir ständig Vorwürfe machte, dass meine Mutter vor Jahren einfach abgehauen war, töten und ihm ein ganzes Haus auf den Kopf hauen wollte.

Nein, ich wollte doch meinen ersten Kunden nicht erschrecken und vertreiben, ich würde einfach nur lächeln, mich über seine großen Augen freuen und die erwartungsvollen Blicke. Das wäre dann genau der richtige Augenblick für die Mylar-Erfahrung. *Warte, bis ich ihm die erste Ausgabe von den* Fantastischen Vier *zeige. Dann macht er sich in die Hosen und stirbt an einem Herzanfall.*

Die Comics – die richtig teuren – sind in einer schützenden Mylarhülle, damit niemand sie mit seinen Fettfingern verunzieren kann. Außerdem verleihen sie den Comics einen Glanz, als wären sie gerade erst ausgeliefert worden. Normale Plastikhüllen, Vinyl und andere Kunststoffe oxidieren langsam und geben zersetzende Säuren ab, die das Papier mit der Zeit zerfressen. Mylar ist ein Material, das speziell zum Schutz historischer

Dokumente entwickelt wurde. In diesem Material sind die Unabhängigkeitserklärung und die Magna Charta untergebracht. Führende Museen der Welt benutzen es, da es bis zu vierhundert Jahre lang haltbar ist. Vermutlich dürfte es mir nicht gelingen, den Gegenbeweis anzutreten.

Wenn er die Mylarhüllen sieht, weiß er, dass wir hier von richtigen Summen sprechen. Vielleicht muss er eine Hypothek aufnehmen, mit dem Studium der Kinder sieht es ziemlich schwarz aus. Verdammt, vielleicht muss er einen Geldtransporter von Brink's überfallen ... plötzlich reist er zurück in die Zeit seiner ersten Begegnung mit Peter Parker, Bruce Wayne, Clark Kent usw., denn in dem Moment, in dem er den Comic anfasst, gehört er ganz mir und ist in Spider-Mans Netz gefangen.

An meiner Liebe für das Genre und dieser völligen Besessenheit von amerikanischen Comics trägt allein Dad die Schuld. Und er war es immerhin auch, der mich auf diesen Weg gebracht hat, als er mich im zarten Alter von sieben Jahren mit den Wundern von Marvel und DC vertraut machte, deren Hefte er bei der Handelsmarine stapelweise aus New York mitbrachte. Die Texter und Zeichner hatten in meiner Jugend einen enormen Einfluss auf mich, da sie über eine erstaunliche Palette erzählerischer Möglichkeiten verfügten. Von Stan Lee, Jack Kirby, Neal Adams, Jim Steranko und Steve Ditko – den unangefochtenen Meistern – lernte ich mehr über den Umgang mit Worten als von sämtlichen strengen Lehrern mit ihren Lederriemen und ihren wütenden Ledergesichtern. Später ließen Künstler wie Robert Crumb oder Art Spiegelman keine Wünsche mehr bei mir offen.

»Der Name? Bist du sicher?«, fragte Jai, schnippte mit den Fingern vor meinem Gesicht und riss mich so aus meinen Kindheitserinnerungen. »Ändern kann man das nicht mehr.«

Ich grübelte seit Tagen darüber nach, wie ich den Laden nennen sollte. Zuerst kam ich auf das Naheliegendste. *Heroes and*

Villains? Damit würde ich mir Ärger einhandeln. *Dragon Slayer?* Ob das die Leute nicht eher abschreckte? *Hulk's Kingdom?* Nein, da würde mich Marvel schneller vor den Kadi zitieren, als Clark Kent in einer Telefonzelle das Hemd ausziehen konnte. Schließlich entschied ich mich für das rätselhafte KAC Comics. Es waren die Initialen meiner Kinder: Kelly, Ashley und Corey.

Morgen war der große Tag. Ich war nervös und aufgeregt. Wenn es jetzt der völlige Flop wird? Wenn kein Mensch kommt? Wenn ...

Tief in meinem Herzen glaubte ich, dass sie kommen würden. Bald würde ich strahlende Kindergesichter sehen, deren Fantasie in weite, unerforschte Gefilde vorstieß, wo Worte irrelevant waren. Ich erinnerte mich an mein schmales Gesicht in dem winzigen Laden in Duncairn Gardens, in dem ich die Verkäuferin anflehte, mir *X-Men* Nummer 14 zurückzulegen, weil ich die drei Pence in einer Woche ganz bestimmt zusammenhätte, worauf ich mein Bus- und Essensgeld als Anzahlung auf den Tisch legte. Ich versicherte ihr, sie könne den Comic behalten, bis ich das ganze Geld abbezahlt hätte. Begriff sie damals denn nicht, dass ich nur durch die Comics in meinem Irrenhaus von Zuhause nicht den Verstand verlor? Ich hatte sie nur darum gebeten, den Comic unter dem Tresen zu verstecken, fernab von gierigen Blicken und eventuellen Räubern, die sich nicht scheuen würden, etwas zu nehmen, das fast schon mir gehörte.

Mein Eifer verblüffte sie; sie sagte mir zu, den Comic drei Tage für mich zu reservieren. Ich war am Boden zerstört, weil ich so viel Geld in der kurzen Zeit nie zusammenbekommen konnte. Aber dann ging mir ein so helles Licht auf, dass ich fast Angst bekam. *Natürlich* bekomme ich es zusammen! Warum ist mir das nicht gleich eingefallen? Morgen ist der Tag, an dem ich die Miete für das Haus in die Antrim Road bringen und in dem kleinen Laden an der Ecke abgeben muss. Ganz einfach. Ich würde in dem kleinen orangefarbenen Buch unterschreiben. Dads Unterschrift konnte ich perfekt fälschen. Er würde es nie erfahren, und ich hätte so viel Geld, dass ich mir alle Comics kaufen konnte, die ich wollte. Mann! Warum war ich erst jetzt auf diesen narrensicheren Plan gekommen? Er war perfekt, und das Tolle daran, dass ich das jede Woche machen konnte, für den Rest meines Lebens. Ich würde steinreich …

Terry schneite auf dem Heimweg herein und wünschte mir Glück für morgen. »Ganz ehrlich, Patrick. Als Sie mir gesagt haben, dass Sie einen Comic-Laden eröffnen, dachte ich mir: Die Miete kann ich abschreiben. Aber jetzt … bin ich mir nicht mehr ganz so sicher. Ich wünschte mir fast, ich wäre selbst wieder ein Kind.«

Sein Blick schweifte über die Wände, an denen jetzt lückenlos Comics standen.

»Gott, Sie müssen ja Hunderte haben, Patrick.« Dann sah er die Preise von einigen. »Das ist ein Witz, oder?«

»Nein«, sagte ich lächelnd. »Und ob Sie's glauben oder nicht, das sind günstige Preise.«

»Dreihundert Mäuse für einen *Batman*-Comic?«

»Das ist billig. Sehen Sie sich mal den Comic hinter Ihnen in dem Glaskasten an.«

Er las den Preis laut vor und wiederholte ihn dann flüsternd, wie einen gregorianischen Gesang. »Unfassbar. Und es gibt tatsächlich Leute, die solche Preise bezahlen?«

»Aber natürlich.«

Die ganze Schönheit verzauberte ihn. Er erinnerte sich an seine *Green Lantern*-Comics und fragte mich wehmütig, wie viel Geld sie bringen würden, wenn er sie noch hätte. Als ich es ihm sagte, war er fast verzagt.

»Keine Bange, Terry, Sie sind nicht der Einzige, der seine Sammlung weggeworfen oder verloren hat. Wenn niemand seine Comics verloren hätte, wären sie heute nicht so selten und gesucht. Es stand im *Wall Street Journal* – aber Kenner wissen es längst: Comics des goldenen und silbernen Zeitalters steigen schneller im Wert als Immobilien.« Das wollte er gar nicht hören. »Vielleicht sollten wir Partner werden? Verkaufen Sie mir den Laden?« Ich lächelte.

Er ging, weil er nichts mehr davon hören wollte. Als er den Laden verließ, hörte ich ihn noch etwas von *Green Lantern* murmeln und dass er möglicherweise noch ein paar Hefte auf dem Dachboden hätte, oder im Keller.

Die Türglocke ertönte; jemand betrat den Laden. Ich drehte mich um, damit ich meine ersten Kunden begrüßen konnte. Sie entpuppten sich nicht als die, die ich erwartet hatte.

»Wie geht's?«, fragte ich nervös. Ich bekam Magenkrämpfe. Nicht, weil sie meine ersten Kunden waren, sondern wegen ihrer Uniformen. New Yorks feinster Stoff, ganz in Blau, in unterschiedlichen Schattierungen.

Die Bullen sagten nichts, und in dem Moment wusste ich, dass sie mich wegen Brink's festnehmen würden.

»Wie lange haben Sie denn schon auf, Mann?«, fragte der kleinere der beiden Riesen, der mindestens eins fünfundneunzig maß.

»Morgen ist mein erster Tag. Sie sind meine allerersten Kunden«, sagte ich lächelnd, obwohl ich wusste, wie furchteinflößend ich aussehen musste ... wie der Joker.

»Schöner Laden. Tolles Angebot«, sagte Riese Nummer eins, während Riese Nummer zwei scheinbar misstrauisch den Mittelgang entlangsah.

»Haben Sie eine Toilette da hinten? Zu viel Kaffee.« Er lächelte, während ich mir verzweifelt überlegte, wie ich Nein sagen konnte. Über dem Schrank in der Toilette befand sich eine Tragetasche mit Eindollarscheinen, über zwanzigtausend Eindollarscheinen! Von Brink's. Ich hätte sie verbrennen sollen, als es noch Zeit war, brachte es aber nicht fertig, das gute Geld einfach zu verschwenden. Jetzt würde ich für meine Habgier büßen.

»Sie ist ... ein bisschen klein. Ich bezweifle, ob Sie sich zwischen den Bergen von Kartons voller Comics durchquetschen können.« Mein kümmerliches Lächen muss höchst verdächtig ausgesehen haben, ich hasste es, weil es mich sabotierte.

»Ach was! Keine Bange. Ich habe schon engere Räumlichkeiten gesehen«, sagte er und bewegte sich für so einen Giganten äußerst behände.

Ich auch, Kumpel, dachte ich, während er den Bauch einzog, mir zublinzelte und seine Masse siegreich durch den Engpass der Kartons manövrierte.

»Vergiss nicht, dir die Hände zu waschen, Jimmy«, rief Riese Nummer zwei und wandte sich wieder mir zu. »Woher kommen Sie? Gerade erst nach Queens gezogen?«

Denk gründlich nach. »Nein, ich lebe schon seit Jahren in Jackson Heights.«

Er nickte. »Ist heute ein gefährliches Pflaster. Jede Menge Drogendealer. Ist die Kokainhauptstadt Amerikas.«

Was er diskreterweise verschwieg, war die Tatsache, dass es auch das ethnisch vielfältigste Viertel in New York war. Rund hunderttausend Menschen lebten dort; zu den berühmtesten Anwohnern gehörten einst Mitglieder der Swing-Bands, die die Musikszene der Dreißiger- und frühen Vierzigerjahre beherrschten, darunter Benny Goodman, Woody Herman und Glenn Miller – mit dem ich leider weder verwandt noch verschwägert war.

Riese Nummer eins ließ sich schrecklich viel Zeit. Ich sah den Mittelgang hinunter.

»Woher kommen Sie denn? Irland?«, fragte er, obwohl er die Antwort schon kannte. Er wollte von mir wissen, von wo *genau* in Irland.

»Ja klar, aber ich bin schon seit gut zehn Jahren hier«, sagte ich und versuchte, Ruhe zu bewahren und den Fallstricken auszuweichen.

»Den Akzent haben Sie schon noch«, fuhr er fort.

»Stimmt. Bin stolz darauf.« Vorsichtig, dachte ich. Nicht zu demütig werden. Er ist nur freundlich. Oder nicht? Wo zum Teufel steckt der andere große Kerl? In den East River gefallen?

»Jimmys Vorfahren stammen aus Irland. Ist es nicht so, Jimmy?«, sagt er zu Riese Nummer eins, der Gott sei Dank gerade zurückkam ... etwas dünner als vor seiner Exkursion.

»Cork. Nette Leute. Das beste County in Irland, finde ich.«

»Ich komme aus Antrim. Dem allerbesten.« Hatte er die Tüte gesehen? Reingesehen? Sei nicht albern. Dann würdest du schon Handschellen tragen.

»Jimmy Coogan.« Er streckte die Hand aus, ich schüttelte sie und fragte mich, ob er sie gewaschen hatte. »Das ist Tommy Johnson, mein Partner«, sagte Jimmy. Ich schüttelte Tommy ebenfalls die Hand.

»Auf Rikers Island habe ich viele Freunde, die Comics sammeln.«

»Dem Gefängnis Rikers Island?«, fragte ich. Mir graute vor der Antwort.

»Keine Bange ... sind Wärter, keine Häftlinge.« Beide lachten. Ich stimmte nervös mit ein.

Die Strafanstalt Rikers Island ist das größte und brutalste Gefängnis New Yorks; zehn Gefängnisse auf einem Gelände, das halb so groß ist wie der Central Park. Ich hatte es aus sicherer Entfernung gesehen. Hoffentlich würde es so bleiben.

»Das ist toll. Ich bin sicher, ich könnte ihnen gute Preise machen«, sagte ich, was mir missfiel, aber ich dachte voraus. Man konnte ja nie wissen ...

»Das ist nett von Ihnen, Mann. Ich gebe es weiter. Wir müssen wieder los, und machen Sie sich keine Sorgen wegen Ihrem Laden. Wir schauen hin und wieder vorbei. Damit die Bösewichter wissen, dass wir hier sind.« Er lächelte. Seine Zähne sahen beängstigend weiß aus.

Ich machte die Tür zu und fragte mich, worauf ich mich da eingelassen hatte, als ich das Licht ausschaltete und die Neonsuperhelden in der Dunkelheit blinken ließ. Ich bezweifelte, dass ich heute Nacht ein Auge zubekäme, und schwor mir, dass ich in aller Frühe aufstehen und dafür sorgen würde, dass jedes Detail perfekt war.

Der Himmel war übersät mit Sternen, die Dunkelheit erschien mir unermesslich und bedrückend, während der flaschengrüne Ford unauffällig im Schatten der Bäume parkte. Das Standlicht tanzte in der Dunkelheit und lockte Nachfalter an.

Ich war sicher, dass ich das Auto am Abend zuvor auch schon gesehen hatte, ein alter, grauer und gebückter Mann hatte sich herausgeschält, jetzt lachte ich über meine Angst.

»Fahr vorsichtig«, sagte der Alte zu dem Fahrer, als das Auto sich langsam in Bewegung setzte.

Er sah mich direkt an und doch durch mich hindurch. Plötzlich kribbelte meine Haut genau wie die von Spider-Man.

Du musst öfter raus, sagte ich zu mir. *Viel öfter ...*

KAPITEL FÜNFUNDVIERZIG

DIE RATTE

JULI 1993

Wir bieten eine Belohnung von 300 000 Dollar für Informationen, die zur Festnahme der Täter führen.
– Brink's Incorporated

Meine Herren, in diesem Metier sind Sie nur so gut, wie es Ihre Ratten sind.
– US Law Enforcement Academy

»FBI-Agent Fuentes. Wie kann ich Ihnen helfen?«

Es folgte Stille. Es schien, als hätte die Person am anderen Ende der Leitung Zweifel und würde noch abwägen, ob sie sich richtig entschieden hatte oder im Lauf der Zeit alles bedauern müsse.

Fuentes, ein Profi vom Scheitel bis zur Sohle, spürte das Zögern und handelte rasch. »Möchten Sie lieber mit einer unserer Agentinnen sprechen?« Er wusste nicht, ob er einen Mann oder eine Frau in der Leitung hatte, aber mit dieser Wahlmöglichkeit schuf er vielleicht Vertrauen.

»Ich muss ...« Ein Hüsteln, ein Räuspern.

Wieder Schweigen, aber jetzt stand immerhin fest, dass es sich um einen Mann handelte.

»Ja, Sir. Lassen Sie sich ruhig Zeit. Ich bin hier.« *Sachte. Nicht bedrängen.* Manchmal hatten FBI-Leute ein Bauchgefühl, dass dies ein Anruf sein konnte, auf den sie gewartet hatten. Sie wussten, dass er da draußen war. In der Gegend machten Gerüchte von einem Streit die Runde.

»Ich muss mit Agent Stith sprechen ... der für den Fall Brink's zuständig ist.« Man hörte der Stimme den Akzent von Belfast an, auch wenn der Mann offenbar seit Jahren in Amerika lebte.

»Agent Stith ist momentan gerade nicht da, Sir. Aber ich könnte Sie verbinden mit –«

»Nein! Kein anderer. Ich versuche, morgen um diese Zeit wieder anzurufen ... vielleicht.«

»Sir, wenn Sie bitte –« Verdammt. Aufgelegt!

Fuentes verfluchte sich und fragte sich, ob er den Mann abgeschreckt hatte. Er überlegte, was Stith sagen würde. sie standen alle enorm unter Druck. Verdammt! Fast ...

Der FBI-Mann hätte sich keine Sorgen machen müssen. Der Anrufer *sollte* sich wieder melden. Und mit Nachdruck.

»Es ist gefährlich, wenn man verkabelt ist. Es ist nicht *cool*, es ist nicht Hollywood. Ich will Ihnen keine Angst machen ... Sie sollen nur Bescheid wissen, falls ...«

Der Mann, der dem FBI-Agenten gegenübersaß, nickte. Er war fest entschlossen, es durchzuziehen, obwohl sein Herz brannte und beängstigend schnell schlug.

»Ich habe lange und gründlich darüber nachgedacht«, antwortete er leise, fast flüsternd. »Was die meinem Bruder angetan haben ...«

Der FBI-Mann wusste alles über den Bruder des Mannes. Er hatte die Akte mehr als einmal gelesen. Ein Raubüberfall, der schiefgegangen war, hieß es in dem Bericht. Inoffiziell hieß es: Rache, eine Dreiecksbeziehung hatte für böses Blut gesorgt. Was immer der Grund gewesen sein mochte, durch ihn bekamen sie den ersten handfesten Hinweis. Bei dem Druck, unter dem sie alle standen, wirkte der Agent fast dankbar, dass es so gekommen war ... auf eine perverse Art und Weise, natürlich.

»Okay. Sie gehen zuerst zu Molly Malone's am Dienstagabend.

Unsere Quellen sagen uns, die Chance ist groß, dass er dort aufkreuzt, möglicherweise mit seiner Freundin.«

»Kein Problem. Früher war ich dort Stammgast.«

»Werden Sie bitte nicht leichtsinnig. Der Kerl ist ebenso klug wie gefährlich. Wir glauben, dass er mindestens zwei weitere Menschen getötet hat, außer Ihrem Bruder. Gehen Sie kein Risiko ein. Er weiß, wie sehr Sie ihn hassen, und dürfte bestimmt misstrauisch werden, wenn Sie ein Gespräch mit ihm beginnen.«

»Oh, das weiß ich nur zu gut. Glauben Sie mir. Aber ich hoffe, das Genny-Light-Bier lockt ihn etwas aus der Reserve, besonders, wenn wir zusammen pissen gehen, wie zwei alte Kumpels.«

Der Mann versuchte zu lächeln, aber sein Mund war trocken und verkniffen.

»Vergessen Sie nicht«, beruhigte ihn der Agent, »wir sind nur wenige Meter entfernt. Spielen Sie nicht den Helden. Klar?«

Der Mann nickte und stand auf.

»Wir sind Ihnen dankbar für alles, was Sie für uns tun«, sagte der Agent und öffnete ihm die Tür.

»Hoffen wir, dass es klappt und wir den Dreckskerl kriegen. Mehr will ich nicht.«

Allerdings, dachte der Agent und machte die Tür zu. Der Dienstagabend würde es zeigen …

KAPITEL SECHSUNDVIERZIG

GELD? KOMM MIR NICHT DAMIT!

Geld ist wie Mist, nur gut, wenn man es streut.
– Francis Bacon

Wir bieten jetzt eine Belohnung von 500000 Dollar für Informationen, die zur Aufklärung des Raubüberfalls führen.
– Brink's Incorporated

Geld, überall Geld, und keine Möglichkeit, es auszugeben. Ich durfte es nicht mit der Kneifzange anfassen, und das brachte mich um. Jedes Mal, wenn ich in den Wochen nach dem Raubüberfall in die Garage ging, um danach zu sehen, fühlte ich mich wie ein trockener Alkoholiker, der eine Bar betrat. Der Geruch des Geldes machte mich krank. Sie lachten mich an, diese Hunderter, Fünfziger und Zwanziger. George Washington fielen fast die falschen Zähne aus dem Mund, so sehr lachte er.

Schlimmer kann es nicht mehr werden, dachte ich mir, als ich ans Handy ging. Ich nannte es das »Schlechte-Nachrichten-Telefon«, denn nur drei Leute kannten die Nummer und wussten, dass sie nur anrufen sollten, wenn etwas Schlimmes geschehen war.

»Hallo?«

»Ich stelle eine Frage und rufe in zwei Minuten wieder an. Was besaß der Vater von Danny G.? Denk darüber nach. Wenn ich mich wieder melde, sag die Antwort *nicht*. Verstanden?«

Ehe ich antworten konnte, legte er auf.

Mein Hirn arbeitete auf Hochtouren. Wer zum Geier war Danny G., geschweige denn sein Vater, und was besaß er? Je mehr ich darüber nachdachte, desto verwirrter war ich. Keine Minute mehr, und er würde mich wieder anrufen. Ich hatte keinen blassen Schimmer. Dann kam ich drauf. Danny G. war ein alter Freund des Anrufers. Wir waren uns nur zweimal begegnet. Er hielt sich für einen Sänger, aber bis er den Durchbruch schaffte, musste er in der Reifenhandlung seines Vaters arbeiten. Aber was hatte das mit mir zu tun?

Das Telefon läutete wieder.

»Hallo?«

»Erinnerst du dich?«

»Ja ... glaube ich jedenfalls.«

»Gut. Schaff sie dir sofort, aber diskret vom Hals. Die Geier kreisen über dir.«

Das Gespräch wurde beendet. Bei dem Klicken drehte sich mir der Magen um. Ich sah zum Schaufenster meines Comic-Ladens hinaus, die Straße rauf und runter. Ich fühlte mich, als müsste ich den Laden sofort schließen und nach Mexiko fliehen. Sie waren hinter mir her. Wichser! Aber wie? Ich wollte es nicht glauben, doch meine Quelle war über jeden Zweifel erhaben.

Ich hätte den Transporter von Anfang an loswerden müssen. Nein, ich hätte ihn gar nicht erst benutzen dürfen. Jetzt würde mir meine Aufgeblasenheit zum Verhängnis werden. Die würden mir gründlich die Luft rauslassen!

Ich behielt den Transporter, damit alles so normal wie möglich aussah. Wenn ich die alte Rostbeule weiterhin fuhr, würde ich nicht auffallen, dachte ich mir. Jetzt bekam ich die Quittung. Die Wichser. Ich griff nach Strohhalmen. Er hatte nur von Reifen gesprochen, nicht von dem Transporter. Vielleicht hatte ich noch eine Chance.

Sie konnten überall sein, die FBI-Leute. Hinter jedem Baum konnte einer lauern. Vielleicht gehörte sogar die alte, hinkende Oma, die gerade auf mich zukam, zu dem Verein. Ich wollte sie aus den Schuhen hauen, ihr die Krücke wegziehen, mit der sie sich aufrecht hielt, und abwarten, bis ihre Partner ihr mit gezogenen Waffen zu Hilfe eilten.

Ich sperrte den Laden ab und brachte den Transporter zu einem griechischen Freund, der eine Tankstelle besaß. Er verstand nicht, weshalb ich die Reifen austauschen wollte, die so gut wie neu waren. Er wechselte sie dennoch und verstaute die alten im Transporter.

Ich fuhr meilenweit, überlegte mir, wie ich sie abhängen konnte, sah ständig in den Rückspiegel und erwartete Sirenengeheul. Schließlich machte ich an einem McDonald's Rast. Nach einer Tasse Kaffee fühlte ich mich besser und sogar ruhiger, trotz des Koffeins.

Mit der Ruhe war es aus, als ich eine Zeitung vom Tresen nahm. Die *New York Times* brachte einen Artikel über den Raubüberfall, in dem es hieß, dass das FBI eine neue Spur verfolgte.

Ich verließ das Restaurant, deprimierter denn je. Mein Bauchgefühl sagte mir, es würde etwas passieren, vermutlich heute noch, auf das ich keinen Einfluss hatte.

Als ich den Transporter gerade anlassen wollte, sah ich den Müllcontainer. Was für ein Glück! Er stand mit hochgeklapptem Deckel auf einem benachbarten Parkplatz. Eine Baumgruppe verbarg ihn, es türmte sich aller möglicher Müll darin. Trotzdem blieb noch Platz genug für die Reifen. Perfekt.

Als ich wegfuhr, warf ich zur Sicherheit einen letzten Blick zurück. Nichts. Ich ermahnte mich, nicht so paranoid zu sein und dem FBI nicht so viel zuzutrauen. Die hatten keine Ahnung. Zum ersten Mal seit Stunden entspannte ich mich und lächelte sogar wieder.

Ein einziger weiterer Blick zurück hätte genügt, um mir in die Hose zu machen, denn dann hätte ich gesehen, wie zwei grinsende FBI-Agenten die Reifen in ihren Transporter luden.

KAPITEL SIEBENUNDVIERZIG

KNAPP DAVONGEKOMMEN

Eines Menschen Verstand wird selten klar Stellung beziehen, sofern ihm nicht ein Notfall Ansporn dazu ist.
– Anthony Trollope, *Ayala's Angel*

Wir sollten stets mit dem Schlimmsten rechnen.
– Seneca

Marco und ich hatten uns am Flughafen LaGuardia in der Abflughalle verabredet. Abhöreinrichtungen würden dort keine Chance haben, hofften wir jedenfalls. Wir vereinbarten den Termin mittels eines Codes, den wir schon vor dem Raubüberfall vereinbart hatten. Natürlich hatte das FBI unseren Code schon längst entschlüsselt und wusste über jeden unserer Schritte Bescheid. Sie hatten ihre Agenten schon Tage vor dem vereinbarten Treffen im und um den Flughafen postiert. Wir wussten das nicht und gingen ihnen direkt in die Falle. Die FBI-Leute, die sich unseretwegen die Fingernägel abgekaut hatten, bekamen jetzt die Gelegenheit für den unbestreitbaren Beweis, auf den sie so geduldig gewartet hatten: uns beide gemeinsam bei einem Fototermin.

An diesem Morgen hatte ich den Lärm einer Explosion gehört. Als ich dann losfuhr, es war gegen Mittag, sah ich Rauchwolken am Himmel.

Eine Gasexplosion, dachte ich und schaltete das Radio ein. Die Stones sangen *You can't always get what you want.*

Ich bog nach links zum Astoria Boulevard ab. Der Flughafen

kam in Sicht. In wenigen Minuten würde ich dort sein und dem FBI direkt in die Arme laufen.

Die Musik wurde unterbrochen, jemand sagte, unbestätigten Berichten zufolge sei es im World Trade Center zu einer gewaltigen Explosion gekommen, bei der mehrere Menschen getötet oder verletzt worden waren.

Leute blieben schockiert und bestürzt mit ihren Autos stehen, niemand konnte sich einen solchen Terroranschlag auf amerikanischem Boden vorstellen. Auch ich hielt an und stieg aus. Der Rauch in der Ferne sah immer dichter und bedrohlicher aus. Bei dem Anblick musste ich an Belfast denken. Ich erschauerte, als ich an meine Freunde dachte, die in Manhattan lebten, die Geber und die Spieler, die ich im Laufe der Jahre kennengelernt hatte. Ich sprach ein stummes Gebet, dass keiner verletzt oder, schlimmer, getötet worden war.

Es war eine Ironie des Schicksal, dass uns dieser schreckliche Anschlag – wenn auch nur vorübergehend – die Ärsche gerettet hat, weil jeder Agent an der Ostküste von seinem aktuellen Fall abgezogen worden war. Die Suche nach den Terroristen hatte höchste Priorität.

Als ich den Flughafen erreichte, rückte das New Yorker FBI gerade fluchend über dieses Pech ab.

Wir hatten noch keine Ahnung, dass es sich bei der Explosion um einen Vorboten des größten und grausamsten Terroranschlags in der amerikanischen Geschichte handelte: 9/11.

KAPITEL ACHTUNDVIERZIG

MONEY MONEY MONEY, IN A RICH MAN'S WORLD

Ich denke, die größten Schurken sind jene, die am meisten über ihre Wohlanständigkeit reden.
– Anthony Trollope, *The Three Clerks*

Keine Geheimnisse sind je besser gehütet als jene, die ohnehin jeder ahnt.
– George Bernard Shaw, *Frau Warrens Gewerbe*

Tage und Wochen vergingen ohne eine Festnahme, und meine Zuversicht wuchs. Ich hatte nur ein Problem, von dem ich dachte, dass ich es nie wieder haben würde: Geld. Ich hatte zu viel davon.

So viel Geld, und keine Möglichkeit, es zu verstecken. Ich ließ meinen Anteil hinten im Transporter, in Säcken, über die ich ein paar ölige Decken geworfen hatte. Jeden Morgen wachte ich auf und stellte mir die Frage, ob das Geld noch da wäre oder einer der zahllosen Anwohner, die ebenfalls in der Tiefgarage parkten, den Fund seines Lebens gemacht oder das FBI benachrichtigt hatte. Ich tröstete mich damit, dass der Wagen von Dieben sicher kaum beachtet wurde, weil er inzwischen reichlich mitgenommen aussah.

Doch irgendwann reichte es mir dann. Früher oder später würde die Sache auffliegen. Es wurde höchste Zeit, dass ich jemanden einweihte. Ich musste jemanden ins Vertrauen ziehen, auf dessen Verschwiegenheit ich mich verlassen konnte. Nach gründlicher Überlegung fiel mir nur ein Name ein: Pater Pat.

Ich lernte Pat kennen, als ein Freund mich bat, ob ich ihn vor seinem Haus in der Lower East Side von Manhattan absetzen könnte. Sein Schwager wurde vermisst, er wollte herausfinden, ob Pat vielleicht einen Rat wusste. Anfangs begegnete ich ihm sehr reserviert, meine Erfahrungen mit den Priestern in Long Kesh hatten mich zynisch gemacht, ich brauchte einem Priester nur zu begegnen, schon hatte ich einen schlechten Geschmack im Mund. Pat, erfuhr ich später, schlief in einem alten Schrankbett und hing ständig am Telefon oder war sonst im Gespräch mit Leuten, die Hilfe brauchten.

Zuerst dachte ich, das wäre seine Masche, aber als ich ihn näher kennenlernte, begann ich ihn etwas widerwillig zu respektieren. Er lebte mehr als bescheiden, ganz anders als die Priester in Irland.

Hin und wieder fuhr ich mit Sachen bei ihm vorbei, die ich bei der Arbeit in der Park Avenue abgestaubt hatte: Farbe, Zement, Möbel und Haushaltswaren. Was die Reichen auch wegwarfen, er kannte hundert Leute, die Verwendung dafür hatten. Sein Motto war ganz einfach: *Betet für die Toten, aber kämpft verdammt noch mal für die Lebenden!* Am Ende wurden wir Freunde.

Ich ging zögernd zu ihm, weil ich nicht wusste, ob er sich weigern oder mich einfach verfluchen und auffordern würde, ihn nie mehr mit meiner Anwesenheit zu behelligen.

»Wenn jemand viel Geld besäße und es sicher aufbewahren wollte, wie würde er das am besten anstellen?«, fragte ich freiheraus.

Er nahm eine leichte Mahlzeit in seinem Wohnzimmer zu sich, wie es seine Angewohnheit war. Ich trank Tee.

»Ach, ich denke, da gibt es viele Möglichkeiten«, sagte er desinteressiert. Er hatte telefoniert, der Anruf hatte ihn offenbar aufgewühlt.

»Es ist nur das Geld, das ich im Casino verdient habe. Es würde mir schon sehr stinken, wenn das beschlagnahmt würde.«

»Ich glaube nicht, dass die dein Geld beschlagnahmen könnten, noch nicht einmal, wenn es illegal erworben wurde.«

»Oh …«

Er stocherte in welkem Salat, dann schob er den Teller weg. »Ich muss kurz weg. Dauert nicht lang. Wartest du so lange?«

»Nein, ich muss auch los«, antwortete ich, wohl wissend, dass Pats »nicht lang« manchmal Stunden dauerte. Außerdem parkte mein Geld vor seiner Tür, und das hier war eine Gegend, in der ein beschissener Transporter voller öliger Decken schnell verschwinden konnte, wenn man ihn nicht im Auge behielt.

»Ich versuche, etwas mehr über den INS herauszufinden«, sagte er, da ihm meine Miene nicht entging, als ein schwarzer Obdachloser in den Transporter sah.

»Weg von dem Wagen!«, herrschte ich den erschrockenen Mann an und bereute es im selben Moment.

Pat setzte sich sehr für die Obdachlosen ein und reagierte ungnädig auf mein Verhalten.

»Ich bin in letzter Zeit etwas nervös«, murmelte ich zu meiner Verteidigung, als er in sein Auto stieg und wegfuhr.

Als ich dem Obdachlosen eine Kleinigkeit geben wollte, war er verschwunden.

Komisch, wie man sich an die wichtigen Dinge erinnert, wenn es zu spät ist.

KAPITEL NEUNUNDVIERZIG

BROTHER CAN YOU SPARE A DIME?

Nichts bereitet einem Menschen jemals ein solches Maß an Verdruss als seine eigenen Gedanken.
– John Webster, *Der weiße Teufel*

Nichts trägt so sehr zur Ausgeglichenheit bei als ein festes Ziel vor Augen.
– Mary Shelley, *Frankenstein*

In den nächsten vier Tagen quälte ich mich damit, ein sicheres Versteck für das Geld zu finden. Pat stand immer noch ganz oben auf der Liste, doch wenn ich ihn nicht überzeugte – und zwar bald –, säße ich in der Patsche. Ich wollte ihn noch einmal fragen. Wäre seine Antwort weiter Nein, müsste ich einen alten Freund zurate ziehen. Das würde später bestimmt Probleme machen, aber ich brauchte eine Lösung – ob kurz- oder langfristig spielte keine Rolle. Ich brauchte sie *jetzt*.

Pat war unermüdlich damit beschäftigt, den Obdachlosen der Lower East Side ihr Los erträglicher zu machen. Ich wusste, wenn er eine Schwäche besaß, dann für die Armen und ihre erbärmliche Existenz. Darauf setzte ich.

»Mit genügend Geld könnte man viel Gutes für die Obdachlosen hier in der Gegend tun, oder?«, deutete ich an.

Pat hielt drei alte Anzüge in der Hand, die er hastig in einen großen Plastiksack stopfte. Zwei Hemden, einige Krawatten, ein Paar Stiefel, die schon bessere Zeiten gesehen hatten, und ein brauner Mantel folgten. Es sollte ein Geschenk für jemanden in

Alphabet City oder Hell's Kitchen sein. Er packte weitere Altkleider ein und beachtete mich dabei nicht weiter.

Ich wollte ihn anschreien, ihm einen prallen Geldsack über die Rübe ziehen. Stattdessen sagte ich nur: »Pat, ich brauche deine Hilfe.«

Er ließ das Packen sein, richtete sich auf und nahm in dem Sessel am Fenster Platz. Er sah meinen Transporter auf der anderen Straßenseite. »Du solltest aufpassen«, sagte er. »In zwanzig Minuten verteilen sie Strafzettel.«

Ein Strafzettel war gerade meine geringste Sorge.

»Ich habe etwas ... Geld, für das ich einen sicheren Ort brauche. Vermutlich eine ganze Weile.«

Er sah zu dem Transporter, da fragte ich mich, ob er es vielleicht schon wusste.

»Das Casino?«, fragte er.

Im ersten Moment wusste ich nicht, was er meinte. Dann fiel es mir ein. Pat glaubte, dass ich immer noch im Casino arbeitete und für Johnny Mac Geld durch die Stadt fuhr.

»Na ja, nein ... ich würde nicht sagen, dass es aus dem Casino –«

Er unterbrach mich mit einer Handbewegung. Von meinen Geschäften wollte er nichts wissen.

»Von wie viel reden wir?«

»Ich weiß es nicht genau.«

»Sag mir eine Hausnummer. Ein paar Hundert? Tausend?«

»Ich weiß es wirklich nicht. Ich habe es noch nicht gezählt.«

Er lachte. »Noch nicht *gezählt*? Hört sich nach einer recht großen Summe an. Warum hast du es nicht gezählt?«

»Ich war ... beschäftigt«, murmelte ich. »Aber ich brauche deine Hilfe. Dringend.«

Er kratzte sich den Bart. »Lass uns einen Tee trinken«, sagte er dann.

»Ich denke, du solltest besser zuerst mal mit rauskommen.«

Draußen machte ich die Hecktür des Transporters auf. Ich sah Pat zum ersten Mal sprachlos.

»Woher … woher in Gottes Namen hast du das? Ist das alles Geld aus dem Casino?«

Er sah in die Säcke unter den Decken. Das Zittern seiner Stimme verriet mir, dass er kurz vor einem Herzinfarkt stand. Was für eine Schlagzeile: *Toter Priester auf Säcken mit Geld gefunden.*

»Ich kann dir nicht sagen, woher es stammt … noch nicht. Vielleicht später, vielleicht nie. Aber du musst mir versprechen, dass du nie ein Sterbenswörtchen darüber verlierst, egal, wie du dich entscheidest.«

Er antwortete nicht. Stattdessen deckte er das Geld hastig und mit panischer Miene wieder zu. »Wir müssen es wegschaffen. Hast du es die ganze Zeit durch die Gegend gefahren? Vergiss es. Keine Zeit für Fragen. Beeil dich!«

Ein paar Minuten später parkte der Transporter in einer Garage. Als sich das Tor schloss, entspannte ich mich zum ersten Mal seit Tagen.

»Woher stammt dieses Geld?«, fragte Pat, als wir in seinem Arbeitszimmer Tee tranken. Eine kleine, vorwitzige Maus lief auf dem Boden entlang, blieb zu meinen Füßen sitzen und sah mich an, als wollte sie das auch gern wissen.

»Ich kann es dir nicht sagen, Pat. Es ist besser für dich, wenn du es nicht weißt.«

Minuten vergingen, in denen keiner etwas sagte, nur die Maus fiepste ab und an. Ich fragte mich, was Pat durch den Kopf ging. Dachte er darüber nach, sich von mir zu verabschieden, solange es noch problemlos ging? Das Schweigen war bedrückend.

»Na gut. Im Augenblick ist es sicher, aber wir müssen uns etwas Dauerhaftes einfallen lassen. Lass mir einen oder zwei Tage Zeit. Okay?«

Mach ein Jahr draus. Ich habe es satt. »Das wäre toll, Pat, aber wenn du mich anrufst, sag nichts am Telefon. Es könnte abgehört werden.«

Er runzelte die Stirn, sagte jedoch nichts, als er mich zur Tür brachte und mir nachsah, wie ich zur First Avenue schlenderte, um ein Taxi zu rufen.

Erst später – als es längst zu spät war – erwähnte er den Schwarzen, der mir die Straße entlang folgte. Er war sich sicher, ihn schon in der Gegend gesehen zu haben, kam aber nicht darauf, wo, so wenig wie ich.

Als wir endlich alles ausgeknobelt hatten, blieb uns keine Zeit mehr zum Knobeln.

KAPITEL FÜNFZIG

ZIMMER MIT AUSSICHT

Die Wahrheit ist selten schlicht und niemals einfach.
– Oscar Wilde, *Bunbury oder Ernst sein ist alles*

Das Gedächtnis ist unser bester Freund und unser schlimmster Feind.
– Gilbert Parker, *Romany of the Snows*

Schließlich trieb Pat eine Wohnung auf, um das Geld einzulagern. 330 First Avenue, Apartment 10D. Er ließ durchblicken, dass ein Freund, der das Land verlassen hatte, ihm das Apartment untervermietet hätte.

Es war ein Apartment mit Mietpreisbindung, eine wahre Goldmine in New York mit seiner Wohnungsnot. Man sah der Wohnung an, dass sie nicht bewohnt war. Ein paar Plakate hingen an den Wänden, Familien verdorrter Pflanzen hausten in jedem Zimmer zwischen wahllosen Stapeln von verstaubten Schallplatten und Büchern. Vielen Büchern. Es hätte nur noch die Musik aus der Fernsehserie *Männerwirtschaft* gefehlt. Die Wohnung stand unverkennbar seit einiger Zeit leer.

Als wir das Geld reinschafften, drehte ich mich im Flur um – ein Mann wartete vor der Fahrstuhltür darauf, dass sie aufging. Ein Schwarzer. Es war seltsam, weil keine Schwarzen in dem Mietshaus wohnten. Als ich mich dem Fahrstuhl näherte, lächelte er.

»Welcher Stock?«, fragte er und hielt die Tür auf.

Plötzlich regte sich mein Belfaster Misstrauen. Er war schäbig gekleidet, fast wie ein Obdachloser, doch die manikürten, glänzenden Fingernägel standen in krassem Widerspruch dazu. Außerdem würde ein Schwarzer in New York einem Weißen nie die Tür aufhalten und ihm den Vortritt lassen. Das hätte schließlich den Eindruck hinterlassen, ein Onkel Tom zu sein. Ich wurde noch misstrauischer. Zudem war ich mir sicher, den Mann schon einmal gesehen zu haben, kam aber nicht darauf, wo.

»Nein danke«, sagte ich und hoffte, dass mein Gesichtsausdruck nicht verriet. »Ich muss noch was reintragen. Fahren Sie zuerst.«

Als die Fahrstuhltür zufiel und er seine einsame Reise begann, fiel es mir wieder ein: Er war der Schwarze, der in den Transporter gesehen hatte. Vielleicht hatte er die Ladung gesehen und suchte nach einer Gelegenheit, an das Geld zu kommen? Was, wenn seine Bande schon hier wäre? Ich wartete, bis die Fahrstuhlanzeige aufleuchtete. Er hielt im sechsten Stock.

Pat betrat den Flur, ich sagte ihm, er solle warten und die Säcke im Auge behalten, etwas würde nicht stimmen.

»Wohin gehst du? Was ist denn los?«

Aber da war ich schon fort, ich rannte wie ein Irrer, zwei Stufen auf einmal nehmend, die Treppe hinauf. Das Adrenalin hatte mir Superkräfte verliehen, ich wollte ein für alle Mal herausfinden, wer der Dreckskerl war und was er im Schilde führte.

Und wenn er eine Pistole besitzt? Ein Messer?, fragte mein gesunder Menschenverstand, als ich hechelnd wie ein Hund im sechsten Stock ankam. Doch das wollte ich jetzt nicht hören, ich wollte den Kerl nur am Hals packen und ordentlich zudrücken. Dann würde er mir schon sagen, was ich wissen musste.

Aber er war nicht da. Auf dem Flur herrschte völlige Stille, abgesehen von meinem keuchenden Atem.

»Dreckskerl«, sagte ich so laut, dass er es hören musste. Ich wusste, er versteckte sich hier irgendwo. Jedenfalls bildete ich es mir ein, und das lag nicht an meiner Anspannung, wie Pat andeutete, als wir das Apartment betreten und verriegelt hatten.

»Das ist der Stress«, sagte Pat. »Vermutlich der Hausmeister. Irgendwas Harmloses. So ist das doch meistens.«

Aber mein Bauch sagte mir, dass er sich irrte.

Ich versicherte Pat, er würde mindestens zehn Prozent des Geldes bekommen. »Überleg doch mal, wie viel Gutes du damit für die Obdachlosen tun könntest«, sagte ich hastig, bevor er erwidern konnte, er wolle keinen Penny davon haben. Er fing zu rechnen an.

»Hier ist es sicher. Eigentlich schwebt mir etwas Dauerhafteres vor, aber vorerst muss es so gehen«, beruhigte mich Pat, und wir ließen polternd zwei Armeerucksäcke auf den Boden fallen.

»Wir brauchen eine Zählmaschine«, sagte ich, als wir schließlich alles Geld in das Zimmer geschafft hatten. »Ich habe immer noch keine Ahnung, wie viel es ist.«

Ich bezweifle, dass er mir glaubte.

»Ich besorge eine, vermutlich schon morgen. Spätestens Dienstag«, sagte er.

Wir verließen das Apartment, verabredeten uns für den nächsten Morgen zu der anstrengenden Aufgabe, das Geld zu zählen. Ich freute mich ganz und gar nicht darauf und fragte mich, wie lange es dauern würde, bis ich es hinter mir haben würde. Der Geruch des abgenutzten Papiers erfüllte mich mit Übelkeit.

Als wir das Haus verließen, beobachtete uns der New Yorker Detective Garry Beekman aus einem Café gegenüber. Unbemerkt von uns.

»*Sie gehen*«, flüsterte er dem Einsatzleiter durch ein kleines Mikro zu.

Kaum hatten wir das Apartment verlassen, stürmten zehn FBI-Agenten – Teil des hundertköpfigen Teams, das uns schnappen sollte – das Gebäude, während andere uns nach Hause folgten.

Sie waren emsig wie Ameisen und installierten Überwachungskameras im Flur des zehnten Stocks. Im EXIT-Zeichen direkt gegenüber dem Apartment brachten sie eine Minikamera unter, genau in der Mitte des »X«. Zwanzig Minuten später befanden sie sich alle in der Einsatzzentrale Police Plaza Nr. 1, wo sie umgehend das Okay für die Operation versteckte Kamera erhielten.

»*Perfekt*«, lautete die von einem Rauschen überlagerte Antwort. »*Einfach perfekt.*«

KAPITEL EINUNDFÜNFZIG

AN DEN EIERN GEPACKT. WIEDER EINMAL

AUGUST 1993

Alles, was dir geschieht, ist dir von Ewigkeit her vorausbestimmt.
– Marc Aurel

Unsere Belohnung für sachdienliche Hinweise beträgt jetzt 750 000 Dollar.
– Brink's Incoporated annoncierte damit die höchste Summe, die je in der Geschichte der USA für Hinweise zu einem Raubüberfall geboten wurde

Die Geldzählmaschine gab ein leises Summen von sich. So leise wie das Flattern von Insektenflügeln. Dennoch dachte ich, dass man es trotz des lärmenden Verkehrs bestimmt noch auf der Straße hören konnte. Pat sagte, er würde kein Summen hören, daher schob ich es auf meine wachsende Paranoia, während ich zusah, wie die gierige Zählmaschine Dollarscheine in Lichtgeschwindigkeit verschlang.

Später bestätigte eine Person meine Wahrnehmung. Eine FBI-Agentin, die direkt vor der Tür des Apartments stand und das Ohr dagegendrückte. Kurz darauf hielt sie den Daumen zur Kamera im »X« des EXIT-Zeichens hoch. Das breite Grinsen in ihrem Gesicht sagte: »Wir haben sie!«

Wir plauderten weiter, während Schlüsselloch-Kate grinsend den Hals streckte.

»Wir haben ein kleines Problem«, sagte Pat, als wir uns eine wohlverdiente Tasse Tee gönnten. »Ronnie, dieser Engländer, war bei mir. Er wollte wissen, ob ich dich in letzter Zeit gesehen habe und weiß, wo du wohnst.«

Mein Gesicht blieb ausdruckslos, aber mein Magen krampfte sich zusammen. Ich wusste, es war nur eine Frage der Zeit, bis er herumschnüffeln kam.

»Was hast du gesagt?«

»Die Wahrheit natürlich. Dass ich dich nicht gesehen habe.« Er lächelte. »Es ist keine Sünde, einen Engländer anzulügen. Aber ich mache mir Sorgen. Er weiß etwas, das hat mir sein verschlagenes Grinsen verraten.«

Pat duldete Ronnie, doch er konnte ihn nicht leiden und vertraute ihm nicht. Ronnies irisches Blut war ihm egal, er bezeichnete ihn oft geringschätzig als »den Engländer«.

Die Zählmaschine surrte unablässig weiter. Pat wollte fragen, was Ronnie mit alledem zu tun hatte, wahrte aber vorerst sein quälendes Schweigen. »Er versucht, sich auf Kosten von Leuten zu bereichern, die dickere Eier haben als er«, sagte ich schließlich. »Entschuldige den Ausdruck, Pat, doch er ist ein Feigling, ein räudiger Köter, der in der eigenen Kotze leckt, um festzustellen, ob er was darin findet.« Ich bebte vor Wut.

»Weißt du, ich habe ihm nie über den Weg getraut«, antwortete Pat und wickelte ein Gummiband um einen Ziegelstein aus Hundertdollarscheinen. »Vertraue nie einem Engländer. Dann schon eher dem Teufel.« Pat trank Tee, während ich darüber nachdachte.

Da knallte Schlüsselloch-Kate gegen die Tür. Sie hatte sich ein wenig zu weit vorgebeugt und war ausgerutscht.

Ich spuckte Tee aus. »Was zum Teufel war das?«, fragte ich mit einem bühnenreifen Flüstern, ging zur Tür und fürchtete, es wäre Ronnie. Konnte er Pat gefolgt sein? Oder schlimmer noch, stand der Schwarze mit seiner Bande im Flur, die Waffen schussbereite?

Ich sah durch den Spion, ehe ich die Tür öffnete. Nichts. Das Poltern von jemand, der Müll in den Müllschlucker warf, tönte vom Keller herauf. Ich stieß ein nervöses Lachen aus.

»Was war es?«, fragte Pat, der auf dem Stuhl hin und her rutschte.

»Müll.«

Ich schloss die Tür und verriegelte sie auch gleich, um die Ungeheuer auszusperren, während Schlüsselloch-Kate – zwei Türen entfernt im Treppenhaus – erleichtert aufatmete und dem »X« eine betrübte Miene zeigte. *Mist! Das würde einen Anschiss vom Boss geben.*

»Was unternehmen wir wegen Ronnie?«, fragte Pat und kam auf das Thema zurück, das ich lieber vermieden hätte.

»Vorläufig nichts. Im Augenblick kann er keinen Schaden anrichten.«

Immerhin, dachte ich und setzte mich wieder, unterm Strich war Ronnie gut zu mir gewesen. Auch wenn er ein Arschloch war, hatte er sich im Casino immer fair verhalten. Wäre er bis zum Ende dabeigeblieben, würde er jetzt lachen, der Menschenfreund in zerlumpten Hosen, der Geld an die Armen verteilte.

Ich grinste, als ich mir vorstellte, wie er damals das Gesicht ans Schaufenster des Restaurants gedrückt und gelacht hatte, während wir zur Tür stürmten. Es gab gute Erinnerungen an ihn, die ich nicht missen wollte.

Ich wusste, es würde nur eine Möglichkeit geben, ihn davon abzubringen, uns hinterherzuschnüffeln und meine Schuldgefühle loszuwerden: Geld. Er sollte einen Anteil bekommen, auch wenn er ihn nicht verdient hatte.

»Ich gebe ihm Geld, Pat. Anders wird es nicht gehen. Nimm einen Sack und stopf ein paar Bündel rein.«

»Besser nicht. Dann glaubt er, dass er dich eingeschüchtert hat. Soll er lieber denken, du hättest das Land verlassen. Egal, wie viel du ihm gibst, er wird am Ende immer mehr wollen.«

»Nein, so ist er nicht. Ich kenne ihn.«

»Anfangs hast du gedacht, du kennst ihn gut genug, und sieh nur, was jetzt aus ihm geworden ist. Ich kann dir nur abraten. Er blufft nur.«

Ich packte das Geld bereits ein. Es war beschlossen. Dem Haufen vor uns sah man den Unterschied nicht an.

»Es ist schrecklich viel Geld ...«, sagte Pat.

Hunderttausend Dollar sind heute eine Menge Geld für mich, damals war ich einfach nur froh, es bald los zu sein. Der Geruch des Geldes wurde immer unerträglicher, genau wie die Kopfschmerzen, die dieser Gestank verursachte.

»Okay«, sagte Pat und fügte sich in das Unvermeidliche. »Ich sorge dafür, dass er es bekommt.«

»Bald«, riet ich. »Damit dürfte er zufrieden sein und uns nicht mehr behelligen.«

Wir überließen das Apartment den Pflanzen und den Geldbergen und fuhren mit dem Fahrstuhl nach unten. Während wir nach unten fuhren, rannte eine Schar FBI-Agenten die Treppe hinauf. Ein Bundesrichter hatte ihnen endlich einen Durchsuchungsbeschluss gewährt. Als ich den Zündschlüssel ins Schloss des Transporters steckte, schlossen die Agenten die Tür des Apartments mit ihrem Hauptschlüssel auf und hielten Videorecorder parat, um das Chaos zu filmen, das wir hinterlassen hatten: Koffer und Reisetaschen, Geldsäcke auf dem Boden, aus denen sich der Inhalt ergoss, die Zählmaschine grinste sie an, ein Notizblock, mit den Summen des Geldes, das wir bis jetzt gezählt hatten, lag auf dem Tisch.

Wir hatten nicht einmal das Wohnzimmerfenster geschlossen. Die Feuerleiter draußen schrie regelrecht danach, dass jemand einstieg und uns ausraubte. Das wäre doch komisch gewesen, sagte ein Agent zum anderen und verglich eine Liste von Seriennummern mit den Stapeln, die offen auf dem Bett lagen.

Alle hielten den Atem an und warteten, während einer ihrer Kameraden bedächtig die Nummern in seiner Liste mit den Nummern auf den Geldscheinen abglich. Wenn sich keine Übereinstimmung ergab, hätten die FBI-Leute ein Problem, und das wussten sie auch. Sie klaubten die Hunderter in der Hoffnung aus den Geldstapeln, dass sie einen Teil der zweihunderttausend mit bekannten Seriennummern finden würden.

Jeder Agent in dem Zimmer erstarrte, als der Schwarze leise flüsternd das Wort ergriff. »Serie 1990; Münze: Richmond, Virginia; Seriennummern E07510010A bis E07510061A. Meine Damen und Herren, es gibt einen Gott.« Er grinste über das ganze Gesicht. »Wir haben eine Übereinstimmung.«

Sie schlugen einander auf die Rücken und grinsten wie Halloweenlaternen. Es würde Beförderungen geben. Ja, Sir! Und zwar in großem Stil! Der Schwarze beförderte umgehend alle Agenten schön still und leise hinaus, als wollte er das schlafende Geld nicht wecken. Noch zwei Tage, dann könnten sie die Operation wohl abschließen, Verhaftungen vornehmen, die Medien informieren, nach Hause gehen und ein schönes, heißes Bad nehmen.

Acht Wochen hatte er sich wie ein Obdachloser gekleidet, er roch inzwischen auch so. Ein langes Bad täte jetzt sicher gut. Und danach, tja, würde er sich wohl lange und ausführlich mit mir unterhalten müssen …

KAPITEL ZWEIUNDFÜNFZIG

FESTNAHME UND DIESEL-THERAPIE

NOVEMBER 1993

Bundesagenten präsentieren plötzlich eine veritable Farce von Begleitumständen und Verdächtigen, die Sean O'Casey alle Ehre gemacht hätte. Haufenweise Geldsäcke in einem dunklen Apartment; Millar, ein irischer Revolutionär, der in Amerika als Comic-Händler in Queens, New York, untergetaucht ist; O'Connor, ein irischstämmiger amerikanischer Polizist, und »Pater Pat«, ein asketischer irischer Priester.
– Francis X. Clines, *New York Times*

Lasst es nicht so enden. Sagt ihnen,
ich hätte etwas gesagt.
– Pancho Villas letzte Worte an seine Unterstützer

Lasst es nicht so enden. Sagt ihnen,
ich hätte nichts gesagt.
– Meine Worte an unsere Unterstützer,
als ich vom FBI verhaftet wurde

Zwei Wochen danach, es war ein Freitag. Alles lief bestens. Pat war gerade mit mir aus den grünen Vororten von Westchester County zurückgekehrt, wo ich mir ein Haus für dreihunderttausend Dollar kaufen wollte. Er versicherte dem Makler, dass er sich keine Sorgen wegen des Geldes machen müsste, die Kirche würde den Kauf unterstützen. Das fanden wir beide komisch.

Natürlich hätten wir es nicht so komisch gefunden, hätten wir gewusst, dass die vier FBI-Agenten, die nur wenige Schritte entfernt am Nachbartisch saßen und zu Mittag aßen, jedes einzelne Wort auf Tonband aufzeichneten.

Einer von ihnen, ein gläubiger Katholik, schäumte vor Wut über diese Bemerkung.

Als ich Pat zu Hause abgesetzt hatte, betrat ich die Hauptpost von Jackson Heights mit einer Handvoll Geldanweisungen. In der Innentasche des Mantels hatte ich dreißigtausend Dollar »Klimpergeld«. Das war die Anzahlung für eine Statue von Frederic Remington, die es mir angetan hatte.

Der Himmel gab sich wolkenverhangen und verlieh dem Freitagnachmittag den garstigen Beigeschmack eines Montags. Als ich mich dem Transporter näherte, bemerkte ich nicht, wie seltsam menschenleer die sonst so belebte Straße plötzlich war. Normalerweise brüllten sich die chinesischen Händler die Lungen nach Kunden aus dem Leib, um ihnen zu versichern, ihnen würde die Gelegenheit ihres Lebens entgehen, und hielten dabei geköpfte Enten und Ferkel hoch. Es fielen erste Regentropfen, ich beeilte mich.

Kaum hatte ich nach den Schlüsseln gegriffen, wurde ich brutal gegen den Transporter geschleudert. Mir war, als hätte mich ein Nashorn gerammt; mein erster Gedanke war, es müsse sich um einen Überfall handeln. Sie drehten mir die Arme auf den Rücken, so weit es ging, ohne sie mir zu brechen. »Wo ist deine Waffe?«, brüllte mich jemand an.

Ich war benommen und dachte einen Moment, ich würde tot aufs Meer hinaustreiben.

»Sam? *Sam*? Hören Sie mich? Haben Sie eine Waffe?«

Aber ja. Klar doch. Die ist hinten im Transporter, gleich neben den Maschinengewehren und dem Flammenwerfer. »Nein«, brachte ich heraus, während sie mir Handgelenke *und* Daumen fesselten, mich hochzogen und in ein Auto verfrachteten, eines von sechs, die das obere und untere Ende der Straße sperrten und den Verkehr blockierten.

»Wissen Sie, wer wir sind?«, ertönte dieselbe Stimme, diesmal viel ruhiger.

Jetzt regnete es heftig. Der Regen prasselte auf das Auto, das sich wie eine hohle Blechdose anhörte, und beschwor Erinnerungen an die Arbeitslosigkeit, Sonntage in Belfast, die RUC, die Rangers, die die Celtics schlugen, und eine Million andere Schrecken herauf, die nur Regen heraufbeschwören konnte.

Die ewig gleiche Frage hörte nicht auf: WISSEN WISSEN WISSEN SIE SIE SIE WER WER WER WIR WIR WIR SIND SIND SIND ...?

Die Fahrt nach Manhattan, normalerweise nicht unter fünfundvierzig bis sechzig Minuten zu schaffen, dauerte nicht einmal zwanzig. Der Konvoi mit Blaulichtern und Sirenen schnitt durch den zähflüssigen Verkehr wie ein heißes Messer durch Butter.

In der Police Plaza Nr. 1 nahmen sie mir Handschellen und Daumenschrauben ab, dann begann das beleidigende Spiel guter Cop und böser Cop.

»Wir geben Ihnen die Chance, sich zu erklären, Sam, weil Sie Frau und Kinder haben«, sagte der gute Cop, ein feister FBI-Mann mit Collegeblazer, Hemd und Krawatte.

Während er sich so besorgt wegen meiner Familie zeigte, zertrümmerten seine Kollegen die Tür bei uns zu Hause mit einer Ramme, richteten ihre Waffen auf den Kopf meiner neunjährigen Tochter und brüllten sie an: »Wo ist das Geld deines Vaters? Wenn du es uns nicht sagst, nehmen wir dich mit und du siehst deine Eltern nie wieder!«

»Sich erklären« bedeutet im Polizeijargon, dass man seine Mittäter verpfeift. Das FBI erreichte seine Erfolgsquote von neunzig Prozent hauptsächlich dadurch, dass Leute einander gegenseitig anschwärzten. Das lässt sich am einfachsten mit den Worten eines Sprechers der Law Enforcement Academy des US-Schatzamtes zusammenfassen: »Meine Herren, in diesem Metier sind Sie nur so gut, wie es Ihre Ratten sind.«

»Lassen Sie sich nicht zum Sündenbock für die anderen machen«, riet mir der gute Cop. »Wir haben Maloney, O'Connor und McCormack. Die singen wie die Vögel, sollten Sie dieses einmalige Angebot ablehnen.« Er stand auf und öffnete die Tür. »Hören Sie.«

Nebenan hörte ich Pat wie einen Papagei plappern. Es klang finster und verschwörerisch. Aber er versuchte nicht, sich zu erklären. Im Gegenteil. Er beteuerte lediglich seine Unschuld und versicherte, dass er noch nie von einem O'Connor oder einem *Simmy Mullar* gehört hätte, wie ein FBI-Mann mit Bostoner Akzent meinen Namen aussprach.

Echt rätselhaft war dieser McCormack. Wer zum Teufel sollte das sein?

»Maloney fleht uns regelrecht an, sich erklären zu dürfen, aber Sie sind verheiratet – genau wie ich –, und ich möchte nicht, dass Sie den Rest Ihres Lebens im Gefängnis verbringen müssen. Haben Sie das verstanden? Ja?« Es war fast schon rührend, wie sehr er sich um mein Wohlergehen sorgte. Die RUC hätte einen Heidenspaß mit diesen Typen gehabt, dachte ich, als böser Cop das Zimmer betrat. Wenn ich nicht gut aufpasste, würde er mich zwingen, mir Country- und Westernmusik anzuhören, oder mir Rauch ins Gesicht pusten, irgendwas ganz furchtbar Schlimmes.

Während die FBI-Leute mir versicherten, Pat würde singen wie ein Vogel, teilten sie Tom in Rochester mit, er befände sich »auf einem sinkenden Schiff. Ihre beiden Freunde in New York haben ausgesagt, Sie hätten alles geplant.«

»Hören Sie, Sie Blödmann«, sagte böser Cop zwei Zentimeter von meinem Gesicht entfernt. »Sie werden den Rest Ihres Lebens in den Armen eines großen Scheißniggers verbringen, der Sie Tag und Nacht in den Arsch fickt ... dreimal zwischen den Mahlzeiten. Der vögelt Sie wund mit seinem Schwanz. Haben Sie *das* kapiert?«

Ich kannte den Spruch aus einem Film, aber mir fiel ums Verrecken nicht ein, aus welchem. Ob böser Cop es mir verraten würde, wenn ich ihn danach fragte? Alle FBI-Leute hatten irgendwie irische Namen mit großen »O'«s irgendwo dazwischen.

Das Verhör dauerte rund eine Stunde; am Ende schlichen guter Cop und böser Cop davon und standen offenbar vor einem Rätsel, weshalb weder Pat noch ich noch der geheimnisvolle McCormack ihr Angebot angenommen hatten. Als letzten Versuch zeigte mir einer der FBI-Leute einen Zettel, den sie Pat abgenommen hatten; er warf ihn verächtlich auf den Tisch.

»Trägt ein Priester so etwas mit sich in der Tasche herum? Sie sollten sich für ihn schämen und ihn nicht länger in Schutz nehmen.«

Ich warf einen Blick auf den Zettel, vergaß ihn jedoch sofort wieder. Ich würde später mit Pat darüber reden. Im Augenblick wollte ich ihr Spiel nicht mitspielen.

Vermutlich handelte es sich bei dem Spiegel vor mir um ein Fenster, hinter dem eine Handvoll Bundesagenten standen und meine Körpersprache analysierten.

Sie ließen mich rund fünfzehn Minuten allein, dann spazierte der Schwarze rein, der mich so lange beschattet hatte; er mampfte ein Hero-Sandwich. Er sagte erst mal gar nichts und wirkte so zufrieden, dass er sich die Lippen leckte – ob wegen des Sandwiches oder meiner Verhaftung, ließ sich schwer sagen. Er betrachtete mich eine Weile und bemerkte nicht, dass ihm Mayonnaise auf das Hemd getropft war.

»Mein Name ist Louis Stith, Special Agent und leitender Ermittler des Federal Bureau of Investigation.«

Er wartete auf meine Reaktion. Nachdem ich keine erkennen ließ, fuhr er fort. »Unter uns und ganz privat gefragt, ab wann haben Sie vermutet, dass ich Sie beschatte?« Seine Stimme klang ganz leise, während er sein Selbstgespräch fortsetzte. »Ich glaube, ich habe es an jenem Tag im Fahrstuhl vermasselt. Wissen Sie noch? Sie wollten nicht mit mir fahren. War es da? Haben Sie seitdem vermutet, dass ich vom FBI bin?« Er lächelte.

Ich wollte ihm bloß sagen, dass die anderen FBI-Leute ihn nur »diesen Knaben« nannten. Und dass er Salat zwischen den Zähnen hatte. Ich sah in den Spiegel und begutachtete meine Zähne.

»Ihnen ist doch klar, dass Sie unsere Haftanstalten nicht überleben werden, oder? Da geht es nicht wie in diesen britischen Memmengefängnissen zu, die Sie kennen, wo jeder irgendeiner Menschenrechtsorganisation Rechenschaft ablegen muss.«

Ich fragte mich, in welcher Propagandaschrift er *das* gelesen hatte, begriff aber ziemlich schnell, dass er nur eine Antwort aus mir herauskitzeln wollte – irgendeine Antwort –, damit ich mein Schweigen brach und ihm den Beweis lieferte, dass seine jahrelange Ausbildung, sein Jura-Abschluss und sein Selbstbewusstsein sich auszahlten. Ich enttäuschte ihn nicht gern, doch den Gefallen würde ich ihm weder heute tun … noch sonst irgendwann.

Die nächsten zwanzig oder dreißig Minuten musste ich seine Monologe über mich ergehen lassen. Dann stand er resigniert den Kopf schüttelnd auf. »Sie sind mir ein Rätsel«, murmelte er. »Wir sehen uns vor Gericht.«

Ein echtes Rätsel war, wie ich später herausfinden sollte, was aus den dreißigtausend Dollar in meiner Manteltasche geworden war. Das Rätsel wurde nie gelöst, jedenfalls nicht von mir.

Kurz nach unserer einseitigen Unterhaltung brachte man

mich von der Police Plaza Nr. 1 zum Gerichtsgebäude. Im Fahrstuhl stand Pat neben mir. Wir sprachen kein Wort. Der Fahrstuhl hielt an, ein junger Mann stieg zu. Er trug Handschellen, wie Pat und ich. Ich nahm an, er wäre auch ein Gefangener, dem vor Gericht die Anklage verlesen wurde, so wie uns, und reagierte überrascht, als er sich neben uns an den Tisch setzte. Ich sah Pat mit einer »Was zum Teufel ist hier los«-Miene an, aber er beachtete mich nicht. Unter diesen Umständen verhielt er sich natürlich korrekt. Ein paar Minuten später löste sich das Rätsel auf, wenn auch nur zu einem kleinen Teil.

Der junge Mann hieß Charlie McCormack. Ein Lehrer und Mieter des Apartments, nicht Pat. Er war außer Landes gewesen, seine Familie besuchen, und hatte Pat gebeten, das Apartment für ihn zu hüten. Mist! Ich hätte mich fast bepisst, so ironisch kam mir das vor.

Klar, ich kümmere mich gut darum, und es macht dir doch nichts aus, wenn ich dort ein paar Millionen bunkere, während du weg bist?

Kurz nach der Anhörung kam Pat auf Kaution frei. Die Anklage gegen Charlie ließen sie fallen, als Pat versicherte, er habe nichts von dem Geld gewusst. Ich selbst lernte in Kürze etwas kennen, das amerikanische Bundeshäftlinge als Diesel-Therapie bezeichnen.

Es ist eine Form geistiger und körperlicher Folter von Häftlingen, um an ein Geständnis oder wichtige Informationen zu kommen, die später vor Gericht verwendet werden können. Der Häftling wird von Haftanstalt zu Haftanstalt verlegt – manchmal bis zu dreimal täglich, auf diese Weise soll er verwirrt und isoliert werden, bis er seinen Widerstand aufgibt.

Ich wurde an Händen und Füßen gefesselt und bekam trotz des kalten Winters nur einen dünnen Overall. Nach einer siebenstündigen Fahrt auf der Pritsche eines umgebauten Pick-ups, bei der mir die Eier abfroren, traf ich gegen zwei oder drei Uhr morgens in einem Gefängnis ein, bekam Bettzeug ausgehändigt und freute mich darauf, zu schlafen. Kaum hatte ich das Bett gemacht, brüllte mich ein Wachmann an, dass ich mich wieder anziehen sollte, man würde mich erneut verlegen. Diesmal schafften sie mich in einen Bus ohne Sitze, in dem ich mit fünfzehn bis zwanzig anderen Häftlingen am Boden festgekettet wurde und von einem Wärter, der seine Schrotflinte offenbar sehr lieb hatte, unmissverständlich gesagt bekam, was passieren würde, sollten wir mit unseren Spatzenhirnen auch nur an Flucht denken.

Der Bus brachte uns nach Manhattan zurück, an den Nutten der Tenth Avenue vorbei, die winkten und uns Zombies nachriefen. Zombies. Die Diät aus Schinkensandwiches und verwässerter Milch zweimal täglich hinterließ ihre Spuren. Mir war jedoch alles egal. Ich wollte nur schlafen. Die Lichter der winzigen Scheinwerfer über uns in dem Bus und die plärrende Country- und Westernmusik vom Band machten das unmöglich. Ich schwor mir, nie wieder Jim Reeves zu hören.

Als wir im Gefängnis ankamen, erhielt ich wieder Bettzeug. Ich machte das Bett und stellte mir vor, wie es wäre, wenn ich einschlafen, in meinem Haus aufwachen und feststellen würde, dass das alles nur ein schrecklicher Albtraum gewesen war.

Genug geträumt. Es wäre wieder an der Zeit, brüllte der Wärter, für eine malerische Fahrt in den schönen Staat New York, wo es die Schönheit schneebedeckter Berggipfel und kahler Bäume zu bewundern gab. Als die beiden bewaffneten Wachen bei McDonald's einkehrten und Big Macs, Fritten und heißen Kaffee für sich holten, während sie mich ohne Schuhe und Socken bibbernd in dem Pick-up zurückließen, dachte ich mir, dass ich mir für meine Ausdauer wenigstens ein Happy Meal verdient hätte.

Ich sah zu, wie sie zurückkamen, ihre schweren Körper auf die Sitze wuchteten und sich vergewisserten, dass ich noch da war.

Daraufhin hörte ich, wie sie die Heizung aufdrehten, wovon ich wegen der Trennscheibe absolut nichts hatte.

»Wie mögen Sie Ihren Kaffee, Sam?«, fragte der kleinere Hüne mit breitem Grinsen.

Ich wollte ihm eine klugscheißerische Antwort geben, aber meine Zähne klapperten zu sehr.

»Hier. Sie müssen ihn aber in Handschellen und während der Fahrt trinken. Sollten Sie sich die Eier verbrennen, können Sie weder uns noch McDonald's verklagen. Kapiert?«

Sie lachten beide, als sie mir das abscheuliche Schinkensandwich und die verwässerte Milch überreichten. Mir drehte sich beim Gedanken an das neuerliche Festmahl der Magen um.

»Hier.« Er öffnete die Glastür, und obwohl die Hitze hereinströmte, spürte ich rein gar nichts, nicht einmal den herrlichen heißen Kaffee, der mir die gierigen Lippen verbrühte, oder den salzigen Geschmack der Fritten im Mund.

Für den Rest der Fahrt ließen sie die Scheibe offen, sodass ich langsam wieder auftaute, während große Trucks an uns vorüberdonnerten.

Alles schien so friedlich; meine Lider wurden schwerer und schwerer. Müdigkeit umfing mich, und die beiden Wachen unterhielten sich flüsternd, als wollten sie mich nicht stören. Wir hätten gut und gern drei Busenfreunde auf einem Jagdausflug sein können, nur dass sie ihre Beute schon gefangen hatten.

Kurze Intervalle der Schlaflosigkeit unterbrachen meinen Schlummer, aber sie waren erfreulich selten. So war das in den Wochen der bösen Diesel-Therapie, die doch nur ein Vorgeschmack auf kommende Ereignisse sein sollte.

KAPITEL DREIUNDFÜNFZIG

SCHLAGZEILEN WIDER WILLEN

Ein eigentümlicher Broterwerb, anständige Leute zum Lachen zu bringen.
– Molière, *Die Kritik der »Schule der Frauen«*

Die Welt ist verrückter, als wir glauben.
– Louis MacNeice, *Snow*

NEW YORK TIMES: BEHÖRDEN VERÖFFENTLICHEN EINZELHEITEN ÜBER DAS LEBEN ZWEIER VERDÄCHTIGER DES RAUBÜBERFALLS AUF BRINK'S

Der Mann, der sich Andre Singleton oder Patrick nannte, war Inhaber eines florierenden Comic-Ladens in Jackson Heights. Er galt als religiöser Familienmensch und verantwortungsvoller Mitbürger, der mit seiner Frau und drei Kindern ein zurückgezogenes Leben führte.

In einem anderen Leben, in Irland, hat der durchtrainierte, ordentlich gekleidete Samuel Ignatius Millar, ein junger Rebell aus Belfast, mehr als acht Jahre im Gefängnis verbracht, zuerst wegen Mitgliedschaft in einer »verbotenen Vereinigung«, dann wegen Besitz von Waffen und Sprengstoff. 1984, mit 29 Jahren, reiste er unter falschem Namen in die Vereinigten Staaten ein. Er wollte neu anfangen und arbeitete als Straßenhändler.

Den Behörden zufolge gab Mr Millar zwar seine alte Identität auf, als er in dieses Land kam, jedoch nicht seine »kriminellen« Neigungen. Letzte Woche entpuppte sich Mr Millar neben einem Melkitenpriester und einem ehemaligen Polizisten als Mitglied eines seltsamen Trios, das verdächtigt wird, 7,4 Millionen Dollar aus dem Geldtransporterdepot von Brink's in Rochester gestohlen zu haben. Es handelt sich um einen der größten bewaffneten Raubüberfälle in der Geschichte der Vereinigten Staaten.

DIE SUCHE NACH INDIZIEN

Die Ermittler mussten gestern eingestehen, dass sie immer noch nicht wissen, wer das Depot von Brink's im vergangenen Januar tatsächlich ausgeraubt hat. Auch weiß niemand, was aus dem Geld wurde oder ob der Überfall etwas mit den Kämpfen in Nordirland zu tun hat.

Man untersucht die Vergangenheit der Verdächtigen und Beweismittel aus ihren Wohnungen, die Hinweise über den Verbleib des Geldes geben könnten. Keiner der drei wurde der direkten Beteiligung an dem Raubüberfall beschuldigt, von offizieller Seite hieß es jedoch, dass in dem Fall weitere Anklagen dazu kommen könnten.

»Wir wissen nicht, wer die Täter sind«, sagte Special Agent Paul M. Moscal von der Außenstelle des Federal Bureau of Investigation in Buffalo. »Und wir wissen immer noch nicht, was das Motiv war. Ich glaube, das weiß im Augenblick niemand.«

Die Anwälte der Männer bestreiten Beziehungen zur illegalen Irisch-Republikanischen Armee oder zu anderen Organisationen in Nordirland, doch von offizieller Seite hieß es, dass sowohl der verhaftete Priester Rev. Patrick Maloney wie Mr Millar in die Konflikte in Nordirland verwickelt waren.

Pater Maloney, 61, der ein Asyl für obdachlose Teenager in der Lower East Side von Manhattan leitet, wurde 1982 verhaftet, als er versuchte, mit seinem Bruder John Waffen für die IRA nach Irland zu schmuggeln, so die Behörden. Sein Bruder wurde damals verurteilt, »Pater Pat« jedoch freigelassen.

Thomas O'Connor, der pensionierte Polizist, der zum Zeitpunkt des Überfalls als Wachmann bei Brink's arbeitete, hat ebenfalls Beziehungen nach Irland. 1983 lernte Mr O'Connor während einer Rundreise durch seine alte Heimat Mr Millar kennen, der laut seiner Akte gerade aus dem Gefängnis entlassen worden war.

EINE NEUE IDENTITÄT

Im Jahr darauf half Mr O'Connor, den jungen Iren ins Land zu schmuggeln, nachdem ihm aufgrund seines politischen Hintergrunds ein Einreisevisum verweigert worden war, wie aus den Gerichtsakten hervorgeht.

Mithilfe von Pater Maloney wurde aus Mr Millar »Andre Singleton«, ließ die Staatsanwaltschaft verlautbaren. Der echte Mr Singleton, der sich in einem Drogenrehabilitationsprogramm des Priesters befand, war einige Jahre zuvor verstorben, der junge Ire bekam seine Sozialversicherungs- und Führerscheinnummer. Später benutzte er zudem den Namen Frank Saunders, auch das geht aus den Gerichtsakten hervor.

Um seine Familie zu ernähren, die mit einem zeitlich begrenzten Visum ins Land kam, arbeitete Mr Millar zuerst als Straßenhändler, dann als Betreiber eines Comic-Ladens. Er gab sein Apartment 35–30 80th Street auf, zog Anfang des Jahres nach

77–07 24th Avenue, mietete in der Nähe ein Ladengeschäft und eröffnete einen florierenden Comic-Laden mit Namen KAC Comics & Collectibles.

»Er war sehr höflich und machte nie Probleme«, sagte Terry McLaughlin, 48, der Mr Millar den Laden für siebenhundert Dollar im Monat vermietete und die Familie Millar fast jeden Sonntag in der katholischen Kirche sah. »Er brachte seine drei Kinder jeden Tag zur Schule. Er hätte Vater des Jahres sein können, ein wahrer Gentleman. Gott, man würde für so ideale Mieter sterben.«

Eine Frau, die sich als Mrs Tam vorstellte und den Millars ihr Apartment vermietete, sagte ebenfalls, dass die Verhaftung völlig überraschend für sie kam. »Sie waren so ein nettes Paar«, betonte sie. »Sie gingen früh zu Bett. Ich sah, dass der Mann die Kinder zur Schule brachte, mit ihnen zu McDonald's und ins Kino ging. Sie führten ein harmonisches Familienleben. Sehr anständige und höfliche Menschen.«

Und Liliana Morales, 32, die nebenan lebte, sagte, dass es sich um sehr unauffällige, ordentliche Nachbarn handelte. Nett und höflich. Aber Ms Morales sagte auch, ihr sei in den letzten Monaten aufgefallen, dass etwas nicht stimmte.

»Wir haben ständig Polizisten mit Ferngläsern an der Ecke gesehen«, sagte sie. »Sie kamen auch in den Comic-Laden. Alle in der Nachbarschaft wunderten sich. Nur Andrew (Millar) offenbar nicht.«

KOFFER VOLLER BARGELD

Nur wenige Wochen nach dem Raubüberfall im Januar ordneten Ermittler eine Reifenspur, die in dem Depot in Rochester gesichert wurde, einem 1984er Plymouth Voyager Transporter zu, der auf Bernadette Fennell zugelassen war, Mr Millars Ehefrau.

In den darauffolgenden Wochen beobachteten FBI und Polizei Mr Millar sehr genau, wenn er in seinem Comic-Laden, seinem Apartment oder seiner Kirche ein und aus ging. Sie beobachteten ebenfalls, wie er mehrere Fahrten unternahm und Reisetaschen in ein Apartment in der First Avenue in Manhattan schaffte, wo bei einer Durchsuchung am Donnerstag eine elektronische Geldzählmaschine, Reisetaschen, Koffer und Säcke voller Bargeld gefunden wurden.

Am 12. November verhafteten die Behörden Mr Millar schließlich vor einem Postamt unweit seines Zuhauses.

Herrgott noch mal! Wie hatte ich nur die vielen Polizisten mit Ferngläsern übersehen können? Na ja …

KAPITEL VIERUNDFÜNFZIG

EIN SEHR TEURER ANWALT

JANUAR 1994

Jetzt bette ich mich zur Ruhe …
– Anonym

Befreit mich, flehe ich, auf dass ich Freude suchen kann …
– James Merrill, *The Thousand and Second Night*

Die Diesel-Therapie dauerte weitere drei Wochen an. Man brachte mich in mehrere berüchtigte Gefängnisse, bis mein Anwalt, Anthony F. Leonardo, dem endlich einen Riegel vorschieben konnte, indem er einen Gerichtsbeschluss erwirkte, wonach ich im Gefängnis von Monroe County untergebracht werden sollte, liebevoll auch Haus der Schmerzen genannt, wo ich die nächsten zwei Jahre blieb und auf meine Verhandlung wartete.

Tony war ein hoch angesehener Anwalt, der öffentliche Auftritte genoss und sich stets makellos kleidete. Er war beeindruckende eins neunzig groß, wog hundert Kilo und sah wie ein Anwalt in Hollywood-Filmen aus. Sein Vater, Anthony F. Leonardo sen., war Polizist mit dem Ruf, dass er mit allen Wassern gewaschen und hart im Nehmen wäre. Er war eine Legende bei der Polizei und trug den Spitznamen »Captain Fearless«.

Von 1985 bis 1986 hatte Tony junior fünf Mordfälle nacheinander gewonnen und wurde 1991 gebeten, John Gotti zu vertreten, den mutmaßlichen Mafiaboss. David Bowie bat ihn um juristischen Beistand, als er wegen Besitz von Marihuana angeklagt wurde. Die Anklage wurde am Ende fallen gelassen.

»Mit wie viel muss ich rechnen?«, lautete meine erste Frage an ihn, obwohl ich wusste, dass es vermutlich dreißig bis vierzig Jahre sein würden.

»Fragen Sie so etwas nie wieder«, antwortete er hastig und gepresst. »Wir pauken Sie da raus. Denken Sie immer nur daran. Und jetzt erzählen Sie mir von dem Priester ...«

Er hörte sich an, was ich über Pat zu sagen hatte, von seiner Arbeit für die Armen und dass er nichts mit dem Raubüberfall zu tun hatte.

»Blödsinn«, sagte Tony. »Haben Sie ihm eine Waffe an den Kopf gehalten?«

»Nein. Natürlich nicht, aber –«

»Wieso hatte er fast zweihundert Riesen in seinem Schlafzimmer versteckt?«

Von dem Geld in Pats Schlafzimmer hörte ich zum ersten Mal, und das sah man mir auch an.

»Das habe ich ihm gegeben ... um jemanden auszubezahlen.«

»Warum waren Sie so schockiert, als ich danach gefragt habe?«

»Weil Pat mir versichert hatte, er hätte Ronnie das Geld gegeben. Doch das waren nur hunderttausend.«

»Woher kam der Rest?«

»Das geht Sie nichts an«, sagte ich.

Tony stand von dem Stuhl auf und baute sich vor mir auf. »Sehen Sie, ich will Ihnen eines so klar wie möglich machen. Alles, was mit dem Fall zu tun hat, *geht* mich etwas an – es geht nämlich um meinen guten Ruf und um Ihre Freiheit. Ich habe keine Ahnung, wie es in Irland läuft, hier spielen Sie jedenfalls nach meinen Regeln. Ich habe das FBI schon so oft vor Gericht in die Pfanne gehauen, dass die mich aus tiefster Seele hassen. Sie haben sogar versucht, mir was anzuhängen, aber das ist eine andere Geschichte. Wenn ich Sie vertreten soll, denken Sie besser lang und gründlich nach, denn wenn ich einen Fall übernehme, wird etwas Persönliches daraus. Ich will diese Leute fast ebenso sehr schlagen wie Sie. Ich weiß, Sie sind nach den ständigen Verlegungen müde, darum lasse ich Sie eine Weile darüber schlafen. Wir sehen uns am Dienstag.«

Er streckte die Hand aus, und ich schüttelte sie, obwohl mir Zweifel kamen, ob ich ihn wirklich als Anwalt wollte.

Bevor er ging, stieg ihm der Geruch des Gefängnisessens in die Nase.

»Hackfleisch.« Er verzog das Gesicht. »Sie können es wirklich nur hier drin so zubereiten, dass es wie Scheiße riecht.«

In dieser Nacht schlief ich durch, zum ersten Mal seit fast drei Monaten ungestört, sechzehn Stunden, die monströse Diesel-Therapie war endlich überstanden. Es war der beste Schlaf meines Lebens.

KAPITEL FÜNFUNDFÜNFZIG

HE! WAS ZUM TEUFEL MACHEN SIE MIT DEN VIELEN GELDSÄCKEN?

FRÜHJAHR 1994

Verdächtigen Sie stets jeden.
– Dickens, *Der Raritätenladen*

Ein guter Mensch ist einer mit bösen Gedanken.
– Jonathan Swift, *Gedanken über verschiedene Dinge*

Die Wochen wurden zu Monaten, und Tony sammelte kleine Mengen der »Entdeckungen« – oder Beweise – der Staatsanwaltschaft gegen mich. Bei jedem Besuch kam ich mir vor, als würde ich auf den Henker warten, während er mir alle Teile des riesigen Puzzles erklärte, das die Anklage in ihrem Büro Stück für Stück zusammensetzte. Sie mussten den Geschworenen das vollständige Bild präsentieren. Je klarer das Bild, desto größer die Chance einer Verurteilung.

»Es gibt einige andere, winzige, aber nicht unwichtige Teile des Puzzles, die ihnen in den Schoß gefallen sind«, verkündete er, nahm Platz und legte den Aktenkoffer auf den Tisch. »Die haben Ihren Job als Türsteher in der Park Avenue überprüft. Sie behaupten, dass Sie in der Nacht des Raubüberfalls nicht dort waren.«

Ehe ich den Mund aufmachen konnte, versetzte er mir den K.-o.-Schlag. »Die haben Reifenspuren des Transporters, der bei dem Überfall benutzt wurde. Das ist fast so gut wie Fingerabdrücke.«

»Scheiße ...« Mehr brachte ich nicht raus.

»Und die behaupten, sie haben die Reifen.«

Er beobachtete meine Reaktion, während ich an McDonald's und grinsende Ermittler denken musste, die ihr Glück nicht fassen konnten.

Ich bekam Magenschmerzen. Die ganze Zeit hatte ich gewusst, dass es hoffnungslos war, und jetzt bestätigte Tony es.

Ich hasste seine Besuche allmählich. Er war schlimmer als der Engel des Todes in Long Kesh.

»Bringen Sie Ihren Mandanten auch mal gute Nachrichten?«, fragte ich.

»Die Analyse hat ergeben, dass die Reifen und die Fotografien der Reifenspuren bei Brink's Übereinstimmungen aufweisen. Sie sind ähnlich, nicht *identisch*. Das ist ein sehr großes Plus für uns.« Er lächelte. »Ich habe noch nicht einmal angefangen, mich zu wehren, und das wissen die Schwanzlutscher auch. Sie haben Angst vor mir – und das mit gutem Grund. Im Augenblick sitzen sie in ihrem warmen Büro und fragen sich, ob alle Teile fein säuberlich zusammenpassen. Ihre Jobs stehen auf dem Spiel. Ihre Laufbahnen. Die sehen diesen Fall als Karrieresprungbrett – vielleicht in die Politik, vielleicht in eine große Firma an der Wall Street. Unter uns, Sam, ich werde alles in meiner Macht Stehende tun, damit diese Träume nicht in Erfüllung gehen.«

Dann weihte er mich ein, wie viel Anstrengung das FBI in den Fall investiert hatte.

»Offiziell haben vierzig FBI-Agenten an dem Fall gearbeitet, man hat Sie rund um die Uhr beobachtet, für alles in allem zwanzigtausend Arbeitsstunden. Weitere sechzig Beamte wurden sporadisch hinzugezogen, falls es erforderlich war. Bei der Verhandlung fährt das FBI mehr als hundert potenzielle Zeugen auf, manche kommen sogar aus Kalifornien und Florida. Dutzende FBI-Leute und Detectives aus New York sind noch nicht mitgezählt.«

Warum erzählte er mir dieses vernichtende Zeug? War er ein Sadist, der sich insgeheim über mich lustig machte?

»Ich weiß schon«, fuhr er fort, als hätte er meine Gedanken gelesen, »Ihnen wird das alles verstörend und aussichtslos vorkommen, aber Sie müssen mir glauben, wenn ich sage, wir haben eine Chance, Sie da rauszubekommen. Anfangs gab es eine Menge Reibereien zwischen dem New Yorker FBI und den Leuten von außerhalb. Alle wollten sich im Ruhm dieses öffentlichkeitswirksamen Falles sonnen. Das hat mir ein FBI-Agent schon gestanden.« Er ließ ein Christopher-Lee-Lächeln sehen. »Können Sie sich vorstellen, dass die Bundesagenten aus New York die von da oben ›Spießer und Hinterwäldler‹ nannten, als die Entscheidung fiel, dass sie den Fall übernehmen würden? Ich kann Ihnen versichern, *das* kam gar nicht gut an.«

Tony hatte von den Staatsanwälten Christopher Buscaglia und Christopher Taffe gehört.

»Die sind beide Arbeitstiere und penibel bis ins Kleinste, aber Patrick NeMoyer, der Bezirksstaatsanwalt des Western District von New York, macht ihnen eine Menge Druck, dass es ja zu einer Verurteilung kommt. Es steht viel auf dem Spiel. Nicht nur Ihre Freiheit, auch der Ruf des FBI – besonders der örtlichen Stellen. Wenn die es vermasseln, dann behalten die Bundesagenten aus der großen Stadt am Ende recht.«

Er hatte auch noch andere Neuigkeiten. »Das FBI hat McCormack, diesen Lehrer, wieder festgenommen. Die Drecksäcke wissen zwar, dass der arme Kerl völlig unschuldig ist, wollen ihre Verschwörungstheorie vor den Geschworenen aber wasserdicht machen. Je mehr Leute angeklagt werden, desto besser stehen sie da. Das verrät uns natürlich auch, wie unsicher sie tatsächlich sind. Auf lange Sicht spielt uns das in die Hände. Ich meine, der arme Kerl tut mir leid, aber es zeigt, wie verzweifelt die geworden sind und unter welch enormem Druck sie stehen.«

Angeblich hatten sie Charlies Fingerabdrücke auf einem Stück Pappkarton gefunden. Der einfache Grund dafür war natürlich, dass es sich um seine Wohnung handelte – seine Fingerabdrücke waren überall, auch auf dem winzigen Stück Pappe, das wir unter der Spüle vorgezogen hatten, um etwas daraufzuschreiben. Das wussten die vom FBI sehr wohl, sahen jedoch guten Gewissens darüber hinweg, solange es die Chance erhöhte, dass wir verurteilt werden würden – einschließlich Charlie.

»Ich dachte, wir sind diejenigen, die unter Druck stehen?«

Auf die Bemerkung ging er nicht ein. »Ein Zeuge des FBI, Louis Niger, hat sich gestern Nacht offenbar unter höchst verdächtigen Umständen in den Tod gestürzt. Er war der Barkeeper, der in der Nacht, als O'Connor entführt wurde, den Krankenwagen für ihn gerufen und ihm nach einem kräftigen Schluck Southern Comfort auf einen Barhocker geholfen hat.«

»Ist das gut oder schlecht für uns?«, fragte ich zynisch, ohne einen Gedanken an den Unglücklichen zu verschwenden.

»Das werden wir sehen. Wenn sich alle Zeugen der Anklage zu diesem Schritt entschließen würden …« Er grinste, und ich musste wieder an Christopher Lee denken. »O'Connor berief sich vor der Grand Jury auf den fünften Verfassungszusatz. Außerdem hat er einen Lügendetektortest abgelehnt. Egal, Sie begleiten mich jetzt zum Kenneth B. Keating Building. Dort findet die Verhandlung statt. Ich möchte, dass Sie sich die Videos ansehen, die das FBI von Ihnen und Pat Maloney hat.«

»Videos?«

»Oh. Ich dachte, ich hätte sie erwähnt. Die haben viele Stunden mit Filmmaterial.«

Ich muss kalkweiß geworden sein, denn er lachte. »Keine Sorge. Als Beweis gegen Sie taugt das wenig. Aber ich bin mir sicher, dass Maloney einiges erklären muss …«

Eine Stunde später saß ich im Gerichtsgebäude in einem winzigen Zimmer und Tony rollte ein großes Fernsehgerät und einen Videorecorder herein.

»Tut mir leid, Sam. Kein Popcorn«, sagte er und lachte für meinen Geschmack etwas zu laut.

Der Bildschirm leuchtete auf, und ich sah da, wie ich vollkommen ahnungslos das Apartment betrat und wieder ging. Ich spürte, dass ich rot wurde. Schweiß lief mir den Rücken hinab. Ich Trottel hatte nicht einmal gemerkt, beobachtet zu werden. Ich wollte, dass Tony abschaltete.

»Warten Sie. Es kommt noch besser«, versicherte er mir grinsend.

Schalt dieses Video ab, und das verdammte Grinsen gleich mit, bitte.

Man sah, wie Pat zur Tür des Apartments kam und im Inneren verschwand. Plötzlich schaltete Tony in den schnellen Vorlauf. »Das müssen Sie sehen.«

Es war der vierte Tag, nachdem wir das Apartment zum ersten Mal betreten hatten. Man sah, wie Pat den Flur betrat und sich umsah.

Ich dachte mir nichts dabei, bis zwei Schwarze mit leeren Tüten unter den Armen neben ihm auftauchten.

»Was zum Teufel ist da los?«, fragte ich laut und bestürzt über die Anwesenheit der beiden Männer. Ich wusste nicht, dass Pat jemand von dem Apartment erzählt hatte. Was hatte er da für ein Spiel getrieben?

Tony schaltete auf Standbild und machte das Licht an. »Ich gehe davon aus, sie gehörten nicht zum Plan?«, fragte er. »Kennen Sie diese Leute?«

»Nein«, sagte ich aufgebracht.

»Okay. Bringen wir es hinter uns«, sagte er und löschte das Licht wieder.

Es war derselbe Tag, etwa eine Stunde später. Die Tür ging auf, Pat streckte langsam den Kopf raus. Dann kamen seine beiden Freunde mit Tüten ... randvollen Tüten. *Randvoll wie eine schöne, heiße Tasse Tee.*

»Das ist einfach unglaublich!« Ich wollte den Bildschirm mit dem Fuß eintreten.

»Diese Szene wiederholt sich in den nächsten zwei Tagen mehrmals, Sam. Mit leeren Tüten rein, mit vollen wieder raus. Möchten Sie sie sehen?«

Ich schwieg eine Weile. »Nein«, sagte ich dann. »Ich ... hab genug gesehen.«

Während Tony den Fernseher wegräumte, erklärte er mir, dass die Geschworenen das bei der Verhandlung zu sehen bekommen würden. »Damit sehen die FBI-Leute wie Profis aus und die Leute sehen, wofür ihre Steuergelder verwendet werden. Die Geschworenen achten sicher genau auf Ihre Reaktionen, darum ist es wichtig, dass Sie ruhig und ausdruckslos bleiben.«

Mich interessierte das gar nicht mehr. Es war mir egal. Es war schon schlimm, dass Pat das Geld nicht an Ronnie weitergegeben hatte, jetzt musste er auch noch das hier erklären.

»Wir müssen ganz genau aufpassen, wie wir mit diesem Maloney umgehen«, sagte Tony, als hätte er meine Gedanken gelesen. »Wir sollten ihn in diesem entscheidenden Moment nicht vor den Kopf stoßen, damit er nichts Dummes tut. Seine Haare waren überall in dem Apartment, auch seine Fingerabdrücke. Die Tinte, mit der er die Summen addiert hat, passt zu Füllern in seiner Kirche. In einem Tresor Marke Empire in seinem Schlafzimmer wurden Tausende Dollar gefunden. Die Liste ist endlos.«

Jetzt wurde mir alles klar. Seit Monaten schrieb mir Pat und bat mich – befahl mir –, Tony als meinen Anwalt zu entlassen. Er traue ihm nicht, sagte er. Er hätte so einiges über ihn erfahren. Wenn ich ihn feuerte, würde Pat mir einen anderen Anwalt besorgen, der sich bemühen würde, uns *alle* rauszupauken. Nicht wie dieser »Stenz«, dem es nur um Ruhm und Geld ging.

Fast hätte ich ihm geglaubt.

Er hatte sogar darum gebeten, wir sollten unsere Verlegung nach New York City beantragen, wo man uns festgenommen hatte. Er behauptete, seine Gesundheit würde darunter leiden, dass er für jeden Gerichtstermin acht Stunden nach Rochester fahren müsse. Und mit einer Verhandlung im liberaleren New York hätten wir bessere Chancen, die Anklage abzuschmettern, als im spießigen, reaktionären Rochester.

Gott! Fast wäre ich ihm auf den Leim gegangen! Vor wenigen Wochen hatte ich ernsthaft überlegt, Tony zu feuern, um Pat eine Freude zu machen, damit er mir während der Verhandlung gewogen blieb.

Es war nicht so, dass er Tony nicht vertraute, er hatte Angst vor ihm. Tony würde jeden Stein umdrehen, um mich freizubekommen. Pat wusste das. Und ihm musste klar sein, wie wütend ich werden würde, wenn ich die Bänder sah.

»Sehen Sie es positiv, Sam«, sagte Tony, während ich mich darauf vorbereitete, ins Gefängnis zurückzukehren. »Sie sind nur zweimal auf dem Video zu sehen, und mit leeren Händen. Maloney muss den Geschworenen erklären, was in den prallvollen Tüten war. Ich schätze, er dürfte sich nicht selbst belasten. Wetten wir?«

»Ich nehme an, Sie und das FBI haben mir inzwischen jeden Cent abgeknöpft, den ich besitze.«

Er lachte. Ich heulte fast.

»Vertrauen, Sam. Haben Sie Vertrauen. Oh, das habe ich noch gar nicht erwähnt: Ein Mann aus Buffalo hat Brink's verklagt. Er behauptet, er habe O'Connor ans Messer geliefert, aber keinen Cent von der Belohnung bekommen. So ein Schleimbeutel! Wenn ich etwas hasse, dann sind es Ratten – zweibeinige Ratten. Da bin ich wohl ein wenig wie Indiana Jones.« Er lächelte, und ich wartete darauf, dass er eine Peitsche zückte. »Egal. Denken Sie immer nur an das entscheidende Wort: Vertrauen.«

Vertrauen? Warum hatte ich keines, fragte ich mich, während ich zurück in die Zelle gebracht wurde. Sogar der Wachmann war der Ansicht, ich hätte den besten Anwalt im Staat New York und sollte dankbar dafür sein.

Woher wusste der Wachmann, dass Tony der beste Anwalt im Staat New York war? Ganz einfach: Tony hatte ihn auch schon vertreten.

»Ein paar Nigger haben behauptet, ich und sechs andere Polizisten hätten ihre Bürgerrechte verletzt und ihnen Gewalt angetan. Können Sie sich das vorstellen? Die halten uns Schrotflinten ins Gesicht, und *wir* tun ihnen Gewalt an!«

Ich schwieg. Meine Lage war auch so schon ernst genug. Ich wollte sie nicht noch verschlimmern, indem ich meine liberalen Ansichten hinausposaunte und ihn wissen ließ, wie abstoßend ich seine rassistischen Worte fand.

»Und, haben Sie sich wacker geschlagen?«, fragte ich und versuchte, die Zelle, solang es ging, zu meiden. Das war, als hätte ich dem FBI Zeit gestohlen.

Er grinste. »Wir haben uns alle wacker geschlagen, *und* die Nigger dazu. Tony haut Sie da raus. Er ist der beste Anwalt der Welt.«

KAPITEL SECHSUNDFÜNFZIG

EIN RICHTER. EIN ECHTER, EHRLICHER, GOTTESFÜRCHTIGER RICHTER

Nackt ... jahrelang in einer eiskalten Zelle ... Prügel ... und Schlimmeres ... Millar hat das alles durchgemacht.
– Der Schriftsteller und Pulitzerpreisträger William Sherman in der Zeitschrift *Esquire*

Gibt es keinen Ausweg aus dem Verstand?
– Sylvia Plath, *Apprehensions*

In den Wochen und Monaten, nachdem ich das Videomaterial gesehen hatte, bekam die »Einheitsfront« zwischen Pat und mir erste Risse. Wir redeten kaum ein Wort miteinander. Ich erhielt Hassbriefe von einigen seiner Unterstützer, die mir vorwarfen, ich hätte ihm den Schlamassel eingebrockt, in dem er sich jetzt befand. Das war natürlich Unsinn, dennoch trat er solchen Gerüchten nicht entgegen. Die Rolle des unschuldigen Märtyrers kam ihm gerade recht. Mir stieß das allmählich sauer auf. Ich hatte mir größte Mühe gegeben, ihm einen plausiblen Grund für seine Beteiligung zu liefern, und seinen Anwälten von meiner Zeit im Spielcasino erzählt, um so seine Freilassung zu gewährleisten, obwohl Tony durch die Decke ging, als er hörte, was ich da machte.

Aber als er behauptete, er hätte keine Ahnung, woher das Geld stammte – oder, wie einige seiner verblendeten Unterstützer behaupteten, dass das Geld möglicherweise »nach Irland floss« und er angeschmiert worden wäre –, da musste ich etwas zu meiner Verteidigung unternehmen. Wenn sie glaubten, er wäre angeschmiert worden, warum war er dann ein Haus für dreihunderttausend Dollar mit mir kaufen gegangen? Er behauptete, das Geld in seinem Schlafzimmer – fast zweihunderttausend Dollar – stamme von illegalen Einwanderern! Aus den Überwachungsunterlagen ging hervor, wie es tatsächlich war. Pat hatte mit dem Geld nur so um sich geworfen ... hier dreitausend, dort fünftausend. Achttausend bekam Jason, ein junger Mann, den er adoptiert hatte. Er wollte einundzwanzigtausend in bar in einer Bank in Florida deponieren, überlegte es sich aber anders, als ihm der Bankangestellte mitteilte, er müsse das Bargeldtransferformular ausfüllen. Es wurden immer mehr Namen von Leuten genannt, die alle größere Geldsummen erhalten hatten.

Einer der zahlreichen Briefe, die ich erhielt, kam von einer Nonne, die schrieb: »Sie kommen bald in die Hölle, wenn Sie Ihre schreckliche Sünde an Pater Pat nicht bereuen.« Ich schrieb zurück, ich sei schon in der Hölle gewesen und fände es dort gar nicht so übel. Immer mehr Hassbriefe kamen, mit immer neuen abgründigen Gemeinheiten.

Inzwischen lag auf der Hand, warum Pat wollte, dass ich Tony feuern und einen Anwalt seiner Wahl nehmen sollte. Doch es war zu spät. Die Lawine war ins Rollen geraten.

»Kennen Sie William Sherman?«, fragte Tony eines Morgens, als wir in einem winzigen Büro des County-Gefängnisses Berge juristischer Dokumente wälzten.

»Der Name kommt mir bekannt vor.«

»Er ist ein berühmter Schriftsteller. Hat den Pulitzerpreis und haufenweise andere Preise gewonnen. Er hat mich gebeten, Sie zu fragen, ob Sie ihn bei einem Artikel für die Zeitschrift *Esquire* unterstützen würden. Er sagt, er wolle Sie positiv darstellen, damit Sie für die Leser ein menschliches Gesicht bekommen. Was meinen Sie?«

»Ich mag das Gesicht, das ich habe. Ich weiß nicht, ob ich gegenwärtig Interviews geben sollte. Besteht da nicht immer die Gefahr, etwas Falsches zu sagen?«

»Sie sprechen mir aus der Seele«, sagte Tony. Dennoch bildete ich mir ein, ihm die Enttäuschung anzuhören. Sah er etwa sein lächelndes Gesicht schon auf dem Cover von *Esquire*? »Es *wäre* ein Fehler. Darum habe ich dem Anwalt des Priesters empfohlen, dass sein Mandant sich ebenfalls weigern und nichts sagen sollte, was jemanden in Gefahr bringen könnte. Warum grinsen Sie?«

»Sie kennen Pat nicht. Das öffentliche Interesse dürfte ihm schmeicheln. Der sagt bestimmt nicht Nein.« Vielleicht wollte Tony den gegnerischen Anwalt auch nicht auf dem Cover sehen.

»Ich glaube, da irren Sie sich. Ich habe seinen Anwalt überzeugt, wie töricht das wäre. Und ich blieb eisenhart. Er wird sicher nicht mitmachen.«

Der Artikel in *Esquire* erschien zwei Monate später unter dem Titel »Blood Money«. Fast jede Seite zierte das Bild des grinsenden Pater Pat.

»Das ist einfach unfassbar!«, brüllte Tony und warf die Zeitschrift im Besucherraum auf den Boden. »Der will uns alle an den Galgen bringen. Das FBI liebt so eine Scheiße. So ein Arschloch! Kann niemand mit dem Kerl reden und ihn bitten, die Klappe zu halten?«

Nein, nicht Pat. Er genoss das, selbst wenn er damit unserer Sache schadete, würde er weiter mit den Reportern reden.

Und die FBI-Leute waren hingerissen. Früher oder später würde er etwas Belastendes sagen.

»Das unterbinden wir, Sam. Ich fahre persönlich nach New York und rede mit diesem Maloney.«

Die Mühe hätte er sich sparen können. Es kam sogar noch dicker. Pat trat im Fernsehen auf, er gab sämtlichen berühmten Talkmastern, Rundfunksendern und Zeitungen Interviews. *Jetzt kann ihn nichts mehr aufhalten*, dachte ich, als ich sah, wie er für die Kameras ein Kind auf den Arm nahm. Er hätte ein Senator im Wahlkampf sein können, ein Feuerwehrmann, der ein Kind aus einem brennenden Gebäude gerettet hat. Sogar die *Late Night Show* wollte ihn. Und als ich ihn endlich anrief und bat, einen Gang runterzuschalten, da versicherte er mir, ich müsse mir keine Sorgen machen, Hollywood würde alles bezahlen.

Ich führte sein Verhalten auf einen Nervenzusammenbruch zurück, auf die Anspannung und den Druck. Tony war nicht so diplomatisch. »Der ist nicht ganz dicht. Er denkt, je mehr Leute ihn hören, desto mehr glauben ihm auch. Unsere einzige Sorge ist, was zwölf Leute glauben. Nicht David Letterman.«

Da überbrachte mir Tony eine wahrhaft niederschmetternde Nachricht.

»Das FBI hat Bernie verhaftet.«

Er sagte es so leise, dass ich ihn kaum hörte.

»Was haben Sie gesagt?«

»Hören Sie, ich kann Ihnen das unmöglich schonend beibringen. Das FBI hat heute Morgen angeordnet, dass Ihre Frau vor der Grand Jury erscheinen und gegen Sie aussagen musste. Sie sollte alles erzählen, was sie von dem Raubüberfall weiß. Sie verweigerte die Aussage und berief sich auf das Verweigerungsrecht, durch das Eheleute nicht aussagen müssen, wenn sie ihre Partner belasten.«

Bernadettes erste Ehe hatte nur Monate gedauert. Nach einem langen Kampf unsererseits hatte die katholische Kirche sie annulliert. Inzwischen waren wir seit zehn Jahren standesamtlich verheiratet, wir hatten immer noch Probleme mit der Kirche in Nordirland wegen der Scheidung und waren deshalb noch nicht kirchlich getraut. Wären wir reich gewesen, als wir noch in Nordirland lebten, hätte es natürlich keine Schwierigkeiten mit der Annullierung gegeben.

»Was zum Teufel ist passiert? Warum wurde sie festgenommen?« Ich war außer mir, versuchte jedoch, ruhig zu bleiben.

»New York erkennt rein standesamtliche Eheschließungen nicht an, Ausnahmen gibt es nur bei standesamtlichen Eheschließungen in Ländern, wo sie anerkannt werden. Nach gründlichen Recherchen kam Richter Larimer zu dem Ergebnis, dass standesamtliche Eheschließungen in Nordirland nicht anerkannt werden.«

»Was zum Teufel weiß der schon von Nordirland?«

»Er versicherte Bernie, er würde das nicht gern tun, müsse sie aber in Beugehaft nehmen, sollte sie weiter die Aussage verweigern. Sie weigerte sich weiterhin und wurde abgeführt.«

»Nein. Das kann ich nicht zulassen. Wir haben drei Kinder. Was wird aus denen? Da mache ich auf keinen Fall mit.«

»Sie dürfen nicht zulassen, dass das FBI Sie drankriegt«, sagte Tony und versuchte, trotz meines Elends an meinen Kampfgeist zu appellieren. »So arbeiten die. Aber Sie sind stärker. Die kriegen Sie nicht klein. Die glauben jetzt, sie könnten Sie mit Bernie weichklopfen. Denen ist klar, dass sie rein gar nichts weiß, genau wie McCormack. Die sind verzweifelt, Sam. Glauben Sie mir, Sie haben keine Ahnung, *wie* verzweifelt.«

In dem Moment war ich am Boden zerstört. Tony wusste, dass ich in meiner Verfassung nicht mehr klar denken konnte. Er wollte das Zimmer nicht verlassen.

»Hören Sie, Bernie hat einen erstklassigen Anwalt, Robert Napier. Der ist ein Kämpfer, genau wie ich. Wir werden beide nicht ruhen, bis wir das überstanden haben. Darauf gebe ich Ihnen mein Ehrenwort. Sie müssen mir dafür versprechen, stark zu bleiben. Abgemacht?«

Ich murmelte etwas Zustimmendes, mit dem er offenbar leben konnte. Zu seinem Glück hatte ich noch keine Ausgabe der Abendzeitung gesehen. Bernie war auf der Titelseite, wie sie von FBI-Agenten in Handschellen abgeführt wurde.

»Bernadette wird unter keinen Umständen gegen Sam aussagen. Sie sind in jeder Hinsicht, spirituell wie emotional, ein Ehepaar. Sie wird die Beziehung keinesfalls gefährden«, teilte Robert Napier den versammelten Reportern ernst mit. »Eine Trauung im Gefängnis scheint die beste Möglichkeit für ihre baldige Freilassung zu sein.«

Es spielte keine Rolle, dass Tony mir gegenüber jeden Tag gebetsmühlenhaft wiederholte: »Wir glauben, wir haben was … das könnte hinhauen. Ich sagte doch, der Mann ist gut …« Ich wusste, er hielt mich nur hin und versuchte, mich aufzumuntern. »Ich muss Ihnen das sagen, und es ist kein Blödsinn. Das FBI hat zähneknirschend Respekt vor Ihnen. Die führen gegen Sie ins Feld, was sie können, und Sie knicken trotzdem nicht ein. Ich habe mit einigen Leuten geredet, die vollkommen erstaunt über Ihr Verhalten sind. Die wissen, wenn Sie Amerikaner wären, wären Sie schon lange zusammengebrochen. Die finden Sie alle echt cool.«

»Soll das ein Kompliment sein?«

»Auf unterschwellige Weise, ja.«

»Also, wenn Sie das nächste Mal mit Ihren Kumpels vom FBI reden, sagen Sie denen, sie können sich ihre Komplimente in ihre haarigen Löcher stecken. Okay?«

Er ging, bevor ich noch ausfallender werden konnte. Seine Versuche, mich aufzumuntern, zeigten den gegenteiligen Effekt.

Einen Monat später traf der Beweis für die Rechtmäßigkeit unserer Ehe in Irland in Form eines Annullierungsurteils ein, das Richter Larimer vorgelegt wurde. Er studierte es angeblich gründlich. Bernies Anwalt bat den Richter, die Beugehaft aufzuheben, damit sie im Rathaus von Rochester einen Trauschein beantragen konnte.

»Vier Kinder und zehn gemeinsame Jahre sprechen meines Erachtens für sich«, argumentierte Napier, der das ausdruckslose Gesicht des Richters betrachtete.

»Das bringt mich ja in die Position eines Liebesboten«, sagte Richter Larimer, »aber ich genehmige es und wünsche dem Paar alles Gute zum Hochzeitstag.«

Nur in Amerika kann ein Richter so mitfühlend sein.

»Habe ich nicht gesagt, dass er ein gerechter Richter ist?«, sagte Tony am selben Tag lächelnd.

Ich sagte nichts, sondern genoss das gute Gefühl. Mir war ein Stein von der Seele gefallen. Das Gefängnis war auf einmal scheißegal.

»Ein gerechter Richter«, wiederholte Tony, ohne zu ahnen, dass er und der Richter sich bald in den Haaren liegen und für Schlagzeilen sorgen würden.

KAPITEL SIEBENUNDFÜNFZIG

DIE STRATEGIE

OKTOBER 1994

Die Ermittlung hat bisher über eine Million Dollar gekostet – die Prozesskosten noch nicht eingerechnet.
– Dale Anderson, Sprecher des FBI

Es ist eine komische Welt – man kann von Glück sagen, wenn man lebend rauskommt.
– Walter de Leon und Paul M. Jones,
You're Telling Me!

Bevor der Prozess begann, mussten die Geschworenen ausgewählt werden.

»Verarschen Sie mich? *Wir* wählen die Geschworenen aus?«, fragte ich Tony. Wir saßen in einem winzigen Zimmer im Kenneth B. Keating Building und unterhielten uns über die beste Strategie, die Anklage abzuschmettern.

»Mehr oder weniger. Die Anklage darf einige auswählen und wir auch. Sie hat zweimal die Möglichkeit, Leute abzulehnen, wenn sie annimmt, es könnte eine Person sein, die für Sie ist. Diese Regel gilt natürlich auch für uns. Alles sehr demokratisch. Es läuft nicht so wie in Irland, wo man die Geschworenen einfach abgeschafft hat. Wir haben eine Demokratie in Amerika.«

Wir saßen alle gemeinsam in einem Zimmer und hantierten mit Notizblöcken herum. Pat hatte gleich *zwei* Anwälte dabei, Charlie seinen Anwalt, genau wie Tom.

Tony erklärte uns das ideale Profil potenzieller Juroren. Er glaubte, dass Persönlichkeiten, Hintergrund und Ansichten der Geschworenen von entscheidender Bedeutung wären.

»Keine Schwarzen unter den Geschworenen«, sagte Tony. »Die müssen unbedingt beweisen, bei Verbrechern keine Gnade zu kennen, weil man sie selbst meist zu Kriminellen abstempelt. Ich würde zwölf Farbige wählen, wenn ich überzeugt wäre, sie wären für uns. Ich kann Ihnen versichern, es wäre eine Katastrophe.«

Die anderen Anwälte machten sich Notizen, sprachen sich weder dafür noch dagegen aus. Auch später ließ sich noch alles korrigieren. Jemand machte den Vorschlag, es könnte gut für Tom sein, wenn Verwandte von Polizisten unter den Geschworenen wären.

Das erntete einhelliges Gelächter. »Nein«, antwortete Tony. »Die wären wie die Schwarzen, ganz erpicht darauf, zu beweisen, dass nicht alle Polizisten – und damit will ich nichts gesagt haben, Tom – korrupt sind.«

Daraufhin lächelte Tom nur sein Gary-Cooper-Lächeln.

»Außerdem«, fuhr Tony fort, »empfehle ich, dass wir alle versuchen sollten, möglichst viele Frauen als Geschworene zu bekommen. Wir haben hier vier gut aussehende Typen, keine Frau unter den Geschworenen wird sie verurteilen wollen.«

Wieder Gelächter.

»Dazu wird es nicht kommen. Das FBI würde diese Strategie sofort durchschauen«, sagte ein wenig überzeugter Anwalt und betrachtete Tony über seine Brille hinweg. »Außerdem spricht nichts dafür, dass das auch funktionieren würde. Der ganze Fall könnte uns um die Ohren fliegen. Außerdem können Frauen sehr viel härter sein als Männer. Wenn wir nur Frauen auswählen – was uns vermutlich ohnehin nicht gelingen würde –, könnte der Schuss auch nach hinten losgehen. Das Risiko wäre jedenfalls groß.«

Tony lachte. »Machen Sie Witze? Glauben Sie ernsthaft, man

könnte zwölf Frauen sagen wir für zwei Monate in einen Raum sperren und sie seien anschließend immer noch Freunde? Bis dieser Prozess zu Ende wäre, gingen die sich gegenseitig an die Kehlen. Im schlimmsten Fall hätten wir tote Geschworene.«

»Oder tote Mandanten.« Darüber lachten sie nur zögerlich.

»Das klappt nie. Schon weil das FBI es nicht zulassen würde«, sagte Felix, Toms Anwalt.

»Dann müssen wir eben *dafür sorgen*, es möglich zu machen«, antwortete Tony gelassen. »Ich werde jedenfalls alles in meiner Macht Stehende tun. Was ist mit Ihnen?«

Sie wechselten das Thema.

»Ich finde, unser größtes Problem ist Buscaglia. Der ist so unscheinbar, jedoch hinter den Angeklagten her wie der Teufel hinter der armen Seele«, sagte Felix.

John Speranza, Charlies Anwalt, brachte ebenfalls seine Befürchtungen zum Ausdruck. »Die Staatsanwaltschaft hat jede Menge Möglichkeiten, einen Angeklagten mit einer Verschwörung in Verbindung zu bringen. Dabei werden kleine wie große Fische berücksichtigt. Das Netz ist fein und sehr breit.«

Die Diskussion dauerte ganze zwei Stunden, jeder Anwalt äußerte seine Ansichten, jeder versuchte, eine Strategie zu entwickeln, von der alle profitieren würden, wobei jeder seinem jeweiligen Mandanten natürlich Vorrang einräumte. Wir wandelten auf einem schmalen Grat, und ich bezweifelte sehr, ob irgendjemand tatsächlich glaubte, es würden sich alle an die Übereinkünfte halten. Wir konnten nur abwarten, bis die Auswahl der Geschworenen tatsächlich begann.

Ich hätte gerne mit Tom gesprochen, um mich für den Schlamassel zu entschuldigen, in den ich ihn reingeritten hatte. Tony riet mir davon ab. »Je weniger Sie mit den anderen Angeklagten reden, desto besser dürfte das langfristig sein. O'Connor ist erwachsen. Der versteht das.«

KAPITEL ACHTUNDFÜNFZIG

DIE AUSWAHL DER GESCHWORENEN

Das Gericht ist verpflichtet, den Fall fair darzulegen, aber das Urteil fällen die Geschworenen.
– Anton Tschechow

Gab da Sachen, wo er bisschen übertrieben hat, aber im Großen und Ganzen hat er die Wahrheit erzählt.
– Mark Twain, *Huckleberry Finn*

Jeder potenzielle Geschworene wurde einzeln hereingeführt. Man forderte sie auf, uns gegenüber Platz zu nehmen, dann bombardierten unsere Anwälte sie mit Fragen. Auf mich machten die meisten einen nervösen Eindruck, als ob ihnen vor der Befragung graute. Tony hatte mich jedoch ermahnt, mich vom äußeren Eindruck nicht täuschen zu lassen.

»Die wollen unbedingt bei diesem Prozess dabei sein. Täuschen Sie sich da nicht. Das ist vermutlich das Aufregendste, was ihnen in ihrem ganzen Leben passieren wird, davon können sie noch ihren Enkeln erzählen.«

Der erste Kandidat trat ein, nannte seinen Namen, setzte sich. Er war von Kopf bis Fuß mit Gold behangen. Tony strich ihn hastig von der Liste. »Vielleicht war er es ja, der Brink's ausgeraubt hat«, flüsterte er.

Der Nächste war Mechaniker. Er wurde umgehend abgelehnt, man fürchtete, er könnte zu viel über die Alarmanlagen bei Brink's wissen. Einer war der Vetter eines Sheriffs. Alle schüttelten einhellig die Köpfe. *Nichts wie raus mit ihm!*

Der Vater eines weiteren potenziellen Geschworenen hatte für Brink's gearbeitet und war ein »vorbildlicher Angestellter« gewesen.

Und tschüss.

Die Anklage fragte eine Frau, eine Katholikin, ob sie einen Priester verurteilen könnte, wenn sie ihn für schuldig hielt. Sie sah Pat einen Augenblick direkt an und betrachtete sein Gesicht. Pat erwiderte ihren Blick starr und strich sich mit den Fingern über die Sorgenfalten.

»Ja. Könnte ich. Wenn er schuldig wäre …«

Pat sank in sich zusammen. Seine Anwälte ließen den Namen der Frau umgehend streichen.

»Nicht so hastig«, flüsterte Tony den anderen Anwälten zu. »Ich glaube, sie könnte fair sein. Etwas sagt mir, dass sie für eine Verurteilung erdrückende Beweise bräuchte. Viele Möglichkeiten haben wir eventuell nicht mehr, die Liste wird kürzer. Denken Sie noch mal darüber nach.«

Sie diskutierten ein paar Minuten mit Pat und beschlossen dann, ihren Namen doch auf der Liste zu lassen.

Eine Frau an Bord, bleiben noch elf …

Ein weiterer potenzieller Geschworener setzte sich und erzählte uns, ohne rot zu werden, er hätte noch nie von dem Brink's-Fall gehört. »Ist das zu fassen?«, flüsterte Tony und strich Mister »Nie gehört« von der Liste. »Ich weiß, einige wollen nur für ihre sechzig Sekunden Ruhm unbedingt zu den Geschworenen gehören, aber man sollte doch meinen, dass sie wenigstens noch irgendwas anderes zu bieten haben.«

Eine makellos gekleidete Frau setzte sich auf den Stuhl, den »Nie gehört« eben noch mit seinem Arsch gewärmt hatte. Ihr Gesicht blieb ausdruckslos; die Routinefragen, die man ihr stellte, beantwortete sie besonnen, doch fast gleichgültig. Sie wäre die Nächste auf der Liste. Daran hegte ich keinerlei Zweifel.

Dann kam der Schock.

»Sie haben einen Neffen bei der Polizei. Stimmt das?«, fragte Felix.

Es herrschte völlige Stille. Im Gesicht der Frau rührte sich kein Muskel.

»Stimmt das?«, fragte Felix noch einmal. Er balancierte einen Kugelschreiber zwischen den Fingern und lächelte dünn.

»Ja. Das stimmt«, sagte die Frau in das Schweigen hinein.

»Und Ihr Mann? Er ist Polizist im Ruhestand?«

»Ja.« Diesmal schwang ein Hauch Stolz in ihrer Stimme mit.

»Seien Sie ehrlich, Sie haben kein Verständnis für einen Polizisten, der angeblich das Gesetz gebrochen hat, nicht wahr?«

Sie antwortete wie aus der Pistole geschossen. »Nein. Ganz sicher nicht.«

»Danke für Ihre Aufrichtigkeit. Euer Ehren, ich beantrage, ihren Namen von der Liste zu streichen.«

Die Anklage versuchte logischerweise, die Frau zu behalten, es war vergeblich. Der Richter entschied zu Felix' Gunsten.

Der Tag zog sich endlos dahin, ein Name verschwand von der Liste, ein anderer wurde hinzugefügt. Der Reiz des Neuen verflog schnell, alle – auch der Richter – litten nach und nach unter heftigem Arschjucken. Wir rutschten auf unseren Stühlen herum und versuchten, uns zu konzentrieren.

»Wie lange dauert es noch?«, fragte ich Tony.

»So lange es eben dauert, bis wir haben, was *wir* wollen. Falls nötig die ganze Woche. Haben Sie ein Problem damit, immerhin machen wir das alles für Sie?« Da war er wieder, Christopher Lee mit seiner spitzen Zunge.

»Nein, natürlich nicht. Ich bin Ihnen sehr dankbar.«

Irgendwann waren alle Männer aussortiert. Ich konnte es nicht fassen, dass die Anklage dabei mitspielte. Vielleicht verfolgten sie denselben Plan und dachten, Frauen hätten mehr

Verständnis für ihren Standpunkt. Was auch immer die Gründe sein mochten, als die zwölf Frauen schließlich ausgewählt waren, stellte die Presse die FBI-Leute wie Trottel dar.

Sie waren Tony und den anderen Anwälten in die Falle getappt.

Die Staatsanwaltschaft versuchte sofort, die Schlappe wettzumachen, und bat den Richter, die Entscheidung der Anwälte, nur Frauen als Geschworene auszuwählen, noch einmal zu überdenken ... wurden Männer etwa diskriminiert? Nach einer Sitzung hinter verschlossenen Türen kam Richter Larimer zu der Entscheidung, die Befürchtungen des FBI wären unbegründet. Man wollte die Geschworenen am nächsten Tag vereidigen, damit der Prozess, der fast zwei Jahre Vorbereitungszeit gekostet hatte, endlich beginnen konnte.

Ein letztes Treffen mit Tony unmittelbar vor dem Prozess brachte große Neuigkeiten. »Sie bekommen maximal zehn Jahre. Vermutlich werden es acht, sofern man Sie schuldig spricht. Wir reden jetzt zum letzten Mal darüber. Ich gehe da rein, um zu gewinnen, genau wie Sie. Ich will nichts mehr davon hören, dass Sie länger sitzen. Okay?«

Acht Jahre? Ich bezweifelte, dass er die Wahrheit sagte. Mit acht Jahren hätte ich leben können, vermutete aber, es würden sechzig werden. Ich wollte nicht daran denken, in einem amerikanischen Gefängnis sterben zu müssen, wollte jedoch realistisch bleiben. Zum Abschied setzte ich mein Lächeln wieder auf und schüttelte ihm die Hand.

»Ich bin Ihnen dankbar für alles, was Sie getan haben, Tony, was auch immer passiert.«

»Gehen Sie früh schlafen. Morgen müssen Sie fit sein.«

Er lächelte, und ich fragte mich, was dahintersteckte. Wusste er tief im Inneren, was mich wirklich erwartete? Bald würde das alles überstanden sein.

KAPITEL NEUNUNDFÜNFZIG

DIE VERHANDLUNG BEGINNT

11. OKTOBER 1994

Wenn man hundert Zeugen auffahren muss, um seinen Fall wasserdicht zu machen, hat man keinen.
– Lawrence Andolina, New Yorker Anwalt, Kommentar zum Prozess

Abgesehen von der natürlichen Schlechtigkeit, die uns allen im Gesicht geschrieben steht, sah der Mann ganz ehrlich aus.
– Mark Twain, *Ein geheimnisvoller Besuch*

Es gab keinen einzigen freien Platz mehr. Der Gerichtssaal war überfüllt. Der Presse hatte man ein Kontingent Sitzplätze zugeteilt, unsere Familien und Freunde drängten sich auf den verbliebenen Stühlen. Die restlichen blieben jener Sorte morbider Leute vorbehalten, die nichts im Leben haben, ausgenommen die Aussicht, dass jemand stirbt oder das Schicksal von Gestrauchelten ihnen ein perverses Vergnügen bringt. Dieselben Leute saßen nach der Französischen Revolution vermutlich mit ihrem Strickzeug vor der Guillotine.

Die Staatsanwaltschaft fuhr in endloser Abfolge FBI-Agenten auf. Sie trugen makellose Kleidung und stolzierten so selbstbewusst wie Schauspieler, die einen Oscar entgegennehmen, den Mittelgang entlang. Sie lasen aus Notizbüchern ab, in denen sie über einen Zeitraum von zehn Monaten unsere sämtlichen Aktivitäten penibel festgehalten hatten.

Ich versuchte, an etwas anderes zu denken, zumal ich ja

wusste, was mich erwartete. Ich wollte nicht in Selbstmitleid dort sitzen, gedemütigt von all den Fehlern, die ich gemacht hatte. Stattdessen ging ich im Waterworks in Belfast angeln. Ich glaube, mein Vater war auch dort, aß ein großes Brot mit Erdbeermarmelade und zeigte mir den hochgestreckten Daumen. »Kopf hoch, Junge. Lass dich von denen nicht unterkriegen.« Ich hielt ebenfalls den Daumen hoch und lächelte.

Tony stieß mich an. »Sie müssen aufmerksam sein«, zischte er. »Und hören Sie auf zu grinsen. Die Geschworenen könnten denken, Sie würden das alles nicht ernst nehmen – oder über sie lachen.«

»Pardon«, murmelte ich. »Wo sind wir?«

»Die sagen über McCormack aus. Über die Zettel mit den Geldsummen darauf, angeblich alle in seiner Handschrift.«

Der Zettel enthielt Zahlen aus einem Aufsatz, den Charlie vor Jahren an der Fairfield University in einer Vorlesung über Buchhaltung geschrieben hatte. Der dumme Zufall wollte es, dass die Summen, die er vor Jahren aufgeschrieben hatte, fast identisch mit dem bei Brink's erbeuteten Geld waren. Das reichte dem FBI aus, ihn wegen Mittäterschaft festnehmen zu lassen. Dass der Aufsatz den Titel »Aus Liebe zum Geld« trug und scherzhaft mit »Jesus Christus, Millionär« unterzeichnet war, erwies sich als wenig hilfreich.

Von allen Leuten am Tisch tat mir Charlie als Einziger wirklich leid. Er hatte keine Ahnung, wie ihm geschah. Hin und wieder sahen seine Eltern mit eiskalten Augen zu Pat. Wer könnte es ihnen verdenken? Ich nicht. Vermutlich empfanden sie für mich nicht anders. Wie ich auch, wäre es um meinen Sohn gegangen.

»Ich rufe in den Zeugenstand Special Agent ...« Die Anklage hatte ein überreiches Angebot an Bundesagenten, die aussagen wollten. Und nicht nur gewöhnliche FBI-Leute, sondern die Elite, die »Special« Agents. Die Scheißunbestechlichen. Die wussten, worum es ging, und ließen nur ihre Besten antanzen, um uns in die Pfanne zu hauen.

Die Geschworenen wirkten schon regelrecht hypnotisiert von dem gebetsmühlenhaft wiederholten Wort »Special«.

Special Agent Hinz, Special Agent Kunz. Man sah einige der Frauen jedes Mal erröten, wenn ein Special Agent in ihre Richtung blickte. Plötzlich stand die Anklage gar nicht mehr so dumm da. Die könnten uns in unserem eigenen Spiel schlagen, weil die Scharen von Specials immer neue, spezielle Regeln aufstellten.

Das Blatt schien sich zugunsten der Anklage zu wenden, also beschloss Tony, ein wenig Dampf abzulassen.

»Special Agent Stith, Sie behaupten in Ihrer Aussage, dass mein Mandant sich weigerte, den Fahrstuhl zu betreten, als Sie ihm freundlicherweise die Tür aufhielten. Stimmt das?«

»Ja, Sir.«

Stiths Befragung dauerte an die vierzig Minuten. Als er gerade den Zeugenstand verlassen wollte, fragte Tony: »*Alle* Agenten des FBI tragen den Titel ›Special‹, ohne Rücksicht auf Rang oder Erfahrung. Ist es nicht so?«

Stith runzelte die Stirn wegen der Frage, nickte aber.

»Ist das ein Ja oder ein Nein, *Special* Agent Stith?«

»Ja.«

»Danke. Keine weiteren Fragen an den Zeugen … vorerst.«

Die Tage wurden zu Wochen, und es mehrten sich die Spekulationen darüber, welcher Angeklagte in den Zeugenstand gerufen werden würde. Tom war bereits fest entschlossen, zu seinen Gunsten auszusagen, genau wie Charlie. Nur Pat und ich waren noch unentschlossen, und keiner ließ sich vom anderen in die Karten schauen, ob er womöglich noch einen Trumpf im Ärmel hatte.

»Es macht nie einen guten Eindruck, wenn man schweigt«, sagte einer der Anwälte während einer dringend benötigten Unterbrechung der Verhandlung. »Vergessen Sie alles, was Sie in *Matlock* sehen, von wegen unschuldig, bis das Gegenteil bewiesen ist. Reiner Blödsinn. Von den zwölf Leuten da draußen denkt jeder dasselbe: Sollte er wirklich unschuldig sein, warum erzählt er uns dann nicht seine Version der Geschichte? Womit sie nicht ganz unrecht haben, wenn wir ehrlich sind.« Er lächelte, dann wurde die Verhandlung fortgesetzt. Danny Calemine, ein Detective aus New York City, sagte aus, er hätte Pat und mich betrunken aus einer Bar kommen und die Straße entlangtorkeln sehen!

Da platzte mir der Kragen. »Das ist gelogen«, sagte ich etwas zu laut zu Tony. Jeder wusste, dass Pat nie einen Tropfen Alkohol anrührte, geschweige denn betrunken auf der Straße herumtorkelte. Er war vermutlich noch nie in seinem Leben in einer Bar gewesen und schon gar nicht mit mir.

»Überlassen Sie mir das Kreuzverhör«, flüsterte Tony. »Noch so ein Ausrutscher, und der Richter schließt Sie aus.«

»Aber der Dreckskerl lügt wie gedruckt. Das erfindet er alles. Das kann man doch nicht zulassen.«

Tony begann sein Kreuzverhör mit Calemine ganz routinemäßig mit den üblichen zu erwartenden Fragen, nichts Dramatisches. Wie viele Jahre arbeitete er schon im Polizeidienst? Auszeichnungen für Tapferkeit? Ob er Probleme mit den Augen hätte? Und ob er ganz sicher mich und Pat an einem Samstagabend sturzbetrunken bei einer irischen Jig gesehen hätte?

In dem Moment ging der Richter dazwischen, indem er mit dem Finger auf Tony zeigte. »Sie sollten es besser wissen, Mister Leonardo ... Sie versuchen, den Zeugen unglaubwürdig zu machen.«

»Zeigen Sie nicht mit dem Finger auf mich!«, brauste Tony

auf, wirbelte auf dem Absatz herum und marschierte mit finsterer Miene zu dem Richter.

Alle rissen die Münder sperrangelweit auf. Niemand sagte ein Wort. Alle im Gerichtssaal – Verteidiger, Staatsanwälte, Geschworene und Zuschauer – waren schockiert und fassungslos.

»Ein guter Anwalt hat so etwas nicht nötig«, sagte der Richter, der knallrot wurde.

»Euer Ehren, ein guter Richter hat es nicht nötig, mich zu unterbrechen. Ich wahre nur die Rechte meines Mandanten«, antwortete Tony.

»Ich verwarne Sie, weil Sie diesem Gericht offensichtlich den Respekt verweigern. Wir unterbrechen kurz«, sagte der offensichtlich erschütterte Richter von der Bank herab. »Mister Leonardo? Ich will Sie in meinem Zimmer sprechen.«

»Lassen Sie eine Zelle für mich neben Ihrer richten«, flüsterte Tony. »Möglicherweise leiste ich Ihnen heute Nacht Gesellschaft.«

Tony hatte schon in einem anderen Fall Ärger bekommen. Er hatte von einem Mandanten fünfundsiebzigtausend Dollar angenommen, ohne ihn vorher darauf hinzuweisen, dass er sich für die Transaktion einen unabhängigen Rechtsbeistand suchen sollte.

»Kein Gericht und keine Geschworenen sollten so ein respektloses, ungebührliches Verhalten erleben. So etwas schadet dem gesamten Rechtssystem«, sagte Richter Larimer in seinem Zimmer zu Tony. »Als ich Sie zur Ordnung gerufen habe … sind Sie ausgerastet und haben eine Schmährede gegen das Gericht gehalten. Sie haben gegen die Statuten Ihres Berufes verstoßen. Ich lasse Sie nur deshalb nicht sofort abführen, weil ich befürchte, dass Ihr Mandant dann keinen fairen Prozess bekommt. Aber Ihr Verhalten war so ungeheuerlich und unprofessionell, dass ich mir eine angemessene Strafe für einen späteren Zeitpunkt vorbehalte.«

Tony lächelte erleichtert, aber nach wie vor trotzig, als er aus der Klausur herauskam. Jetzt erwartete ihn ein Verfahren vor dem Appellationsgericht – er könnte vorübergehend suspendiert, schlimmstenfalls sogar mit einem Berufsverbot belegt und aus der Anwaltskammer ausgeschlossen werden.

»Sie müssen sich beruhigen, Tony«, bat ich ihn, als er sich neben mich setzte. »So kurz vor dem Abpfiff möchte ich Sie ungern verlieren.«

»Keine Bange.«

»Finden Sie immer noch, dass er ein fairer Richter ist?«, fragte ich lächelnd und bereitete mich auf die Rückkehr in meine Gefängniszelle vor.

»Ja, verdammt. Er macht seinen Job. Genau so soll es sein.«

Der nächste Tag begann mit einem Kreuzverhör, in das Toms Anwalt einen Repräsentanten von Brink's Incorporated nahm. Der Mann sagte aus, dass an einem Mittwoch mitunter zwischen vierzig und fünfzig Millionen Dollar bei Brink's aufbewahrt wurden. Hätten Insider den Einbruch verübt – wie die Anklage behauptete –, wäre es da nicht sinnvoller gewesen, das Depot in *jener* Nacht zu überfallen statt in der fraglichen?

Natürlich kannte ich die Antwort darauf besser als der Repräsentant von Brink's. Ich wusste von den enormen Summen mittwochs, nur, was hätte ich damit anfangen sollen? Wir hatten schon die acht nicht mitnehmen können. Wie um alles in der Welt hätten wir vierzig oder fünfzig Millionen Dollar transportieren sollen? Für uns war es das einzig Richtige, uns für den bescheideneren Dienstag zu entscheiden.

Die Kreuzverhöre zogen sich tagelang hin. Schließlich verlor der Richter die Geduld mit den ewig gleichen Aussagen und erklärte der Anklage, sie habe auf alle Zeugen zu verzichten, die nichts wesentlich Neues beitragen könnten.

»Es reicht, schließlich wollen wir diesen Prozess noch irgendwann in diesem Jahr zu Ende bringen.«

»Ja, Euer Ehren«, murmelte der Staatsanwalt ergeben, verließ hastig den Gerichtssaal und teilte der kleinen Armee von Special Agents mit, ihre Aussagen würden möglicherweise nicht mehr gebraucht.

Der nächste Tag brachte um die Mittagszeit zwiespältige Neuigkeiten für Pats Anwalt. George Thompson, ein Privatdetektiv von Pats Team, teilte mit, er hätte zwei Leute in New York aufgetrieben, die im Casino arbeiteten, von denen einem allerdings die Überprüfung seiner Arbeitserlaubnis durch die Steuerfahndung drohte.

Er verschwand umgehend von der Bildfläche.

Der andere wäre bereit, eine Aussage über das Glücksspiel zu machen, vorausgesetzt, ich ließ ihm über Tony mitteilen, dass er damit meiner Verteidigung nicht schadete.

Tony blieb unerbittlich. »Nein. Wir dürfen den Mann nicht aussagen lassen. Dann erkennen die Geschworenen möglicherweise ein Muster. Ich versuche, Sie als einen dieser armen Teufel hinzustellen, dessen einzige Sünde darin bestand, an den amerikanischen Traum geglaubt zu haben, und dann spaziert hier ein Typ rein und posaunt aus, dass Sie in New York ein illegales Casino geleitet haben. Überlegen Sie mal, Sam. Maloneys Team muss ihn aus diesem Schlamassel rausholen, aber nicht auf Ihre Kosten.«

Ich blieb ebenso unerbittlich. Obwohl er mich hintergangen hatte und nichts unternahm, um mich in ein besseres Licht zu rücken, wollte ich, dass Pat ungeschoren davonkam.

»Wer ist dieser Zeuge?«, fragte ich neugierig.

»Patrick Farrelly.«

Die Anklagevertreter reagierten völlig überrascht. Normalerweise haben beide Seiten Einsicht in die Unterlagen, bevor ein Zeuge aussagt. Damit bekommt jede Seite die Möglichkeit, ihre Hausaufgaben zu machen und das Kreuzverhör des Zeugen vorzubereiten. Das lief diesmal anders, und die Anklage machte kein Hehl aus ihrem Missfallen.

»Euer Ehren, wir haben keinerlei Informationen über diesen Zeugen erhalten.«

Trotz Einwänden der Anklage baten Pats Anwälte in Abwesenheit der Geschworenen, der Richter möge erlauben, Beweise für meine Arbeit in dem Casino vorzulegen.

»Wir glauben, unser Mandant war der festen Überzeugung, dass das Geld von Mr Millar aus dem Casino stammte, Euer Ehren.«

»Euer Ehren, Anwälte der Verteidigung sollten doch keine Beweise für Handlungen eines Angeklagten vorlegen, die untermauern, was ein anderer Angeklagter gedacht haben könnte. Das ist Unsinn«, antwortete Buscaglia.

Larimer nickte, als wäre er einer Meinung, sagte jedoch: »Das Gericht muss gewissenhaft abwägen, welches Vorgehen seiner Verteidigung am dienlichsten ist. Ich lasse den Zeugen zu.«

Als Patrick in den Zeugenstand trat, sah man ihm deutlich an, wie unwohl er sich in seiner Haut fühlte. Er trank einen großen Schluck Wasser und wartete geduldig auf den Beginn der Befragung durch Pats Anwalt.

»Welchen Beruf üben Sie aus, Mr Farrelly?«

»Ich bin Reporter bei der *Village Voice*.« Später sollte Patrick Produzent von Michael Moores mit einem Emmy ausgezeichneter NBC / BBC2-Serie *TV Nation* werden, und noch später von *Awful Truth*, einer Koproduktion von Bravo und Channel 4. Er war Mitbegründer der New Yorker Wochenzeitung *Irish Voice* und vorübergehend auch als Redakteur bei der *New York Post* tätig. Außerdem arbeitete er für HBO, Discovery, PBS und die irischen Rundfunksender RTÉ und TG4.

»Kennen Sie einen der Männer, die dort am Tisch sitzen, Mr Farrelly?«

Patrick sah mich an, wandte sich hastig ab und nickte.

»Tut mir leid, Mr Farrelly, Sie müssen uns das schon sagen. Ein einfaches ›Ja‹ oder ›Nein‹ reicht völlig.«

»Ja. Mr Millar.«

»Und woher kennen Sie Mr Millar?«

»Ich habe als Journalist für einen Artikel über illegale Glücksspielcasinos in der irischen Gemeinde von New York recherchiert. Ein Freund vermittelte mir einen Job in einem dieser Casinos. Ich hoffte, meine Arbeit würde den geplanten Artikel authentischer machen.«

»Würden Sie dem Gericht bitte schildern, welche Rolle Mr Millar in besagtem Casino spielte?«

»Er war dort in einer verantwortlichen Position tätig.«

»Und wofür verantwortlich, Mr Farrelly?«

»Er war der Box-Manager.«

»Box-Manager? Könnten Sie dem Gericht bitte erklären, was genau das bedeutet?«

»Das Geld im Casino wurde in Boxen deponiert. Nur er besaß einen Schlüssel, mit dem man sie öffnen konnte.«

»Wie viel Geld befand sich in der Regel in diesen Boxen?«

»Tausende Dollar.«

»Und was hat Mr Millar mit dem Geld gemacht?«

»Normalerweise hat er es im Beisein des Besitzers gezählt. Danach hat er es aus dem Gebäude geschafft, damit es die Polizei bei Razzien nicht beschlagnahmen konnte.«

»Haben Sie persönlich gesehen, wie Mr Millar das Geld gezählt hat?«

»Ja. Mehrmals. Manchmal ließ er sich eine Cola oder einen Kaffee bringen. Ich arbeitete als Barkeeper in dem Casino und brachte ihm hin und wieder ein Getränk. Er war stets mit dem Besitzer zusammen da. Auch wenn das Casino Geld verlor, musste er sich darum kümmern. Das konnte um die Mittagszeit oder um drei Uhr morgens sein, es spielte überhaupt keine Rolle. Er brachte das Geld oder holte es ab. Niemand sonst.«

»Es war gar nicht so katastrophal, wie ich erwartet hatte«, sagte Tony, als wir den Gerichtssaal gerade verlassen wollten.

»Hätte schlimmer kommen können«, stimmte ich zu und stand auf.

»Aber im Augenblick führt das alles zu nichts. Clauss und Feldman wollen einen Antrag vor Gericht einbringen.«

»Was für einen Antrag?«

»Sämtliche Anklagen fallen zu lassen.«

Ich lachte. »Das war natürlich ein Witz.«

»Warten Sie es ab.«

Es war fast drei Uhr nachmittags, als William Clauss und Jonathan Feldman, Pats Anwälte, die Bombe platzen ließen.

»Euer Ehren. Wir beantragen, sämtliche Anklagen gegen unseren Mandanten fallen zu lassen.«

Die Staatsanwaltschaft wirkte nachdenklich.

»Mit welcher Begründung?«, fragte der Richter.

»Es gibt keinen Beweis dafür, dass das Geld zwischen den Bundesstaaten verschoben wurde. Die Anklage hat jedenfalls nicht den geringsten Beweis vorgelegt.«

»Mister Buscaglia?«

»Euer Ehren, ich glaube, wir haben dem Gericht mehr als genug Beweise vorgelegt, um die Anklage zu rechtfertigen. Mir scheint, dieser Antrag verschwendet die Zeit des Gerichts. Warum wurde er nicht gleich zu Beginn des Prozesses gestellt, sondern erst jetzt? Ich ziehe das Motiv für diesen Antrag doch sehr in Zweifel.«

Richter Larimer blätterte einige Dokumente durch, die er intensiv betrachtete.

»Es ist zu spät am Tag für eine Entscheidung, meine Herren. Ich nehme diese Dokumente mit nach Hause und bin bis morgen hoffentlich zu einem Entschluss gekommen.«

»Das klappt nie und nimmer«, sagte ich zu Tony, bevor sie mich die Treppe hinunterführten. »Was soll das denn?«

»Warten Sie es ab«, antwortete Tony lächelnd. »Sie haben den Richter gehört. Hoffentlich ist er bis morgen zu einem Entschluss gekommen. Und hoffentlich zu dem, den wir uns wünschen.«

In dieser Nacht quälte ich mich mit der Hoffnung, der Richter würde die Anklage in einem Anflug von Wahnsinn eventuell tatsächlich fallen lassen. Der Antrag kam fast einer Farce gleich. Aber so war Amerika. In Nordirland wäre das undenkbar gewesen. Wer zum Teufel konnte schon wissen, was hier passierte? Man las solche Geschichten andauernd in den Zeitungen. Warum sollte es uns nicht auch passieren?

Heute Nacht mache ich kein Auge zu.

KAPITEL SECHZIG

DAS GLÜCK, AM RICHTIGEN ORT ZU SEIN

Life is bare, gloom and misery everywhere, Stormy weather, Just can't get my poorself together, I'm weary all the time, So weary all the time, Don't know why there's no sun up in the sky, Stormy weather, Keeps rainin' all the time ...
– Billie Holiday, *Stormy Weather*

... man muss Mut zum Risiko haben.
– Dostojewski, *Verbrechen und Strafe*

»Gut geschlafen heute Nacht?«, fragte Tony grinsend, als wir am Tisch Platz nahmen. Der Gerichtssaal war überfüllt mit Journalisten, die sich fragten, wie der Richter entscheiden würde. Der Lärm war unerträglich. Der Schlafmangel machte mich gereizt.

»Wie ein Baby«, antwortete ich sarkastisch.

Als der Richter eintrat, verstummte der Lärm und alle erhoben sich wie bei einer La-Ola-Welle.

»Ich habe gründlich über den Antrag der Verteidigung nachgedacht. Nach reichlicher Überlegung, in Anbetracht der Gesetzeslage, insbesondere der Verfassung der Vereinigten Staaten von Amerika, entscheide ich zugunsten des Angeklagten. Die Staatsanwaltschaft konnte bisher nicht beweisen, dass die Angeklagten O'Connor, Millar oder Maloney im Besitz von Geld waren, das zwischen Bundesstaaten verschoben worden ist. Außerdem hat die Staatsanwaltschaft keinen Beweis dafür vorgelegt, dass die Angeklagten im Besitz von Geld waren, das im westlichen Bezirk von New York gestohlen wurde. Das Geld wurde in New York City gefunden, im südlichen Bezirk. Das Recht auf eine Verhandlung an dem Ort, an dem das mutmaßliche Verbrechen begangen wurde, wird in der Verfassung zweimal zitiert. Die Anklagepunkte zwei und drei werden fallen gelassen.«

Das Urteil war eine Katastrophe für die Staatsanwaltschaft, der man das auch deutlich ansah. In der Überzeugung, ein Schuldspruch wäre außerhalb von New York in jedem Fall zu erreichen, hatte sich die Anklage ins eigene Fleisch geschnitten. Sie hatte unsere verfassungsmäßig garantierten Rechte verletzt.

Pat, Charlie und ich sahen uns jetzt nur noch mit der Anklage wegen Verschwörung konfrontiert. Tom jedoch wurde weiter wegen des Einbruchs angeklagt.

Ich war froh, dass es Pat nicht gelungen war, einen Prozess in New York durchzusetzen, nur weil es bequemer für ihn gewesen wäre. Hätte er Erfolg gehabt, wäre nicht ein einziger Anklagepunkt fallen gelassen worden. Ich konnte nicht anders und musste es ihm unter die Nase reiben. »Ich hoffe, du bist froh, dass dein Wunsch nicht in Erfüllung gegangen ist«, sagte ich. Er sah mich nur dumm an, schien aber froh, wenigstens diese eine enorme Hürde bewältigt zu haben.

In meiner Zelle schwebte ich regelrecht über dem Boden, als ich die Schlagzeile der aktuellen Ausgabe der Lokalzeitung sah:

ANKLAGE ERLEIDET SCHWEREN RÜCKSCHLAG IM BRINK'S-PROZESS

Die Anklage gegen Millar und Maloney wegen Besitzes von gestohlenem Geld wurde aus Mangel an Beweisen vom Bezirksgericht eingestellt. Es war eine herbe Niederlage für die Staatsanwaltschaft, die den Raubüberfall auf das Depot von Brink's Inc. unbedingt hier verhandeln wollte.

Mit einem Berg von Beweisen ausgestattet, ließ sie über hundert Zeugen aussagen, die teils aus Florida und Kalifornien eingeflogen wurden, ganz zu schweigen von den Dutzenden FBI-Agenten und Detectives aus New York City, die für ihre Aussage anreisen mussten.

Das Tauziehen zwischen dem New Yorker und dem hiesigen FBI um die Meriten hat sich nun für beide als äußerst nachteilig erwiesen.

Aber die Staatsanwaltschaft war noch lange nicht am Ende.

Am nächsten Tag beschwor Buscaglia die Geschworenen im Schlussplädoyer, sie sollten dem gesunden Menschenverstand folgen, den sie sich im Laufe ihres Lebens angeeignet hatten. »Wenden Sie ihn hier, in diesem Gerichtssaal, an.«

Er wirkte erschöpft, als hätte ihm der Prozess alles abverlangt. Hin und wieder verstummte er, trank einen winzigen Schluck Wasser und vermittelte den Eindruck, als wäre er in Gedanken versunken. Vermutlich stand seine Karriere auf dem Spiel, er musste dieses Plädoyer nutzen, um jene Geschworene, die sich noch nicht festgelegt hatten, auf seine Seite zu ziehen.

»Besitzt der Pfarrer Ihrer Gemeinde Koffer voller Geld? Ist das normal für einen Pfarrer? Ist dieser Mann der fromme Priester, für den man ihn halten soll?« Er warf Pat einen bösen Blick zu. »Sieht Mr Millar aus wie ein armer Einwanderer, dessen einziges

Verbrechen – wie uns sein Anwalt glauben machen will – darin besteht, dass er den amerikanischen Traum leben wollte?« Er setzte ein zynisches Lächeln auf. »Und erinnern Sie sich an den sogenannten witzigen Aufsatz von Mr McCormack? Kann es wirklich nur ein Zufall gewesen sein, dass die Summe, die er am College aufgeschrieben hat, nahezu identisch mit der Summe ist, die bei Brink's gestohlen wurde? Glauben Sie ernsthaft, dieser Mann war nicht beteiligt und ist völlig unschuldig? Und was ist mit O'Connor? Er hat einen Lügendetektortest verweigert.«

Er schüttelte kurz den Kopf, und für einen Augenblick dachte ich, er würde gleich laut auflachen, wie ein Irrer, der den Mond anheult. »Kaufen Sie ihm die Geschichte ab, die Kidnapper hätten ihm eine Papiertüte über den Kopf gestülpt und dann die Freundlichkeit besessen, ihn vor seiner Lieblingskneipe abzusetzen? Stellen Sie sich das mal vor. Es soll sich nach einem Raubüberfall so zugetragen haben?

Hört sich das nach der Wahrheit an? Ich beschwöre Sie, benutzen Sie Ihren gesunden Menschenverstand …«

Mit diesen letzten Worten schloss die Staatsanwaltschaft ihr Plädoyer ab. Jetzt lag unser aller Schicksal in den Händen der Geschworenen. Wir konnten nur abwarten.

KAPITEL EINUNDSECHZIG

DAS URTEIL

29. NOVEMBER 1994

> **Keine Gebete, die verderben das Geschäft.**
> **– Thomas Oatway**

> **Wir liegen alle in der Gosse,**
> **aber einige blicken zu den Sternen auf.**
> **– Oscar Wilde, *Lady Windermeres Fächer***

Die Geschworenen berieten sich in den folgenden drei Tagen alles in allem für zwanzig Stunden und baten hin und wieder, ihnen das eine oder andere Beweisstück erneut vorzulegen. Wir warteten überwiegend entspannt. Nur gelegentlich lagen die Nerven blank und mussten mit Galgenhumor beruhigt werden. Angeklagte, Staatsanwaltschaft, FBI und Anwälte – alle ließen dieselben nervösen Mienen erkennen, wenn auch aus unterschiedlichen Gründen.

Pat und ich begegneten uns höflich, aber misstrauisch. Die meiste Zeit ragte eine dicke Mauer des Schweigens zwischen uns auf. Wir hatten uns beide so tiefe Wunden zugefügt, dass wir nicht einfach zur Tagesordnung übergehen konnten.

Manchmal ging ich gedankenverloren die Litanei der Fehler durch, die ich gemacht hatte, dachte über meine falschen Entscheidungen nach und fragte mich, ob ich zu vertrauensselig gewesen war. Rückblickend ließ sich das schwer sagen, ich war damals einfach dem Diktat der Notwendigkeiten gefolgt.

Charlie lag auf dem Beweismitteltisch wie ein Leichnam, der auf seine Obduktion wartete. Hin und wieder lächelte er in sich hinein, dann runzelte er wieder die Stirn, als ob er immer noch versuchen würde, mit dem Albtraum fertigzuwerden, den Pat und ich ihm beschert hatten. Pat fingerte an seinem Rosenkranz herum, legte ihn auf den Tisch, hob ihn wieder auf, immer wieder. Wenn wir einander ansahen, dann wie Fremde.

Tom? Na ja, Tom war eben Tom – er nickte und lächelte jedem zu, der in seine Richtung blickte, auch den FBI-Agenten und Staatsanwälten. Keiner erwiderte sein Lächeln. Sein blasierter, entspannter Habitus ärgerte sie. Eine Tracht Prügel wäre nicht unangebracht gewesen, sagten ihre Blicke.

Reporter kamen und gingen, sie schauten sich im Gerichtssaal um, hofften auf Neuigkeiten. Staatsanwälte und Verteidiger standen in Grüppchen zusammen und lachten mitunter leise, wie alte Kumpel, die sich zur Totenwache eines nur entfernten Bekannten getroffen hatten.

Am dritten Tag stürmten alle auf ihre Plätze, als es hieß, die Geschworenen wären zu einem Urteil gekommen. Das Lachen und Scherzen verstummte sofort, ernüchtert wurden Aktentaschen in Stellung gebracht, Anzüge glatt gestrichen, Krawatten neu gebunden und so fest zusammengezogen wie unsere Mägen, die sich vor Aufregung verkrampften.

Wir warteten, während die Geschworenen mit Gesichtern, die man in ihrer Ausdruckslosigkeit unmöglich deuten konnte, zur Tür hereinkamen. Gleich würde es vorbei sein. Das Urteil stand bevor.

Alle winzigen Geräusche, die sich zu einem nervtötenden Summen vereinigt hatten, verstummten plötzlich und hinterließen eine vollkommene Stille.

»Sind Sie zu einem Urteil gelangt?«

»Das sind wir.«

»Und wie lautet das Urteil?«

Ich hielt langsam den Atem an und spürte, wie ich mich vor Nervosität völlig verkrampfte. Ich wusste, was jetzt kommen würde, und konnte nichts dagegen unternehmen, so wenig wie gegen einen Güterzug, der in der Nacht herandonnerte.

KAPITEL ZWEIUNDSECHZIG

STIMMEN ZU EINEM PROZESS – EINE AUSWAHL

»Recht kann nur gesprochen werden, wenn ein Fall gut vorbereitet wurde. Beim Brink's-Prozess, der am Montag zu Ende ging, war das offenkundig nicht so. Zweifellos hat die Staatsanwaltschaft das Beste aus ihrem Material gemacht, doch es war nicht genug. Es führte nicht zu einer Verurteilung und ließ viele Fragen offen.

Vieles über den Einbruch im Januar 1993 bleibt ungeklärt. Nicht zuletzt der Verbleib des Geldes – jedenfalls der restlichen fünf Millionen. Es ist noch immer ein Geheimnis, wer die bewaffneten Männer waren, die 7,4 Millionen aus dem Depot von Brink's gestohlen und Thomas P. O'Connor als Geisel genommen haben.

Das FBI will im Brink's-Fall weiter ermitteln. Das ist beruhigend. Doch sofern keine neuen und deutlich stichhaltigeren Beweise auftauchen, könnten die Übeltäter, wer immer sie sein mögen, ungeschoren davonkommen.«

– *Democrat and Chronicle*, Editorial

»Mindestens zwei der bewaffneten Männer, die im Januar 1993 das Depot von Brink's überfallen haben, befinden sich noch auf freiem Fuß.«

– *Times-Union*, Seite 1, nach der Urteilsverkündung

»McCormack tat uns leid. Er hätte an Thanksgiving draußen sein können. Aber an Maloney hätte ich eine Frage: Glaubst du, Gott hat dir das Geld in den Koffer getan?«

– Geschworene, nach der Urteilsverkündung

»Wir haben ihn immer gemocht. Er hat hart gearbeitet und war stets ehrlich und höflich.«

– Donald Bruce, Staffelführer der Polizei von Rochester, über Tom

»Meiner Meinung nach hätte der Polizist, der als Geisel genommen wurde, niemals vor Gericht gestellt werden dürfen.«

– Bernie Cook, Inhaber von $4.99Cookery

»Ich bin echt gestresst. Ich bin seit neun Wochen hier und will wirklich nicht darüber reden. Vielleicht ein andermal.«

– Dawn Holman, Geschworene, nach der Urteilsverkündung

»Ich dachte, dass die Beweise ausreichen würden, den Fall vor ein Schwurgericht zu bringen. Das ist meine Pflicht.«

– Christopher Buscaglia, Staatsanwalt

»Ich würde nicht sagen, es sei etwas schiefgegangen. So ist das nun mal in unserem Rechtssystem. Es bedeutet nicht, dass die Staatsanwaltschaft schlechte Arbeit geleistet hat.«

– Paul Moskal, Sprecher des FBI

»Wenn man gegen die Regierung der Vereinigten Staaten antritt, kann einem schon angst und bange werden ... und dann zu erleben, wie das halbe FBI aufmarschiert ist. Es ist natürlich schön, wenn man die Regierung dann schlägt. In diesem Fall gelang es jedoch nur um eine knappe Haaresbreite.«

– Felix Lapine, Toms Verteidiger, nach der Urteilsverkündung

»Millars Festnahmen wegen Glücksspiels – die durch Maloneys Anwälte öffentlich wurden – werden berücksichtigt.«

– Getuschel der Staatsanwälte nach der Urteilsverkündung

KAPITEL DREIUNDSECHZIG

VOLLSTRECKUNG (MILLARS SONG)

23. FEBRUAR 1995

Niemand kann verlieren, was er nie besaß.
– Izaak Walton

Künftig vielleicht ist des auch zu denken behaglich.
– Vergil, *Aeneis*, Erster Gesang, 203

Richter Larimer wartete, bis er sich wieder Gehör verschaffen und für Ruhe im Gerichtssaal sorgen konnte. Ich stand neben Tony, während er und Buscaglia Dokumente überflogen, die sie in den Händen hielten. Er hatte mir versichert, dass ich nicht mehr als fünf Jahre bekommen würde, ich war mir da immer noch unsicher.

»Es ist eine Tatsache, dass Sie, ja, Sie, bis über beide Ohren in diesen Fall verstrickt sind, daran hege ich keinerlei Zweifel.« Der Richter sah mich einen Moment an, bevor er fortfuhr. »Meiner Meinung nach sind die Beweise stichhaltig und die Anklage sicher gerechtfertigt ... Ihr Anwalt hat hart gearbeitet ... dieses Gericht und die Staatsanwaltschaft haben alles getan, damit diese Verhandlung streng nach Vorschrift durchgeführt wird – zweifellos ganz anders, als Sie es von Nordirland gewohnt sind.«

Dem hätte ich nicht widersprechen können.

»Daher verhängt das Gericht die Höchststrafe, die das Gesetz zulässt, sechzig Monate ...«

Sechzig Monate. Ich war erleichtert. Über diese Strafe konnte ich mich nicht beklagen. Es hätten locker auch sechzig Jahre werden können. Natürlich war es noch nicht vorbei. Denen blieben noch zwei Jahre, bis die Verjährungsfrist abgelaufen war, um weitere Teile des Puzzles zusammenzutragen. Oder einen Spitzel zu finden, der bereit war, sich verkabeln zu lassen.

Pat bekam etwas weniger als sechzig Monate und drohte, in den Hungerstreik zu gehen. Er tat mir leid, dennoch gab ich ihm den Rat, solche Drohungen einfach zu unterlassen. Als er sich beruhigt und mit seiner Familie geredet hatte, tat er das glücklicherweise auch. Charlie und Tom wurden freigesprochen. Charlie kehrte nach New York zurück und hoffte, wieder eine Stelle als Lehrer zu finden. Tom arbeitete sofort wieder, allerdings nicht, wie man erwähnen muss, bei Brink's.

Noch zwei Jahre. Mir blieb nichts anderes übrig, als zu warten und zu hoffen, dass mich das Glück nicht verließ. Noch zwei Jahre.

KAPITEL VIERUNDSECHZIG

MILLARS HEIMKEHR

Sie haben es hier zuerst erfahren. Sammy Millar, der ehemalige IRA-Mann mit der steinernen Miene, den das FBI für den Drahtzieher hinter dem Raubüberfall auf Brink's im Staat New York hält, darf in seine irische Heimat zurückkehren, obwohl rund fünf Millionen der damals geraubten 7,2 Millionen noch nicht wiederaufgetaucht sind.
– Editorial, *Irish Echo*, New York

Denn nichts ist doch süßer als unsere Heimat.
– Homer, *Die Odyssee*

Seit der Urteilsverkündung waren sechzehn Monate vergangen. Ich zählte immer noch die Tage und hoffte, die Verjährungsfrist würde einfach verstreichen. Das FBI ging nach wie vor gnadenlos sämtlichen Hinweisen nach. Der Raubüberfall genoss nach wie vor höchste Priorität, auch wenn sie kaum neue Informationen bekamen. Hin und wieder ließ die Staatsanwaltschaft durch meinen Anwalt anfragen, ob ich bereit sei, mich auf einen Deal einzulassen. Ich lehnte die Angebote stets höflich ab.

»Wenn man in diesem gottverlassenen Land jemanden umbringt, ist das nach Wochen, wenn nicht schon nach Tagen vergessen. Aber wenn man dem Staat Geld stiehlt, jagt er einen unbarmherzig, bis man keinen Tropfen Blut, Schweiß oder Tränen mehr in sich hat.« Der weise Gefängnisinsasse, der mir diese Erkenntnis mit auf den Weg gab, war Anwalt – jedenfalls so lange, bis herauskam, dass er Geld für halbseidene Geschäftsleute aus New Jersey wusch. Er hatte eine recht ansehnliche Leibesfülle, was an seinem Hang zur Völlerei lag, dem er im Gefängnis natürlich nicht mehr nachkommen konnte. Er saß fünfzig Jahre ab, weil er sich geweigert hatte, »sich zu erklären«. Sein ehemaliger Partner kannte solche Skrupel offenbar nicht.

»Ich bete jeden Tag zu Gott, der Wichser möge Krebs im Gesicht kriegen. Aber zuerst seine Frau und die Kinder ...«

Er war ziemlich verbittert, dass sie ihm wegen »Wirtschaftskriminalität« – ohne Gewaltanwendung – eine so hohe Strafe aufgebrummt hatten.

War man selbst niedergeschlagen, hatte man ihn nicht gern als Gesprächspartner um sich, weil er fast unweigerlich auf seinen Expartner zu sprechen kam. »Der Wichser hat mir jeden Tag versichert, dass die uns nichts anhaben könnten, solange wir nur zusammenhalten, und dann führt er beim FBI sein Mundwerk spazieren, ohne sich zu schämen. Wichser.«

Er spuckte etwas aus und schüttelte den Kopf wie ein Wackeldackel, dann fuhr er fort. »Ich weiß, was du denkst, Sam. Der Anwalt dieses Typen hätte es besser wissen müssen – und das stimmt. Aber wir waren dreißig Jahre lang Freunde. Kannst du dir das vorstellen? Dreißig verdammte Jahre, und dann schmiert er mich an. Wenn seine Mutter noch leben würde, dann schwöre ich dir, würde ich ihr noch vor seiner Frau und den Kindern Krebs an den Hals wünschen ...«

Ich hörte ihm nur zu, weil ein Baseballspiel zwischen Häftlingen aus unserem und einem benachbarten Gefängnis stattfand. Es war ein gutes Spiel, beide Mannschaften ungefähr gleich stark, und es waren einige Bälle über den Elektrozaun gegangen. Jedes Mal, wenn ein Ball an den Wachtürmen vorbei- und über den Zaun flog, sodass die Kanadagänse um ihr Leben rannten, brach lautstarker Jubel los. Es war, als wäre der Ball einer von uns, der wie ein Engel in Leder die Flucht antrat.

»Nimmt man den verfluchten Schwanzlutschern ihr Geld

weg, jagen sie einen, als wäre man ein verdammter Hund«, wiederholte der Anwalt für den Fall, ich hätte ihn die ersten zehn Male nicht gehört. »Warum habe ich eigentlich niemanden ermordet? Hätte ich nur mit diesem Wichser angefangen, dann seine Frau und die Kinder ... vielleicht seine Mutter ...«

Ich musste so schnell – und diplomatisch – es ging weg von diesem Deprimator. Natürlich wollte ich ihn nicht vor den Kopf stoßen, vielleicht konnte er mir irgendwann einmal in einer kitzeligen juristischen Angelegenheit behilflich sein.

Mein Zellengenosse, ein Mann aus Derry, der hektisch auf dem Hügel winkte, rettete mir das Leben.

»Ich muss los, Peter. Mickey will was von mir. Wir sehen uns später.«

»Keine Bange. Ich halt dir den Platz frei, Sam. Das Spiel dauert noch eine ganze Weile.«

»Super. Bis nachher dann«, log ich und rannte den Hügel hinauf, als wäre mir eine Bande Oranier auf den Fersen.

»Du hast Rechtsgeschichte geschrieben«, sagte Mickey, als ich oben ankam. »Du bist auf Seite eins der *Irish News.*«

»Verscheißerst du mich?«

»Lies selbst. Du bist so gut wie zu Hause.«

Er gab mir die Zeitung, und ich las. Las noch mal. Und dann erneut, ich wollte es nicht glauben, zweifelte an jedem Wort, das ich schwarz auf weiß vor mir sah:

> Exklusiv:
> Novum in der Justizgeschichte – Mann aus Belfast wird verlegt
>
> Ein Mann aus Belfast, Samuel Millar, ist der erste Häftling, der aus einem amerikanischen Gefängnis verlegt wird. Er soll den Rest seiner Strafe in Nord...

Im weiteren Verlauf listete der Artikel noch einmal die Fakten des Falles auf und schilderte dann, wie Mitglieder der Sozialdemokratischen Partei und der Labour Party – darunter besonders Martin Morgan, der Abgeordnete meines Bezirks von Nordbelfast – hinter den Kulissen Strippen gezogen und das amerikanische Justizministerium überzeugt hatten, meine Verlegung nach Nordirland zu genehmigen.

… im Oktober dürfte Mr Millar wieder zu Hause sein.

Und Schweine können fliegen, dachte ich und gab Mickey die Zeitung zurück. Ich glaubte kein Wort davon und würde es erst glauben, wenn ich in einem Flugzeug über dem Atlantik saß.

Obwohl ich wusste, dass auch andere Leute sich größte Mühe gaben, meine Freilassung zu erwirken – darunter Paul D. McGuigan, ein Anwalt aus Fife, Washington, der das Justizministerium gnadenlos »mobbte« und mit juristischen Anträgen und Dokumenten in meinem Fall überschüttete. Er hätte nie einen Penny für seine Dienste genommen.

Ich würde den Rest meiner Zeit hier absitzen, und kein noch so großer Druck konnte daran etwas ändern. Die Vorstellung, es könnte anders kommen, quälte mich nur, besser war es, realistisch zu sein, die Möglichkeit weiterer Anklagen stand leider gar nicht so schlecht. Der Staatsanwaltschaft lief die Zeit davon. Sie hatten die sadistische Angewohnheit, bis zur letzten Sekunde vor Ablauf der Verjährungsfrist zu warten, ehe sie einem mit einer neuen Anklage kamen. Auch wenn sie wenige oder gar keine Beweise hatten – einen Versuch war es, aus ihrer Sicht, immer wert, damit sie einem noch ein paar Jahre Gefängnis aufbrummen konnten … von einer weiteren Diesel-Therapie ganz zu schweigen.

Zwei Tage später holte man mich ins Büro des Direktors. Ich

ging davon aus, ein lächelnder Vertreter der Staatsanwaltschaft würde mir eine neue Anklage um die Ohren hauen. Stattdessen drückte mir ein sichtlich nervöser Direktor das Telefon in die Hand.

Ich nahm es widerstrebend an. Eine geheimnisvolle Frauenstimme teilte mir mit, dass Präsident Bill Clinton mich allen Protesten des FBI zum Trotz nach Hause schickte.

Ich vermutete einen abgefeimten Trick, um mich durcheinanderzubringen, zu brechen oder mir eine herbe Enttäuschung zu verpassen.

»Danke«, antwortete ich. »Auch Ihnen einen schönen Tag.« Ich legte den Hörer behutsam auf und verließ das Büro gemessenen Schrittes, während Säure in meinem Magen brannte. Es würde nur eine Frage der Zeit sein, bis die Diesel-Therapie wieder anfing. Vermutlich noch diese Woche.

Ich erschauerte bei dem Gedanken, und mir graute davor, was mich erwartete.

Noch in derselben Woche besuchte mich ein Reporter der *Washington Post* für ein Interview. Er schrieb einen Artikel über eine bevorstehende Verhandlung über einen bewaffneten Raubüberfall auf einen gepanzerten Geldtransporter und fragte mich, ob ich ihm als »Insider« etwas dazu sagen würde. Die Fragen waren teils banal (Was bringt einen Menschen dazu, trotz aller Risiken so einen Überfall zu begehen? Antwort: *Das Geld, Schwachkopf*), teils gefährlich (Wie lange haben Sie in der Nacht des Überfalls dafür gebraucht, die Beute zu verladen?).

Die Anfrage, die zu einem so späten Zeitpunkt erfolgte, und die Art der Fragen verstärkten nur mein Misstrauen, dass mich das FBI in eine Falle locken wollte. Ich lehnte das Interview ab und wartete auf die Diesel-Therapie.

Am nächsten Tag bestätigte die Zeitung meinen Verdacht.

»Fall Brink's wieder aufgerollt«, verkündete die Schlagzeile.

»Niemand ist der Meinung, der Fall wäre vollständig aufgeklärt worden«, sagte Dale Anderson, der Leiter des FBI. »Wir würden gern mit jeder Person reden, die weitere Informationen beisteuern kann.«

Zwei Tage später ging es um vier Uhr morgens los.

»Zusammenpacken, Millar. Sie werden ins Manhattan Correction Centre verlegt. Was in die Tasche passt, kommt mit, der Rest bleibt hier.«

Erinnerungen an die schlimmen Zeiten in den Transportern des FBI suchten mich heim, lachten mich aus, sangen: *We'll meet again, don't know where, don't know when* ... Ich hatte die Abgase schon in der Nase, sah die FBI-Leute mit ihrem »Wir haben's ja gleich gesagt«-Grinsen und spürte den Geschmack der abscheulichen Schinkensandwiches im Mund, die nur darauf warteten, wieder ausgekotzt zu werden.

Sechs Stunden später saß ich in einer Zelle in der Aufnahme des MCC. Draußen sah ich gelbe Taxen durch den New Yorker Verkehr flitzen, und es brach mir das Herz. Es war Jahre her, seit ich die Stadt zuletzt gesehen hatte, doch sämtliche Erinnerungen – die guten wie die bösen – waren noch da.

Vom Dach aus hätte ich den Ort sehen können, an dem wir das erste Casino betrieben hatten, Queens lag gleich jenseits des East River, und ich hätte mein Apartment sehen können, den Laden, den ich einst besaß, ein paar Nachbarn ...

»Hast du vor, uns im Flugzeug Schwierigkeiten zu machen, Millar?«, ertönte eine Stimme und riss mich aus meinen Träumen.

Die Stimme besaß den harten Akzent von Ulster, mit einem vagen Unterton von Geringschätzung. Sie kam mir bekannt vor, aber ich konnte sie nicht einordnen.

»Du antwortest nicht? Möchtest du lieber hierbleiben? Ist es das?«

Die Tür ging auf, und ich traute meinen Augen nicht. Wäre der Papst nackt vor mir gestanden, hätte ich nicht schockierter sein können.

Sechs amerikanische Wachleute und drei Wärter aus Long Kesh umringten ihn. Er war schrecklich alt geworden – was mich ein wenig aufmunterte –, und seine alte Gemeinheit schien nicht mehr so ausgeprägt zu sein. Als wäre er, wie wir alle, im Alter ein klein wenig weiser geworden. Das weiße Hemd, das er anhatte, ein Zeichen seiner Beförderung, trug vermutlich ebenfalls dazu bei.

»Ich habe den Jungs hier gesagt, du würdest keinen Ärger machen. Benimm dich also, dann behandelt man dich auch korrekt«, sagte er, als hielte er sich für John Wayne.

»So wie damals im Knast, oder?«, antwortete ich, als ich mich von meinem ersten Schock erholt hatte.

Affengesicht errötete, biss sich aber auf die Lippen. »Wir kommen morgen wieder und holen dich. Bleib bis dahin schön hier.« Niemand lachte, nur er.

Die Amerikaner verstanden sowieso kein Wort von dem, was er sagte. Einer fragte mich später: »War das Gälisch, das Sie da gesprochen haben?«

Ich fand keinen Schlaf in dieser Nacht, ruhelos ging ich in der Zelle auf und ab. Ich fragte mich nach wie vor, ob es sich um einen Trick handelte oder ich wegen der Diesel-Therapie halluzinierte. War Affengesicht tatsächlich hier gewesen?

Außerhalb der Zelle summte der Verkehr, gingen Leute in Cafés und Bars; der Geruch von Kaffee drang zu mir herein, und ich hätte schwören können, dass ich ihn im Mund schmeckte. Ich bildete mir ein, ich hätte Bronx Tommy gehört, der mich ermahnte: »Pass bloß auf, Junge. Die Wichser schrecken vor nichts zurück.«

Dann wich die Dunkelheit langsam und bescherte mir den schönsten Sonnenaufgang, den ich je gesehen hatte. Die Sonne wärmte mir das Gesicht, und zum ersten Mal seit langer Zeit blieb mein Magen ruhig. Etwas sagte mir, dass doch noch alles gut werden würde.

KAPITEL FÜNFUNDSECHZIG

WAS AUS DEN ANDEREN WURDE

PAT

1998, nach vierzig Monaten im Gefängnis, kehrte er in sein Zentrum für Problemkinder und illegale Einwanderer in Lower Manhattan zurück.

Interviews gab er immer noch. *Democrat and Chronicle* sagte er: »Anfang des Jahres setzte sich ein Filmproduzent mit mir in Verbindung und versicherte mir, meine Geschichte wäre noch erfolgsträchtiger, wenn ich verurteilt worden wäre. Ich habe zwei Film- und zwei Buchangebote abgelehnt.«

Das kam mir komisch vor, hatte er doch die Öffentlichkeit sein ganzes Leben lang nie gescheut und regelrecht danach gegiert – was die Interviews vor, während und nach der Verhandlung belegen.

Sogar *News of the World* brachte eine Schlagzeile auf Seite eins und behauptete, er gehöre einer neuen Organisation an, die unlängst gegründet worden sei, um Millionen von Dollar nach Irland zu schaffen, um das Land zu befreien und das Karfreitagsabkommen aufzuheben.

CHARLIE

Charlie versuchte, sein Leben wieder auf die Reihe zu kriegen, und verzieh Pat nie, dass er ihn mit reingezogen hatte.

Tom versuchte, sein Leben wieder auf die Reihe zu kriegen, und verzieh mir nie, dass ich ihn mit reingezogen hatte. Zu seinem Unglück hatte das FBI, das sich nach der Niederlage die Wunden leckte, andere Pläne mit ihm …

»Polizei wendet sich an Häftling, der dazu beitragen soll, den Fall eines Vermissten aus dem Jahr 1995 aufzuklären« lautete die Schlagzeile einer New Yorker Zeitung:

Im Frühsommer unternahmen zwei Polizisten eine Reise zur Besserungsanstalt Mohawk in der Nähe von Rome im Staat New York, um festzustellen, ob ein einundsiebzigjähriger Häftling und Doppelmörder Licht in ungelöste Verbrechen im Zusammenhang mit dem Raubüberfall bringen könnte, der 1993 auf das Depot von Brink's in Rochester verübt worden ist und bei dem 7,4 Millionen Dollar erbeutet wurden. Besonders die Ermittler William Lawler von der Polizei Rochester und Thomas Crowley von der State Police hofften, der Häftling Gerald O'Connor könne aufklären, was aus einem Mann wurde, der 1995 in Greece verschwand – er soll mit dem Raubüberfall auf Brink's in Zusammenhang stehen.

Die Polizei glaubt, dass der Mann, Joseph »Ronnie« Gibbons tot ist. Gerald O'Connor behauptete, er habe geholfen, Gibbons zu begraben, nachdem ein anderer ihn ermordet hatte. In einem halben Dutzend Verhören durch die Polizei in den vergangenen zwei Jahren hat O'Connor hin und wieder erwähnt, was seiner Meinung nach mit Gibbons geschehen ist, doch laut Polizei sei er nie bereit gewesen, die Polizisten zu der Stelle zu führen, wo sie angeblich den Leichnam begraben haben.

»Seine Aussage bestärkte uns in dem Eindruck, dass er diese Information möglicherweise besitzt«, sagte Crowley über O'Connor, der wegen Mordes, Entführung und Sexualverbrechens in Orleans County

einsitzt. In einem anderen Fall wurde O'Connor zuvor schon wegen Totschlags verurteilt.

Vor rund zwei Jahren nahm die Polizei die Ermittlungen im Fall von Gibbons' Verschwinden wieder auf. Am vierzehnten Jahrestag seines Verschwindens erwähnte ein Polizeisprecher einige der Erfolge und Rückschläge der aktuellen Untersuchung. Es gelang der Polizei, eine Verbindung zwischen Gibbons und dem Raubüberfall bei Brink's herzustellen, der größte Teil des erbeuteten Geldes ist bislang noch nicht wiederaufgetaucht. Zwei Männer, Samuel Millar und Reverend Patrick Maloney, wurden schuldig gesprochen, dass sie Geld aus dem Raubüberfall besaßen, zwei weitere – der ehemalige Polizist Thomas O'Connor aus Rochester und Charles McCormack – wurden freigesprochen.

Thomas O'Connor und Gerald O'Connor sind nicht verwandt.

Sowohl Maloney, der in New York lebt, als auch Millar, der nach Belfast in Nordirland zurückgekehrt ist, befinden sich auf freiem Fuß.

Obwohl Gerald O'Connor eindeutige Aussagen verweigert, sammelt die Polizei nach eigenem Bekunden weiterhin Informationen über Gibbons' Verschwinden. Sie hat einen Verdächtigen, von dem sie letztes Jahr heimlich eine DNA-Probe nehmen konnte, sagte Lawler.

Die Polizei sagt, dass diese Person Ende der 1980er-Jahre im unaufgeklärten Mordfall von Damien McClinton verhört worden sei, der 1987 in einer Lagerhalle der Brauerei Genesee in Rochester erschossen wurde – und dass derzeit Aussagen und Beweismittel zu diesem Fall gesichtet würden.

Die Polizei erhielt die DNA-Probe des Verdächtigen bei einem gesellschaftlichen Ereignis, das er letztes Jahr besuchte, sagte Lawler. Dort wurden verdeckte Ermittler der Polizei als Kellner und Kellnerinnen eingeschleust und sicherten einen Suppenlöffel, den der Verdächtige benutzte, und Bierflaschen, aus denen er getrunken hatte, sagte Lawler.

Jetzt hat man die DNA, sagt Lawler, falls im Fall von McClintons Ermordung oder Gibbons' Verschwinden Beweise auftauchen sollten oder man einen Tatort oder eine Leiche finden würde.

Darüber hinaus teilte die Polizei mit, dass in den vergangenen Jahren mehrere Verhöre durchgeführt wurden, die zur Aufklärung beitragen könnten, was mit Gibbons, einem ehemaligen Weltergewichtsboxer, geschehen sein könnte. Letzte Woche vor vierzehn Jahren fuhr Gibbons mit einem Auto, das er von einem Freund geliehen hatte, von New York in die Gegend von Rochester. Gibbons erzählte dem Freund, dass er an der Planung des Raubüberfalls bei Brink's beteiligt gewesen sei, allerdings nicht an der Ausführung, und nach Rochester fuhr, um seinen, wie er sagte, gerechten Anteil von der Beute einzufordern.

Zuletzt sah man Gibbons auf dem Parkplatz von Applebee's Neighborhood Grill & Bar in Greece, bevor das Restaurant am Morgen öffnete. Das geliehene Auto stand auf dem Parkplatz. Die Polizei gab zu, dass es schwierig ist, ohne Leiche einen Kriminalfall um Gibbons' Verschwinden zu konstruieren. Darum hofften sie auf Hilfe von Gerald O'Connor, der zu sechsundvierzig Jahren verurteilt wurde.

Der Democrat and Chronicle hat sich seit 2004, als O'Connor des Mordes in Orleans County schuldig gesprochen wurde, ebenfalls hin und wieder mit ihm in Verbindung gesetzt. O'Connor hat nie explizit gesagt, wen er des Mordes an Gibbons verdächtigt, sagte aber, dass er dem Mann erstmals in den 1960er-Jahren begegnet sei, als O'Connor bei einem vereitelten Bankraub angeschossen wurde und im Krankenhaus lag. Die Person sei ebenfalls in dem Krankenhaus gewesen, sagte O'Connor.

Aus den Gerichtsakten geht hervor, dass Gerald O'Connor 1967 als Häftling im Krankenhaus untergebracht war.

In diesem Jahr erklärte O'Connor in einem Brief an den Democrat and Chronicle, dass er »eine Karte der Geschehnisse, von denen wir gesprochen haben«, anfertigen würde, sagte ein Interview im Gefängnis dann jedoch in letzter Minute ab. Die Polizei bemerkte dazu, sie sei an dieses sprunghafte Verhalten von Gerald O'Connor gewöhnt und nicht sicher, ob er sie nicht die ganze Zeit an der Nase herumgeführt hätte.

»Wir haben es mit unterschiedlichen Herangehensweisen versucht«, sagte Crowley.»Er widerspricht sich in seinen Aussagen. Und greift ständig auf Hinhaltetaktiken zurück. Er ist ein Spitzel.«

In den vergangenen vier Jahren hat der Democrat and Chronicle mit etwa einem Dutzend Verwandten und Bekannten von Gerald O'Connor gesprochen. Keiner wollte sich äußern, viele gaben offen zu, dass sie Angst vor ihm hätten, andere bezeichneten ihn als notorischen Lügner.

Ein Verwandter fiel bei einem Lügendetektortest durch, als er gefragt wurde, ob O'Connor möglicherweise ein Mordopfer begraben haben könnte, so die Polizei.

Einige Familienmitglieder stehen noch mit O'Connor in Verbindung, sagte die Polizei weiter. Sie sagen, sie hätten sich dafür eingesetzt, dass O'Connor das vergangene Jahr in der Strafanstalt Mohawk bleiben konnte, damit er näher bei seinen Angehörigen in der Gegend um Rochester wäre und die Ermittler ihn einfacher verhören könnten.

Jetzt, hieß es, wollten sie ihn mithilfe der Behörden in das ursprüngliche Gefängnis zurückverlegen lassen, da er nichts Brauchbares zu den Ermittlungen beisteuern würde.

Dieses Gefängnis in Dannemore liegt rund fünfzehn Meilen von Plattsburgh entfernt.

Bevor Gibbons nach New York City kam, lebte er in Liverpool, England. Seine Mutter Rita lebt heute noch dort und schrieb O'Connor 2006, dass man Krebs bei ihr diagnostiziert hätte. »Mehr als alles andere auf der Welt wünsche ich mir, den Leichnam meines Sohnes zu finden, damit ich ihn noch zu Lebzeiten begraben kann«, schrieb sie in dem Brief, den sie dem Democrat and Chronicle zur Verfügung stellte. »Wenn Sie wirklich Informationen besitzen, die meinen Schmerz und meine Seelenqualen lindern können, dann wäre ich Ihnen auf ewig dankbar.«

In einem Telefoninterview letzte Woche sagte die heute achtundsiebzigjährige Rita Gibbons, für sie bestehe kein Zweifel daran, dass O'Connor etwas weiß. Manchmal, sagte sie, glaube sie, der Leichnam ihres Sohnes läge »auf dem Grund eines Flusses oder im Wald begra-

ben«. Dann wieder verlieh sie ihrer Hoffnung Ausdruck, er könnte noch am Leben sein.

»Manchmal glaube ich, er ist irgendwo dort draußen …«

KILLER BEHAUPTET, DASS ER LEICHEN VON IRA-MITGLIEDERN IN NY BEGRABEN HAT

von John Breslin, *Irish Examiner*

Ein DOPPELmörder ist mit der erstaunlichen Aussage an die Öffentlichkeit gegangen, er habe dabei mitgeholfen, die Leichen zweier IRA-Mitglieder auf einer Farm im Staat New York zu begraben. Gerald O'Connor, der gestern wegen Mordes zu fünfundzwanzig Jahren bis lebenslänglich verurteilt wurde, behauptete, dass mindestens einer der Morde mit dem tolldreisten Raubüberfall auf ein Depot von Brink's vor zehn Jahren verbunden ist, bei dem 7,4 Millionen erbeutet wurden. Zwei Männer, das Belfaster IRA-Mitglied Samuel Millar und der irisch-amerikanische Priester Pater Patrick Maloney, wurden verurteilt, weil sie sich im Besitz eines Teils des gestohlenen Geldes befanden. In der Zwischenzeit hat Millar ein Buch über den Raubüberfall mit dem Titel True Crime *veröffentlicht. Bislang konnten nur zwei Millionen sichergestellt werden.*

Gerald O'Connor, 76, wurde vergangenen November wegen tödlicher Schüsse auf Michael Manley verurteilt, darüber hinaus wegen Vergewaltigung und Entführung der Frau des Toten. O'Connor behauptet, dass er Informationen über die Ermordung und heimliche Beerdigung von vier weiteren Personen auf einer Farm nahe der Stadt Barre, New York, besitzt: ein Exboxer, der mit dem Raubüberfall auf Brink's zu tun haben soll, eine Frau aus Arizona und zwei Männer irischer Herkunft.

Die Identität der beiden Iren konnte oder wollte er nicht preisgeben. Er behauptete, er wolle den Angehörigen der Toten Frieden schenken.
Bei einem der Toten soll es sich um Joseph »Ronnie« Gibbons handeln, einen zweiundvierzigjährigen ehemaligen Boxer, der 1995 zuletzt auf dem Parkplatz eines Restaurants gesehen wurde. O'Connor behauptet, ein Polizist, der verhört, aber nicht der Beteiligung an dem Raubüberfall angeklagt wurde, habe etwas mit dem Mord zu tun. Gerald O'Connor ließ gegenüber einer Zeitung aus Buffalo verlauten: »Er rief mich an und sagte mir, er müsse Gibbons und einen (irischen) Nationalisten verschwinden lassen. Gibbons beanspruchte einen Teil des Geldes [von Brink's] für sich und wollte dem FBI mitteilen, was er über den Raubüberfall wusste«, sagte Gerald O'Connor.
Neben Gibbons, so Gerald O'Connor, seien zwischen Mitte der 1970er-Jahre und 1998 zwei irische Bürger und eine Frau aus Arizona dort begraben worden. Steven Smith, Hilfssheriff von Orleans County, sagte: »Wir brauchen eine exakte Ortsangabe für eine Exhumierung, und die haben wir bislang nicht. Man kann meines Erachtens jedoch mit Fug und Recht sagen, dass Mr O'Connors Motive durchaus eigennützig sind und sicher nicht dazu beitragen, den Familien der mutmaßlichen Opfer Frieden zu bringen …«

MARCO

Er war nicht zu fassen. Genau wie der Rest des Geldes. Der Anwalt – dessen Haus wir in der Nacht des Überfalls benutzt hatten – behauptete, das Geld, die ganzen fünf Millionen Dollar, seien von einem kokainabhängigen Freund gestohlen worden, der »zufällig« darüber stolperte. Monatelang habe er geprasst und geschnieft, sei schließlich zurückgekehrt und habe damit gedroht, zum FBI zu gehen, sollte ihm oder seiner Freundin etwas zustoßen, die, wie er andeutete, für die ganze missliche Lage verantwortlich war. Außerdem behauptete er, in Wahrheit habe der Anwalt den größten Teil des Geldes gestohlen, er müsse nun nur als Sündenbock herhalten.

»Wer würde einem Kokser schon mehr glauben als einem Anwalt?«, antwortete er. »Ich bekam rund eine halbe Million, er den Rest …«

Mehr als vier Millionen in kleinen, nicht markierten Scheinen. Das perfekte Verbrechen …

TONY

Drei alte Bekannte saßen im Kenneth B. Keating Building. Jeder ein gestandener Veteran zahlloser »Kämpfe«, die in dem eindrucksvollen Gebäude stattgefunden hatten. Die drei Männer hatten einmal als Team dort gesessen, während des Brink's-Prozesses: Tony Leonardo, Jonathan Feldman und John Speranza. Jetzt saßen sie sich als »Feinde« gegenüber.

Tonys Bräune war sichtlich verblasst, die teuren Anzüge dahin. An ihrer Stelle trug er Gefängniskluft; ein orangefarbenes Sweatshirt, eine blau gestreifte, abgenutzte, fadenscheinige Jogginghose. Man hatte ihm die Handschellen abgenommen, doch die verräterischen Streifen ließen sich nicht verbergen.

Tony war angeklagt wegen Kokainhandel und Besitz einer illegalen Schusswaffe; wenn er verurteilt wurde, drohte ihm lebenslänglich.

Die meisten Beweise lieferte ein FBI-Informant, der über zwei Jahre für sie gearbeitet hatte. In diesen zwei Jahren hatte der Informant insgeheim mehr als zweihundert Bandaufnahmen für das FBI gemacht. Neunzig davon belasteten Tony.

Tonys guter Freund John Speranza – der so hart für Charlie gearbeitet hatte – musste jetzt doppelt so hart arbeiten, um zu verhindern, dass Tony den Rest seines Lebens im Gefängnis verbrachte.

Leicht würde das nicht werden. Der Mann, der auf dem Richterstuhl saß, war kein anderer als Jonathan Feldman, der Anwalt von Pater Pat. Feldman, der so erfolgreich durchgesetzt hatte, dass die wesentlichen Anklagepunkte gegen Pat und mich fallen gelassen wurden, arbeitete nicht mehr als Anwalt, sondern als Bezirksrichter.

Feldman nickte den beiden Männern ernst, aber nicht unfreundlich zu. Doch obwohl Tonys Familie 1,5 Millionen Dollar Kaution geboten hatte, lehnte der Richter mit der Begründung ab, der Anwalt stelle »eine zu große Gefahr für die Öffentlichkeit« dar, wofür es »eindeutige, unwiderlegbare und beängstigende Beweise« gäbe.

Im Sommer 1999 hatte Tony einen exklusiven Nachtclub namens Club Titanic in Charlotte eröffnet, 4775 Lake Avenue. Mit seinem Partner Anthony Vaccaro hatte er zweihunderttausend Dollar für die Renovierung des fast fünftausend Quadratmeter großen Gebäudes versenkt. Vaccaro brachte das neue Geschäft wenig ein. Der Club musste binnen eines Jahres wieder schließen. Kurz danach wurde Vaccaro im Stil einer Hinrichtung erschossen.

Die Schlagzeilen und das breite Grinsen im Büro des U. S. Marshal sagten alles: *Superman verhaftet* und *Ein verblüffender Rollentausch*. Die FBI-Leute machten kein Hehl aus ihrer Häme, als sie Tony ins Gefängnis von Monroe County brachten – das Haus der Schmerzen.

Der Gestank von Hackfleisch strömte durch das Gebäude, Tony hatte recht gehabt: Nur dort brachten sie es fertig, dass Hackfleisch wie Scheiße roch.

Vielleicht lag es an dem Geruch, vielleicht an dem Gedanken, den Rest seines Lebens mit Leuten zu verbringen, die er lieber als Mandanten gesehen hätte, vielleicht auch an der Erkenntnis, dass es im Gefängnis, anders als in Kinofilmen, kein Happy End gab. Jedenfalls bekannte er sich zwei Tage später im Tausch gegen zwölf Jahre in einem Bundesgefängnis der Verschwörung zur Ermordung seines Expartners schuldig und willigte ein, gegen Albert M. Ranieri auszusagen, seinen Mitangeklagten.

Er sagte dem FBI, der Plan habe vorgesehen, dass ein Auftragskiller sich im Club Titanic versteckte und darauf wartete, bis der Mitinhaber zur Arbeit erschien. Dann sollte Vaccaro getötet werden. Tony gab zu, dem Mitangeklagten Ranieri den Schlüssel für den Club und den Code für die Alarmanlage gegeben zu haben, um den Mord ausführen zu können, zu dem es aber in dieser Nacht nicht kam. Vaccaro wurde sechs Wochen später getötet, als jemand siebzehn Schüsse auf das Auto abfeuerte, mit dem er nach Hause fuhr. »Wir müssen ihn töten«, sagt Tony auf einem der Bänder, bevor Anthony erschossen wurde. Danach fragt er den Kerl, ob er den Mord übernehmen könnte.

Ranieri antwortet, dass er den Mann »im Handumdrehen ausknipsen« und ihm zudem »die Finger abschneiden und sie essen würde, sollte es erforderlich sein«.

Tony, der Mann, der Ratten mehr hasste als Indiana Jones Schlangen, war zu einer geworden.

RONNIE

Es war ein heißer Morgen im August des Jahres 1995, als Ronnie mit einem roten Toyota Tercel zu einem Restaurant namens *Appleby's* fuhr. Das Auto hatte er von einem Freund in New York geliehen, es war kaum noch Benzin im Tank. Er schaffte es gerade noch so. Wie immer war er knapp bei Kasse.

Zwanzig Minuten stand er allein auf dem Parkplatz und sah ständig nervös auf die Uhr, bis ein schwarzes Auto mit einem jungen Mann am Steuer neben ihm hielt und das Fenster langsam heruntergekurbelt wurde. Die Sonne spiegelte sich im glänzenden Metall des Wagens und blendete Ronnie ein wenig.

Nach einer Unterhaltung, die keine Minute dauerte, griff Tony durch das Fenster des Toyota und zog die Schlüssel ab. Sekunden später nahm er auf dem Beifahrersitz des schwarzen Wagens Platz, der nach Norden wegfuhr, offenbar Richtung Buffalo.

Seine letzten überlieferten Worte lauteten: »Ich treffe mich am Vormittag mit den Jungs. Sollte mir etwas zustoßen, informierst du meine Familie. Sag ihnen, wer es war. Bis später, Kumpel.«

Manche glauben, dass er sich Geld bei Kredithaien geliehen hatte und es nicht zurückzahlen konnte. Das FBI, das nach seiner Niederlage immer noch schmollte, versuchte zuerst, Ronnies Verschwinden Tom anzuhängen, was mir merkwürdig erscheint, da sich die beiden meines Wissens nie getroffen hatten.

Unerklärlicherweise stand der rote Toyota zwei Wochen auf dem Parkplatz des Restaurants, ehe jemand beschloss, die Polizei zu informieren. Ein kleiner Vogel hatte sein Nest unter dem Auto gebaut und ernährte sich von den Insekten, die den Schatten des reglosen Wagens suchten.

»Kein Schaden. Keine Verdächtigen«, hieß es im Polizeibericht.

Zehn lange Jahre später fanden Jogger Ronnies Leiche auf einem abgelegenen Hügel.

Wir fuhren mit nahezu halsbrecherischem Tempo und heulenden Sirenen in einem Konvoi von Autos und Transportern des FBI zum Kennedy Airport. Für die normalerweise neunzigminütige Fahrt brauchten wir keine dreißig, so rasend pflügte sich der Konvoi durch den New Yorker Verkehr. Es war wie in einem Hollywood-Film, das FBI ließ eigens für die Schinder die Muskeln spielen und genoss es – genau wie Affengesicht und seine Bande, die wie Kinder auf dem Jahrmarkt grinsten.

Das FBI reagierte wie immer vollkommen überzogen, ließ Heckenschützen auf dem Dach von *British Airways* postieren und teilte den Flughafenpolizisten mit: »Passt bloß auf. Die Typen sind gefährlicher als Araber ...«

Ich saß im Flugzeug und wartete darauf, dass es starten würde, während das FBI und die Stewardess Affengesicht beschworen, dass ich Handschellen tragen sollte. Ich muss Affengesicht zugutehalten, hart geblieben zu sein, er habe das Sagen, niemand werde Handschellen tragen, die beiden Häftlinge seien zu behandeln wie jeder andere Passagier auch.

Der Streit wurde erbitterter, als die FBI-Leute darauf bestanden, dass das Flugzeug sich noch auf amerikanischem Boden befinde und damit in ihre Zuständigkeit falle.

Ich ließ sie streiten, nahm mir eine Ausgabe von *USA Today* und las den Artikel über das gestrige Spiel der New York Nicks, als mir eine Schlagzeile ins Auge fiel, die ich unmöglich übersehen konnte: »*Milton Diehl, einer der drei Gewinner von zehn Millionen Dollar in der Staatlichen Lotterie ...*« Der Name ließ automatisch die Lampen in meinem Kopf aufleuchten. Eine knappe Fußnote auf der Seite erläuterte, dass er einer der Wachmänner war, die bei dem Raubüberfall auf Brink's von maskierten Einbrechern in Schach gehalten wurden.

»Was gibt es zu grinsen?«, fragte Affengesicht, der als Sieger aus der Debatte hervorgegangen war und sich neben mich setzte.

Ich antwortete ihm nicht, sondern grinste immer weiter und fragte mich, wie sich Milton Diehl, der Schießwütige, jetzt wohl fühlen mochte, mit dem vielen Geld. Die kurze Schlagzeile brachte es auf den Punkt. *Der Kreis schließt sich.*

Mir gefiel das. Es war einfach wunderbar. Ausgleichende Gerechtigkeit. Ich habe Ironie und gute griechische Tragödien stets gemocht und musste zugeben, es dürfte den alten Griechen schwerfallen, das zu toppen.

»Verrätst du mir, warum du so breit grinst?«, beharrte Affengesicht.

Aber er existierte gar nicht mehr, nur noch das herrliche Geräusch der Triebwerke, die zuerst nur schnurrten und dann immer lauter anschwollen.

Gleich würden sie mich nach Hause bringen.

EPILOG

Die Tiere draußen schauten von Schwein zu Mensch und von Mensch zu Schwein, und dann nochmals von Schwein zu Mensch; aber es war bereits unmöglich, zu sagen, wer das Schwein und wer der Mensch war.
– George Orwell, *Farm der Tiere*

Als ich aus Amerika zurückkehrte, hatte sich Belfast äußerlich verändert. Dank ausländischer Investitionen, die das Karfreitagsabkommen nach sich zog, schossen neue Gebäude wie Pilze aus dem Boden. Normalität schien die Norm zu sein, und Wohlstand ein Wort in aller Munde – jedenfalls bei der Mittel- und Oberschicht und den Politikern. Als weitere kosmetische Maßnahme hatte man einer kleinen, handverlesenen Schar von Ex-Blanket-Men Machtpositionen – oder scheinbare Machtpositionen – in den Fluren von Stormont zugeschanzt.

Natürlich hat der Zugang zu diesen Fluren immer seinen Preis, und schon bald sollten wir Zeugen der bizarren, kafkaesken Situation werden, in der Sinn Féin, durch das Sprachrohr Martin McGuinness, irische Männer und Frauen verurteilte, weil sie gegen die Briten kämpften, und sie als Verräter, Terroristen ohne Rückhalt und Kriminelle bezeichnete. Ironischerweise handelte es sich dabei um dieselben Propagandaschlagworte, mit denen die Briten während des Krieges die Provisorische IRA bezeichnet hatte. Ehemalige Kameraden forderten sogar die Inhaftierung von Dissidenten, da sie sie als Gefahr für den neuen Status quo sahen, oder Provo Pro, wie es in Belfast hieß.

Als ob ein weiterer Beweis für dieses *Alice im Dummerland*-Szenario erforderlich gewesen wäre, rief die RUC (Royal Ulster Constabulary) bzw. der PSNI (Police Service of Northern Ireland) noch HET ins Leben, das Historical Enquiries Team. Dessen Ziel – oder Behauptung: »Den Tod Tausender Menschen bei den zivilen Unruhen im Norden zwischen 1968 und der Unterzeichnung des Belfaster Abkommens im April 1998 zu untersuchen. Es ist eine unabhängige Kommission, die direkt dem Chief Constable untersteht. Maßstab und Dimensionen der Arbeit sind beispiellos: Es geht um über zweitausendfünfhundert Fälle aus drei Jahrzehnten.«

Geflissentlich verschwiegen wurde dabei, dass es keine Ermittlungen gegen RUC/PSNI-Mitglieder oder die britische Armee geben würde. Dr. Patricia Lundy, Professorin der University of Ulster, wies in ihrem galligen Report darauf hin und betonte, dass das HET ehemalige Soldaten und Paramilitärs vollkommen anders behandelte. »Zeugen des Militärs kamen stets günstiger davon«, sagte Dr. Lundy.

Chief Constable Matt Baggott vom PSNI wollte sich nicht in die Suppe spucken lassen und betonte, man würde den Vorwürfen von Dr. Lundy nachgehen, da sich einige Angehörige der Mordopfer besorgt über die in der Studie vorgebrachten Anschuldigungen geäußert hätten. »Mir ist durchaus bewusst, dass es öffentliche Zweifel gibt und Zweifel in den betroffenen Familien, was diese Studie anbelangt, die wir durch ein unabhängiges Gutachten ausräumen müssen.«

Und dieses unabhängige Gutachten sollte erstellt werden von – erraten. Polizisten. Polizisten ermittelten gegen … Polizisten.

Wie Bob Dylan sagte: *The Times They Aren't A-Changin' – die Zeiten ändern sich nicht.*

Ich persönlich stand derweil wieder auf der Straße. In Belfast war ich arbeitslos, nicht vermittelbar und hatte keinen Penny in der Tasche. Um etwas dagegen zu unternehmen, beschloss ich, die Memoiren zu Ende zu schreiben, die ich in der Haftanstalt begonnen hatte, *Ink from the Pen*, freilich mehr in der Hoffnung als der Gewissheit, sie je in Buchform veröffentlicht zu sehen. Zu meiner großen Überraschung zeigten sich einige größere Verlage sehr daran interessiert, aber nur, wenn ich den größten Teil der Kapitel über die Gefängnisproteste streichen würde. Ich lehnte höflich ab und sah mich anderweitig um. Schließlich wagte ein kleiner Verlag in Galway – *Wynkin de Worde* – den mutigen Schritt, das Buch ungekürzt zu veröffentlichen, und landete damit – unter dem neuen Titel *On the Brinks* – einen preisgekrönten, von der Kritik bejubelten Bestseller. Wenig später meldete sich Warner Brothers und erwarb die Filmrechte, machte aber sofort einen Rückzieher, als die Regierung Bush nach dem schrecklichen Anschlag vom 11. September mit der Begründung Druck ausübte, das Buch würde »den Terrorismus verherrlichen«. George W. Bush hatte, wie sich später herausstellte, das Buch gar nicht gelesen – vermutlich weil nur Worte darin vorkamen, keine Bilder. Aber, wie der legendäre Privatermittler Karl Kane sagen würde, es gibt immer einen nächsten Tag, sofern es einem gelingt, diesen zu überleben.

Im Lauf der Jahre hat man mich immer wieder gefragt, was ich für die Wärter empfinde, die mich und meine Kameraden gequält haben. Als dieses Buch in Frankreich (mit dem Untertitel *Der unbeugsame Ire*) veröffentlicht und mit dem Prix des Balais d'or ausgezeichnet wurde, wurde mir die Frage erneut gestellt, diesmal von einem Journalisten, der mich in Paris für *Le Figaro* interviewte. Er wollte wissen, ob ich endlich Frieden in meinem Leben gefunden hätte. Ich wies ihn darauf hin, dass nicht ein einziger Wärter je wegen Folter, Vergewaltigung oder Misshandlung nackter, schutzloser Häftlinge angeklagt worden war. Einige Wärter haben sogar Orden bekommen, weil sie »ihre Pflicht« so vorbildlich erfüllt hatten. Bis dieses Unrecht gesühnt worden ist und die Folterer im Gefängnis sitzen, gibt es keinen persönlichen Frieden für mich. Ich fügte hinzu, dass ich die Männer, die Spaß an der Folter hatten, weder vergessen noch ihnen vergeben könne. Das Interview beendete ich mit einem Zitat von Jean-Paul Sartre: »Ich hasse Opfer, die ihren Henker lieben.«

Ich fand, dass der Journalist nach meinen unversöhnlichen Worten recht schockiert dreinsah, doch zwei Wochen später erschien seine Besprechung des Buches an prominenter Stelle in *Le Figaro:* »Es ist ein erstaunliches Buch in zwei Teilen. Zuerst Belfast, dann New York. Zwei Städte für zwei außergewöhnliche Leben. Die Geschichte dieser Jahre besteht aus schrecklichen Demütigungen, Folter, barbarischen Misshandlungen und Menschen, die zu Tieren erniedrigt wurden. Long Kesh fügt sich nahtlos zwischen die Schrecken der Konzentrationslager der Nazis und die der Gulags ein.«

Ich hätte es nicht besser oder bitterer formulieren können.

AU REVOIR ET PRENDRE SOIN

Ein letzter Abschiedsgruß und Dankeschön an alle, die mein Leben ein wenig besser und sinnvoller gemacht haben, besonders in den dunklen Tagen meiner schlimmen Jugend.

DC Comics, die mir gezeigt haben, wie man entkommt, und Marvel Comics, die mir gezeigt haben, wie man besser entkommt. Neal Adams, der unangefochtene Meister gequälter und psychopathischer Superhelden; Stan Lee, ein Geschichtenerzähler mit riesigem Talent; Steve Ditko, der hypnotische Mitschöpfer von Spider-Man; John Romita, der den Mut aufbrachte, sich Spidey zu eigen zu machen; Jim Sterankos erotischer und halluzinatorischer »Zap Art«-Surrealismus bei Nick Fury u. a.; und nicht zu vergessen der legendäre Jack »King« Kirby, der bedeutendste Innovator und einflussreichste kreative Kopf im Medium Comic wegen seines kosmischen Maßstabes und seiner überlebensgroßen Darstellung der Fantastischen Vier, des Silver Surfer und der restlichen außerirdischen Bande. Eine besondere Note geht an Supermans Nemesis, den boshaften und völlig irrelevanten Mr Mxyzptlk (versuchen Sie, das mal rückwärts zu sagen, wenn Sie ein paar Gläser Guinness intus haben!).

Die Daleks, die mir an jedem trüben Samstag so eine Scheißangst gemacht haben; *Star Trek* für den Weltraum; Gary Conway und seine heldenhafte Besatzung an Bord des suborbitalen Transportschiffs *Spindrift* in *Planet der Giganten*. Das anarchische »Donkey«-Kino in Duncairn Gardens (packt eure Eier ein und kämpft um euer Leben, Jungs! Wir kommen hier nicht lebend raus!), das mir dank Christopher Lee und Peter Cushing den Albtraum beschert hat, Frankenstein oder Dracula könnten in stürmischen Nächten an mein Fenster klopfen.

William Millar (alias Stephen Boyd), Sohn Belfasts, für das berühmteste aller Pferderennen mit Charleton Heston und für sein gnadenlos gutes Aussehen und seine Großzügigkeit. Pan's People, Phil Lynott & Thin Lizzy, Slade, Suzi Quatro, Van »The Man« Morrison, Dusty Springfield, Rod Stewart, Rory Gallagher, Patsy Cline, der große Otis Redding und *rein alles* von Motown und Philly.

Die Dreieinigkeit der Könige des Sports: George Best, Alex »Hurricane« Higgins und Muhammad Ali.

Hemden von Ben Sherman, Jeans von Levi's und verregnete Nachmittage in der Billardhalle Tin Hut, wo ich gelernt habe, schlecht Billard, aber brillant Poker zu spielen ... und zu gewinnen!

Die Stadtbücherei von Belfast für Berge von Wissen und den staubigen, tröstlichen Geruch alter Bücher. Nicht zu vergessen Hergés *Tim und Struppi* und Enid Blytons dysfunktionaler und vollkommen durchgeknallter *Noddy im Spielzeugland;* Irlands größter Geschichtenerzähler Walter Macken für seine klassische und brillante Trilogie und alles dazwischen; Thomas Wolfes großartige Werke, besonders *Es führt kein Weg zurück;* Cormac McCarthy, der den modernen Western mit *No Country for Old Men* wieder cool und finster gemacht hat (Gott, ich fühlte mich selbst so alt in dem Land, wo ich wohne); die Bibel (Heiliger Krämerladen, Batman!), die sich über Jahrhunderte hinweg Verfolgung und Verfälschung von Schurken gefallen lassen musste, dennoch alles überstanden hat und eine grandiose Geschichte erzählt, die wahr oder erfunden sein mag. Man muss diesem Ziegel immerhin Zähigkeit und Überlebenswillen zugestehen (ein bisschen wie den Blanket-Men), ob man an seine Botschaft glaubt oder nicht; Robert Tressells (Robert Noonan) klassisches und grandioses Meisterwerk *Die Menschenfreunde in zerlumpten Hosen*, das mir half, die Schweine am Trog zu sehen; und George

Orwells brillantes und prophetisches *Farm der Tiere*, das mir half, die wahre Identität der Schweine zu erkennen (und ich spreche nicht von Schneeball und Napoleon!).

Der alte Smithfield Market – die Seele von Belfast –, der von bücherverbrennenden Barbaren voll sektiererischem Hass und Dummheit in Grund und Boden bombardiert wurde. Lancaster Street, die größte Straße in Irland ... wenn nicht der ganzen Welt.

Kojak (»Entzückend!«) – ich bin immer noch nicht dahintergekommen, wie er das mit dem Streichholz macht! Columbo nicht zu vergessen; *Detektiv Rockford*, der mich zu den Karl-Kane-Romanen inspiriert hat (danke, Jim!); *Polizeirevier Hill Street* (im Original: *Hill Street Blues*), das mir den Blues – die Melancholie – ausgetrieben hat. Sam Spade und Philip Marlowe, die mich lehrten, dass sich Verbrechen immer auszahlt – allerdings nur in Buchform. Die harten Jungs: William Holden, James Cagney, Humphrey Bogart, Lee Marvin, Burt Lancaster, Kirk Douglas, Robert Ryan, Woody Strode, Jack Palance, Clint Eastwood und mein Dad, der härteste von allen.

Dominic West für seine stumme Verbeugung vor den Hungerstreikenden in HBOs durch und durch grandiosem *The Wire*. Regisseur Steve McQueen für *Hunger*, ein seltenes Juwel von einem Film über den endlosen Albtraum des Protests und Hungerstreiks. Kein anderer Film kommt der Realität so nahe. Ein junger, schwarzer Engländer musste kommen und den bedeutendsten Film über irische politische Häftlinge und die Unmenschlichkeit der Menschen anderen Menschen gegenüber drehen.

Die Humor-Fraktion: Tommy Cooper, Dave Allen, Ronnie Barker, Lucille Ball, Phil »Sergeant Ernie Bilko« Silvers und Spike »Prinz Charles ist ein kleiner Arschkriecher« Milligan.

Meine Kameraden, die alle mit nicht einmal zwanzig starben, als das Leben noch so voller Verheißungen war.

Der zeitlose Harry Enright, der uns zeigte, wie Lehrer sein

sollten, und Mister Gleason, mein Englischlehrer, der sich größte Mühe gab, mir zu zeigen, was ich sein *könnte*, wenn ich nur aufhören würde, den Klassenkasper zu spielen. Hätte ich bloß auf ihn gehört, statt weiter herumzukaspern.

Big Finbar McKenna, ein Freiwilliger, der uns während unserer Proteste zum Lachen brachte, als wir alle dachten, es gäbe nichts mehr zu lachen und nur noch Dunkelheit für uns. Der mutige und unbezwingbare James Connolly, der größte Schotte, der jemals irisch gewesen ist und den sogenannte Historiker Irlands mit ihrer hirntoten Zensurmentalität so schändlich und sträflich missachtet haben.

Henry Joy McCracken, *der* Mann aus Ulster, der uns andere Männer aus Ulster haushoch überragte.

Das Presbyterianerblut, das in alle Richtungen gepumpt wurde, stets aber zu meinem katholischen und manchmal agnostischen Herzen.

Die Blanket-Men. Die Kühnen. Die Tapferen. Die Besten.

Zu guter Letzt die Zehn, für immer unvergessen, die von doppelzüngigen und moralisch bankrotten Politikern mit struppigen Bärten und maßgeschneiderten Armani-Anzügen unter Führung der Rückgratlosen und Eunuchen in der Maske des betrügerischen und feigen Committee of Six verraten wurden. Hätten wir nur *Farm der Tiere* mehr Beachtung geschenkt, oder Vergils düsterer Warnung in der *Aeneis:* »Dem Ross nicht getrauet, o Trojaner! Was es auch sei, mir bangt vor dem Danaer, bring' er Geschenke auch!« Eines Tages kommt die Wahrheit ans Licht.

Das ist ein Versprechen.

Sam Millar, Belfast, Irland

DANK

Herzlichen Dank an den Kreis meiner Familie hier in Irland, aber auch im restlichen Europa, in Argentinien, Australien, Kanada und den USA, an meine Verwandten und Freunde für ihre Unterstützung meiner Bücher. An alle Clans: die Millars, O'Neills, die Morgans, Clarkes und McKees. Ein ganz besonderes Dankeschön geht an meine Brüder und Schwestern, Mary, Danny, Joe und Phyllis. An alle, die dazu beigetragen haben, dass dieses Buch den angesehenen Aisling Award erhielt und zum Bestseller wurde. Besondere Erwähnung verdienen: Dr. Roger Derham, Brenda Derham, Valerie Shortland und alle beim Verlag Wynkin de Worde, weil sie immer an das Buch geglaubt und mich so herzlich und engagiert unterstützt haben. Ebenso wie Gaye Shortland, die Autorin von *Rough Rides in Dry Places*, die mich so freundlich aufgenommen hat.
Ein besonderer Dank gilt dem Verlag O'Brien Press, der das Buch einer neuen Generation von Lesern zugänglich gemacht hat; insbesondere Eoin O'Brien und dessen wachem Auge für Details. Nicht zuletzt, und am wichtigsten, ein dicker Kuss und ein Dankeschön an meine beste Freundin und Ehefrau Bernadette und die Kinder Kelly-Saoirse, Ashley-Patricia, Corey-Joseph und Roxanne. Jetzt, nachdem meine Arbeit an diesem Buch beendet ist, habe ich keine Ausrede mehr, den Rasen nicht zu mähen, Tee zu kochen, mir den neuesten Film anzusehen, spazieren zu gehen, und nicht mehr so verdammt viel Kaffee zu trinken …

Belfast: Karl Kane ermittelt

»Millar schreibt nicht mit erhobenem Zeige-, sondern mit ausgestrecktem Mittelfinger.«

Spiegel online

»Sarkastisch, sexy, drastisch und originell!«

Der Stern

288 Seiten. Klappenbroschur
16,95 € [D] / 17,50 € [A]
ISBN 978-3-85535-510-5

320 Seiten. Klappenbroschur
16,95 € [D] / 17,50 € [A]
ISBN 978-3-85535-511-2

305 Seiten. Klappenbroschur
16,99 € [D] / 17,50 € [A]
ISBN 978-3-85535-512-2

ATRIUM
Der Erich Kästner Verlag